GRODNO ET SA RÉGION

VITEBSK ET SA RÉGION

MOGILEV ET SA RÉGION

GOMEL' ET SA RÉGION

Vue sur le village de Krevo.

ORGANISER SON SÉJOUR

Biélorussie

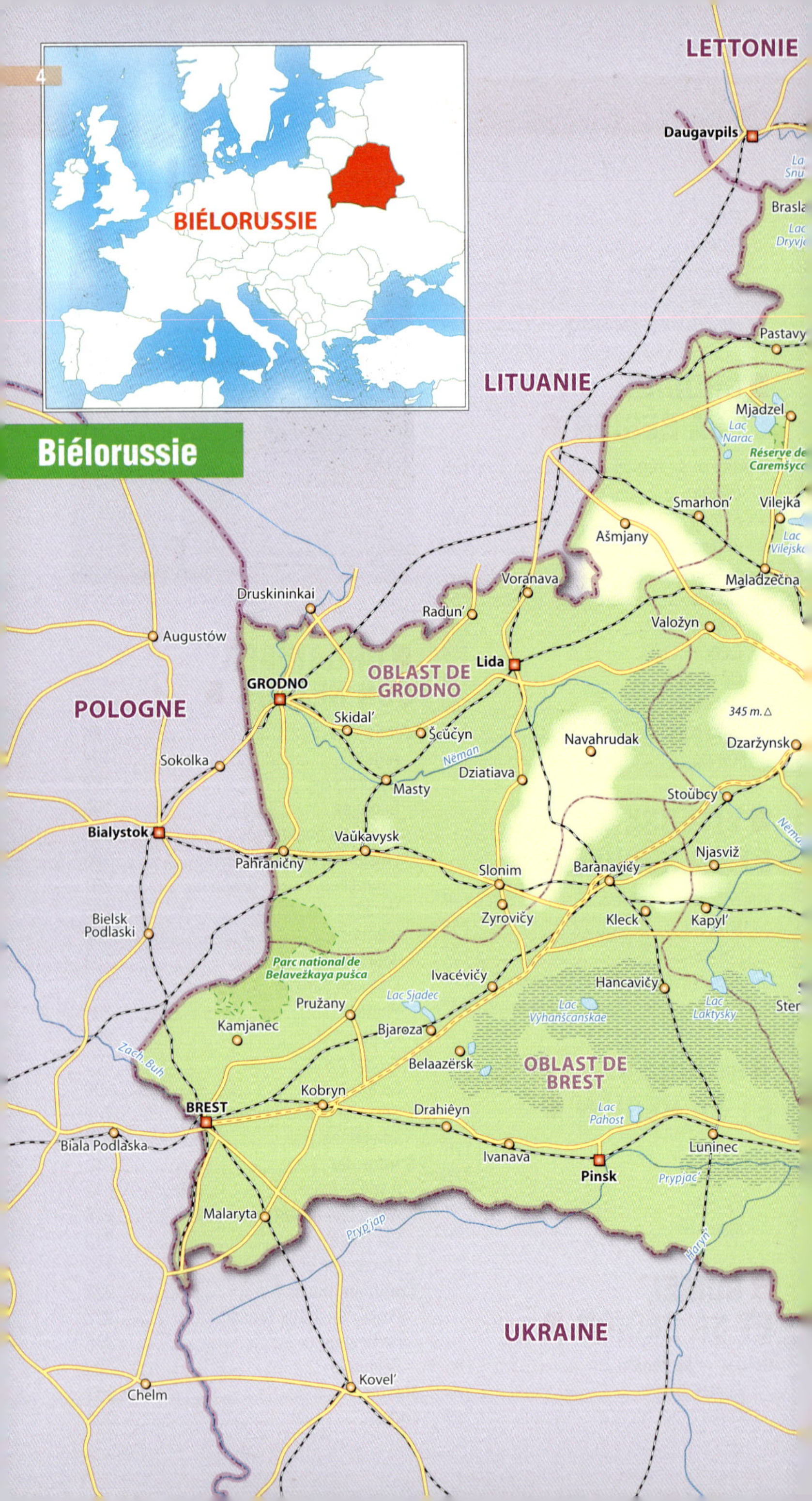

AUTEURS ET DIRECTEURS DES COLLECTIONS
Dominique AUZIAS & Jean-Paul LABOURDETTE

DIRECTEUR DES EDITIONS VOYAGE
Stéphan SZEREMETA

RESPONSABLES EDITORIAUX VOYAGE
Patrick MARINGE et Morgane VESLIN

EDITION ✆ 01 72 69 08 00
Maïssa BENMILOUD, Audrey BOURSET, Anne-Solenne COLLET, Sophie CUCHEVAL, Caroline MICHELOT, Charlotte MONÉGIER, Antoine RICHARD, Pierre-Yves SOUCHET, Baptiste THARREAU et Pauline WALCKENAER

ENQUETE ET REDACTION
Federica VISANI

MAQUETTE & MONTAGE
Sophie LECHERTIER, Delphine PAGANO, Julie BORDES, Élodie CLAVIER et Élodie CARY

CARTOGRAPHIE
Philippe PARAIRE, Thomas TISSIER

PHOTOTHEQUE ✆ 01 72 69 08 07
Elodie SCHUCK

REGIE INTERNATIONALE ✆ 01 53 69 65 50
Karine VIROT, Camille ESMIEU, Romain COLLYER, Guillaume LABOUREUR assistés de Virginie BOSCREDON

PUBLICITE ✆ 01 53 69 70 66
Olivier AZPIROZ, Stéphanie BERTRAND, Perrine de CARNE-MARCEIN, Oriane de SALABERRY, Caroline GENTELET et Aurélien MILTENBERGER

RELATIONS PRESSE ✆ 01 53 69 70 19
Jean-Mary MARCHAL

DIFFUSION ✆ 01 53 69 70 68
Eric MARTIN, Bénédicte MOULET, Jean-Pierre GHEZ, Antoine REYDELLET et Nathalie GONCALVES

DIRECTEUR ADMINISTRATIF ET FINANCIER
Gérard BRODIN

RESPONSABLE COMPTABILITE
Isabelle BAFOURD assistée de Bérénice BAUMONT et Oumy DIOUF

DIRECTRICE DES RESSOURCES HUMAINES
Dina BOURDEAU assistée de Sandra MORAIS

© ANDREA ■ERI

LE PETIT FUTE BIÉLORUSSIE 2011-2012
1re édition

NOUVELLES ÉDITIONS DE L'UNIVERSITÉ©
Dominique AUZIAS & Associés©
18, rue des Volontaires - 75015 Paris
Tél. : 33 1 53 69 70 00 - Fax : 33 1 53 69 70 62
Petit Futé, Petit Malin, Globe Trotter, Country Guides et City Guides sont des marques déposées ™®©
© Photo de couverture : IKINDI / FOTOLIA
Légende : Eglise de pierres blanches
ISBN - 9782746931183
Imprimé en France par
IMPRIMERIE CHIRAT - 42540 Saint-Just-la-Pendue
Dépôt légal : Novembre 2010
Date d'achèvement : Novembre 2010

Pour nous contacter par email, indiquez le nom de famille en minuscule suivi de @petitfute.com
Pour le courrier des lecteurs : country@petitfute.com

САРДЭЧНА ЗАПРАШАЕМ У БЕЛАРУСЬ !

Bienvenue en Biélorussie ! Ce petit pays coincé entre la Pologne et la Russie demeure encore un mystère pour la plupart des Européens. En 1991, suite à la dissolution de l'Union soviétique, il devient indépendant pour la première fois de son histoire. Au carrefour de l'Occident et de l'Orient, de la culture européenne et du monde slave, la Biélorussie est une synthèse de ces deux mondes. Souvent ignorée par les médias et mise à l'écart par la communauté internationale, derrière les stéréotypes Loukachenko-Tchernobyl, la Biélorussie cache l'image d'un pays accueillant et captivant. Le « pays aux yeux bleus », ainsi appelé en raison de ses nombreux lacs, offre à ses visiteurs un paysage idyllique : campagnes verdoyantes parsemées de nids de cigognes, forêts à perte de vue, lacs aux eaux cristallines. Impossible de le nier : le vrai trésor de la Biélorussie est avant tout ses magnifiques paysages, sauvages et pittoresques ! Encore à l'écart des parcours du tourisme de masse, elle garde l'authenticité des villages, des villes et de la population. C'est le cas surtout dans les zones rurales où le temps semble ralenti, où l'hospitalité des gens et leurs traditions semblent préservées. Tout y est spontané : une nature sauvage et luxuriante, les petites maisons colorées des villages de campagne qui poussent comme des champignons au milieu des forêts, les vestiges de châteaux et résidences de nobles disséminés dans le pays, des gens bienveillants et généreux. La richesse de sa culture et de son histoire participe à une découverte envoûtante. Les Biélorusses sont flattés, presque émus, que des étrangers prennent le temps de visiter leur pays et s'intéressent à leur culture. L'accueil que l'on vous réservera sera inégalable!

Federica Visani

REMERCIEMENTS. *Merci à Valeria Klicunova de l'association Rural Belarus, à Vladimir Lomako, à Julia Zelenskaia de l'office de tourisme de Minsk, au père Alexandre Švecov à Polock, à Elena Žiznevskaia et Antonina Dajneko à Vitebsk, à Sergei Koleda et Vitold Ivanovski à Grodno, au père Aleksei Vasin à Žirovići, à Natalia Michal'čuk à Brest. Enfin, merci à tous mes hôtes et à tous ceux qui ont contribué à mes découvertes, en particulier à la famille Puškin à Minsk/Mstislavl', à Ihar Drako et à mes amis, Mitya P. et Saša B. qui m'ont aidée à voir un visage différent de la Biélorussie.*

Sommaire

INVITATION AU VOYAGE

DÉCOUVERTE

MINSK ET SES ENVIRONS

BREST ET SA RÉGION

© ANDREA NERI

Campagne de la Polésie.

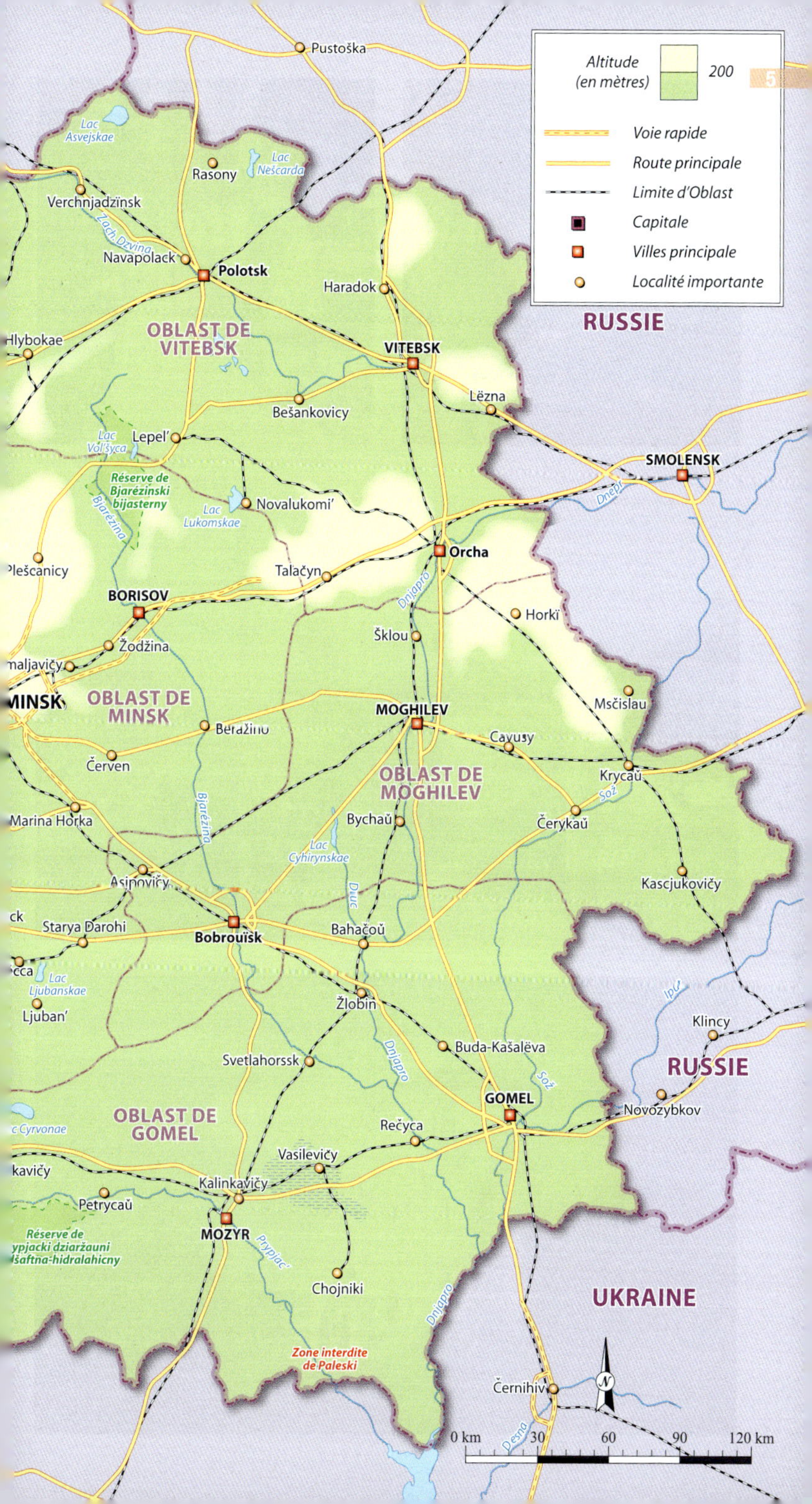
Altitude (en mètres)
200
Voie rapide
Route principale
Limite d'Oblast
Capitale
Villes principale
Localité importante
RUSSIE
Pustoška
Lac Asvejskae
Rasony
Lac Neščarda
Verchnjadzïnsk
Zach. Dzvina
Navapolack
Polotsk
Haradok
OBLAST DE VITEBSK
Hlybokae
VITEBSK
Lëzna
Bešankovicy
Lac Vol'šyca
Lepel'
Réserve de Bjarézinski bijasterny
SMOLENSK
Dnepr
Bjarézina
Lac Lukomskae
Novalukomi'
Orcha
Pleščanicy
Talačyn
BORISOV
Dnjapro
Horkï
Žodžina
Šklou
MINSK
OBLAST DE MINSK
MOGHILEV
Mščislau
Beražino
Cavusy
Červen
OBLAST DE MOGHILEV
Krycaŭ
Sož
Marina Horka
Bychaŭ
Čerykaŭ
Bjarézina
Lac Cyhirynskae
Asipovičy
Drut
Kascjukovičy
Starya Darohi
Bobrouïsk
Bahačoŭ
Lac Ljubanskae
Ljuban'
Žlobin
Ipu'
Klincy
Buda-Kašalëva
Svetlahorssk
Dnjapro
RUSSIE
Sož
GOMEL
Novozybkov
OBLAST DE GOMEL
Rečyca
Vasilevičy
Kalinkavičy
Petrycaŭ
MOZYR
Réserve de
Prypjac'
Chojniki
UKRAINE
Dnjapro
Zone interdite de Paleski
Černihiv
N
Desna
0 km
30
60
90
120 km

Minsk à la belle étoile !

La Biélorussie est fière de ses traditions folkloriques.

Arbres en fleurs à Slonim.

Les plus de la Biélorussie

Une destination originale et authentique

Célèbre en époque soviétique pour ses maisons de cure situées au milieu des forêts et destination privilégiée d'un tourisme soviétique de type « sanitaire », la Biélorussie est aujourd'hui loin d'avoir été prise d'assaut par le tourisme de masse. Encore à l'écart des parcours du tourisme traditionnel, le pays se présente aux visiteurs dans toute son authenticité. Même si les grandes villes tendent à évoluer rapidement et à s'adapter aux changements, le reste du pays garde l'originalité des villages, des villes et de la population, ainsi que le charme d'une nature vierge. C'est le cas surtout dans les zones rurales où le temps semble ralenti, où la nature comme l'hospitalité des gens et leurs traditions sont préservées. Tout y est spontané et vrai : une nature sauvage et luxuriante, les ravissantes petites maisons des villages de campagne au milieu des forêts, les ruines de châteaux et résidences comme tout droit sorties de contes de fées et de légendes, les gens bienveillants et généreux. Aux marges de l'Europe, bien que géographiquement la Biélorussie en soit le centre, ce pays n'est pas loin d'être le plus méconnu des Européens.

Une nature généreuse

Forêts, lacs, fleuves, rivières, plaines à perte de vue et marécages... La Biélorussie est un paradis de verdure ! Plus d'un tiers du territoire est recouvert par des forêts. La nature tient une place importante dans le cœur des Biélorusses qui ne renoncent à des bouts de forêts, même en centre-ville ! Les villes biélorusses regorgent d'espaces verts. Et une fois sorti de la ville, on se retrouve automatiquement au milieu d'une forêt... Surnommée le « pays aux yeux bleus » pour l'abondance de ses lacs, ou encore « le poumon vert » de l'Europe pour les vastes régions marécageuses de la Polésie, la Biélorussie saura séduire tous les amoureux de la nature. Riche en parcs et réserves naturelles, ce pays enchante ses visiteurs par la douceur et l'harmonie de ses paysages où l'on trouve une flore variée et une faune presque inexistante dans le reste de l'Europe, tels que des bisons, des loups et une variété ornithologique extraordinaire.

Une population cordiale et accueillante

Les Biélorusses sont des gens du Nord. Silencieux, patients, calmes, même s'ils

Fête populaire de Mogilev.

peuvent paraître assez réservés de prime abord ils dévoilent très vite un grand sens de l'accueil et de la solidarité, se révélant un peuple extrêmement hospitalier et de véritables bons vivants.

Partout, vous trouverez des gens prêts à vous aider, à vous indiquer votre chemin et à vous inviter chez eux. On dit des Biélorusses qu'il est presque impossible de les mettre en colère. Ravagée par de nombreuses guerres au fil des siècles, la Biélorussie s'est forgée une solide réputation de tolérance et de résistance dont ses habitants sont très fiers.

Un carrefour d'histoires et cultures

L'histoire de la Biélorussie est très complexe du fait des innombrables occupations et partages qu'a connu le pays. Etat-tampon entre l'Orient, représenté par la Russie, et l'Occident, évoqué par la Pologne, la culture biélorusse est imprégnée de ces deux univers. L'architecture byzantine, typique de la Russie, s'associe de façon harmonieuse au style gothique de l'Europe occidentale, enrichi de touches de classicisme, de baroque et de moderne.

Les vestiges ayant survécu à la destruction tragique de la Seconde Guerre mondiale et évoquant le mélange de cultures passées s'associent à une architecture stalinienne dominante dans les grandes villes, expression du passé soviétique. Creuset de peuples et de religions, déjà au XVe siècle, catholiques, orthodoxes, juifs et musulmans y cohabitaient pacifiquement. Il n'est pas rare de trouver dans la même ville une église orthodoxe, une église catholique, une synagogue et une mosquée ! En plus d'un folklore qui reste très présent, notamment dans les régions de la Polésie.

Une destination abordable

Le coût de la vie est très faible pour le touriste en Biélorussie. Les prix y restent abordables même pour les petites bourses. Les activités sportives, les sorties culturelles, les visites, les déplacements, les achats de souvenirs, la restauration et les sorties nocturnes sont sensiblement moins chers qu'en France. En revanche, l'hébergement peut s'averer assez coûteux au regard des prestations et du coût de la vie locale, notamment à Minsk.

Un terrain de jeu idéal pour les loisirs et activités de plein air

Ses grands espaces boisés font de la Biélorussie un lieu très prisé des amoureux de la nature et du tourisme actif. On ne peut pas imaginer un voyage en Biélorussie sans au moins une excursion dans une de ses réserves naturelles. Sports nautiques, randonnées à pied, en vélo ou à cheval sont faciles à organiser. Chasseurs et pêcheurs trouveront sûrement leur bonheur dans les innombrables réserves qui leurs sont destinées. Enfin, la cueillette des champignons et des baies est garantie !

Partie de pêche à Mogilev.

Fiche technique

Argent

Monnaie

La devise locale est le rouble biélorusse, symbole BYR. Il se divise en 100 kopeks, mais il n'existe pas de pièces. Le rouble biélorusse existe en coupures de 10, 20, 50, 100, 500, 1 000, 5 000, 10 000, 20 000, 50 000, 100 000. Au 1er octobre 2010, le taux de change était le suivant :

- **1 000 BYR** = 0,25 € • 1 € = 3 917 BYR.
- **1 000 BYR** = 0,33 CHF • 1 CHF = 2 971 BYR.
- **1 000 BYR** = 0,34 CA$ • 1 CA$ = 2 904 BYR.

Idées de budget

Les grandes variables du budget sont l'hébergement et la durée du séjour à Minsk (capitale bien plus onéreuse que le reste du pays).

- **Petit budget :** 25 €/jour/personne, logement, nourriture et faux frais.
- **Budget moyen :** 40 €/jour/personne, ce qui permet de se loger correctement, de bien manger et de profiter des activités qu'offre le pays.
- **Budget élevé :** entre 80 et 100 €/jour/personne, on peut mener une vie de roi, à condition de ne pas tout dépenser pour le logement.

La Biélorussie en bref

Le pays

- **Nom officiel :** république du Bélarus.
- **Capitale :** Minsk (1 835 000 hab.).
- **Superficie :** 207 600 km^2.
- **Distance nord-sud max :** 560 km.
- **Distance est-ouest max :** 650 km.
- **Frontières :** 2 969 km, dont 143 km avec la Lettonie, 462 km avec la Lituanie, 399 km avec la Pologne, 990 km avec la Russie et 975 km avec l'Ukraine.
- **Point culminant :** le mont Dzeržinskij (345 m au-dessus du niveau de la mer), à 30 km à l'ouest de Minsk.
- **Villes importantes :** Gomel' (499 000 hab.), Mogilev (372 000 hab.), Vitebsk (356 000 hab.), Grodno (338 000 hab.), Brest (318 000 hab.).

Le drapeau biélorusse

Adopté le 7 juin 1995, le drapeau actuel de Biélorussie remplace le drapeau tricolore horizontal blanc-rouge-blanc, choisi en 1991 au moment où le pays déclara son indépendance de l'Union soviétique. Il évoque le drapeau de la république socialiste soviétique de Biélorussie, établi en 1951. Ce dernier était semblable, à l'exception du coin supérieur gauche du bandeau rouge sur lequel figuraient une étoile, une faucille et un marteau de couleur jaune. La couleur rouge symbolise le sang versé par les défenseurs de la Biélorussie. C'est la couleur des mercenaires biélorusses qui, en 1410, défirent les chevaliers Teutoniques lors de la bataille de Grünwald. C'est également la couleur de l'armée rouge et des divisions de partisans biélorusses qui combattirent les troupes nazies pendant la Seconde Guerre mondiale. Le vert représente les forêts et les prés du pays. Le motif géométrique qui orne le bandeau vertical blanc est typiquement biélorusse et symbolise l'unité du peuple biélorusse, ainsi que son riche héritage culturel.

- **Forêts :** 34 % du territoire (bouleaux, pins, sapins), dont la plus connue est la forêt primaire Belovežskaja (957 km^2). Le 13 % de la Biélorussie est constitué de marécages, concentrés notamment dans la région de la Polésie.
- **Lacs :** le pays est ponctué de plus de dix mille lacs. Les principaux : Naroč (79,6 km^2), Osveja (52,8 km^2), Červonoe (40,3 km^2), Lukomskoe (37,7 km^2).
- **Fleuves et rivières :** environ 20 000 fleuves. Les principaux : Dnepr (690 km en Biélorussie), Dvina occidentale (328 km en Biélorussie), Niemen (459 km en Biélorussie), Pripyat (495 km en Biélorussie), Berezina (613 km).

Repas familial à la campagne.

- **Densité de population :** 47 hab./km².
- **Langues parlées :** biélorusse (langue officielle), russe (langue officielle), ukrainien, polonais, lituanien.
- **Religion :** orthodoxe (80 %), catholique (17,7 %), autre (2,3 %).

La population

- **Population totale :** 9 489 000 (estimation 2009) dont 74 % en milieu urbain et 26 % en milieu rural.
- **Composition :** 81,2 % de Biélorusses, 11,4 % de Russes, 3,9 % de Polonais, 2,4 % d'Ukrainiens, 0,3 % de Juifs, 0,8 % autres.
- **Espérance de vie :** 64 ans pour les hommes, 76 ans pour les femmes.
- **Taux de natalité :** 9,7 ‰ (en 2009).
- **Taux de mortalité :** 13,6 ‰ (en 2009).
- **Taux de mortalité infantile :** 6,4 ‰ (en 2009).
- **Taux de fécondité :** 1,2 enfant par femme (en 2009).
- **Taux d'alphabétisation** : 99,6 % (en 2009).
- **Diaspora :** environ trois millions de Biélorusses vivent à l'étranger, notamment en Russie, en Pologne, en Ukraine et aux Etats-Unis.

Politique et économie

- **Nature du régime :** démocratie présidentielle.
- **Fêtes nationales :** 15 mars (entrée en vigueur de la Constitution de 1994), 2 avril (jour de l'union des peuples russe et biélorusse), 9 mai (la victoire sur les nazis en 1945), 3 juillet (fête de l'indépendance. Il s'agit de la libération de Minsk de l'occupation nazie en 1944).
- **Constitution :** 15 mars 1994.
- **Président de la République :** Aljaksandr Lukashenka (élu pour la première fois le 10 juillet 1994, réélu le 19 mars 2006 pour un troisième mandat de cinq ans).
- **Divisions administratives :** le territoire de la Biélorussie est divisé en six régions, qui à leur tour sont subdivisées en districts pour un total de 118. Minsk a le statut spécial de ville-capitale.
- **PIB :** 95 830 millions $ USD (en 2009).
- **PIB/habitant :** 9 800 millions $ USD (en 2009).
- **Croissance du PIB :** 9 % (en 2009).
- **Repartition par secteur :** secteur primaire 10 %, secteur secondaire 40 %, secteur tertiaire 50 %.
- **Salaire moyen :** 300 € par mois.
- **Principaux partenaires commerciaux :** Russie, Allemagne, Pays-Bas, Ukraine, Lettonie, Pologne.
- **Inflation :** 14,8 % (en 2009).
- **Chômage :** 1,6 % (en 2009).
- **Principales ressources économiques :** raffinement ; machines à outils, produits chimiques, engrais, véhicules à moteur ; agriculture (orge, blé, seigle, pommes de terre) ; élevage (bovins, porcins, volailles).

- **Ressources naturelles :** forêts, gisements de tourbe, petites quantités de pétrole et gaz naturel, granite, calcaire, marne, craie, sable, gravier, argile.

Téléphone

- **Code pays :** l'indicatif téléphonique de la Biélorussie est le 375.
- **Indicatifs régionaux :** la plupart du temps à 3 chiffres, ils peuvent parfois comporter 4 ou même 5 chiffres. Ils sont systématiquement spécifiés dans ce guide.
- **Téléphoner de France en Biélorussie :** 00 + code pays + indicatif ville + les 6 ou 7 chiffres du numéro (ex : pour appeler Minsk 00 + 375 + 17 + 456 78 90).
- **Téléphoner de Biélorussie en France :** 8 + 10 + 33 + indicatif régional sans le 0 + les 8 chiffres du numéro local (ex : pour appeler Paris 8 + 10 + 33 + 1 + 12 34 56 78).
- **Téléphoner de Biélorussie en Biélorussie :** code de la localité (si nécessaire) + numéro de votre correspondant.
- **Appeler depuis un portable biélorusse :** 8 + code de la localité + numéro de votre correspondant.

Décalage horaire

GMT + 2h. Par rapport à la France métropolitaine, compter une heure de plus de décalage. Donc, quand il est 15h à Paris, il est 16h à Minsk.

Formalités

Un passeport en cours de validité et un visa touristique délivré par les services consulaires de l'ambassade de la Biélorussie sont nécessaires.

Climat

Par sa position géographique, la Biélorussie offre un climat continental modéré, frais et humide. L'hiver est long et rigoureux, avec de fortes chutes de neige.
Le brouillard est persistant de la mi-octobre à la fin janvier. Le printemps ne dure que le mois de mai. Juillet est le mois le plus chaud. Les précipitations les plus importantes tombent au mois d'août, souvent sous la forme d'averses orageuses en fin de journée.
Du fait de sa position septentrionale, les journée d'été y sont particulièrement longues, en particulier au mois de juin. Les températures moyennes sont de -10 à -15 °C en hiver, et de +23-25 °C en été.

Saisonnalité

La meilleure période pour voyager en Biélorussie va de la mi-mai à octobre. Les températures sont généralement douces, voire chaudes en plein milieu de l'été.
Le spectacle du réveil de la nature après le long hiver est magnifique : des forêts généreuses et verdoyantes, des plaines à perte de vue, lacs et fleuves qui brillent sous le soleil. Au mois de septembre, la Biélorussie se revêt des couleurs de l'automne offrant au visiteur un paysage très romantique.
La période la moins favorable s'étend de novembre à décembre et de mars à début avril. L'automne est gris, sombre et très humide. La fin de l'hiver est faite de neige mouillée et de flaques énormes.
Pour profiter de la neige et des sports d'hiver, les meilleures périodes sont les mois de janvier et février : neige, grands froids et beaucoup de soleil.

Minsk

Janvier	Février	Mars	Avril	Mai	Juin	Juillet	Août	Sept.	Octobre	Nov.	Déc.
-13°/ -7°	-11°/ -4°	-7°/ 1°	2°/ 11°	8°/ 18°	11°/ 22°	12°/ 23°	12°/ 22°	8°/ 17°	4°/ 11°	-1°/ 3°	-8°/ -3°

Idées de séjour

La Biélorussie est un pays qui demande d'être découvert, exploré, parcouru. Si vous disposez de peu de temps, étant donné sa proximité géographique, un week-end long vous permettra sûrement de recevoir un premier aperçu du pays qui comprendra la visite de Minsk et de ses alentours ou bien de Grodno et de ses environs. Malgré les sites culturels et historiques certainement intéressants, toutefois, le vrai trésor de la Biélorussie est ses incroyables beautés naturelles et ses habitants. Pour pouvoir donc vraiment apprécier le pays il est impératif d'y séjourner au moins dix jours ! Nous vous proposons donc deux types de séjour, dix jours et trois semaines. Bien sûr la Biélorussie possède assez de richesses et activités pour prolonger l'aventure ! Des séjours thématiques vous guideront selon vos centres d'intérêt. L'été est propice à la découverte de la Biélorussie, de préférence juin et juillet. Il fait chaud et la nature est en fleur. De plus, la Biélorussie étant très au nord, les journées sont très longues. Voilà qui vous laisse du temps pour profiter de votre séjour ! Quel que soit votre parcours, nous vous conseillons vivement de louer une voiture. Cela vous permettra de vous arrêter librement au gré des découvertes.

Séjour court : découverte en 10 jours

Idéale pour une première approche du pays, cette boucle en 10 jours permet de visiter les incontournables du pays en moins de deux semaines.

- **Jour 1.** Visite de Minsk. Revivez l'histoire soviétique avec une promenade sur le pr. Nezavisimosti, véritable joyau du style de l'Empire stalinien. A la hauteur de la place Oktjabrskaja descendre vers le fleuve Svisloč en passant par la ville haute (Verchnij gorod) et le faubourg Rakovskoe. A ne pas manquer : l'hôtel de ville et la cathédrale avec son belvédère duquel s'ouvre une vue magnifique sur Minsk, le Svisloč et le Troickoe predmest'e. Louez un petit bateau pour une petite promenade sur le fleuve, contournez l'île aux Larmes. La nuit, le nouvel immeuble de la bibliothèque s'allume de mille lumières. Il mérite sans doute d'être visité.

- **Jour 2.** Réservez ce jour pour des excursions aux environs de Minsk. Le matin, rendez-vous à Ozerco, à une quinzaine de kilomètres au sud-ouest de Minsk, où se trouve le musée de l'Architecture et de la Vie paysanne. Ce musée en plein air réunit des exemples d'architecture en bois, provenant de tous les coins de Biélorussie : maisons, entrepôts, moulins, églises. Consacrez l'après-midi au musée en plein air de Dudutki, dans le village de Ptič', au sud de Minsk. Ce musée reproduit le décor et les métiers traditionnels du village biélorusse du XIXe siècle. Vous pouvez aussi y louer des vélos pour faire un tour dans la campagne alentour.

- **Jour 3.** Mir et Nesviž. Situés à une centaine de kilomètres au sud-ouest de Minsk, sur la route vers Brest, Mir et Nesviž sont peut-être les deux majeurs sites historiques biélorusses, les deux sites classés au patrimoine de l'Unesco et liés à la puissante famille noble des Radziwill. Au programme la visite de la charmante petite ville de Mir avec sa forteresse et de Nesviž avec son magnifique palais du XVIe siècle et l'église du Corpus-Christi. Immergez-vous donc dans ce paysage culturel de grande beauté et à la profonde valeur historique !

- **Jour 4.** Slonim et Žiroviči. Situé à la mi-chemin entre Minsk et Brest, Slonim a gardé plusieurs immeubles et églises des XVIIe et XVIIIe siècles, dont une vieille synagogue. A quelques kilomètres de Slonim, Žiroviči vaut sûrement le détour. Ce petit village au milieu des forêts est le centre spirituel du pays. Il héberge le plus grand monastère orthodoxe de toute la Biélorussie. Dans la cathédrale Uspenskij est conservée une icône de la Vierge datant de la fin du XVe siècle en l'honneur de laquelle le monastère fut bâti.

- **Jour 5.** Brest. Le symbole de cette ville, située à la frontière avec la Pologne et fortement endommagée pendant la Seconde Guerre mondiale, est sa forteresse du XIXe siècle, premier bastion soviétique contre l'avancée de l'Allemagne nazie. Aujourd'hui, la forteresse est un mémorial émouvant de la Seconde Guerre mondiale dans lequel des monuments soviétiques au courage et à la valeur militaire et civile s'associent harmonieusement aux ruines en brique rouge de la forteresse. A ne pas rater !

- **Jour 6.** Kamenec et la forêt Belovežskaja pušča. En sortant de Brest en direction nord vers la Belovežskaja pušča, arrêtez-vous dans la petite ville de Kamenec. Vous y visiterez une superbe tour romane du XIIIe siècle. Si ce type de construction abondait dans les villes biélorusses au Moyen Age, aujourd'hui il ne reste que la tour de Kamenec qui est considérée comme le symbole de la Biélorussie. Poursuivez jusqu'à la Belovežskaja pušča. Dernière forêt primaire d'Europe, elle a une flore et une faune uniques en Europe. Régalez-vous avec une belle promenade à la recherche de chênes de 600 ans et de la plus grande population de bisons d'Europe.

Jour 7. Grodno. C'est sûrement la ville biélorusse qui a le mieux su préserver son centre historique. Promenez-vous dans les petites rues du centre, visitez les églises catholiques qui donnent sur la place Sovetskaia, les châteaux Staryj zamok et Novyj zamok, la vieille synanogue. La perle de la ville est l'église orthodoxe Kaložskaja, datant de la première moitié du XIIe siècle. L'église se trouve sur une colline qui domine le fleuve Neman, que les habitants de Grodno appellent affectueusement « bat'ka » (petit père).

Jour 8. Le canal Avgustovskij. Situé à la frontière avec la Pologne, ce coin pittoresque de Biélorussie est totalement méconnu. Bâti au début du XIXe siècle et récemment restauré, le canal part de la Pologne, traverse la Biélorussie et se jette dans le fleuve Nieman. La partie biélorusse présente quatre écluses et est navigable. Le paysage autour est magnifique : des petits villages et la forêt Avgustovskij, plongés dans le silence et dans une paix presque irréelle. Sur le canal on peut faire du rafting ou bien louer un bateau pour se promener jusqu'à la frontière avec la Pologne.

Jour 9. Novogrudok. Ancienne capitale du grand-duché de Lituanie XIIIe et XIVe siècles, aujourd'hui Novogrudok est une sommeillante petite ville de province au charme incontestable. Visitez les ruines du château, situées sur la colline de Mindovg : devant vous s'ouvrira un panorama époustouflant sur la ville de Novogrudok, ses maisons colorées et sur l'église catholique de la Transfiguration. Novogrudok est la ville natale du poète Adam Mickiewicz et on y trouve un musée dédié à sa vie et à son œuvre. De Novogrudok, vous pouvez aisément rejoindre Ljubča. Le centre d'intérêt de ce village minuscule sont les ruines du château du XVIIe siècle.

Jour 10. Retour à Minsk. Flânez par les ruelles du Troickoe predmest'e à la recherche de la vieille ville de la fin du XIXe siècle. Découvrez la peinture biélorusse en visitant le musée des Beaux-Arts.

Séjour long : la Biélorussie en 3 semaines

Cet itinéraire propose un tour presque complet du pays en 3 semaines et englobe l'essentiel des grands sites naturels et historiques du pays. Toutefois, il ne comprend pas les régions lointaines de Mogilev et de Gomel'. Si la visite du pays entier vous tente, il faut envisager un voyage d'un mois et demi.

Jours 1 et 2. Visite de Minsk et de ses environs (Ozerco et Dudutki).

Jour 3. Visite de Mir et de Nesviž. C'est l'excursion d'une journée. Les deux villes peuvent être facilement rejointes de Minsk.

Jour 4. Vitebsk. Quittez Minsk pour rejoindre Vitebsk, la ville de Marc Chagall. Vous y visiterez la maison où le peintre a vécu avec sa famille et le musée de Marc Chagall avec sa riche collection d'œuvres graphiques. Faites une belle promenade dans le centre historique et dans ses rues piétonnes qui vous donneront un aperçu de comment était Vitebsk au XIXe siècle.

Jour 5. Polock. Les Biélorusses considèrent Polock comme le berceau spirituel, culturel et politique du pays. Au bord de la Dvina occidentale, cette ville ancienne garde le charme d'antan. Au programme, la visite du monastère de la sainte Ephrosinia Polockaja, l'église de la Sainte Sophia et une belle promenade par la rue Nižne-Pokrovskaja.

Cathédrale de Sainte-Sophie à Polock.

- **Jours 6 et 7.** Les lacs de Braslav. Tout au nord du pays, à la frontière avec la Lituanie, ce parc est un paradis de lacs et de forêts de pins et de sapins à perte de vue. Regalez-vous avec un petit séjour au milieu de cette nature sauvage et captivante. L'idéal est de loger chez l'habitant qui vous aidera à découvrir la beauté de ce coin unique.
- **Jours 8 et 9.** Parc Naročanskij, Golšany, Krevo. En descendant des lacs de Braslav vers le sud-ouest, vous traverserez le parc Naročanskij. Longez donc le lac Naroč et ensuite le lac Svir', plongé dans une atmosphère de paix totale. Pas loin de là, visitez les villages de Krevo et Golšany. Autrefois, ils étaient des centres culturels et économiques prospères du grand-duché de Lituanie. Aujourd'hui, de ce passé glorieux ne restent que les vestiges de leurs châteaux anciens entourés par une nature verdoyante et plongés dans une atmosphère de magnifique décadence.
- **Jours 10 à 12.** Visite de Grodno et du canal Avgustovskij.
- **Jours 13 à 15.** Visite de Slonim, Žiroviči, Novogrudok, Ljubča.
- **Jour 16.** Visite de Brest.
- **Jour 17.** Visite de Kamenec et de la forêt Beloveźskaja.
- **Jours 18 à 20.** La Polésie : Pinsk, Kudriči et le parc Pripjatskij. Cette région de marais, prairies et chênaies séculaires vous séduira. Dédiez une journée à Pinsk, la « perle de la Polésie », et au village typique de Kudriči, situé au milieu des marais à quelques kilomètres de Pinsk. Ensuite, passez deux jours à explorer le parc Pripjatskij où est préservé l'écosystème unique de la Polésie et où ceux qui apprécient le *birdwatching* pourront satisfaire toutes leurs envies.
- **Jour 21.** Retour à Minsk et départ.

Séjours thématiques

Nature et tourisme actif dans les parcs naturels

La nature occupe une place fondamentale dans la vie des Biélorusses dont le lien avec la terre est très fort. Au printemps, s'ouvre la saison des jardins potagers.
En été, les forêts sont prises d'assaut par les passionnés de la cueillette de champignons et de baies. D'ailleurs, le pays abonde en zones vertes et en parcs naturels ce qui fait de la Biélorussie un vrai bijou pour les amoureux de la nature ! Des nombreuses possibilités sont offertes pour pratiquer diverses activités et vous regénérer au contat de la nature.

- **Pêche.** Que ce soit en lac ou en rivière, tous les Biélorusses sans exception sont pêcheurs. Ce qui ne doit pas étonner : en Biélorussie on trouve quelques milliers de lacs et de cours d'eau peuplés de truites, saumons, perches, carpes, brochets, écrevisses, etc. Le permis de pêche est nécessaire. Vous l'aurez pour une somme modique dans les offices des parcs ou auprès des agences de voyages qui se chargent de l'organisation de votre séjour. Généralement, dans les offices des parcs, il est aussi possible de louer tout le nécessaire pour la pêche.
- **Chasse.** Voilà un grand classique du tourisme en Biélorussie. Forte de son environnement naturel exceptionnel et d'une profusion d'animaux unique en Europe, la Biélorussie depuis des siècles attire des chasseurs de toute l'Europe. Elle propose aux passionnés une grande variété de chasse : chasse au sanglier, au loup, au cerf, au chevreuil, à la bécasse, au grand tétras et au tétras lyre, et même au bison ! Les licences s'achètent dans les offices des parcs.
- **Rafting ou canoë.** Sur le canal Auguste, sur le Niémen, sur le Pripyat', sur les lacs de Braslav... Il n'y a que l'embarras du choix ! Renseignez-vous à l'office du tourisme de Minsk pour les adresses des agences qui louent l'équipement nécessaire.
- **Randonnées à pied ou à vélo** à travers les parcs naturels. Les altitudes du pays rendent les randonnées accessibles à tous. C'est la façon idéale pour découvrir la variété de la flore et de la faune en Biélorussie et pour plonger dans sa nature sauvage. Et pour la nuit, tente et sac de couchage !

La Biélorussie médiévale

Ce circuit de huit ou dix jours vous permettra de plonger dans le passé biélorusse et de visiter ce qui reste des châteaux du grand-duché de Lituanie. Golšany, Krevo, Lida, Novogrudok, Ljubča, Mir, Nesviž, Ružany, autrefois des centres importants où résidait la noblesse du grand-duché, ils sont aujourd'hui de jolis villages pleins de charme où l'on trouve les vestiges des anciennes fortifications. Ce circuit permet de combiner la visite des sites principaux du Moyen Age biélorusse à un paisible séjour dans la campagne du pays.

L'« Astrologue » au centre de la place des Étoiles à Mogilev.

La Biélorussie en 20 mots-clés

Artisanat

Fort d'une tradition séculaire, le savoir-faire artisanal est très répandu en Biélorussie, surtout dans les campagnes où la broderie et le travail du fer et du bois sont très populaires. Dans sa version folklorique, l'artisanat s'est aussi adapté au tourisme. On trouve dans les boutiques des principales villes du pays des objets en bois, en paille, en céramique, des tissus brodés, du lin, des sculptures en terre cuite, des paniers tressés... A Dudutki, vous pourrez assister à la fabrication des principaux objets de l'artisanat biélorusse dans des ateliers où les métiers anciens sont bien vivaces.

Bison

Le bison est le symbole de la Biélorussie, et à juste titre ! La forêt Beloveža, dans l'ouest du pays, se targue d'abriter la plus grande population de bisons européens. On y dénombre en effet plus de 300 individus sur une population de 3 000 dans le monde ! Il y a encore mille ans, les troupeaux de bisons parcouraient l'Europe entière jusqu'au Caucase. La chasse, mais aussi le défrichage et le développement des activités agricoles finirent par décimer les troupeaux. Les derniers bisons qui vivaient à l'état sauvage dans la forêt Beloveža ont disparu à la fin de la Première Guerre mondiale. Dans les années 1950, plusieurs bêtes ont été réintroduites. Aujourd'hui, la plupart des bisons vit de la forêt à nouveau à l'état sauvage, une vingtaine étant gardés dans des enclos pour y être vus par les visiteurs. On ne manquera par de rapporter en souvenir du bison de Biélorussie une bonne bouteille d'eau-de-vie « Zubrovka », l'eau-de-vie des bisons (de *zubr* qui signifie « bison » en russe). La tradition biélorusse attribue des pouvoirs curatifs au chaleureux liquide. Plus communément, cette vodka doit sa réputation à l'herbe de bison que l'on emploie pour l'aromatiser, une plante assez rare qui pousse naturellement dans la forêt Beloveža. D'un arôme délicat et très caractéristique, elle est récoltée pendant une courte période de l'été. Une fois séchée, elle est utilisée lors de la distillation de l'eau-de-vie de grain.

Boulba

Combien de poésie dans ce mot biélorusse qui résume la quintessence de la cuisine traditionnelle du pays ! Rendez-vous dans une *boulbjanaja* pour goûter des bons plats à base de *boulba*, la noble pomme de terre. Garniture ou plat principal, frite, cuite au four ou simplement à l'eau, la pomme de terre est omniprésente sur la table biélorusse et, bien sûr, dans les jardins potagers de chaque famille qui se respecte. Les Biélorusses en consomment des quantités industrielles tant et si bien qu'on les appelle affectueusement *boulbaši* : mangeurs de pommes de terre. Impossible de résister à une assiette de *draniki*, le plat national biélorusse, de délicieux beignets à base de pommes de terre et d'oignons qu'on peut consommer comme entrée ou plat principal.

Bureaucratie

La Biélorussie a gardé le système bureaucratique soviétique. Une expérience à la frontière ou à l'accueil d'un hôtel sera révélatrice. Files aux guichets, bureaux fermés pour « pause technique », petits papiers, tampons partout : si les Biélorusses y sont habitués, le visiteur aura l'occasion de revivre des atmosphères tout à fait kafkaïennes dans ses démarches administratives *in situ*... Un conseil : prendre son mal en patience, avec un détachement emprunt de fatalisme et au fond un regard presque amusé sur le charme suranné de la bureaucratie soviétique.

Campagnes

La nature en Biélorusse est généreuse et les campagnes sont vraiment magnifiques. Elles ont gardé le charme du passé. Après quelques jours, vous ne serez plus surpris de rencontrer dans la rue un cheval attelé à des vieilles charrettes chargées de paille, des femmes en train de transporter des seaux d'eau remplis dans le puits du village ou encore des hommes poussant des charrues désuètes accrochées à un cheval. Dans les villages, les maisons sont en bois, peintes en jaune, vert, rouge ou bleu, toujours entourées d'un jardin fleuri et d'un potager riche en fruits et légumes. Généralement dépourvues d'eau courante, elles sont souvent flanquées d'une cabane de sauna qui fait office de salle de bains. Devant les maisons, des vieilles femmes (*babouchkas*) papotent assises sur un banc et regardent les gens qui passent. Prenez votre temps et offrez-vous un petit séjour dans l'un des charmants villages que vous ne manquerez pas de traverser, les maisons d'hôtes y sont nombreuses et l'expérience inoubliable.

Champignons

Le pays est connu pour son impressionnante variété et quantité de champignons comestibles. On trouve des cèpes, des girolles, des chanterelles et autres délices en quantité insoupçonnable. Profondément liés à la nature et à ses fruits, les Biélorusses sont de véritables accros de la cueillette ! La meilleure période pour la récolte coïncide avec les mois d'août et de septembre. Profitant des températures encore douces, les Biélorusses prennent d'assaut les forêts et en reviennent avec des paniers bien remplis. Séchés ou marinés, les provisions pour l'hiver sont vite faites ! Si la cueillette ne vous tente pas, faitez un tour sur les marchés : vous y trouverez partout des champignons qui viennent juste d'être récoltés.

Chasse et pêche

La richesse de forêts, lacs, fleuves et zones marécageuses combinée à la très faible densité de population font de la Biélorussie un lieu privilégié pour pratiquer la chasse et la pêche. Nombreuses sont les réserves où vous pouvez pratiquer la chasse au sanglier, au cerf, au chevreuil, au loup, au renard, et bien sûr emporter chez vous votre trophée ! Les conditions pour venir chasser en Biélorussie sont assez simples. Il suffit d'être en possession d'un permis de chasse de son pays et de l'accord obtenu par l'agence en charge de l'organisation de votre séjour, régulièrement enregistré au ministère des Domaines forestiers. Quant à la pêche, c'est sans conteste le sport national ! Il n'y a pas d'interdiction particulière à sa pratique, sauf celle de pêcher du 1er avril au 30 mai. En Biélorussie, on pêche l'hiver aussi, à condition de maîtriser la technique de la pêche au trou dans la glace et d'avoir une bonne résistance au froid !

Cigogne

Quand les beaux jours reviennent, la campagne biélorusse se peuple de cigognes. Le célèbre oiseau est d'ailleurs l'un des symboles du pays qui, en été, est le lieu d'un des plus importants rassemblement de cigognes en Europe. Sur une zone de 100 km², ont peut dénombrer jusqu'à 100 couples de cigognes qui auront nidifié ! Juchées majestueusement sur leur nid, elles confèrent à ce paysage si doux et charmant une touche supplémentaire de romantisme. Il est impossible d'imaginer un village biélorusse sans les incontournables nids de cigognes. Beaucoup de superstitions et des traditions sont liées à celles-ci. Ici, on dit que les *busly* (appellation des cigognes en biélorusse) font le printemps, c'est pourquoi le Biélorusse n'associe à ces oiseaux que des bonnes choses et se réjouit de voir qu'une cigogne a choisi le toit de sa maison pour y construire son nid. La cigogne noire habite aussi la région. Mais à la différence de sa cousine blanche, aux toits des maisons et aux poteaux électriques, elle préfère les marais inaccessibles et se montre assez rarement.

DÉCOUVERTE

© COURTESY OF BELARUS NATIONAL TOURISM AGENCY

Pêcheurs sur le lac Naroč.

Coquetterie

En Biélorussie, hommes et femmes font très attention à leur aspect extérieur et soulignent volontiers leur *sex appeal*. Partout, et plus encore en mileu urbain, vous rencontrerez des personnes élégantes et soignées, surtout les femmes. Les Français en simple visite touristique auront du mal à défendre la réputation d'élégance et de raffinement dont la France est porteuse. Notamment en hiver, quand vous vous demanderez comment il est possible de marcher si gracieusement sur des couches de glace en portant des talons aiguilles !

Datcha

Quel bonheur cette petite maisonnette en dehors de la ville ! Les Biélorusses sont très liés à la nature et à ses rythmes et, dès qu'ils en ont la possibilité, ils se précipitent dans leur petit coin, loin du bruit et des soucis de la vie en ville. Un petit jardin avec des parterres fleuris, un potager pour planter quelques choux et des pommes de terre, un pommier pour préparer des bonnes confitures, un lac d'eau pur à proximité et c'est parti pour une journée libre, le week-end ou les vacances d'été !

Guerre

La Biélorussie est victime d'un triste paradoxe de l'histoire. Si dans son histoire, elle n'a jamais déclaré la guerre à personne, au cours des siècles, elle a été systématiquement attaquée, traversée et ravagée par les armées des Etats voisins en lutte les uns contre les autres, et ce jusqu'à la Deuxième Guerre mondiale. Cette période tragique et particulièrement douloureuse a laissé une empreinte indélébile dans la mémoire du pays. Le pays fut complètement détruit et sa population décimée avec 3 millions de victimes, soit plus d'un tiers de la population. Le front biélorusse fut le théâtre de combats d'une violence inouïe dans la guerre que se livraient à distance Hitler et Staline. Le culte entretenu autour de cette guerre, encore appelée à la manière soviétique « Grande Guerre Patriotique », bien qu'il puisse nous sembler hors d'âge, n'a rien de superficiel ou de faux. Au contraire, le deuil paraît encore récent et la guerre un spectre possible de se matérialiser à tout moment. C'est pourquoi les Biélorusses, malgré les difficultés de la vie, ne se plaignent pas : « le plus important, c'est qu'il n'y ait pas de guerre », tout le reste a finalement peu d'importance

Kolkhoze

L'indépendance de l'URSS en 1991 n'a pas entraîné la redistribution des terres qui continuent à être regroupées en kolkhoze communautaires et étatiques. La faible rentabilité de ces structures, souvent gérées dans l'ignorance la plus totale des règles de l'économie de marché, l'insuffisance des salaires et les difficultés liées à la vie à la campagne, sont à la base de l'abandon des kolkhozes. Il y a cinq ans, pour arrêter la fuite vers les villes et rendre le travail dans les kolkhozes intéressant aux yeux des jeunes, le gouvernement a entrepris la construction des *agrogorodki*, « villages agricoles » pourvus de tous les conforts, tels qu'eau courante, chauffage et téléphone dans les maisons, rues asphaltées, écoles, point médical, etc.

© ANDREA NERI

« Le Courage », sculpture principale de la forteresse de Brest.

Hospitalité

L'hospitalité n'est pas un vain mot en Biélorussie, d'autant plus à l'égard des étrangers. Spécimens rares dans les rues, les étrangers font l'objet d'une attention toute particulière. Assez timides et réservés, les Biélorusses sont toutefois très curieux de savoir comment on vit ailleurs et ce que le visiteur peut penser de leur pays. Ils seront tout simplement ravis de s'entendre dire que le visiteur apprécie son séjour. Et, bien sûr, ils feront de leur mieux pour le rendre encore plus agréable et pour aider à résoudre tout type de problème que l'on pourrait rencontrer dans leur pays. Si l'on n'arrive jamais chez un Biélorusse les mains vides, on ne repart jamais les mains vides non plus. Un pot de confiture ou de champignons fait maison, un bout de saucisson de sanglier que le voisin de la *datcha* a tué de ses propres mains, un petit livre : même si les revenus sont modestes, cela n'empêche pas les Biélorusses de recevoir généreusement leurs invités et de leur faire plaisir avec des petits gestes tellement spontanés et chaleureux que vous les apprécieriez encore plus !

Monuments commmémoratifs

Ils peuplent tous les coins du pays et rappellent les héros de la Deuxième Guerre mondiale. Les monuments prennent des formes différentes : chars, avions militaires, soldat inconnu, obélisques flanqués de l'étoile rouge au sommet… Le week-end, des cortèges de mariage se rendent auprès de ces monuments pour y laisser des fleurs et se souvenir du sacrifice enduré par le peuple entier. Les statues de Lénine sont encore très présentes, comme celles qui célèbrent les véritables héros de la révolution d'octobre, ouvriers et paysans, dont elles exaltent le courage et les vertus de travail.

Nature

La Biélorussie dispose d'un patrimoine naturel surprenant. Des forêts à perte de vue et des milliers de fleuves, rivières et lacs feront le bonheur de tout ceux qui aiment le contact avec la nature. Randonnée à pied, en vélo ou à cheval, baignade, canoë : il y a de quoi satisfaire les amateurs les plus exigeants de loisirs en plein air !

Partisan

Parmi les mythes appelés à consolider l'Etat soviétique et la notion de grande guerre patriotique, il y a celui de la résistance acharnée du peuple tout entier contre l' « agresseur fasciste ». Dans la Biélorussie complètement occupée par les Allemands, cette résistance s'est manifestée par l'essor d'un vaste et puissant mouvement de partisans. Environs 350 000 partisans, cachés dans les forêts et les marais n'ont cessé de porter de rudes coups à l'adversaire contribuant ainsi dans une large mesure à la défaite allemande.

Pamjarkounats

Ce mot introduisible résume la psychologie, la mentalité et le tempérament des Biélorusses. Patients, pacifiques, condescendants, raisonnables, pondérés, souples, prudents, calmes, aimables, paisibles, les Biélorusses cachent aussi une certaine réticence aux changements. Après des siècles de souffrances endurées en raison d'affrontements entre les Etats voisins, de changements violents provoqués par l'extérieur et d'humiliations imposées par les occupants successifs, les Biélorusses aspirent aujourd'hui à la stabilité, démontrant une capacité de résistance hors du commun.

Religion

Églises catholiques et orthodoxes, synagogues et mosquées : toutes les confessions religieuses semblent être les bienvenues en Biélorussie. Forte d'une tradition séculaire de grande tolérance ethnique et religieuse, la Biélorussie est restée multiconfessionnelle jusqu'aux années 1920 quand l'établissement du pouvoir soviétique a progressivement œuvré à la fermeture de tout type de lieu de culte. Aujourd'hui, les religions pratiquées sont principalement l'orthodoxie et le catholicisme. Ce dernier est présent avant tout dans les régions occidentales où se concentre aussi une forte minorité polonaise. La confession uniate (catholiques de rite oriental) qui était pratiquée par la grande majorité des Biélorusses aux XVIIe et XVIIIe siècles est en train de renaître timidement après deux siècles de persécution.

Soviétique

Souvent, la tendance définit la Biélorussie comme un Etat néo-soviétique dans un monde postcommuniste. En effet, malgré l'indépendance, la rupture par rapport au passé soviétique a été minimale. Le même Président règne depuis 1994, l'économie reste majoritairement sous le contrôle de l'Etat, chacun dispose de conditions de vie minimales et de services sociaux, la délinquance est presque inexistante, les villes sont très propres et soignées.

Toutefois, à regarder de plus près, on s'apercevra que la Biélorussie ne s'est pas du tout fossilisée dans le passé soviétique. Les magasins sont bien approvisionnés, les jeunes s'habillent comme leurs homologues occidentaux, avec lesquels ils partagent la même musique et les mêmes livres, le McDonald's dans le centre de Minsk est très fréquenté, le secteur privé gagne de plus en plus de place dans l'économie nationale, les Biélorusses voyagent à l'étranger et les étrangers sont les bienvenus en Biélorussie.

Toast

Comme leurs voisins slaves, les Biélorusses sont de bons buveurs. Tout prétexte est bon pour boire un petit verre de vodka. Sachez qu'on ne boit pas tant qu'un toast n'a été prononcé. Le rituel l'impose ! Donc, on se lève, chacun à son tour, et on prononce un petit discours qui précède et justifie le toast. On boit à la rencontre, à l'amour, à l'amitié... Impossible de ne pas boire et de ne pas porter un toast, vous risquez d'offenser vos amis biélorusses !

Faire / Ne pas faire

Faire

- **Si vous êtes invité chez des Biélorusses,** prévoyez un petit cadeau : quelque chose de votre pays, une boîte de chocolats, une bouteille de vin ou un bon gâteau. Si vous êtes invité à une célébration quelconque, n'oubliez pas d'apporter des fleurs (en nombre impair). Les Biélorusses adorent les fleurs et ils s'en offrent à toute occasion.
- **Lorsque vous entrez dans un appartement biélorusse,** enlevez toujours vos chaussures, même si votre hôte insiste que cela n'est pas nécessaire. On vous donnera des *tapočki* (pantoufles) dont les Biélorusses disposent toujours en abondance, justement pour les invités.
- **Les hommes doivent observer les règles de la galanterie :** tenir la porte, aider à mettre le manteau, ouvrir la portière de la voiture, payer l'addition sans même dire « je vous invite ». Les Biélorusses y attachent énormément d'importance.
- **Allumez vos phares** de jour comme de nuit : en Biélorussie c'est obligatoire du 1er octobre au 30 avril.

Ne pas faire

- **Traverser la rue** là où il n'y a pas de passage clouté : ça ne se fait pas en Biélorussie ! Vous risquez une réprimande de la part d'un policier.
- **Siffler dans un endroit couvert :** ça porte malheur !
- **Boire de l'alcool dans la rue :** c'est officiellement interdit. Donc, attention : vous risquez une amende !
- **Croire qu'une Biélorusse** est à aborder parce qu'elle porte des tenues légères. Porter des tenues très féminines est courant en Biélorussie. Cela fait partie des codes de comportement et d'apparence de la société. Les hommes biélorusses n'y voyent pas des signes sexuels !
- **Serrer la main** à quelqu'un ou l'embrasser dans l'encadrement d'une porte : il faut que les deux personnes soient du même côté sinon ça porte malheur.
- **Ne déclinez pas une invitation** à porter un toast lors d'une tablée avec des Biélorusses, quitte à dire des banalités : c'est obligatoire de trinquer avant de boire. Vous pouvez le faire dans votre langue maternelle et ce sera également apprécié. Généralement, les Biélorusses ne sirotent pas leur verre, ils le boivent « jusqu'au fond ».
- **Refuser des cadeaux :** les Biélorusses sont très généreux et aiment beaucoup donner quelque chose pour vous faire plaisir. Ils sont prêts à donner leur chemise pour vous aider. Même si vous avez l'impression qu'ils sont pauvres, n'essayez pas de leur donner de l'argent : vous risquez de les vexer.

Survol de la Biélorussie

Située au cœur de la grande plaine d'Europe orientale, la Biélorussie est à la croisée des chemins. A l'est de Minsk, Moscou se trouve à 700 km. A l'ouest, Varsovie est à 500 km et Berlin à 1 000 km. Au nord, Riga est à 500 km et, au sud, Odessa à 1 000 km. Bien qu'elle soit communément classifiée comme un pays de l'Europe de l'Est, géographiquement la Biélorussie fait partie de l'Europe centrale. Selon l'Institut de recherche central russe pour la géodésie, le centre exacte de l'Europe se trouverait justement dans la ville de Polotsk. Pour symboliser cet épicentre, un monument en forme de compas y a été érigé en 2008 ! Ses régions administratives et historiques sont celles de Vitebsk au nord, de Grodno à l'ouest, de Brest au sud-ouest, de Gomel' au sud-est et de Mogilev à l'est. Pays rural par son style de vie et sa mentalité, la Biélorussie offre aux voyageurs des paysages naturels inoubliables. Au sud, le long de la fleuve Pripyat', les marais de la Polésie constituent la plus grande zone humide d'Europe. Au nord, la réserve de Berezinskij, les parcs naturels Naročanskij et des lacs de Braslav épatent par leurs étendues boisées, parsemées de lacs et fleuves. A l'ouest, à côté de la frontière avec la Pologne, s'étend la forêt primaire Belovežskaja, où en 1991 fut signé l'accord pour la dissolution de l'Union soviétique.

GÉOGRAPHIE

Le territoire biélorusse s'étend sur près de 207 600 km². Pays de faible altitude (162 m en dessus du niveau de la mer en moyenne), c'est une immense plaine basse, ponctuée de collines et riche en cours d'eau, dont le point culminant est la Gora Dzeržinskaja, le mont de Dzeržinskij, situé à 30 km à l'ouest de Minsk.

Le pays est bordé à l'ouest par la Pologne, au sud par l'Ukraine, au nord-est par la Fédération de Russie et au nord-ouest par la Lituanie et la Lettonie. Sa plus longue frontière est partagée au sud avec l'Ukraine et au nord-est avec la Fédération de Russie.

Le pays aux 10 000 lacs

Sans accès direct à la mer, la Biélorussie compte environ 10 000 lacs qui lui valent le surnom de « pays aux yeux bleus ». Elle est aussi sillonnée par de nombreux fleuves et rivières qui sont utilisés pour le transport du bois et pour la production d'électricité. La Dvina et le Niémen drainent les cours d'eau du nord et de l'ouest du pays vers la mer Baltique, et le Dniepr ceux de l'est et du sud vers la mer Noire.

Les fleuves navigables et le canal du Dniepr-Boug permettent d'accéder à la mer Baltique et à la mer Noire. De grandes forêts de bouleaux, de hêtres, de chênes et de conifères entourent les lacs disséminés dans tout le pays et sont l'habitat de nombreux mammifères qui y trouvent refuge et nourriture.

Trois ensembles régionaux

Dans ce pays, aux paysages en apparence assez homogènes et harmonieux, on peut en réalité distinguer trois ensembles régionaux. Le Nord et le Sud sont deux régions basses et marécageuses, dont les altitudes varient entre 100 et 150 m.

Le Nord correspond au bassin de la Dvina occidentale et présente la majeure concentration de lacs du pays, notamment avec le parc des lacs de Braslav. Le Sud coïncide avec le bassin du Pripyat. Ici, s'étendent les marais de Polésie, une dépression marécageuse presque inhabitée. Les forêts y dominent, ne laissant qu'un quart du territoire au maraîchage et aux autres terres cultivées. Malgré les efforts d'assainissement menés par les Soviétiques, certaines parties de la Polésie restent insalubres et marécageuses. Au milieu, se trouve une troisième région qui va de la frontière polonaise (Brest et Grodno) à la frontière russe. Le relief y est plus contrasté (altitude moyenne autour de 200 m), les lacs et les collines y sont plus nombreux.

CLIMAT

Comprise entre le 56e et le 52e parallèles, la Biélorussie est caractérisée par un climat continental modéré. Les masses d'air provenant de l'Atlantique et, en moindre partie, d'Arctique exercent une grande influence sur les variations climatiques du pays.

Un hiver rigoureux

La période hivernale est longue et laisse peu de place au printemps. Les chutes de neige prédominent : en moyenne quatre mois de gel permanent avec des températures moyennes inférieures à 0 °C qui, au mois de janvier, atteignent -10 °C, en arrivant parfois à -20-25 °C. Le froid augmente quand on avance vers le nord-est. Depuis quelques années, les hivers sont un peu moins rigoureux ce qui s'expliquerait par le réchauffement climatique de la planète. Quoi qu'il en soit, un bon équipement (chaussures imperméables, bonnet, doudoune et sous-vêtements bien chauds...) est indispensable en plein hiver. Il ne faut pas oublier que les conditions de circulation sont assez difficiles à cette période du fait de la neige et du verglas. Toutefois, aux mois de janvier et de février, les amateurs de sports d'hiver trouveront sûrement leur bonheur et pourront s'adonner à quelques plaisirs exotiques, comme marcher sur les rivières gelées ou encore patiner sur les lacs sous un ciel bleu et ensoleillé !

Un été qui arrive vite

Le printemps coïncide avec le mois de mai et s'avère très court. Les températures montent vite et dès le début du mois de juin, la pays rentre en période estivale. Juin est d'ailleurs sûrement le mois le plus agréable pour visiter le pays. Du fait de la position septentrionale du pays, les journées sont très longues et ensoleillées. Août est le mois le plus humide, avec des orages réguliers en fin d'après-midi. Les températures estivales varient entre 17 et 27 °C avec des soirées généralement fraîches. Au mois de septembre, l'été se prolonge parfois par un été indien, plutôt agréable, quand les forêts revêtent les couleurs chatoyantes de l'automne.

ENVIRONNEMENT – ÉCOLOGIE

La période soviétique n'a été en rien bénéfique pour l'écologie biélorusse, comme pour celle de l'URSS en général. L'industrialisation forcée du pays, ainsi que sa militarisation stratégique ont été faites au mépris de tout souci d'ordre écologique et environnemental. Au moment de l'indépendance, toutefois, la prise de conscience du problème a été générale et, malgré la pénurie de moyens économiques, le gouvernement fait beaucoup d'efforts pour la protection et la préservation de l'environnement.

Des villes vertes

L'environnement urbain est un modèle pour les capitales européennes : les villes sont d'une propreté extrême. A Minsk, il est presque impossible de trouver trace d'un mégot par terre.

De plus, on trouve de vastes espaces verts jusque dans le centre urbain. Parfois, on a l'impression que ce sont les villes qui se sont construites autour de la nature et se sont adaptées à elle, et non le contraire ! Heureusement, au-delà des complexes industriels autour des villes majeures, il reste dans le pays des vastes zones de nature sauvage. La Biélorussie est une immense étendue de forêts verdoyantes, rarement interrompue par des villages minuscules et quelques villes.

Un peuple amoureux de la nature

Les Biélorusses sont très orgueilleux de leurs forêts auxquelles ils sont profondément attachés. Partout dans le pays, à l'entrée des forêts et bien visibles de la route, vous trouverez de gros rochers peints en couleurs vives et décorés de motifs naturels et animaliers (oiseaux, lapins, chevreuils, arbres) sur lesquels sont écrits des messages invitant à protéger la forêt du feu ou à ne pas salir ce patrimoine inestimable.

Même les arrêts des bus en dehors des villes rappellent au voyageur l'amour de ce peuple vers la nature. Ces petites constructions en pierre, très colorées et représentant des écrins naturels s'inscrivent harmonieusement dans le paysage et lui confèrent des nuances presque féeriques.

La catastrope de Tchernobyl

Les événements

L'accident survenu le 26 avril 1986 à la centrale Lénine, à Tchernobyl, en Ukraine, est le plus grave accident nucléaire répertorié jusqu'à présent. On estime que les particules de Cesium-137 relachées dans l'air lors de l'accident sont 200 fois supérieures à la quantité produite par les deux bombes d'Hiroshima et de Nagasaki. Techniquement, le cœur du réacteur a fondu à cause de la trop haute température des barres qui constituaient le combustible nucléaire provoquant une fuite de radioisotopes. Depuis sa mise en service en 1977, la centrale était dirigée par un homme qui voulait avant tout accomplir et dépasser les buts de production fixés par la hiérarchie, au mépris des normes de sécurité. Autre facteur déclenchant : l'erreur des techniciens qui, lors d'un test du réacteur n° 4, dans la nuit du 25 au 26 avril, ne respectent pas les procédures de sécurité de la centrale. Un énorme incendie se produit. Les pompiers accourent. C'est lorsque l'incendie est éteint qu'on s'aperçoit que le réacteur est fissuré dégageant dans l'atmosphère un nuage radioactif. Des hélicoptères militaires jettent alors sur le réacteur un mélange de sable, plomb, argile, bore, borax et dolomite qui permettra de stopper la réaction nucléaire et d'étouffer l'incendie du graphite afin de limiter les rejets radioactifs. Les techniciens de la centrale et le pompiers intervenus sur le lieu sont les premières victimes. Ils meurent dans des souffrances atroces. Les prochaines victimes seront les « liquidateurs », environ 600 000 personnes en majorité russes, ukrainiennes, biélorusses et lettones appelées à nettoyer le terrain autour de la centrale, complètement dépourvues d'une protection suffisante contre les radiations. Beaucoup d'entre elles n'avaient qu'un mouchoir pour se couvrir la bouche. Selon l'Union de Tchernobyl, qui cherche à aider les liquidateurs rescapés, rien qu'en Biélorussie, on compte 10 000 morts et 25 000 handicapés parmi les liquidateurs.

La gestion de la crise

La population soviétique n'est guère informée du désastre. Ce n'est que le 27 avril que les habitants de la région de Pripyat seront prévenus et qu'on leur donna les premiers comprimés d'iode pour empêcher l'iode radioactif de se fixer sur leur glande thyroïde. On commence les évacuations de la population en expliquant qu'ils seraient de retour sous deux ou trois jours. Les évacuations de la population biélorusse, ukrainienne et russe continueront jusqu'à la fin du mois d'août. Fautes de données officielles, 60 heures après la catastrophe, le gouvernement de Mikhail Gorbatchev n'avait toujours pas annoncé l'accident au public. C'est le gouvernement suédois qui découvrit l'accident le 28 avril en s'inquiétant du taux de radioactivité relevé dans l'air. Entre-temps, les Soviétiques continuent à être tenus dans l'ignorance de la catastrophe qui s'était produite.

Le 1er mai, dans les villes de Biélorussie et d'Ukraine, les parades de la fête du travail ont lieu normalement. Dans les semaines qui suivent, Gorbatchev décrète une zone d'exclusion de 30 km autour de Pripjat'. Mais la plupart des personnes déplacées étaient déjà contaminées et ce, dans un rayon de 300 km autour de la centrale. Ce n'est que le 14 mai que, lors d'une allocution télévisée, Gorbatchev explique l'importance de l'accident et reconnaît les erreurs techniques et politiques.

Les conséquences

L'accident de Tchernobyl a eu des conséquences dramatiques au niveau écologique, économique, social et sanitaire. Aujourd'hui en Biélorussie, plus de 2 millions de personnes vivent dans des zones contaminées, concentrées notamment dans la région de Gomel' et dans la partie sud-orientale de la région de Mogilev.

Dans ces régions, les cas de cancer de la glande thyroïde chez les adultes et les enfants ont augmenté exponentiellement. 23 % du territoire est contaminé et plus de 135 000 personnes provenant des zones les plus contaminées ont été relogées dans les régions « propres » du pays. En 1988, dans la zone d'exclusion biélorusse, a été fondée la réserve écologique radioactive de la Polésie dans laquelle sont effectuées des recherches scientifiques. Avant l'accident, sur son territoire se trouvaient 96 localités, aujourd'hui abandonnées. Les anciens habitants sont autorisés à y revenir une fois par an, lors de la Radunica, le jour de la commémoration des morts. Fondé en 1990 par le scientifique biélorusse Vassili Nesterenko, l'institut indépendant Belrad de Minsk conduit des recherches constantes sur les effets à court et moyen terme de la radioactivité et des radionucléides ingérées avec la boisson et la nourriture. Cet institut a collecté et diffusé de nombreuses données sur les taux de contamination et les surfaces touchées, alors que les autorités locales, russes et internationales sous-estimaient l'ampleur des impacts de l'explosion du réacteur. Malheureusement, à ce jour, le gouvernement biélorusse tend à minimiser les conséquences du désastre. Faute aussi de moyens, les aides aux populations résidant dans les zones contaminées sont minimales, voire presque inexistantes. Il est important de souligner que pour un touriste voyageant dans le pays, les risques d'irradiation sont presque nuls et qu'il n'existe aucun danger de répercussion sur la santé. Les zones présentant le taux le plus élevé de contamination sont interdites et suveillées par la police.

À lire

- **Igor Kostine,** *Tchernobyl, confessions d'un reporter*, Les Arènes, 2006. Igor Kostine, photographe ukrainien, a été le premier à se rendre sur les lieux de la catastrophe de Tchernobyl, le 26 avril.
- **Un reportage émouvant** sur la tragédie de Tchernobyl est celui du photographe Paul Fusco : inmotion.magnumphotos.com/essay/chernobyl
- ***La Supplication : chroniques du monde après l'apocalypse***, de Svetlana Alekseevič. Un livre de témoignages des survivants et des proches des victimes de l'accident.

Les effets de la crise et... de Tchernobyl

Toutefois, aujourd'hui, la crise financière mondiale, pousse de plus en plus d'habitants à couper des arbres pour alimenter le commerce du bois. Et ce n'est pas le seul problème. La catastrophe de Tchernobyl a eu des conséquences tragiques sur le pays. Même si la centrale de Tchernobyl se trouvait en Ukraine, non loin de la frontière avec la Biélorussie, ce pays a été le plus touché par le nuage radioactif à cause des vents qui, au moment de l'accident, soufflaient en direction nord-ouest.

PARCS NATIONAUX

Bien que la catastrophe de Tchernobyl ait endommagé 23 % du territoire biélorusse, la Biélorussie est un des rares pays européens à avoir conservé un environnement sauvage et relativement propre. Composé de grandes vallées légèrement vallonées, de vastes massifs forestiers, de prairies à perte de vue, de milliers de fleuves, rivières et lacs, la Biélorussie doit une bonne part de sa beauté à ses magnifiques paysages. Conscient de l'énorme potentiel, notamment touristique, de son milieu naturel, le gouvernement biélorusse a adopté des politiques systématiques de protection de l'environnement. A ce jour, la Biélorussie compte 4 parcs nationaux, 1 réserve naturelle, 98 réserves nationales et 684 réserves régionales. En tout, 7 % du territoire national biélorusse est recouvert par des espaces protégés, tous les milieux naturels étant concernés. Captivants par leur beauté et leur tranquillité, ces parcs et réserves sont des étapes incontournables de votre séjour. La possibilité de séjourner dans les nombreuses fermes, disséminées sur tout le territoire et notamment aux portes des parcs, dans les plus beaux endroits du pays, vous permet de profiter au maximum de la flore et de la faune, de pratiquer la chasse et la pêche, tout en vous immergeant dans la culture et les traditions des villages biélorusses.

PARC NATIONAL DE BELOVEŽSKAJA PUŠČA

Devenu parc national en 1939, en 1992, il est inscrit parmi les sites du patrimoine mondial de l'Unesco, et en 1993, il reçut le statut de réserve biosphérique. Sise dans la région de Brest, c'est la réserve naturelle la plus ancienne de Biélorussie. Ce vaste massif de forêt primaire, comprenant à la fois des conifères et des feuillus, abrite une faune remarquable et, en particulier, des mammifères rares tels que le loup, le lynx et la loutre, ainsi que quelque 300 bisons d'Europe. Au cœur du parc, on pourra découvrir la résidence du Père Noël biélorusse.

RÉSERVE NATURELLE BIOSPHÉRIQUE BEREZINSKIJ

Créée en 1925 et devenu site du patrimoine mondial de l'Unesco en 1979, cette réserve est un véritable îlot de nature vierge. Il offre aux visiteurs des paysages féeriques où forêts et prairies succèdent aux zones marécageuses et aux nombreux bassins d'eau. Le fleuve Berezina le traverse et lui donne son nom. En vélo, à pied ou en bateau, le parc présente de nombreux intérêts, en été comme en hiver.

PARC NATIONAL DES LACS DE BRASLAV

Le parc est une mosaïque de lacs et forêts d'une beauté époustouflante. C'est un véritable paradis pour tous les passionnés d'ornithologie et de nature sauvage ! Au sein du parc se trouve la ville de Braslav, centre administratif du parc. Le parc offre aussi la possibilité de visiter plusieurs exemples d'architecture traditionnelle biélorusse.

PARC NATIONAL NAROČANSKIJ

Dans la région de Minsk, ce parc est célèbre pour ses 43 lacs et pour les forêts de pins qui recouvrent un tiers de son territoire. Le lac Naroč, le plus grand de ses lacs, avec ses bords de sable blanc et les forêts séculaires qui l'entourent vous offrira un cadre de séjour romantique et relaxant. Situé dans le parc, le village de Budslav est le lieu de pèlerinage de tous les catholiques biélorusses.

PARC NATIONAL PRIPJATSKIJ

Le parc occupe une dépression marécageuse le long du fleuve Pripyat, dans le sud du pays, au milieu de la Polésie biélorusse. Marais, plaines, forêts et une myriade de petits fleuves qui se jettent lentement dans le Pripyat et, ensuite, dans le Dniepr caractérisent ce parc au système écologique unique. Territoire presque inhabité, les quelques communautés qui y résident témoignent d'une culture ancestrale, riche en traditions et croyances.

FAUNE ET FLORE

Les conditions climatiques du pays, températures modérées et fortes précipitations, favorisent une végétation abondante. Le caractère dominant des paysages biélorusses est sûrement l'omniprésence de la forêt.

Un réserve forestière unique

Les amoureux de la nature et des randonnées trouveront leur bonheur dans les quelque 8 millions d'hectares de massif forestier, soit plus du tiers du territoire. On dénombre au total 135 m³ de réserves en bois par habitant, un taux deux fois supérieur au niveau européen moyen. La concentration majeure de surface boisée se trouve dans la région de Polotsk, sur la haute vallée de la Berezina, le long de la vallée du Niémen et en Polésie. Ces forêts restèrent longtemps inhabitées. Associées à l'étendue remarquable des zones de marécages, elles firent longtemps de la Biélorussie une région que les armées de passage préféraient éviter. L'armée napoléonienne en fit la cruelle expérience lors de la retraite de 1812 à travers les grands massifs forestiers de la région de Borissov, quand le fleuve Berezina engloutit les soldats de la Grande Armée, de retour de la campagne de Russie. Les massifs forestiers sont dominés par les résineux. Pins et sapins occupent plus de 60% de la surface. Le reste est le domaine des feuillus (bouleaux, chênes, charmes et trembles principalement) et des broussailles basses. La persistance de tels massifs est due à la pauvreté des sols, peu lessivés et peu fertiles. Les forêts biélorusses sont habitées par les bisons, chevreuils, cerfs, sangliers, écureuils, lièvres, wapitis. Près des plans d'eau on trouve des visons, des castors, des loutres. La chasse est autorisée : renard, lièvre, élan, sanglier, gibier de forêt et d'eau. Champignons comestibles et baies abondent dans le sous-bois pour le plaisir des passionnés de cueillette et des locaux qui les revendent sur les marchés dès l'arrivée de l'automne.

Prairies, marécages et zones lacustres

Un cinquième de la surface biélorusse est constitué par des prairies et des pâturages, un dixième par des marécages et des broussailles et un tiers est réservé à l'agriculture. De nombreuses régions ont dû être assainies et asséchées (environ 2,4 millions d'hectares avant 1980) pour étendre la surface agricole utile. Dans le sud du pays s'étend l'énorme dépression marécageuse du Polésie sur 500 km, la plus vaste d' Europe.

Une étendue de bassins et prairies, de forêts et marais, sillonnée par une multitude de petits fleuves et ruisseaux qui se jettent lentement dans le Pripyat et, ensuite, dans le Dnepr jusqu'à arriver à la mer Noire. La région, d'une beauté extraordinaire, comporte également une magnifique réserve ornithologique : hérons, cygnes, courlis, grues, cigognes noires, aigles royaux, hiboux, sternes, etc.

Les cours d'eau sont poissonneux, on y trouve surtout des cyprinidés, plus de vingt variétés. En conséquence, de nombreuses régions de Biélorussie sont dotées de vastes parcs naturels, incontournables pour les voyageurs : le parc national Naročanskij au nord de Minsk, le parc national Beloveżskaja pušča dans la région de Brest, le parc national Pripyatskij dans le sud, la réserve naturelle Berezinskij et le parc national des lacs de Braslav dans la région de Vitebsk.

Les forêts biélorusses cachent une faune diversifiée.

La Biélorussie que nous connaissons aujourd'hui ne s'appuie pas sur une tradition de continuité étatique. Toujours pris entre deux pôles, l'Est orthodoxe et l'Ouest catholique, pendant presque toute son histoire, ce territoire n'a existé qu'en tant que partie d'ensembles plus vastes : la Ruthénie de Kiev, le grand-duché de Lituanie, l'Etat polono-lituanien, l'Empire russe, l'Union soviétique. Cela expliquerait les difficultés à définir la vraie identité nationale biélorusse. En 1918, un premier Etat biélorusse est formé avec le nom de république populaire de Biélorussie. Un an plus tard, de cet Etat naît la république socialiste soviétique de Biélorussie. Toutefois, le pays n'émerge avec ses frontières géographiques actuelles qu'après la Seconde Guerre mondiale. Enfin, en 1991, suite à l'implosion de l'URSS, pour la première fois de son histoire, il devient un Etat indépendant sous l'appellation de république du Bélarus.

Les origines

Jusqu'au VIe siècle, on dispose de peu d'éléments relatifs à l'histoire des Biélorusses. Les premiers établissements humains dans le territoire remonteraient à la moitié de la période paléolithique (100000-40000 avant J.-C.).

Des traces concrètes ont été retrouvées un peu partout, dont les plus anciennes à Žuroviči, dans la région de Gomel', datant de 26000 avant J.-C.

La Rus' kievienne et la principauté de Polock

L'histoire du territoire commence au VIe siècle avec l'arrivée des premières tribus protoslaves et leur organisation en entités politiques. Les Slaves développent des relations avec les peuplades autochtones d'origine balte qui sont rapidement assimilées.

Au cours du Xe siècle, la Ruthénie de Kiev s'impose sur le territoire biélorusse et importe la christianisation selon le rite grec. Sous l'influence kievienne les tribus locales s'organisent en plusieurs Etats. Surgissent ainsi les principautés de Vitebsk, Minsk, Tourov et Mstislavl. Sur toutes domine la principauté de Polock qui se constitue rapidement en Etat majeur de la région. Fondé vers le IXe siècle par les Krivitches et mentionné pour la première fois par la *Chronique des temps passés* en 862, Polock accepte la souveraineté de Kiev, tout en gardant une certaine autonomie en raison de la nature du territoire biélorusse caractérisé par la présence de forêts profondes et de marécages difficiles à franchir. Pendant la seconde moitié du XIe siècle, sous le règne du prince Vseslav, la principauté de Polock connaît son apogée et s'affranchit de l'influence de Kiev. Elle bénéficie des contacts commerciaux avec les Scandinaves, les Baltes, Byzance et connaît un fort épanouissement culturel et religieux qui donne notamment le jour à la cathédrale de la Sainte-Sophie de Polock, ainsi qu'aux manuscrits de Sainte-Euphrosine de Polock et de l'évêque Cyrille de Tourov.

Au début du XIIe siècle, la Ruthénie de Kiev connaît une période de déclin qui mène à sa disparition. Des luttes de pouvoir entre les princes provoquent son morcellement en principautés ennemies. L'arrivée des hordes mongoles et tatares à partir du XIIIe siècle, les invasions des chevaliers Teutoniques et, plus tard, la montée de la puissance moscovite sont à l'origine de la fin de la domination de la Ruthénie. Bien que les principautés biélorusses ne soient touchées que marginalement par l'invasion des Mongols, seule Tourov est brûlé, la menace des chevaliers Teutoniques pousse les princes biélorusses à se rapprocher de la principauté de Novogrudok qui à l'époque était en train de se constituer en Etat indépendant.

Le grand-duché de Lituanie

Au XIIIe siècle, l'alliance des peuples biélorusses et lituaniens mène à la création du grand-duché de Lituanie, fondé en 1236 par le prince Mendog, avec pour capitale Novogrudok. Dans la tentative de repousser au nord les chevaliers Teutoniques et au sud l'Empire mongol, le duché ne cessera d'englober de nouveaux territoires. S'étendant de la Baltique à la mer Noire, le grand-duché de Lituanie comprenait l'actuelle Biélorussie, la Lituanie et l'essentiel de l'Ukraine et représentait un des plus grands pays d'Europe. A la tête du grand-duché se trouvait un roi dont les pouvoirs étaient toutefois limités par la présence d'un Parlement composé des familles nobles.

Chronologie

La Rus' kievienne et la principauté de Polock

- **VIe siècle :** les tribus orientales des Slaves s'organisent en entités politiques.
- **862 :** première mention de Polock. Considérée aujourd'hui comme le berceau culturel et politique de la Biélorussie, cette principauté était le centre politique de la tribu slave des Krivichis.
- **X-XIIe siècles :** les terres biélorussiennes font partie de la Ruthénie de Kiev.
- **1067 :** première mention de Minsk, dont le nom viendrait du verbe slave *meniaty* (changer). Minsk est en effet devenu très rapidement l'un des principaux centres commerciaux d'Europe de l'Est.

Le grand-duché de Lituanie

- **XIIIe-XVIe siècles :** la menace mongole et celle des chevaliers Teutoniques conduit les principautés biélorussiennes à se rapprocher de la principauté de Novogrudok où le prince Mendog fonde le grand-duché de Lituanie. Le nouvel Etat s'agrandit progressivement.
- **1385 :** union de Krevo. Premier acte d'une série d'accords préparant le rapprochement du royaume de Pologne et du grand-duché de Lituanie. Jagellon, grand-duc de Lituanie, reçoit le baptême catholique sous le nom de Ladislav. Il épouse Hedwige, sœur cadette du roi de Pologne, Louis Ier le Grand, auquel il succède la même année.
- **1410 :** lors de la bataille de Grünwald, les armées du grand-duché de Lituanie et de la Pologne battent définitivement les chevaliers Teutoniques.
- **1567 :** publication de la première Bible en ancien biélorusse par l'humaniste Francisk Skorina.

L'État polono-lituanien

- **1569 :** proclamation de l'union de Lublin entre le grand-duché de Lituanie et la Pologne et création de l'Etat polono-lituanien (Rech Pospolita ou république des Deux-Nations). La Biélorussie disparaît en tant qu'Etat.
- **1596 :** union de Brest qui conduit à la naissance de l'Eglise uniate.
- **1654-1667 :** guerre entre l'Etat polono-lituanien et la Russie.

L'Empire russe

- **1700-1711 :** guerre du Nord. L'Etat polono-lituanien est dévasté par les armées russes et suédoises.
- **1772, 1793 et 1795 :** répartition de la Pologne entre la Russie, la Prussie et l'Autriche. Fin de la république des Deux-Nations. La Biélorussie est intégrée à la Russie.
- **1772-1917 :** la Biélorussie est partie intégrante de l'Empire russe.
- **1812 :** défaite de l'armée napoléonienne sur le fleuve Berezina.
- **1830-1831 :** insurrection polonaise. La langue biélorusse est interdite, car assimilée à une déviation du polonais.
- **1863 :** insurrection indépendantiste de Kastus Kalinovskij. Des révoltes ont également lieu en Pologne et Lituanie.
- **1874 :** suppression officielle de l'Eglise uniate.
- **1902 :** création de la Gramada révolutionnaire biélorusse, sous l'impulsion du Parti socialiste polonais, qui revendique la création d'une diète biélorussienne autonome à Vilna.
- **1915-1916 :** considéré comme un espace stratégique par les belligérants, pendant la Première Guerre mondiale le territoire biélorusse est le théâtre de nombreuses batailles.

La Biélorussie soviétique

- **25 mars 1918 :** dans le chaos de la révolution bolchévique, alors que le pays est sous l'occupation austro-allemande, est proclamée la naissance de la république populaire de Biélorussie.
- **1er janvier 1919 :** proclamation de la république socialiste soviétique de Biélorussie.
- **1921 :** le traité de paix de Riga met fin à la guerre polono-soviétique (1919-1921). La Biélorussie est partagée en trois parties : l'Ouest va à la Pologne, l'Est à la Russie, seul le Centre, correspondant aux districts de Minsk, constitue la république socialiste soviétique de Biélorussie.
- **30 décembre 1922 :** la république socialiste soviétique de Biélorussie fonde l'Union des républiques socialistes soviétiques avec l'Ukraine, la Russie et la Transcaucasie.
- **1924-1926 :** la Russie restitue à la Biélorussie les régions de Vitebsk, Mogilev et Gomel'.
- **1936-1940 :** des centaines de milliers de Biélorusses sont victimes des répressions staliniennes.

17 septembre 1939 : en vertu du pacte germano-soviétique, la partie orientale de la Pologne, à savoir la Biélorussie occidentale, est rattachée à la RSSB.

22 juin 1941 : entrée des troupes allemandes en Biélorussie et début de la Seconde Guerre mondiale.

28 juillet 1944 : libération de la Biélorussie par l'armée rouge.

1945 : les frontières de la RSSB telles qu'établies en 1939 sont confirmées. La Biélorussie acquiert sa configuration actuelle et devient membre des Nations unies.

1945-1955 : reconstruction de la Biélorussie en général et de Minsk en particulier, qui se dote de nombreux monuments publics.

16 juin 1974 : Minsk reçoit le titre de « Ville héroïque » en raison des destructions de la guerre et de sa rapide reconstruction.

26 avril 1986 : incident à la centrale nucléaire de Tchernobyl. 70 % des dépôt radioactifs se répandent sur la Biélorussie.

Juin 1988 : découverte de fosses communes contenant près de 250 000 victimes des purges staliniennes à Kurapaty.

La république du Bélarus

27 juillet 1990 : implosion de l'URSS et déclaration d'indépendance de la Biélorussie qui prend l'appellation de république du Bélarus.

25 août 1991 : ratification de la déclaration d'indépendance. M. Stanislav Chouchkévitch est élu chef de l'Etat.

26 janvier 1994 : Chouchkévitch est destitué par le Soviet suprême. 15 mars : adoption de la constitution. 23 juin-10 juillet : premières élections présidentielles. Aleksandre Loukachenko est élu avec 80,1 % des suffrages.

24 novembre 1996 : référendum national pour amender la Constitution de 1994 en vue de renforcer les pouvoirs présidentiels et d'étendre la durée du mandat. Cette consultation est contestée et non reconnue par les organisations européennes. La Biélorussie se voit suspendre son statut d'invité spécial au Conseil de l'Europe.

22 juin 1998 : rappel des ambassadeurs occidentaux (Union européenne et États-Unis) du fait de la « Crise des Résidences » (le régime a procédé a une quasi-expulsion des ambassadeurs de la zone résidentielle de Drozdy qui jouxtait la résidence du Président).

18 janvier 1999 : retour des ambassadeurs européens à Minsk, suite à un compromis trouvé sur la question des résidences.

15 et 29 octobre 2000 : élections législatives, boycottées par la grande majorité de l'opposition. Le Parlement devient « monocolore ».

9 septembre 2001 : élection présidentielle. Alexandre Loukachenko est réélu avec 75,65 % des suffrages.

17 octobre 2004 : un référendum aboli la limitation de deux mandats présidentiels.

19 mars 2006 : élections présidentielles. Alexandre Loukachenko emporte la victoire pour la troisième fois au terme d'une élection jugée « non conforme aux normes internationales » et non démocratique par l'OSCE. Quelques milliers de personnes descendent dans la rue pour protester.

Fin 2008 : touchée fortement par la crise économique mondiale, la Biélorussie bénéficie d'un prêt du FMI d'1,8 milliards d'euros. Le rouble biélorusse dévalue du 20 % face au dollar entre le printemps et l'automne 2008.

© ANDREA NERI

Vue sur la place soviétique de Grodno.

Attachés à l'existence d'un Etat multiethnique et multiconfessionnel, les princes lituaniens mènent à l'égard de leurs peuples vassaux une politique d'ouverture et de tolérance religieuse. Slaves, Baltes, Polonais, Allemands, Juifs et Tatars vivent en harmonie les uns à côté des autres. Les vieilles croyances païennes coexistent avec la pratique de divers cultes. En 1323, sous l'initiative du prince Gedimin, la capitale est transférée à Vilna. De 1384 date l'emblème du grand-duché représentant un chevalier brandissant son épée. Considéré comme le symbole historique de la première nation biélorusse, de 1991 à 1995, il sera justement adopté comme emblème national. Le danger que représente les chevaliers Teutoniques menace l'existence pacifique du grand-duché qui se retrouve aussi sans débouché sur la mer et donc dans l'impossibilité de développer les commerces. A la fin du XIVe siècle, Jagellon, grand-duc de Lituanie, inaugure alors une politique de rapprochement avec la Pologne qui débouche sur la signature de l'union de Krewo en 1385. Après s'être converti au catholicisme et avoir épousé Hedwige d'Anjou (canonisée en 1997 par Jean-Paul II), reine de Pologne, en 1386, il devient roi de Pologne sous le nom de Ladislas II Jagellon. Les liens entre les deux Etats se font donc plus serrés. De 1409 à 1411, a lieu une guerre entre les chevaliers Teutoniques d'une part et le grand-duché de Lituanie, soutenu par la Pologne, de l'autre. Le 15 juillet 1410, lors de la bataille de Grünwald, les Biélorusses triomphent et repoussent définitivement les Teutoniques parvenant à reconquérir les terres des Samogitiens (les actuels Lituaniens) qui avaient été occupées par les Teutoniques. Ainsi, pour le grand-duché commence une époque de grande prospérité. A partir de la fin du XIVe siècle, nombre de villes reçoivent le droit de Magdebourg, et donc la possibilité de se gouverner de façon autonome. Partout surgissent des hôtels de ville, les commerces fleurissent. Parmi les différentes populations composant le grand-duché, les litviny, c'est à dire les Biélorusses, exercent une profonde influence linguistique et culturelle. Jusqu'au XVIe siècle, la Biélorussie est le centre du grand-duché. Le vieux biélorusse, utilisé aussi bien par l'aristocratie que dans les

Biélorussie ou Bélarus ?

La dénomination officielle du pays, adoptée à partir de 1991 avec l'indépendance, est de république du Bélarus. Toutefois, dans cet ouvrage, nous retiendrons l'appelation francisée du pays consacrée par la coutume, c'est à dire Biélorussie. Qu'il s'agisse de Biélorussie ou de Bélarus, les deux dénominations renvoient à la locution « belaja Rus' », c'est-à-dire « Russie blanche ». Si le terme « Rus' » se réfère à l'Etat de Kiev, dont la partie orientale de la Biélorussie faisait partie aux Xe-XIIe siècle, les raisons de l'emploi de l'adjectif « belaja » restent enveloppées de mystère. A ce sujet, il existe plusieurs hypothèses, toutes dépourvues de fondement historique. On raconte que la Biélorussie serait « blanche » pour la couleur très claire des cheveux et de la peau de ses habitants ou bien de leurs vêtements traditionnels, rigoureusement blancs ! Selon une autre hypothèse, plus plausible, l'adjectif « blanc » fait allusion au fait que la Biélorussie n'a pas été envahie par les Tatars au XIIIe siècle, donc elle est restée « blanche », c'est-à-dire libre. En réalité, les termes de Biélorusse et Biélorussie sont entrés dans l'usage courant de la langue seulement vers la fin du XIXe siècle. A l'époque du grand-duché de Lituanie et de l'Union polono-lituanienne, les Biélorusses parlaient d'eux-mêmes avec le terme de « litviny », c'est-à-dire les habitants de la « Litva », de la « Lituanie », alors que les Lituaniens étaient appelés « Samogitiens ». Le nom complet du grand-duché de Lituanie était d'ailleurs « Velikoe knjažestvo Litovskoe, Russkoe i Žemajtskoe » (grand-duché des Litvines, des Russes et des Samogitiens). Quand, au XIXe siècle, les Samogitiens s'approprient la dénomination de « litviny », les Biélorusses sont donc contraints de choisir une nouvelle dénomination, différente de celle de « litvin » et de « russkij ». A cette époque le terme « Biélorussie » figurait déjà dans les sources écrites en référence à l'actuelle région de Mogilev. Aujourd'hui, le terme « litviny » est généralement employé par les défenseurs de l'identité nationale biélorusse qui tentent de faire connaître une page de l'histoire nationale que l'historiographie tsariste et 70 ans d'historiographie soviétique ont effacée de la mémoire du peuple.

actes administratifs, est sa langue officielle. En 1520, les premiers statuts juridiques de l'Etat sont rédigés en cette langue. En 1517, Francisk Skoryna, célèbre homme de lettres biélorusse, publie à Prague le premier livre en biélorusse, il s'agit d'une Bible. Ensuite, en 1522, il installe une imprimerie à Vilna, la première d'Europe orientale.

L'État polono-lituanien

A partir de la fin du XVe siècle, la montée en puissance de Moscou porte à un rapprochement ultérieur entre la Pologne et le grand-duché de Lituanie. Libérés du joug tatar en 1480, les princes de la Moscovie entreprennent leur expansion territoriale se faisant les porte-parole du christianisme après la prise de Constantinople par les Ottomans en 1453. En 1569, le traité de Lublin marque l'union entre la Pologne et la grand-duché de Lituanie et donne naissance à la « République » polono-lituanienne (*Rech Pospolita*), multiethnique et multiconfessionnelle. A l'intérieur de l'union, chaque Etat conservait son emblème, sa langue nationale (pour le grand-duché il s'agissait du biélorusse), ses lois, son administration, ses tribunaux, son trésor et son armée, mais la Diète et la politique étrangère étaient communes. Le nouvel Etat gardait la structure « démocratique » qui était propre aussi au grand-duché de Lituanie. Le pouvoir du monarque était d'ailleurs contrôlé et limité par les nobles de l'Union qui se réunissaient régulièrement dans le « *sejm* », une sorte de Parlement. Les puissantes familles nobles de l'Union, telle les Oginskij, les Sapega, les Radzivill, les Golšanskij garantissent à la Biélorussie une autre époque de prospérité économique et culturelle. Les Polonais dominaient tout de même la République, en raison surtout de leur prépondérance quantitative. La noblesse biélorusse avait un pouvoir limité dans les sphères politique et économique ce qui la rendit particulièrement vulnérable à la campagne de « polonisation » entreprise par la Pologne. L'influence de la culture polonaise et du catholicisme se développe, notamment au sein des élites qui progressivement deviennent membres de la *szlachta*, la noblesse polonaise. Le polonais remplace progressivement le vieux biélorusse comme langue officielle. Tout de même, les langues minoritaires sont protégées, notamment grâce à la création de nombreuses imprimeries.Au XVIe siècle, sous l'influence de la Réforme, beaucoup de Biélorusses, surtout des nobles, se convertissent de l'orthodoxie au protestantisme. Suite à la contre-Réforme catholique, ils deviennent catholiques. En 1596, pour résoudre le conflit qui, dans le pays, opposait orthodoxes et catholiques, un synode d'evêques orthodoxes proclame à Brest l'union avec l'Eglise catholique tout en conservant le rite byzantin. C'est la naissance de l'Eglise uniate. Cette décision ne règle qu'une partie du conflit et rencontre l'opposition du petit clergé et de la paysannerie qui, notamment dans les régions orientales, restent orthodoxes. Le conflit religieux mine désormais les bases sociales de la république, opposant la paysannerie majoritairement orthodoxe à l'aristocratie polonisée, souvent catholique. La prospérité de la république est ensuite affectée par les nombreuses incursions étrangères qui en signent définitivement le déclin. De 1648 à 1651, le territoire biélorusse est envahi par les Cosaques de Boris Chmelnickij qui, supportés par la population locale mènent une guerre contre le système féodal et les seigneurs de la *szlachta*. Après avoir pris le contrôle de l'Ukraine ils conquièrent la Polésie et les parties orientales de la Biélorussie. Battus par l'armée lituanienne, les Cosaques sont repoussés en Ukraine. En 1654, le tsar Aleksej Michajlovič déclare la guerre à l'Union polono-lituanienne. L'armée moscovite parvient à occuper une grande partie des terres biélorusses. Les villes sont détruites, une partie significative de la population biélorusse, notamment artisans et commerçants, est déportée en Sibérie. Avec l'armistice d'Androussovo, en 1667, la République polono-lituanienne sort de la guerre très affaiblie : toute la rive gauche du Dniepr passe sous l'autorité de Moscou. Le déclin s'accélère avec la guerre du Nord (1700-1711) durant laquelle le pays est dévasté par les armées russe, suédoise et saxonne. Cette succession de guerres a des conséquences terribles sur la société biélorusse qui perd la moitié de sa population. Totalement ruiné et livré à l'anarchie, l'Etat polono-lituanien fait l'objet de trois partages successifs (1771, 1793, 1795) qui font passer la Biélorussie telle qu'on la connaît aujourd'hui dans l'Empire russe.

L'Empire russe

Au XVIIIe siècle, commence une nouvelle phase de l'histoire biélorusse, celle de la domination russe. Partie intégrante de l'Empire russe, la Biélorussie est désormais appelée Russie blanche, ce qui témoigne du processus de « russification » intense auquel elle est soumise. Trois étapes principales constituent cette russification.

La première est conséquente à la défaite napoléonienne de 1812. A l'époque, le territoire biélorusse fut le théâtre majeur des batailles. Beaucoup de Biélorusses rejoignent les armées française et polonaise. En effet, l'occupation napoléonienne était généralement bien acceptée par les Biélorusses. Les nobles éclairés adhéraient aux idées de Napoléon Ier et les paysans y voyaient la fin du servage. Après le bataille de la Berezina, la Biélorussie est renconquise par les Russes.

L'insurrection polonaise de 1830 déclanche la deuxième étape de russification du pays. Quelques Biélorusses y participent, principalement des nobles de l'Ouest du pays, alors que les paysans restent passifs. A la répression militaire suivent des mesures administratives pour dépoloniser la région : suppression du système d'éducation polonais, interdiction d'enseigner le polonais. Assimilé à une déviation du polonais, le biélorusse est également interdit. En 1839, l'Eglise uniate est rattachée au patriarcat de Moscou, ce qui consacre définitivement la diffusion de la culture russe par l'Eglise orthodoxe.

La troisième phase de la russification suit les émeutes de 1863-1864 suscitées par un mouvement patriotique polono-lituano-biélorusse qui, guidé par le révolutionnaire Kastus Kalinovskij, avait pour idéal la reconstitution d'un État indépendant dans ses frontières de 1772, avant le premier partage de la Pologne. La répression du tsar est sévère. Plusieurs dizaines de milliers d'habitants, dont la moitié vient de Biélorussie et de Lituanie, sont déportés en Sibérie.

Mouvements révolutionnaires et nationalistes

Depuis le début du XIXe siècle, des idées révolutionnaires parcourent l'Empire russe, en particulier la Russie, soutenues par des nobles libéraux. Dans les années 1830, on enregistre l'émergence de courants nationalistes biélorusses et lituaniens aussi. Cependant, ces courants ne trouvaient pas l'adhésion de la population. La transmission des idées se faisait par la publication de textes, imprimés à Vilna ou à Saint-Pétersbourg, et les Biélorusses étaient en grande majorité illettrés. L'industrialisation de la fin du XIXe siècle change de peu la situation. L'urbanisation progressive des paysans entraîne la formation d'une couche sociale ouvrière qui a désormais accès à la propagande nationaliste, active dans les principales villes biélorusses. Cette couche restait toutefois dérisoire : en 1900 sur sept millions de Biélorusses, il n'y avait que 24 000 ouvriers. De plus, l'absence d'une bourgeoisie biélorusse et la présence d'ouvriers russes, juifs ou polonais, explique que la mobilitation politique se fasse plutôt autour de problèmes sociaux que nationaux. C'est principalement le courant socialiste qui favorise le développement du sentiment national. Désireux d'éveiller les sentiments nationaux biélorusses, ukrainiens et lituaniens afin de créer un Etat fédéral et multinational, le Parti socialiste polonais favorise la création, en 1902, de la Gromada socialiste biélorussienne. Premier parti politique biélorusse, il réclame la réforme agraire et l'autonomie de la Biélorussie. Lors de la révolution de 1905, il est à l'origine des grèves et des manifestations qui se succèdent sur le territoire biélorusse.

De la Première Guerre mondiale à la première indépendance

Considérée par les belligérants comme un espace stratégique pendant la Première Guerre mondiale, la Biélorussie devient le théâtre d'affrontements sanglants. Néanmoins, la guerre a des effets positifs sur la situation du pays contribuant à son autonomie. Le traité de Brest-Litovsk signé le 3 mars 1918 par l'Empire allemand et la Russie bolchévique, assigne à l'Allemagne des vastes territoires autrefois appartenant à l'Empire russe, dont la Biélorussie. Soucieux d'y créer un sentiment anti-russe et anti-polonais, les Allemands attisent le nationalisme biélorusse et laissent la liberté aux Biélorusses de créer leurs propres écoles et d'enseigner leur propre langue. Le 25 mars 1918, à Minsk, le Congrès biélorusse proclame la naissance de la république populaire de Biélorussie. Toutefois, l'autonomie concédée par les Allemands, intéressés uniquement à l'affaiblissement des liens avec la Russie, est trop superficielle. Lorsque les Allemands capitulent en 1918, l'armée rouge prend donc leur place.

Elle ne s'arrête pas à Minsk, mais prend le contrôle de la région de Vilna. Le 27 février 1919, les bolcheviques proclament la création de la république soviétique de Lituanie-Biélorussie, avec Vilna pour capitale. La Pologne, qui craint le voisinage avec les Soviétiques et vise à la reconstitution de ses frontières de 1772, réagit avec les armes, déclencheant la guerre polono-soviétique. A la fin d'avril 1919, les Polonais s'emparent de Vilna, ensuite de Minsk et de la majeure partie du territoire biélorusse. La prise de Kiev par les Polonais en mai 1920 suscite la contre-offensive soviétique. En quelques mois, les bolcheviques arrivent à reconquérir Minsk et le 1er août la création de la république socialiste soviétique de Biélorussie (RSSB) est proclamée. Le 18 mars 1921, le traité de Riga me fin à la guerre polono-soviétique et marque le partage de la Biélorussie en trois parties : l'Ouest va à la Pologne, l'Est à la Russie, seule le Centre avec Minsk et ses six districts constitue la RSSB.

La Biélorussie soviétique, de l'indépendance à 1939

Le 10 décembre 1922, la Biélorussie fonde, avec la Russie, l'Ukraine et la Transcaucasie, l'Union des Républiques socialistes soviétiques (URSS). Entre 1924 et 1926, la Russie rend à la Biélorussie les territoires qu'elle avait perdu suite au traité de Riga : les régions de Vitebsk, Mogilev et Gomel'. Pendant les années 1920, la Biélorussie bénéficie d'une autonomie politique et culturelle qui permet l'enracinement du sentiment national. La protection des cultures et des langues nationales était d'ailleurs une des priorités de Lénine. C'est l'époque de la « biélorussification » du pays. Le biélorusse est réintroduit comme langue d'enseignement dans les écoles. L'administration est biélorussifiée. Les résultats sont évidents : la scolarisation se développe rapidement, plusieurs établissements d'enseignement supérieur, dont l'université de Minsk, sont créés, apparaissent des publications en langue biélorusse.

La nouvelle politique économique (NEP) apporte des progrès remarquables sur le plan économique, aussi bien dans l'agriculture que dans l'industrie. Durant les années 1930, avec la prise du pouvoir par Staline, l'autonomie qui avait caractérisée la décennie précédente est remplacée par une forte centralisation et uniformation. Hostile à toutes les tendances centrifuges, Staline lance une campagne de répression visant à briser l'idéologie nationale biélorusse. Selon les statistiques officielles, plus de 600 000 personnes périssent à cause des répressions staliniennes. De nombreux intellectuels biélorusses qui avaient favorisé l'éveil national pendant les années 1920 à travers une « biélorussification » des villes son arrêtés et exécutés, dont 100 la nuit entre le 29 et le 30 octobre 1937. Dans l'éducation, l'administration et le commerce, le biélorusse est marginalisé au profit du russe. Dans les campagnes, la collectivisation des terres est désormais achevée à la fin des années 1930. Le 1er septembre 1939, la Pologne est attaquée par l'Allemagne nazie. Le pacte Molotov-Ribbentrop autorise Allemagne et URSS à envahir le pays selon un partage précis. A partir du 17 septembre, l'armée soviétique envahit le territoire polonais. La partie orientale de la Pologne, correspondant à la Biélorussie occidentale, est rattachée à la RSSB.

La Seconde Guerre mondiale

Le 22 juin 1941, les troupes allemandes entrent en Biélorussie. Non préparée à l'attaque, l'armée rouge est forcée à reculer significativement. C'est la débacle totale. Le 28 juin, Minsk est occupé. A la fin d'août, tout le territoire biélorusse est sous le contrôle de l'Allemagne nazie. Les Allemands créent un gouvernement biélorusse, la Rada biélorusse centrale, qui s'appuyait sur un nationalisme exacerbé soutenu par le Front national biélorusse. Contrôlé par Berlin, ce gouvernement servait surtout à faire appliquer une politique de répression et de terreur. La Rada n'eut jamais le soutient de la population qui se rapportait aux idées nationalistes avec beaucoup de méfiance. La majorité de la population supportait les résistants, démontrant ainsi sa fidélité aux idéaux communistes et au patriotisme soviétique. L'occupation du territoire et les atrocités perpétrées par les nazis suscitent la formation d'un mouvement partisan sans égal dans l'histoire. Facilité par la présence sur le territoire biélorusse de forêts profondes et de nombreux marais, les partisans organisent une puissante guérilla qui oblige les nazis à mobiliser des moyens considérables. La répression est implacable. La Biélorussie est un des pays les plus dévastés en Europe : 209 villes sur 270 sont détruites, dont Minsk et Vitebsk à 90 %, 700 villages sont brûlés avec leurs habitants. La diaspora juive, qui était une des plus vastes d'Europe, est presque anéantie. Dès février 1943, la victoire de Stalingrad permet à l'armée rouge d'inverser le rapport des forces avec l'Allemagne. Le 28 juillet 1944, la Biélorussie est finalement libérée. Le bilan est tragique : 1,3 million d'habitants, soit un quart de la population, est tué, le pays est complètement détruit. Pour récompenser la population biélorusse de ses actes d'héroïsme et de son attachement aux idéaux communistes, Staline la proclame « Peuple héros » de l'Union soviétique.

La Biélorussie, comme la Russie et l'Ukraine, reçoit également un siège de membre fondateur à l'Organisation des Nations unies. En 1945, les frontière de la RSSB telles qu'établies en 1939 sont confirmées par un traité signé entre la Pologne et l'URSS, qui donne à la Biélorussie sa configuration actuelle.

La reconstruction

A l'issue de la guerre, l'état de destruction du pays pose avec insistance le problème de sa reconstruction. Reconnaissant aux Biélorusses pour leur effort de guerre, Staline lance un important programme de reconstruction et de modernisation du pays. Profitant des investissements provenant des autres Républiques soviétiques, la Biélorussie connaît un développement économique accéléré qui la transforme de pays rural en grand centre industriel. L'agriculture connaît un développement remarquable, en particulier dans l'élevage, dans la production de seigle, de pommes de terre, de betteraves à sucre, de lin. Néanmoins, tous les efforts sont orientés vers l'industrie. Avant-poste occidental de l'URSS, Moscou y crée un complexe militaro-industriel de pointe. De nombreuses bases militaires y sont installées. De gros complexes industriels surgissent dans tout le pays : métallurgie, industrie chimique et constructions mécaniques (tracteurs et camions). L'urbanisation progresse, le travail qualifié se développe. Le progrès que connaît le pays s'accompagne de nombreuses possibilités d'ascension sociale, notamment pour les scientifiques et les militaires, ce qui fait de la Biélorussie une terre d'immigration pour les habitants des autres Républiques, en particulier pour les Russes. Pendant les années 1970 et 1980, le niveau de vie de la population biélorusse est le plus élevé de toutes les Républiques de l'Union.
Le développement économique est bien sûr le résultat de l'adoption d'une adéquate politique de formation. Les progrès sur les plans culturels et de l'éducation sont remarquables : en quelques années l'analphabétisme disparaît, le réseau scolaire et universitaire se développe. Le progrès culturel passe toutefois à travers un processus de russification qui porte le russe à devenir le vecteur de la modernisation pour les masses des paysans biélorusses en train de s'urbaniser. A partir de 1938, l'apprentissage du russe est obligatoire dans toutes les écoles d'URSS. Le russe est la langue de l'armée. Le Parti communiste n'offre des promotions qu'à ceux qui maîtrisent parfaitement le russe. La langue biélorusse, éliminée des sphères économiques, mise à l'écart dans l'éducation, est progressivement marginalisée jusqu'à devenir la langue du milieu rural.

La perestroïka et l'indépendance

Le progrès économique, culturel et social que le régime soviétique apporta au pays est sans doute la source du très fort attachement que montrent les Biélorusses à celui-ci. Au moment de l'implosion de l'URSS, les Biélorusses s'identifiaient majoritairement à des citoyens soviétiques. C'est pourquoi, quand Gorbatchev inaugure la *perestroïka*, l'attitude des Biélorusses à l'égard des réformes libérales introduites fut de conservatisme, voir d'hostilité. Cela n'empêcha pas l'essor, à la moitié des années 1980, d'un mouvement national d'opposition.
Les opposants ont profité de deux occasions pour accentuer leurs critiques contre les dirigeants. Premièrement, l'accident à la centrale nucléaire de Tchernobyl, survenu le 26 avril 1986. Bien que Tchernobyl se situe en Ukraine, 70 % des dépôts radioactifs se répandent sur la Biélorussie. La mauvaise gestion de la catastrophe et le silence des autorités sur ses conséquences provoquent le mécontentement de la population. Deuxièmement, en 1987, à Kurapaty, près de Minsk, on découvre des fosses communes contenant près de 250 000 victimes des purges staliniennes des années 1930. Zianon Pazniak, l'historien à l'origine de cette découverte, fonde en 1989 le Front populaire biélorusse, un parti centriste qui lutte pour les réformes démocratiques, pour l'indépendance réelle de la Biélorussie, ainsi que pour le respect des droits de l'homme. Au Parti adhèrent aussi les citoyens qui se battent pour la renaissance culturelle et linguistique biélorusse. Suite à l'implosion de l'URSS, le 27 juillet 1990 la Biélorussie proclame son indépendance. Le 25 août 1991 elle se constitue en république du Bélarus. En décembre 1991, elle participe activement à la création de la Communauté des Etats indépendants, dont Minsk devient le siège.

La Biélorussie de 1991 à 1994

Le 8 décembre 1991, la Biélorussie participe avec l'Ukraine et la Russie aux accords de Belovej qui décrètent la fin de l'URSS en tant qu'Etat. Le président biélorusse Stanislaw Chouchkievitch qui signe ces accords est maintenu à son poste jusqu'aux élections de 1994. Malgré le tournant historique, il n'y a pas de fracture par rapport au régime précédent, ce qui s'explique essentiellement par la forte soviétisation de la population, par la faiblesse de l'opposition et par le rôle central de la Biélorussie dans le système militaire soviétique. L'opposition nationaliste, incarnée principalement par le Front populaire biélorusse soutient Chouchkievitch. Il fait de la construction de l'identité nationale le point central de son programme.

Toutefois, il ne parvient pas à constituer un large mouvement populaire, ne pouvant pas s'appuyer sur un consensus suffisant au sein de la population sur l'identité et le destin biélorusse. La jeune république tente de faire passer son idéologie à travers les symboles que la population perçoit comme lointains, presque artificiels. Il s'agit premièrement de l'adoption de la langue biélorusse comme langue officielle. Cependant, le biélorusse n'est parlé que de façon occasionnelle et la langue dominante reste le russe. Deuxièmement, les nationalistes insistent sur l'identité balte des Biélorusses et sur le grand-duché de Lituanie comme premier Etat des Biélorusses, mais à nouveau sans succès. D'abord parce que les Lituaniens revandiquent aussi cette idée, ensuite, parce que cette idée avait été utilisée par les nationalistes pendant la Seconde Guerre mondiale et appuyée par les nazis. Le soviétisme survit à la chute de l'Union soviétique. Les années qui suivent la chute de l'URSS sont des années de grandes hésitations et d'immobilisme.

Le président Chouchkievitc, homme de dialogue et partisan de réformes politiques et économiques libérales, est soutenu par les députés du Front populaire, mais son pouvoir est limité étant doté d'une fonction essentiellement honorifique. Le pouvoir exécutif relève principalement du conseil des ministres et du Premier ministre, Viacheslav Kebich, un bureaucrate de carrière du Parti, entouré et soutenu par les représentant de l'ancienne *nomenklatura* qui, peu à peu, sont intégrés dans le nouveau Parlement biélorusse. Si Chouchkevitch favorise certaines mesures qui vont dans la direction d'une économie de marché, Kebitch vise à maintenir le système de direction administrée de l'économie. Si Chouchvevitch adopte une politique d'ouverture vers les pays occidentaux et d'autonomie par rapport à Moscou, Kebitch œuvre pour un renforcement des liens avec la Russie.

Les Biélorusses et la guerre

Docilité, capacité de résistance, réticence aux changements et goût de la stabilité sont des traits typiques de l'identité biélorusse. Sûrement l'histoire tragique du pays a contribué à enraciner ces constantes qui, à l'origine, sont propres à la mentalité paysanne. Les Biélorusses savent se contenter de peu : le fait qu'il n'y ait pas de guerre est déjà source d'une profonde satisfaction et d'apaisement. Si les Biélorusses n'ont jamais déclaré la guerre à personne, paradoxalement au cours des siècles leur territoire a été régulièrement envahi et détruit, sa population tuée et déportée. La guerre napoléonienne, la Première Guerre mondiale, la guerre polono-soviétique et, notamment, la Seconde Guerre mondiale ont laissé des blessures profondes dans la mémoire culturelle.

Le pays ravagé, sa population humiliée et décimée, la Biélorussie a résisté avec toutes ses forces contre l'ennemi en payant cher son patriotisme. Il est dès lors aisément compréhensible que les Biélorusses aspirent à une stabilité proche de la soumission, à l'acceptation de l'ordre établi qui, même s'il ne convient pas toujours, est quand même préférable aux périodes noires de guerre et de famine.

À partir de la fin de la Seconde Guerre mondiale, les idéologues soviétiques ont construit une véritable mythologie autour de ces temps troublés, mythologie qui a survécu à la fin de l'URSS et continue a être observée comme si rien n'était changé. Le pays s'est rempli de tanks et avions militaires posés en guise de monuments à l'entrée des villes, des monuments commémoratifs sont apparus partout et le pays a adhéré à l'idée selon laquelle son histoire commence avec la Grande Guerre patriotique (1941-1945) à la fin de laquelle la Biélorussie a acquis ses frontières actuelles. Le 9 mai, le jour de la victoire sur les nazis, est probablement la plus grande fête de l'année et l'un des piliers de l'identité biélorusse.

Pendant que le pays se trouve dans un état de profonde dégradation économique et sociale, la rivalité entre Chouchkevitch et Kebitch s'exacerbe. Le 28 janvier 1994, Chouchkevitch est obligé de démissionner. Il est remplacé par Mecheslas Grib, un fidèle de Kebitch. Le 15 mars 1994, une nouvelle Constitution est adoptée. Elle limite les pouvoirs du Parlement au profit de ceux du Président qui devient le chef de l'exécutif.

L'ère Loukachenko

En juillet 1994, ont lieu les premières élections présidentielles de l'histoire biélorusse. Ancien directeur de sovkhoze, Alexandre Loukachenko emporte le scrutin et gagne avec 81,1 % des voix. Issu du milieu rural et homme neuf par rapport aux forces politiques présentes sur la scène biélorusse, Loukachenko incarne le désir de stabilité et de sécurité politique auquel aspirait la plupart de la population, nostalgique de l'époque soviétique. Dès son élection, Loukachenko se préoccupe d'abord de rassurer la population de son attachement aux valeurs soviétiques et de renforcer son pouvoir personnel. Le 14 mai 1995, il organise un référendum lors duquel la population est invitée à s'exprimer sur quatre questions : l'introduction du russe comme langue officielle ; pour le drapeau, le retour à la faucille et au marteau d'époque soviétique ; l'intégration économique avec la Russie ; la prépondérance de l'exécutif sur le législatif. Le peuple approuve tous les changements proposés par Loukachenko. Ensuite, le nouveau référendum du 24 novembre 1996 marque l'adoption d'une nouvelle Constitution qui met le Parlement sous le contrôle du Président. La Biélorussie devient désormais un régime autoritaire. Le pouvoir est concentré dans les mains du Président et de son administration. L'opposition est exclue des institutions parlementaires ; les médias indépendants sont harcelés et fermés ; certains opposants au régime, hommes politiques ou journalistes, disparaissent. Le 9 septembre 2001, Alexandre Loukachenko est élu pour la deuxième fois. L'élection n'est pas reconnue par l'OCSE qui la définit non démocratique. Le 17 octobre 2004, les électeurs sont appelés à nouveau aux urnes pour les élections législatives et pour un nouveau référendum constitutionnel afin de prolonger le pouvoir du président au-delà des deux mandats autorisés par la Constitution. Suite à une campagne électorale marquée par le musellement de l'opposition et par un soutien inconditionné au Président de la part de tous les médias, Loukachenko gagne encore une fois : le « oui » l'emporte largement et le Parlement lui reste fidèle. Fin 2005, la Chambre basse du Parlement fixe la date des prochaines élections présidentielles, le 19 mars 2006. Suivant un scénario bien rodé, la campagne électorale se déroule dans une atmosphère d'intimidations et de menaces. Plusieurs militants de l'opposition sont arrêtés, les journaux indépendants sont interdits, alors que le pouvoir monopolise les médias officiels. La procédure du vote anticipé, terrain idéal pour la manipulation des résultats, est encouragée ; le KGB menace de peine de mort les « terroristes » qui oseraient manifester contre les résultats du scrutin. Néanmoins, les oppositions s'organisent pour former un front démocratique unique représenté par Alexandre Milinkevitch. Alexandre Loukachenko est officiellement réélu avec 83 % des voix, Alexandre Milinkevitch reçoit 6,1 % des suffrages. Criant à la fraude, une dizaine de milliers de personnes descendent dans la rue le 19 mars pour réclamer l'organisation de nouvelles élections. Plusieurs centaines de personnes sont arrêtées. Les jours suivants, quelques centaines de manifestants campent sur la place d'Octobre, à Minsk, pour protester contre la réélection de Loukachenko. Toutefois, l'ampleur de ces manifestation est loin d'atteindre les proportions de la « révolution des roses » en 2003 en Géorgie ou de la « révolution orange » en 2004 en Ukraine. Encore une fois, la grande majorité de la population reste inerte. Le 24 mars, à l'aube, la police met fin à cette tentative de révolution. L'époque Loukachenko est marquée par une certaine inertie et l'absence de réformes structurelles. On a assisté ces dernières années à une détérioration des relations avec la Russie qui, depuis la chute de l'URSS, avait été l'allié le plus proche de la Biélorussie, ainsi que son principal partenaire commercial. Deux « crises » du gaz ont eu lieu en 2007 et en été 2010. La crise de 2010, à l'origine de laquelle se trouverait un différent commercial, a démontré la volonté russe de déstabiliser Loukachenko à quelques mois de la fin de son mandat, à tout le moins de le mettre sous pression. L'image internationale du président s'est également aggravée, notamment lorsqu'il a offert l'asile à Kourmanbek Bakiev, président kirghize renversé en avril 2010 à la faveur d'un soulèvement populaire réprimé dans le sang. Un Bakiev au demeurant plus proche des États-Unis que de la Russie. Malgré ces déboires, les élections présidentielles de décembre 2010 devraient réserver peu de surprises et voir Loukachenko se succéder à lui-même.

Politique et économie

POLITIQUE

Au moment de l'indépendance, l'Etat biélorusse présente la structure d'une démocratie parlementaire, avec un Parlement et un Président dont la fonction est tout à fait symbolique. Toutefois, les référendums de 1994, 1995 et 1996 modifient progressivement la Constitution afin de conférer des pouvoirs de plus en plus croissants au président de la République. A ce jour, la Biélorussie est une république présidentielle avec à sa tête Alexandre Loukachenko. Lorsque ce député et directeur de *sovkhoze* participe aux premières élections présidentielles en 1994, il présente un programme politique basé sur la réutilisation de certains principes soviétiques, telles que la discipline et la centralisation de toute initiative. Dans le cadre de profonde instabilité politique, économique et sociale de l'époque, le discours de Loukachenko fait prise sur une population nostalgique du passé soviétique. Une fois arrivé au pouvoir, Loukachenko établit un gouvernement inexpugnable, basé sur le monopole de l'Etat sur l'économie, sur la concentration du pouvoir exécutif dans ses mains, sur la démagogie médiatique, sur la répression de toute forme d'opposition et sur le *partnership* stratégique avec la Fédération de Russie. Bien que l'article 1 de la Constitution de la Biélorussie, approuvée en 1994, définit le pays comme « Etat unitaire, démocratique, social et de droit », la réalité est différente. Souvent définie comme la « dernière dictature d'Europe », la Biélorussie est un Etat autocratique où la liberté d'expression est systématiquement violée. Censure, répression policière des manifestations de protestation, disparition de journalistes et d'opposants politiques ont marqué le gouvernement de Loukachenko dès le début, obligeant l'opposition à se transformer en un mouvement de résistance semi-clandestin. Selon la Constitution, le mandat présidentiel, de cinq ans, n'est renouvelable qu'une seule fois. Toutefois, le référendum de 2004 a donné à Loukachenko la possibilité de se présenter pour le troisième mandat aux élections de 2006. Réélu pour la deuxième fois en 2001, il est élu à nouveau en 2006. L'évolution politique de la Biélorussie pendant les derniers quinze ans est donc totalement liée à la figure de Loukachenko et de son entourage.

Le loukachisme

Utilisé par les opposants politiques à Loukachenko, le terme « loukachisme » indique un modèle de pouvoir qui dépend de la seule personnalité du chef de l'Etat et qui relève du populisme autoritaire. Contrairement à ce que l'on pourrait penser, le régime de Loukachenko ne repose pas que sur la force et la crainte. Ancien directeur de *sovkhoze*, Loukachenko bénéficie d'une vraie popularité, au moins auprès d'une partie de la population, notamment rurale et âgée, qui reste relativement nostalgique par rapport à l'existence d'un pouvoir fort tel que l'incarnait l'Union soviétique et qu'incarne aujourd'hui Loukachenko. Le président biélorusse base son pouvoir sur un modèle de domination charismatique qui unit la croyance en l'existence de qualités extraordinaires du chef de l'État à son image d'homme issu et proche du peuple. Lors de ses interventions publiques il ne manque jamais de souligner son origine paysanne utilisant un langage familier et se présentant, souvent, dans le cadre du monde paysan où il se trouve tout à fait à l'aise. Cette image est fondamentale dans un pays où la mentalité paysanne est très forte, même en milieu urbain. Leader charismatique, l'image officielle de Loukachenko est celle d'un homme qui possède néanmoins des qualités extraordinaires qui le différencient du peuple et en font le *batka*, le petit père de tous les Biélorusses, lui conférant des capacités exclusives pour résoudre et gérer les problèmes de la société.

Structure étatique

La Biélorussie est une république présidentielle. Le président est élu pour cinq ans à suffrage universel direct. Le Président est le Chef de l'Etat, le garant de la Constitution, des droits et des libertés des citoyens, c'est lui qui détient le pouvoir exécutif. Le Président nomme le Premier ministre, le vice-Premier ministre et le Conseil des ministres en accord avec la Chambre des représentants (chambre basse du Parlement). Le Premier ministre, à ce jour Sergei Sidorski, est le chef du gouvernement (Conseil des ministres). Le pouvoir législatif est bicaméral. Le Parlement, appelé Assemblée nationale, est composé des deux chambres : la Chambre des représentants (chambre basse) et le Conseil de la République (chambre haute). La chambre basse se compose de 110 députés, élus au suffrage universel direct pour quatre ans. Le président de la Chambre des représentants est Vladimir Andreichenko. Le Conseil de la République, chambre de la représentation territoriale, se compose de 64 sénateurs. 56 sénateurs sont élus au scrutin secret pendant les sessions régionales des Conseils des députés et les sessions du Conseil des députés de Minsk, 8 sénateurs sont nommés par le Président pour quatre ans. Le président du Conseil de la République est Boris Batura. Le pouvoir judiciaire appartient aux cours. Le système judiciaire se compose de trois structures : la cour juridictionnelle, la cour économique et la cour constitutionnelle qui contrôle la constitutionnalité des lois.

Partis

Le président Loukachenko peut se prévaloir de n'être le chef d'aucun parti. Il contrôle suffisamment l'ensemble du corps social pour ne pas avoir besoin d'une formation parlementaire qui le soutienne. Cela lui permet de dire qu'il gouverne « grâce au soutien populaire ». Les partis politiques ont un impact limité. Seuls les partis qui soutiennent le régime sont visibles, alors que les partis de l'opposition n'ont pas accès aux médias de masse. L'opposition est soumise à des tracasseries de toutes sortes : inspections fiscales, descentes de police avec saisie de matériel, amendes administratives de plus en plus lourdes. Parmi les partis de l'opposition les plus connus on trouve le Front populaire biélorusse, un parti nationaliste ; le Parti des droits civils ; le mouvement politique « Pour la liberté », guidé par Aleksandr Milinkievič qui, à ce jour, est l'organisation de l'opposition la plus massive.

Enjeux actuels

Malgré le caractère autoritaire du régime de Loukachenko, depuis l'été 2008, dans un cadre de dégradation de la situation économique et sociale et de dépendance économique et énergétique à l'égard de la Russie, Loukachenko montre des signes d'ouverture tactique. La répression de toute voix alternative à celle officielle est contre-productive et ne fait qu'accroître l'isolement dans lequel se trouve le pays. Loukachenko décide de libérer les trois derniers prisonniers politiques internationalement reconnus (Kozouline, Kim et Parsioukevicth). Ce geste permet le rétablissement du dialogue entre l'UE et la Biélorussie. Des mesures de rapprochement sont alors prises, comme la suspension des interdictions des visas pour la quasi-totalité des hauts responsables biélorusses et le développement des coopérations techniques dans les domaines d'intérêt mutuel (transports, énergie, immigration). Depuis, les autorités biélorusses ont poursuivi leurs gestes d'ouverture par l'établissement d'un dialogue entre les autorités et l'opposition ; l'autorisation de publication et de distribution sur le territoire biélorusse de journaux d'opposition *Narodnaia Volia* et *Naša Niva* ; l'engagement à assouplir certaines dispositions du code pénal et du code électoral, etc.

ÉCONOMIE

La persistance du modèle soviétique marque la sphère économique biélorusse. A la fin des années 1980, la Biélorussie se montre réticente aux réformes libérales de la *perestroïka* préférant protéger le système économique soviétique grâce auquel elle avait connu la croissance économique la plus durable et la plus régulière de toutes les Républiques soviétiques.
Dès que Loukachenko prend le pouvoir il cherche à préserver autant que possible l'héritage soviétique en économie, créant le « socialisme de marché ». Hostile à une économie de marché sans contrôle, Loukachenko veut concilier l'existence d'un secteur privé de dimensions modestes avec les garanties sociales d'une économie largement administrée. La part du secteur privé dans la richesse nationale demeure donc faible (25 % selon les statistiques officielles, 10 à 12 % selon la Banque mondiale). 90 % des salariés sont employés par l'Etat. La

principale conséquence de ce choix a été d'éviter à la population biélorusse les traumatismes sociaux qui se sont produits en Europe orientale au cours de la décennie de transition. En effet, les principaux services publics, tels que la santé, le transport, l'électricité ou le téléphone sont subventionnés ; pour un grand nombre de biens de consommation, les prix sont en général contrôlés ; le chômage reste un phénomène marginal. Au-delà des avantages incontestables, ce système économique présente aussi des points de faiblesse, à savoir une inflation en hausse, le manque de compétitivité, la faible motivation des salariés, et un volume insuffisant d'investissements étrangers, freinés par les tracasseries administratives et fiscales, et par la lenteur de la machine bureaucratique. Après la période négative de la première moitié des années 1990, à partir de 1996, la Biélorussie rénoue avec la croissance enregistrant des résultats flatteurs.

Malgré la faible dépendance de la Biélorussie des marchés mondiaux, la crise financière mondiale a des répercussions importantes sur l'économie biélorusse. La crise mondiale, unie à l'absence de réformes structurales, à l'insuffisance d'investissements de capitaux et à une baisse significative de la demande du marché russe, son principal partenaire commercial, ont poussé l'économie biélorusse vers une nouvelle phase négative. Si en 2007, on enregistrait une croissance de 8,2 %, en 2010 on est à -2 %. La condition économique du pays reflète parfaitement son orientament politique. Economiquement la Biélorussie souffre de l'isolement auquel l'ont contrainte l'autoritarisme et l'absence de réformes libérales.

La Russie reste son principal partner commercial, malgré les nombreux efforts faits, les dernières années, par le gouvernement biélorusse d'ouvrir son marché à des investisseurs européens, notamment néderlandais et allemands. La présence du secteur privé et des investissements étrangers dans l'économie sont encore faibles. Toutefois, à partir du début 2008, le gouvernement a adopté une politique de libéralisation prudente de l'économie consistant dans la simplification du système fiscal et l'ouverture progressive aux capitaux étrangers. En juillet 2008, il a également autorisé la vente de 519 entreprises d'Etat et la cession des actions de propriété de l'Etat pour 217 entreprises, déjà partiellement privatisées.

Principales ressources

La structure économique du pays a très peu évolué par rapport à l'époque soviétique. L'agriculture et l'industrie constituent une part plutôt importante du PIB, alors que les services restent peu développés. La présence du secteur privé dans l'économie est encore faible et se concentre essentiellement dans le tertiaire. A l'époque soviétique, la Biélorussie était parmi les pays les plus industrialisés de l'URSS. Tracteurs, automobiles, armes, poids lourds, engrais et produits pétrochimiques étaient le fleuron de la production industrielle du pays. La Biélorussie exportait environ le 50 % de sa production vers les autres Républiques de l'Union. Même aujourd'hui, l'industrie reste le secteur le plus dynamique de l'économie biélorusse, les secteurs de la chimie, de la métallurgie et de la construction mécanique fournissant environ le 35 % du PIB. Cela est aussi la conséquence d'une tradition très forte d'études techniques et d'ingénierie, notamment mécanique, propre à ce pays.

À chacun son lopin de terre : la *datcha*

La relative faiblesse des salaires oblige beaucoup de Biélorusses à recourir à la débrouillardise. Si certains excercent une activité parallèle à leur métier officiel, la plupart pratique une économie de subsistance en produisant, dans une large mesure, leur propre nourriture. Cette économie informelle correspond à l'univers de la *datcha*. Maison de citadins, située en dehors de la ville, on s'y repose ou, encore mieux, on y cultive un potager. D'avril à novembre, la saison des récoltes est la saison de la *datcha*. Support essentiel de l'économie domestique, on y cultive pommes de terre, tomates, courgettes, carottes, potirons, oignons, concombres, haricots, choux, persil et herbes aromatiques, pommes, cerises, groseilles et prunes. Après la récolte, c'est la préparation des conserves pour l'hiver ! Frais ou en conserve, fruits et légumes sont consommés à l'intérieur de la famille ou, plus rarement, vendus. Il arrive ainsi de rencontrer aux coins des rues de vieilles *babouchkas* en train de vendre des conserves de cornichons, des champignons séchés ou des baies.

Les principales industries de Biélorussie sont celles de machines-outils, équipements agricoles, engrais, produits chimiques, matériaux de construction préfabriqués, véhicules à moteur, motos, textiles et quelques produits de consommation (réfrigérateurs, montres, télévisions et radios). La Biélorussie produit aussi du bois, des étoffes de lin, de laine et du coton. Le complexe militaro-industriel est important. Bénéficiant du passage de l'oléoduc qui dessert les pays d'Europe centrale et orientale, la Biélorussie possède également une industrie de raffinage de premier plan qui lui permet de raffiner le pétrole importé de la Russie et de les revendre à l'Ouest à des prix de marché. L'agriculture correspond à environ 10 % du PIB. L'élevage du bétail et l'industrie laitière contribuent pour plus de moitié à la production totale agricole, mais les cultures représentent également une part importante. Les principales cultures sont celles de la pomme de terre, du lin, du blé, de la betterave sucrière et des céréales (orge, avoine et seigle). La Biélorussie est parmi les majeurs producteurs de pommes de terre au monde. De nombreux marécages ont été drainés et convertis en terres agricoles qui sont aujourd'hui parmi les plus fertiles et les plus productives du pays. Cependant, la catastrophe de Tchernobyl a eu des répercussions importantes rendant inutilisable 1/5e des terres du pays. Faute d'investissements et de modernisation, l'agriculture est toutefois dans une phase stagnante. L'agriculture biélorusse reste largement collectivisée et la filière agroalimentaire dépend largement des entreprises d'Etat. Moins de 5 % des terres agricoles sont privées. Transformées en sociétés coopératives sous contrat avec l'Etat, les anciens kolchozes font vivre la quasi totalité de la population rurale empêchant ainsi l'exode vers les villes.

La question énergétique

Héritage de la période soviétique au cours de laquelle la Biélorussie était l' « atelier d'assemblage » de l'URSS, les structures de production des deux pays sont encore largement complémentaires. Par conséquence, l'économie biélorusse reste fortement orientée vers un marché russe qui est à la fois un débouché naturel et le principal fournisseur d'énergie. Dépourvue de matières premières, à l'exception de petites quantités de pétrole dans la région de Gomel', la Biélorussie est fortement dépendante de la Russie pour son approvisionnement énergétique. Aujourd'hui, le pays emporte de la Russie 85 % de ses besoins énergétiques (gaz naturel, pétrole brut et une partie de son électricité) à des prix inférieurs à ceux du marché. L'activité de ses deux raffineries de Mozyr et Novopolotsk lui permettent d'exporter ses produits pétroliers vers l'Europe à des prix concurrentiels et de constituer ainsi la première source de ses recettes budgétaires. Si la politique conciliante envers Moscou du président biélorusse Alexandre Loukachenko a permis dans un premier temps de préserver une tarification avantageuse sur les livraisons d'énergie, à partir de la fin de 2006, Gazprom pratique une politique d'élévation progressive des prix. Fin 2006, la Russie impose à la Biélorussie une augmentation du prix du gaz, le président biélorusse n'ayant pas cédé les parts de la société gazière biélorusse Beltransgaz, promises en décembre 2005. Après de longues négociations les deux pays parviennent à s'accorder sur un prix qui reste en tout cas inférieur à ceux du marché. La Russie obtient en guise de compensation 50 % de titres dans Beltransgaz. Dès le début 2007, la Russie applique une majoration sur les tarifs du pétrole. La Biélorussie cherche alors, en vain, à introduire une taxe sur le transit du pétrole russe (50 % des flux d'exportations russes vers l'Europe). Refusant d'acquitter cette taxe, le monopole russe Transneft, gestionnaire de l'oléoduc Droujba, ferma du 8 au 10 janvier les robinets vers l'Allemagne, la Pologne, l'Ukraine, la Hongrie, la Slovaquie et la République tchèque. Minsk cède et signe, le 12 janvier, un protocole alignant progressivement les tarifs biélorusses sur ceux pratiqués en Russie en matière pétrolière. La crise énergétique de 2007 menace la stabilité de l'économie biélorusse obligeant le gouvernement à revoir sa politique énergétique et à mettre fin à l'alliance privilégiée entre Moscou et Minsk qui perdurait depuis 1991, basée sur la nostalgie biélorusse de l'URSS et une sorte de romantisme panslave. Pour résoudre son problème énergétique, à partir de mars 2007 la Biélorussie a adopté un programme de diminution de la consommation d'énergie et d'augmentation des énergies alternatives domestiques (sciure de bois et tourbe). Le pays a également tissu des relations avec d'autres pays que la Russie dans le domaine des hydrocarbures (Azerbaïdjan, Iran, Venezuela). Toutefois, ces initiatives n'apportent aucune solution à la dépendance structurelle de la Biélorussie. Depuis 2007, la priorité de la politique énergétique biélorusse est désormais la construction d'une centrale nucléaire censée entrer en fonction entre 2016 et 2018.

Mode de vie

VIE SOCIALE

Une blague biélorusse raconte d'un homme qui à Minsk, au milieu de la rue, se met à pleurer. Un policier s'approche et lui demande : « – Pourquoi pleurez-vous ? – Je veux vivre en Biélorussie ! – Eh ben, vous y vivez déjà ! – Mais non, je veux vivre dans la Biélorussie qu'on montre à la télé ! ».

En Biélorussie on respire encore une atmosphère de type soviétique. Un pouvoir politique fort, voire autoritaire, une économie en prévalence contrôlée par l'Etat avec encore peu de place laissée à l'initiative privée, une vie culturelle étouffée marquent aussi bien le paysage urbain que la société biélorusse. Tout visiteur sera frappé par la presque absence de pannaux publicitaires aussi bien en ville que sur les routes extra-urbaines. A leur place, on trouvera des grandes affiches sur la Biélorussie et les Biélorusses. Des puissants tracteurs au milieu d'un énorme champ de blé, des industries à l'avant-garde, une nature verdoyante et généreuse, des visages souriants et sereins transmettent l'image d'un pays heureux et prospérant qui toutefois ne correspond pas toujours à la réalité. Avec leurs salaires, beaucoup de Biélorusses peinent à la fin du mois. En vous promenant dans le pays, l'impression que vous aurez sera donc double. D'une part, vous verrez un cadre de vie très agréable, des villes propres, ordonnées, dépourvue de la frénésie à laquelle un Occidental est habitué, des villages colorés aux petites maisons très soignées. Le proverbe le dit : « A quelque chose malheur est bon. » Cette ouverture timide à l'économie de marché a empêché la dégradation sociale qu'on remarque au contraire dans plusieurs pays de l'ancienne URSS. Un niveau minimum de vie est garanti pour tout le monde, les infrastructures sont en bon état, le système sanitaire fonctionne, criminalité et corruption sont des phénomènes isolés. Toutefois, l'image de ce pays paisible et charmant s'associe à celle d'un pays stagnant, d'une stabilité presque effrayante, d'un pays qui a du mal à décoller malgré le désir de changement présent dans la société, notamment dans la jeunesse. On le sait et l'histoire l'a démontré à plusieurs reprises : les Biélorusses ont une capacité de résistance et d'adaptation hors du commun. Les Biélorusses mêmes le disent, ce qu'il y a de bon chez nous, ce sont les gens ! Le concept de solidarité et d'entraide est très actuel pour les Biélorusses. Généreux et accueillants, ils ont un sens de l'hospitalité qui parfois pourra vous mettre mal à l'aise tellement ils sont pleins d'attention à l'égard de leurs invités. N'en doutez pas : ils feront de leur mieux afin que vous gardiez un bon souvenir de leur pays !

Les loisirs au fil des saisons

La façon dont les Biélorusses passent leur temps libre est liée au climat et à l'alternance des saisons. L'hiver est généralement long, il fait froid de novembre à avril, les journées sont courtes et les passants pressent le pas. Les jours fériés, les Biélorusses font du ski de fond dans les forêts proches des centres urbains et, parfois, même dans les parcs citadins. Des patinoires à glace à ciel ouvert font le bonheur des adultes et des enfants qui glissent au son de la musique classique, folklorique et, surtout le soir, pop. Dans les squares, vous verrez toujours des enfants emmitouflés en doudoune et bonnet en train de faire de la luge ou de jouer dans la neige avec sceau et pelle, comme s'ils étaient à la mer ! Les amateurs de bain en plein air, appelés *morži*, (phoques), creusent un trou dans la glace et plongent tranquillement dans l'eau. C'est pendant l'hiver que les Biélorusses se réunissent souvent les uns chez les autres. La pratique de *chodit' v gosti* (aller voir quelqu'un), apparaît en époque soviétique quand il n'existait pas de cafés, de bars et le fait d'aller au restaurant était un luxe que toutes les familles ne pouvaient se permettre. Encore aujourd'hui, les Biélorusses aiment recevoir leurs amis à la maison, dans une atmosphère détendue, autour d'une tasse de thé fumante, d'une bière ou d'une bouteille de vodka, selon l'occasion ! Avec la fin de l'hiver s'achève aussi la léthargie de ses habitants. La nature explose et les rues se peuplent à nouveau. Les parcs et les cours des immeubles se remplissent de retraités qui jouent aux échecs et tout simplement profitent du beau temps, d'enfants, d'adultes qui font une promenade après le travail ou s'arrêtent lire un livre à l'ombre d'un arbre. Des petites terrasses-cafés font leur apparition.

Petit à petit commence l'exode du week-end vers la *datcha*. Avant de semer la nouvelle récolte, il faut nettoyer le lopin après le long hiver ! Au mois de mai, partout à la campagne, vous verrez des gens affairés à nettoyer, piocher, planter, semer. Pour les Biélorusses avoir un jardin fleuri et riche en fruits et légumes est source de grand orgueil. L'été est la saison de la récolte et de la préparation des conserves pour l'hiver, confitures et légumes marinés. C'est aussi le moment des vacances. Les week-ends, les villes se vident, les Biélorusses font des excursions dans les lacs et les forêts alentour pour profiter au maximum de la nature et du soleil. N'oublions pas que la Biélorussie est dépourvue de sortie sur la mer... Certains lacs aux environs des villes sont donc amenagés comme des plages, avec parasols, chaises longues et la possibilité de louer bateaux et canoës. Encore peu de Biélorusses peuvent se permettre des vacances à l'étranger, l'Ukraine et la mer Noire restent les destinations les plus fréquentées. Les Biélorusses voyagent beaucoup à travers leur pays, les lacs de Braslav, le parc naturel Naročanskij et le parc Pripjatskij sont parmi les lieux de vacances préférés.

MŒURS ET FAITS DE SOCIÉTÉ

Éducation

La Biélorussie a hérité de la tradition d'éducation de l'URSS dont une des premières mesures fut de généraliser l'éducation dans un pays en prévalence rural. Si au début du XXe siècle le taux d'analphabétisme était extrêmement élevé, aujourd'hui, tous les Biélorusses savent lire et écrire. Les enfants commencent l'école à l'âge de six ans. L'éducation obligatoire de base dure huit ans (jusqu'à 14 ans). Après ils ont le choix d'arrêter ou de poursuivre leurs études. S'ils décident de continuer, à la fin de la 11e classe, ils ont un diplôme de fin d'études. Ensuite, après avoir passé des examens d'admission, ils peuvent entrer à l'université. En fait, les universités biélorusses sont très sélectives et seulement les meilleurs étudiants parviennent à intégrer le système. Les études à l'universté ont une durée de 5 ans, suite auxquels, afin de valider le diplôme, les étudiants sont censés passer l'examen d'Etat concernant leur spécialisation. La Biélorussie a conservé le système soviétique du *raspredelenie*, de la répartition des étudiants par lieu de travail après le diplôme. Une fois obtenu le diplôme, l'Etat propose une série de lieux de travail possibles parmi lesquels les étudiants choisissent sans avoir la possibilité de refuser. Pour deux ans, ils seront liés au lieu de travail que l'Etat a choisi pour eux.

Traditionnellement, le système scolaire et universitaire biélorusse a toujours été plutôt efficace et valide. Toutefois, aujourd'hui, la tradition d'excellence de ses universités est en train de se perdre faute de moyens de financement et de réformes. Les meilleures scientifiques quittent le pays car leurs salaires sont misérables. De plus, l'Etat demeure réticent à toute forme d'innovation et d'ouverture. Le cas de l'Université européenne en sciences humaines de Minsk en est le parfait exemple. Fondée en 1992 par des scientifiques préoccupés par la dégradation du niveau de l'éducation supérieure, cette université s'est toujours présentée comme un îlot de pensée libre dans un univers intellectuel complètement contrôlé par le pouvoir politique. En 2004, Loukachenko accuse l'université de former des cadres pro-européens, hostiles à la Biélorussie et décrète sa fermeture, obligeant l'université à s'exiler en Lituanie, à Vilnius, où elle se trouve à ce jour. Une question épineuse dans le système d'éducation biélorusse concerne la place de la langue biélorusse. Selon la Constitution, chaque citoyen a le droit d'étudier dans la langue qu'il préfère, les langues officielles du pays étant le russe et le biélorusse. Néanmoins, dans la pratique on est loin de là. En époque soviétique, la plupart des écoles biélorusses se trouvait en milieu rural ce qui contribuait à la dévalorisation du biélorusse par rapport au russe. Environ 30 % de la population y étudiait. Au début des années 1990, sur la vague du nationalisme, le nombre d'écoles où l'enseignement est enseigné en biélorusse augmente sensiblement. En 1993-1994, 76 % des enfants étudiait en biélorusse. La situation change drastiquement, en 1995, suite à l'élection de Loukachenko et au référendum pour l'introduction du russe comme langue officielle. 83 % de la population s'exprime en sa faveur. A partir de ce moment-là, les écoles biélorusses ferment l'une après l'autre. En 2006, seulement 18 % des écoliers étudient en biélorusse. Le lycée biélorusse de Minsk a été fermé en 2003 et aujourd'hui il fonctionne de manière clandestine. Le biélorusse figure dans les programmes scolaires parmi les enseignements obligatoires, comme une sorte de langue étrangère. A l'université, tous les enseignements sont en russe, le biélorusse étant pratiqué uniquement à la faculté de langue et culture biélorusse.

Mariage et famille

Le mariage a une place très importante dans la vie des Biélorusses. Par rapport aux standards européens, les Biélorusses se marient très jeunes et ont rapidement un enfant. Aujourd'hui encore, les femmes biélorusses sont orientées dès leur jeune âge pour trouver un bon mari et fonder une famille. Ne soyez donc pas étonné de voir, surtout dans les petites villes et en milieu rural, des jeunes filles d'à peine 18 ans avec un bébé dans les bras ! Néanmoins, il devient de plus en plus difficile de trouver des familles avec plus d'un enfant. La question démographique est à l'ordre du jour en Biélorussie, la population baisse constamment au point que le gouvernement a dû recourir à des mesures drastiques et actuellement un débat est en cours à propos de la possibilité de taxer le hommes de 25 à 45 ans sans enfants ! A la base de cette natalité en chute libre, on trouve une confiance relative en l'avenir, l'insuffisance des moyens économiques, une mortalité infantile encore haute par rapport aux pays de l'Ouest européen et un pourcentage d'avortements significatif si on le compare à celui des naissances. Les Biélorusses sont très attachés aux valeurs familiales. Toutes les fêtes sont passées en famille et les liens entre les générations sont très forts. Aujourd'hui, la taille moyenne d'une famille est plus petite que dans le passé, mais, souvent, il s'agit d'une famille élargie. Les retraites étant microscopiques il arrive que les grands-parents habitent chez leurs enfants. D'autre part, du fait de la modestie des salaires moyens et de la cherté des loyers, en particulier à Minsk, les enfants restent de plus en plus longtemps à la maison. Donc, il n'est pas rare que trois générations cohabitent sous le même toit. Impossible de parler de la famille biélorusse sans mentionner la *babouchka*, la mamie. Elle est non seulement le pillier de la famille, mais de la société aussi sur laquelle elle exerce une forme de contrôle. Solide et optimiste, traditionnellement assise sur un banc dans la cour, la *babouchka* observe scrupuleusement ce qui se passe autour d'elle n'épargnant pas les remarques adressées à tous ceux qui, de son point de vue, ont une conduite inconvenante. La société contemporaine lui semble incompréhensible. Et si vous lui demandez son avis sur le monde d'aujourd'hui, elle vous dira que c'était mieux avant quand les gens travaillaient dur sans jamais se plaindre et que les jeunes ne sont jamais satisfaits car ils sont gâtés et ne savent plus travailler.

Visite scolaire au musée régional de l'Histoire du territoire à Vitebsk.

RELIGION

En voyageant en Biélorussie, vous remarquerez immanquablement dans le centre de n'importe quelle ville la présence d'une église orthodoxe et d'une église catholique se faisant face. Si dans la première, les services religieux sont en russe, dans la seconde la seule langue que vous entendrez sera le polonais. Parfois, pas loin de ces édifices, on trouve encore ce qui reste d'une ancienne synagogue, ou une vieille église protestante ou même une mosquée. Rien de surprenant : un des traits caractéristiques des Biélorusses est la tolérance religieuse.

Etats multiethniques et multiconfessionnels, le grand-duché de Lituanie d'abord et l'Union polono-lituanienne ensuite comptaient des orthodoxes, des catholiques, des juifs, des protestants et des musulmans qui disposaient de leurs édifices de culte et avaient le droit de pratiquer librement leur religion.

Pendant la messe dans l'église uniate de Polock.

Tiraillée entre l'Ouest catholique et l'Est orthodoxe, la Biélorussie s'est toujours positionnée comme le pont entre deux cultures : le catholicisme a toujours dominé dans les régions occidentales du pays, alors que l'orthodoxie est enracinée à l'est. L'orthodoxie apparaît en Biélorussie dans le territoire de la principauté de Polock, à la fin du Xe siècle. Toutefois, avec la création du grand-duché de Lituanie, la situation de l'orthodoxie va s'empirer. En 1387, Jagellon, prince du grand-duché de Lituanie, se convertit au catholicisme et épouse la princisse Jadviga devenant le roi de Pologne. Les nobles qui acceptaient la religion catholique disposaient de privilèges dont les nobles orthodoxes étaient dépourvus. Ainsi, la *szlachta* se convertit au catholicisme, alors que les paysans restent en majorité orthodoxes. L'union de Brest en 1596 et la création de l'Eglise uniate font de l'orthodoxie une religion fortement minoritaire, jusqu'à ce que, pendant la première moitié du XIXe siècle, le pouvoir tsariste l'impose comme religion principale de l'Empire. Durant l'époque soviétique, toute forme de culte fut bannie de la société. Les prêtres étaient persécutés ou déportés, les biens de l'église nationalisés, les lieux de culte transformés en bibliothèques, dépôts, planétariums, piscines, etc. Aujourd'hui, la Biélorussie est un pays majoritairement orthodoxe. Le catholicisme est la deuxième religion du pays, pratiquée, en particulier, dans la région de Grodno. Bien que l'Etat soit laïc et que la liberté de culte soit garantie dans le pays, l'Eglise orthodoxe occupe une place privilégiée et profite du soutien de l'Etat se positionnant comme l'Eglise officielle des Biélorusses. Les vieilles églises ont été progressivement réouvertes, des nouvelles sont construites partout. Les petites églises de campagne sont particulièrement pittoresques, toutes de bois peint. Essayez d'assister à une messe à la campagne. La plupart des fidèles sont des vieilles dames enveloppées dans leurs foulards bariolés qui chantent des litanies accompagnant la messe du jeune prêtre. En Biélorussie, les traditions païennes sont très fortes et ont exercé une certaine influence sur le rite chrétien. Des fêtes comme la commémoration des morts lors de la Radunica, les Koljady pour Noël et la fête de Kupale sont d'ailleurs d'origine païenne.

Les vieux-croyants

La communauté des vieux-croyants s'est installée dans le pays depuis la fin du XVIIe siècle suite à leur refus des réformes introduites dans l'Eglise orthodoxe par le patriarque Nikon en 1653. Largement persécutés en Russie, les vieux-croyants se réfugient dans les terres frontalières fondant un important centre religieux dans la ville de Vetka, dans la région de Gomel'. A ce jour, la plupart des vieux-croyants se trouve justement dans cette région.

Les musulmans

Concentrés autour de Iv'e et de Novogrudok dans la région de Grodno, et à David-gorodok dans la Polésie, les musulmans de Biélorussie appartiennent à une communauté de Tatars arrivés en Biélorussie à partir de la fin du XIVe siècle quand Vitovt, prince du grand-duché de Lituanie, les invita à servir dans l'armée lituanienne. La plupart d'entre eux s'est parfaitement assimilée et s'est convertie à l'orthodoxie. Néanmoins, dans le pays on trouve des mosquées, notamment à Iv'e et Novogrudok, et plusieurs cimitières musulmans datant des siècles XVIII-XIXe.

Les protestants

Les protestants apparaissent en Biélorussie à partir de la moitié du XVIe siècle suite à la Réforme. En 1553, Nikolaj Radzivill Černyj, chancelier du grand-duché de Lituanie, se convertit au calvinisme et fait de Nesviž un centre important de cette confession. En suivant l'exemple de Nikolaj Radzivill, beaucoup de princes du grand-duché se convertissent. La mort du chancelier et la contre-Réforme arrêtent l'avancée du protestantisme. Aujourd'hui, il existe une communauté de protestants qui constitue environ 2 % de la population.

Les juifs

Jusqu'à la Seconde Guerre mondiale, la Biélorussie comptait une des plus grandes diasporas juives au monde. Chassés et persécutés dans l'Europe occidentale, les juifs s'installent sur le territoire biélorusse vers la fin du XIVe siècle, attirés par les nombreuses possibilités de travail et les conditions de tolérance ethnique et religieuse proposées par le grand-duché de Lituanie. Venus sur ces terres, ils créent des bourgades, appelées *shtetl* en yiddish. Juifs et Biélorusses ont toujours vécu en parfaite harmonie, aucun *pogrom* ne s'est jamais passé sur ces terres. A partir du début du XIXe siècle, l'Empire russe confine toute la population juive dans une zone, appelée « zone de résidence », entre Biélorussie, Lituanie, Ukraine et une partie de la Pologne. A la fin du XIXe siècle, dans cette zone résidaient presque six millions de juifs, plus de la moitié des principales villes biélorusses était constituée par des juifs. Mir, Vološin, Slonim, Sluck et Ljubaviči ont été, jusqu'aux années 1930, des centres pour l'étude de l'hébraïsme d'importance mondiale. C'est de Biélorussie qui viennent les militants les plus déterminés du mouvement sioniste qui partent fonder l'Etat d'Israël. Décimées par les nazis pendant la Seconde Guerre mondiale, la plupart des juifs biélorusses prennent le chemin de l'émigration vers Israël à partir des années 1980. Autrefois, centre mondial de la culture juive, aujourd'hui la Biélorussie ne compte que quelques dizaines de milliers de juifs, concentrés principalement à Minsk.

DÉCOUVERTE

Les uniates

Bien que l'Eglise uniate soit traditionnellement associée à l'Ukraine qui abrite d'ailleurs la plus nombreuse communauté, sa fondation est en réalité liée à l'histoire et au territoire biélorusses. En 1596, à Brest, est signée l'Union qui marque la naissance de l'Eglise uniate ou gréco-catholique. L'Eglise uniate conserve les rites orthodoxes tout en étant partie intégrante de l'Eglise catholique dont elle accepte la dogmatique. L'Union était la tentative d'une part de créer une jonction entre les deux principales composantes religieuses de l'Etat polono-lituanien, catholique et orthodoxe, de l'autre de garder la propre indépendance par rapport au patriarcat de Moscou et à une Moscovie devenant de plus en plus menaçante. A la fin du XVIIIe siècle, les 3/4 de la population était de confession uniate, 15 % était catholique et 5 % orthodoxe. Pendant trois siècles, la religion uniate a été la religion des Biélorusses, les messes étant justement dans la langue nationale. Dans les monastères basiliens auprès des églises uniates fonctionnaient des écoles, où les enseignements étaient également en biélorusse. Les uniates conservaient donc ce qui est considéré comme le fondement de l'identité nationale, la langue. En 1839, la confession uniate est interdite par les autorités du tsar. Les uniates sont contraints à se convertir à l'orthodoxie, leurs lieux de culte sont confisqués et passés aux orthodoxes. Aujourd'hui, en Biélorussie, il n'existe plus que quelques milliers d'uniates. Bien que la loi les autorise à professer librement leur culte, les uniates sont toujours mal considérés par le pouvoir politique. L'importance qu'ils accordent à la langue et à la culture biélorusse les oppose automatiquement à l'idéologie nationale officielle qui, au contraire, tend à nier la spécificité identitaire des Biélorusses. A ce jour, ils ne disposent que d'une seule église, dans un quartier périphérique de Polock, et de quelques centres de rencontre officiellement autorisés.

Arts et culture

Quand on parle de culture biélorusse, on a du mal à définir de quoi il s'agit. Depuis des siècles, la culture biélorusse a été l'objet de plusieurs influences, polonaise d'abord et russe ensuite. Durant les 150 dernières années, la Biélorussie a été victime d'une russification constante visant à faire des Biélorusses les « petits frères » des Russes. A la fin des années 1980, sur la vague des mouvements d'indépendance qui ont parcouru l'URSS, les intellectuels et les artistes se sont fait interprètes du renouveau national et identitaire du pays à travers, notamment, la sauvegarde de la langue biélorusse. L'arrivée au pouvoir de Loukachenko a arrêté ce processus de renouveau des arts et de la culture. Asphyxiée par son Président, aujourd'hui la Biélorussie souffre d'un isolement non seulement politique, mais aussi culturel. L'art officiel que les locaux appelent le Tchernobyl culturel étouffe toute expérience artistique indépendante ou innovante. L'art est revenu sur les pas d'un conformisme néosoviétique russifié. Cependant, des manifestations d'art alternatif existent dans toutes les sphères. La revue annuelle indépendante Monolog, *par exemple, réunit autour d'elle un groupe d'écrivains, photographes, musiciens et peintres qui travaillent de manière complètement indépendante. Imaginatif et subversif, le Théâtre libre de Minsk est le fer de lance de l'avant-garde dissidente et de la résistance à l'esthétique officielle. Il met généralement en scène des œuvres d'avant-garde ou des pièces dont le sujet porte sur les Biélorusses aujourd'hui, un thème ignoré par les théâtres officiels. Ce théâtre existe de façon clandestine et l'information sur les spectacles se fait par le bouche à oreille. Le théâtre de rue Plutovskij teatr DiGrease de Minsk organise également des spectacles de musiques et danses médiévales biélorusses : medievalbelarus.org*

ARCHITECTURE

Dans les différents styles d'églises, forteresses et palais se manifeste la diversité culturelle et historique du pays. Au carrefour de multiples influences, l'architecture biélorusse est liée aussi bien à l'art russe qu'au Moyen Age de l'Europe occidentale. En cela réside justement sa particularité. Baroque, gothique, Renaissance et, bien sûr, une pointe de soviétisme sont les styles principaux que vous aurez la possibilité de voir lors de votre voyage. Pendant des siècles, les constructions biélorusses étaient en bois ou autres matériaux ne résistant pas longtemps aux intempéries et dont il ne reste aucune trace. Au XIIe et au XIIIe siècles surgissent les premiers exemples architecturaux en pierre, liés à la création des principautés. L'église des saints Boris et Gleb à Grodno (XIIe siècle) et la tour Belaja Veža

Le théâtre Batleïka

Ce théâtre des marionnettes est une des formes d'art populaire parmi les plus anciennes en Biélorussie, son apparition datant du XVIe siècle. Le nom Batleïka vient de la ville de Bethléem où, selon la Bible, naquit Jésus-Christ. L'histoire de la naissance de ce théâtre est justement liée à la période de Noël et aux sujets bibliques qui initialement y étaient mis en scène. Le répertoire du théâtre s'enrichit par la suite de pièces satyriques sur la vie quotidienne. Le docteur-charlatan, le marchand avide, le seigneur méchant étaient des personnages bien reconnaissables. La scène, comme les marionnettes, était en bois, sur deux étages. La représentation consistait en deux parties, religieuse et satyrique. A chaque partie correspondait son étage, respectivement supérieur et inférieur. Il était extrêmement populaire non seulement en ville, mais aussi à la campagne où des acteurs itinérants se déplaçaient de village en village réunissant autour de la scène les villageois impatients d'assister à la représentation. A l'époque soviétique, ce théâtre fut interdit. Aujourd'hui, le théâtre Batleïka renaît petit à petit grâce à l'enthousiasme de passionnés d'art populaire biélorusse.

à Kamenec (XIIIe siècle), deux magnifiques exemples d'architecture romane, et l'église de la Sainte Ephrosinia à Polock (XIIe siècle), joyaux de l'école architecturale de Polock, constituent ce qui reste de l'époque. Les nombreuses guerres qui ont marqué le territoire biélorusse ont influencé la structure des villes et l'architecture. A partir du XIVe siècle, une grosse importance a été conférée à la construction de forteresses, châteaux et églises défensives. Plusieurs villes, comme Polock et Vitebsk, étaient entourées par des enceintes qui dans la plupart des cas étaient en bois. Des fortifications faisaient aussi partie les monastères (Slonim, Nesviž). Jusqu'au XVe siècle, les châteaux étaient construits en position élevée, comme à Novogrudok et à Grodno. A partir du XVIe siècle, ils surgissent dans des dépressions, protégés par des enceintes avec des tours, tels les châteaux de Mir, Krevo et Golšany. Typique de la Biélorussie occidentale sont les églises-forteresses, comme celles de Synkoviči et de Muravanka. Massives et compactes, elles ont généralement deux ou quatre tours à leurs coins avec des embrasures. Aux XVI-XVIIe siècles., le baroque s'impose. Si au début, l'influence de l'école italienne est évidente, à partir du XVIIe siècle surgissent des monuments baroque biélorusse. Le baroque biélorusse, appelé *vilenskoe barokko*, est le style de la plupart des monuments qui sont conservés aujourd'hui. Les palais de Nesviž, Ružany et Golšany, les églises de Grodno, Žirovići, Mogilev et Slonim en sont des exemples. Typique de ces monuments est leur silhouette verticale avec deux tours symétriques et la légèreté de la composition. Les intérieurs sont généralement en style rococo. A partir de la moitié du XVIIIe siècle, le classicisme remplace le baroque. Entre-temps, la construction d'églises en bois se poursuit, dont on peut trouver de beaux exemples surtout en Polésie. Le XXe siècle est l'époque du monumentalisme stalinien. Détruit par la Seconde Guerre mondiale, le pays est reconstruit selon l'esthétique du réalisme socialiste : avenues disproportionnées, immenses immeubles en béton dans les quartiers-dortoirs, édifices fonctionnels, statues géantes. Néanmoins, à Minsk, l'avenue Nezavisimosti, élégante et majestueuse, constitue probablement le meilleur exemple d' « empire » stalinien.

ARTISANAT

Au fil des siècles, l'artisanat biélorusse s'est développé en utilisant les matériaux offerts par la nature : bois, paille, osier, lin et argile. Le travail du bois occupe une place de toute importance dans l'artisanat biélorusse. Des sculptures en bois sont installées dans les jardins publics, dans les espaces de jeux pour les enfants, aux carrefours.

Les ceintures de Sluck

La ceinture de Sluck étaient un précieux ornement que portaient les nobles polonais et biélorusses aux XVIIIe et XIXe siècles. Larges de 50 cm et longues de 2 à 4,5 m, ces ceintures étaient produites par la manufacture des ducs Radzivill, située à Sluck, sur le modèle des ceintures provenant de Turquie et de Perse qui, vers la moitié du XVIIe siècle étaient très populaires auprès de la noblesse de l'Union polono-lituanienne. Comme il arrive souvent, l'élève dépasse le maître et les ceintures de Sluck supplantent rapidement leurs cousines turques et perses. Tissées à partir de fils de soie, d'argent et d'or, elles étaient richement décorées de motifs traditionnels biélorusses et orientaux. La légende dit que seuls des hommes pouvaient tisser ces ceintures car les fils d'or et d'argent, touchés par une femme, se ternissaient et abîmaient ainsi la ceinture... Pour la confection de chaque ceinture on utilisait jusqu'à 300 g d'or ! Sur l'exemple de Sluck, progressivement, ouvrent d'autres manufactures pour la production de ces ceintures. De telles manufactures se trouvaient à Nesviž, à Varsovie, à Cracovie et même à Lyon ! Après les insurrections de 1831, les autorités du tsar interdirent de porter ces ceintures et, en 1848, la manufacture fut fermée. Aujourd'hui, il ne reste pas un seul exemplaire de ces ceintures en Biélorussie. La riche collection des ducs Radzivill disparut pendant la Seconde Guerre mondiale. Beaucoup de ceintures furent également brûlées avec des livres religieux du XVIIe siècle durant les années 1920 et 1930 lors de la « lutte » contre la religion.

Ces figurines en bois finement sculptées représentent des animaux sauvages et des personnages des contes populaires. A la campagne, les jardins devant les maisons sont souvent décorés par des cigognes, des canards ou des champignons en bois qui poussent au milieu des fleurs. On peut acheter des boîtes entaillées, des petites figures représentant les paysans et des *matriochkas*. Le travail de la paille est aussi typique dans ce pays aux traditions rurales si fortes. Avec la paille on fait des poupées, des fleurs, des animaux ou bien des récipients qui, autrefois, étaient utilisés pour la conservation des céréales. Depuis longtemps, le tressage de l'osier est utilisé pour faire des paniers et des boîtes de différentes dimensions, mais aussi des objets ornementaux. Le tissage du lin est sûrement l'orgueil de l'artisanat biélorusse. Avec le lin, on fait surtout des poupées représentant des paysans habillés en costumes folkloriques. On peut aussi acheter des draps et des serviettes en lin. La Biélorussie excelle dans la lavoration non seulement du lin, mais du coton et de la laine aussi. Les tapis tissés à la main, très colorés, et les serviettes blanches brodées en rouge, appelées *rušniki* sont typiques de l'artisanat biélorusse. Ces serviettes étaient utilisées pour décorer la maison, les icônes et pour des rituels comme les noces. L'artisanat en céramique est aussi présent. On trouve vaisselle, sculptures grotesques, jouets et sifflets en terre cuite, peints ou naturels, glacés ou pas !

CINÉMA

La Biélorussie n'a pas une glorieuse tradition cinématographique, son cinéma étant resté toujours à un niveau plutôt provincial. Les studios Belarusfilm ont été fondés en 1924. En 1926, ils produisent le premier film *Lesnaja byl'* de Jurij Tarič, une histoire de partisans pendant la guerre civile, tirée d'un récit de Michas Čarot. Ce film influence la tradition cinématographique biélorusse. Pendant les 80 ans à venir, le cinéma biélorusse, suivant une tendance littéraire et, plus en général, culturelle, se spécialise en films sur la Seconde Guerre mondiale, un événement qui, encore aujourd'hui, marque profondément l'identité du pays.

D'ailleurs, Belarusfilm était ironiquement appelé « Partisanfilm ». D'ailleurs, le film d'Andrej Kudinenko *Okkupacija. Misterii* (2004) s'insère dans cette tendance. Il s'agit de trois histoires qui racontent la lutte pour la survie des habitants de la Biélorussie occupée par l'armée nazie. Andrej Kudinenko est aujourd'hui le réalisateur biélorusse le plus connu à l'étranger, l'initiateur d'une sorte de renaissance du cinéma biélorusse. La deuxième constante est l'adaption d'œuvres littéraires, dont les films *Ljudi na bolote* de Viktor Turov, *Alpijskaja ballada* de Boris Stepanov et *Dichaja ochota korolja Stacha* de Valerij Rubinčik sont les exemples les plus importants.

A l'époque soviétique, les studios Belarusfilm étaient spécialisés aussi dans la production de films pour les enfants, dont les plus célèbres on été *Les Aventures de Buratino*, le Pinocchio local, et *A propos du petit Chaperon Rouge* (1977). Si dans le domaine de la fiction, la Biélorussie n'excelle pas, ce n'est pas le cas pour le film documentaire. Des réalisateurs comme Galina Adamovich, Viktor Asliuk, Michail Ždanovskij et Yurij Khashchevatski sont connus bien au-delà de la Biélorussie. Yurij Khashchevatski est aussi un des opposants les plus fervents du régime politique actuel. Son film *Obyknovennyj prezident* (*Un président comme les autres*) (1996) est le récit satyrique sur la prise du pouvoir de la part de Loukachenko. Un autre domaine de la cinématographie biélorusse qui mérite d'être mentionné est celui de l'animation avec des réalisateurs tels Elena Petkevič, Igor' Vol'ček, Irina Kodjukova, Michail Tumelja.

LITTÉRATURE

La Biélorussie connaît une première littérature à l'époque de la Ruthénie de Kiev, quand les Slaves, suite à leur conversion au christianisme, reçoivent les Ecritures. Les chroniques historiques à part, une place importante était occupée par la littérature religieuse, dans un premier temps traduite en slavon, ensuite originelle. A ce sujet, on peut mentionner Kirill Turovskij (XIe siècle), prophète et écrivain. Aux XIIe-XIIIe siècles se développe le genre de l'agiographie dont les monuments principaux sont sûrement *La Vie d'Evfrosinija Polockaja* et *La Vie de Kirill Turovskij*.

Du XIVe au XVIIIe siècle

La création du grand-duché de Lituanie marque l'essor et la formation de la langue et de la littérature biélorusse. C'est à cette époque que l'ancien biélorusse devient la langue officielle du grand-duché de Lituanie dont les trois constitutions de 1529, 1566 et 1588 furent rédigées en ancien biélorusse. Sous l'influence des Chroniques de la Ruthénie de Kiev, au début du XVe siècle apparaissent les premières chroniques en ancien biélorusse, souvent consacrées à la valeur des princes du grand-duché de Lituanie et destinées à défendre les intérêts de l'Etat. Sous l'influence de la Renaissance et de la Réforme, la littérature devient de plus en plus démocratique. Les XVIe et XVIIe siècle sont d'ailleurs considérés comme les siècles d'or de la littérature biélorusse. Le premier livre en ancien biélorusse, le *Psautier*, est publié en 1517 à Prague, par Francisk Skorina. Humaniste, Francisk Skorina est célèbre non seulement pour son imprimerie, la première d'Europe orientale, mais aussi pour son activité d'écrivain. Il est l'auteur des nombreuses préfaces des livres de la Bible qu'il traduit et publie en ancien biélorusse. Convaincu que la langue est la base pour la préservation de la culture et de l'identité d'un peuple, Skorina soutenait la nécessité d'alphabétiser les masses. Le trait principal de la production littéraire biélorusse de l'époque était son caractère « plurilinguistique ». Surgie à l'intersection des traditions slave orientale et européenne, de l'orthodoxie et du catholicisme, la littérature biélorusse se développe sous l'influence des cultures slave ancienne, polonaise, lituanienne, latine. Aux XVe-XVIe siècle deux langues étaient utilisées : le vieux slave pour les textes religieux et l'ancien biélorusse pour la correspondance liée aux affaires de l'Etat et pour la littérature. Avec la diffusion du catholicisme à partir du XVIe siècle, le latin se diffuse. Au début du XVIe siècle, suite à l'Union de Brest, apparaît une littérature de type polémique centrée sur la dispute entre les uniates et les orthodoxes. Sous l'influence de la Pologne, se répand le style baroque, présent surtout en poésie. Son représentant principal est Simeon Polockij, poète, dramaturge et précepteur des enfants du tsar Aleksej Michailovič. A partir du XVIIIe siècle, la littérature en langue biélorusse est mise à l'écart par le classicisme qui réservait au biélorusse des genres mineurs, comme le grotesque et les parodies, alors que la plupart de la littérature était en polonais et en latin. Quand à la fin du siècle, la Biélorussie est englobée par l'Empire russe, se développe une tradition littéraire en langue russe. Le biélorusse reste relégué aux genres satyrique et folklorique, une tendance qui se conserve aussi au début du XIXe siècle quand abondent les poèmes parodiques anonymes. Nationales du point de vue de l'humour et des images réalistes du monde paysan, ces œuvres vont exercer une influence importante sur le développement de la littérature biélorusse au XIXe siècle.

Du XIXe siècle à l'aube du XXe siècle

Tout au long du XIXe siècle, sur la vague du romantisme, la littérature biélorusse reflète l'idée de la renaissance et de l'affirmation de l'identité nationale. Le poète et dramaturge Vincent Dunin-Marcinkevič (1808-1884) est l'un des grands classiques de la littérature biélorusse à avoir incarné l'esprit national. Riches en proverbes, dictons et chansons populaires, ses œuvres décrivent le quotidien du village biélorusse dont il peint aussi les rituels païens. Il est aussi l'auteur du livret du premier opéra comique en langue biélorusse *Idillija* et de la pièce *Pinskaja šljachta*, écrite en dialecte de la Polésie. Les poètes polono-biélorusses Jan Barščevskij, Jan Čečot, Andrej Rypinskij, et bien sûr Adam Mickewicz interprètent bien le romantisme de l'époque. Né à Novogrudok, Mickiewicz dédie à sa ville natale le célèbre poème *Pan Tadeusz*. Avec le poète Francisk Boguševič (1840-1900), le sentimentalisme propre à Dunin-Marcinkevič laisse la place au réalisme. Boguševič se présente comme l'idéologue de la renaissance nationale

invitant les Biélorusses à l'indépendance et à l'autodétermination, perdues après des siècles d'assimilation polono-russe. Ses recueils principaux *Dudka belorusskaja* (1891) et *Smyk belorusskij* (1894), publiés à l'étranger, sont empreints de folklore biélorusse. Grâce à Boguševič, l'idée da la renaissance nationale devient le leitmotiv du développement littéraire. Publiées à Vilna après la révolution de 1905, les premières revues nationalistes en langue biélorusse *Naša dolja* et *Naša Niva* réunissent un groupe d'écrivains qui se bat au nom de l'identité nationale biélorusse, tels que Janka Kupala, Jakub Kolas, Aloiza Paškevič, Zmitroka Bjaduli, Maksim Bogdanovič, Ales Garun, Maksim Goreckij.
Un des écrivains majeurs biélorusses, poète, dramaturge et publiciste, Janka Kupala (1882-1942, pseudonyme de Ivan Lucevič), publie en 1905 le poème en langue biélorusse *Mužik* qui le consacre à l'olympe des grands écrivains biélorusses. Avec Jakub Kolas, il est considéré comme le fondateur de la nouvelle littérature biélorusse. Dans ses poèmes et récits, Jakub Kolas (1882-1956, pseudonyme de Konstantin Mickevič) décrit le monde de la paysannerie biélorusse, de l'intelligentsia se présentant comme le principal « chanteur » du peuple biélorusse. La poésie de Maksim Bogdanovič (1891-1917) réunit les traits du symbolisme et de l'impressionnisme. Mort très jeune, le poète a laissé une riche production littéraire, publiée en partie de façon posthume, influencée par la poésie populaire orale et impreignée d'amour vers le peuple et d'idéaux patriotiques.

La littérature entre les deux guerres

Suite à la révolution d'Octobre, la littérature est dominée par le patriotisme et encourage les Biélorusses à lutter pour l'affirmation de leur identité nationale et la constitution de leur nation. Durant les années 1920, la vie littéraire du pays se concentre autour des revues *Maladnjak*, *Uzvyšša* et *Polymja* qui réunissent, outre les écrivains de la vieille génération, des nouveaux poètes, tels que Michas Čarot', Michas Zareckij, Vladimir Dubovka. Toutefois, pendant la deuxième moitié des années 1930, nombre de poètes et d'intellectuels biélorusses restent victimes des persécutions de la terreur stalinienne. La vie littéraire biélorusse et, bien sûr, la classe intellectuelle du pays subit un dommage irréparable.

La littérature de l'après-guerre

Après la Seconde Guerre mondiale, domine en littérature le thème de la guerre, des souffrances, de la destruction qu'on retrouve notamment dans les œuvres d'Ivan Šamjakin, Ivan Ptašnikov et Ales Adamovič. Les livres *Ja iz ognennoj derevni* (1977) et *Blokadnaja kniga* (1977-1981) d'Adamovič relatent le destin tragique des populations des villages biélorusses entièrement brûlés et de Leningrad pendant le blocus. La littérature biélorusse connaît un fort essor pendant les années 1960-1980 quand, au thème de la guerre, s'ajoutent ceux de l'idylle champêtre et de l'histoire passée. Vasil' Bykov (1924-2003), le plus célèbre écrivain biélorusse, publie son premier récit *Tret'jaja raketa* en

Maison-musée d'Adam Mickiewicz à Novogrudok.

1962. La guerre, à laquelle il participa, laisse une trace profonde non seulement dans sa vie, mais aussi dans sa formation littéraire. Tous ses récits se situent à l'époque de la Seconde Guerre mondiale. Le thème de la vie du peuple pendant l'occupation allemande est central, dans les villages biélorusses et dans les sections des partisans. Ses héros se trouvent souvent à affronter des problèmes moraux, comme le protagoniste du fameux récit *Al'pijskaja ballada* (1964) dans lequel le soldat russe Ivan, prisonnier de guerre, meurt pour sauver Giulia, la femme italienne qui lui avait fait connaître les joies de l'amour après les horreurs du camp. C'est la première œuvre soviétique dans laquelle le fait d'avoir été prisonnier de guerre est montré non comme une faute pour laquelle il fallait payer, mais comme une tragédie individuelle. Pendant la *perestroika*, Bykov a été parmi les premiers écrivains à dénoncer avec le récit *Znak bedy* (1985) la tragédie de la campagne biélorusse quand, durant les années 1930, la politique de Staline transforma les paysans en serfs, les précipitant dans la misère la plus noire. Ecrivain, poète et dramaturge, Vladimir Korotkevič (1930-1984) est le maître du roman historique biélorusse. Auteur des légendaires *Dikaja ochota korolja Stracha* (1964) et *Černyj zamok Ol'šanskij* (1979), Korotkevič puise ses sujets directement de l'histoire biélorusse et des légendes qui l'entourent. Pleins de romantisme et d'aventures, ses récits nous plongent dans la Biélorussie du XIXe siècle, celle de Kastus Kalinovskij et des princes Gol'šanskij, dans des atmosphères dominées par le mystère.

La littérature biélorusse aujourd'hui

En littérature, l'époque de libéralisation inaugurée par la *perestroïka* est marquée par la création d'une union littéraire appelée Tuteišyia, à la lettre « les gens d'ici », du titre de la célèbre pièce homonymique de Janka Kupala. L'Union fut fondée par le prosateur Adam Globus, un des majeurs écrivains biélorusses contemporains, et le poète Anatol Sys, le « Esenin » biélorusse, mort prématurément en 2005. Les écrivains adhérant à l'Union avaient comme but la renaissance d'une littérature nationale.

En 1990, l'Union devient partie intégrante de l'Union des écrivains biélorusses. Aujourd'hui, parmi les écrivains les plus populaires en langue biélorusse figurent les poètes Rygor Borodulin, Andrei Khodanovich, Ales Badak, les écrivains Viktor Koz'ko, Anatol Kudravec, Andrei Fedorenko. Parmi les écrivains en langue russe, nous citons les prosateurs Elena Popova, Anatolij Andreev et Oleg Ždan. Svetlana Alexievich (1948) est sûrement l'auteur le plus connu à l'Occident. Ses livres ont été traduits et publiés dans plus de 20 pays, alors qu'en Biélorussie ils sont interdits à cause de sa position critique envers le régime politique actuel.

Les œuvres d'Alexievich sont des chroniques qui racontent l'histoire du pays au XXe siècle à travers les voix individuelles de ceux qui l'ont vécue. *La guerre n'a pas un visage de femme* (1983) se compose des récits des femmes qui ont combattu dans l'armée rouge pendant la Seconde Guerre mondiale. Dans *Les Cercueils de zinc* (1989), elle décrit l'enfer de la guerre en Afghanistan à travers les souvenirs des jeunes soldats, du corps médical et des dirigeants politiques qui ont survécu, ainsi que par les souvenirs des veuves et des mères des combattants. Dans *La Supplication* (1997), l'auteur donne la parole aux survivants de la catastrophe de Tchernobyl.

MUSIQUE

La Biélorussie vante une ancienne tradition de musique populaire qui remonte à l'époque du grand-duché de Lituanie. Trois instruments (violon, cymbalum et tambour), polyphonies et hétérophonies vocales sont très populaires. Les instruments les plus répandus sont ceux artisanaux, tels que le cymbalum, la lyre, l'accordéon, la cornemuse, l'ocarina, la guimbarde. Pendant les années 1970, l'Union soviétique entière raffolait de l'ensemble des Pesnjary, le légendaire groupe biélorusse qui revisitait musique folklorique biélorusse avec une touche pop. Aujourd'hui, malgré l'hostilité du pouvoir politique à toute forme d'expérimentation musicale, la scène alternative est plutôt riche. Généralement, les nouveaux groupes musicaux chantent en biélorusse et s'inspirent de la tradition musicale folklorique biélorusse en réponse aux nombreux ensembles pseudo-folkloriques créés en époque soviétique. Le groupe Altanka fait de l'ethno-folk à partir d'anciennes chansons populaires biélorusses reinterprétées sur des rythmes de jazz et de blues.

Le groupe Yur'ia utilise des anciennes chansons populaires, souvent appartenant au folklore de la Polésie, reinterpétées en style ethno-rock. Nagual est un groupe ethno-punk qui réunit la musique populaire et archaïque à l'avant-garde. Zmitser Vojtjushkevich et son WZ-Orkiestra jouent sur la réélaboration en clé moderne d'éléments et motifs culturels plutôt traditionnels. Beaucoup de ces chansons reprennent les vers de Majakovskij, des poètes biélorusses contemporains et des chansons populaires biélorusses. Enfin, l'ethno-trio Troica de Ivan Kirchouk s'inspire des anciennes chansons populaires accompagnées par les instruments classiques biélorusses en les mélangeant souvent à des rythmes plus modernes. Professeur d'art folklorique, Ivan Kirchouk a participé à nombre d'enquêtes sur le terrain, à la recherche du patrimoine musical traditionnel biélorusse. Les Stary Ol'sa font revivre la musique médiévale. Le groupe Serebrjanaja svad'ba fait du cabaret slave, du folklore théâtro-comique. Leur musique, entraînante, rassemble accordéon, violon, banjo, batterie, basse et voix. Gurzuf est un duo intrumental, accordéon et batterie, qui fait de la musique expérimentale entre folklore et rock, d'une vitalité et d'une énergie envoûtantes. Malanka Orchestra est une « orchestre romantique » dont la musique s'inspire des mélodies des gitans roumains, de la samba, du klezmer et des rythmes à la Quentin Tarantino. Si le rock biélorusse n'est pas connu à l'étranger, il est néanmoins assez développé. Parmi les groupes rock-pop les plus populaires figurent Ljapis Troubeckoj, sur la scène depuis 1990 ; N.R.M de Ljavon Volsky, une sorte de Noir Désir en version biélorusse ; et Novae Neba de Kasia Komockaia.

PEINTURE ET ARTS GRAPHIQUES

La renommée de la peinture biélorusse est indissolublement liée à la personnalité de Marc Chagall (1887-1985). Né à Liozno, aux environs de Vitebsk, dans une famille juive, il commence ses études de peinture auprès de Yehuda Pen qui, à Vitebsk, avait ouvert sa propre école d'art. Ensuite, il se perfectionne à l'académie des Beaux-Arts de Saint-Pétersbourg où il devient un des élèves de Léon Bakst. Quand ce dernier part pour Paris, Chagall le suit grâce à une bourse en 1910. Il rentre à Vitebsk en 1914. Après la révolution d'Octobre, Chagall fonde à Vitebsk une école d'art qui réunit les principaux peintres de l'époque : Yehuda Pen, Mstislavl Dobužinskij, Kazimir Malevič, El' Lisickij, etc. Vitebsk devient un important centre d'expérimentation artistique, le centre de l'avant-garde russe. L'œuvre de Chagall, sans se rattacher à aucune école, présente des caractéristiques du surréalisme et du néo-primitivisme. Inspirée par la tradition juive, la vie du *shtetl* et le folklore russe, elle élabore sa propre symbolique, autour de la vie intime de l'artiste. Les églises orthodoxes et les petites maisons en bois de sa ville natale si aimée, la femme aimée, dont le modèle était sa femme Bella, et les amoureux sont des constantes de son œuvre. De la même époque sont les peintres juifs biélorusses qui, comme Chagall, s'installent à Paris où ils animent la célèbre Ecole de Paris. Les expressionnistes Chaïm Soutine et Mikhaïl Kikoïne, Pinchus Krémègne, qui ont tous étudié à l'académie des Beaux-Arts de Vilna, et Osip Zadkine sont nés en Biélorussie. Vitol'd Bjalynickij-Birulja (1872-1957) est considéré comme le maître des peintres paysagistes biélorusses. Aujourd'hui, parmi les noms les plus célèbres de la scène artistique biélorusse, on peut citer les peintres Ruslan Vaškevič et Aleksandr Bartaševič, le designer Vladimir Tsesler.

Dépôt des pompiers de Grodno.

Festivités

Dans la mouvance de la revalorisation du passé et de l'identité culturelle biélorusse, le calendrier des évènements culturels du pays est riche en fêtes foraines et folkloriques et en fêtes liées au Moyen Âge. Si les premières animent les rues des petites villes et des villages de campagne, les deuxièmes se déroulent généralement dans le cadre des châteaux médiévaux que le pays a nombreux. On trouve aussi des festivals d'art dramatique, des festivals de musique classique et des reconstitutions d'épisodes militaires très scénographiques. Chaque année, le calendrier peut changer. Pour obtenir le calendrier complet des manifestations culturelles, s'adresser à l'office du tourisme de Minsk.

Janvier

- **Brest** : début du mois de janvier, festival de musique classique « Janvarskie muzykal'nye večera » auquel participent des musiciens d'environ 15 pays du monde.
- **Minsk** : fin du mois, « Minskij Jazz », le festival biélorusse de jazz.
- **Ozerco** (environs de Minsk) : dans le musée de l'Architecture et de la Vie populaire a lieu la célébration du « vieux » nouvel an (selon le calendrier orthodoxe). On se déguise en animal ou en créature fantastique et on chante de chansons typiques, appelées *koljady*.

Février

- **Dans toutes les localités biélorusses**, on fête la *maslenica*, le carnaval. Jeux, danses, blinis à volonté et, au final, on brûle le pantin symbolisant l'hiver et le froid.

Mars

- **Minsk** : fin du mois, festival rock « Koronacija ».
- **Ozerco** : à la fin du mois a lieu la fête « Gukanne vjasny » : musique folklorique et rondes pour souhaiter la bienvenue au printemps.
- **Gomel, Rečica, Svetlogorsk** : festival des troupes théâtrales et des théâtres de marionnettes. Mise en scène d'œuvres dramatiques biélorusses, russes et des autres pays. Tous les trois ans.
- **Mogilev** : festival international de théâtre « M@rt-Kontakt ».

Avril

- **Minsk** : festival international de musique classique « Minskaja vesna » et festival international de musique orthodoxe. Au milieu du mois, a lieu le festival international de la cornemuse « Dudarskij Fest ».
- **Polock** : début du mois, festival international de la musique de chambre ancienne et contemporaine.

Mai

- **Minsk** : le 9 mai, jour de la Victoire, est célébré avec des parades militaires, des concerts et des manifestations sportives. Au milieu du mois ont lieu plusieurs évènements : la fête folklorique « Lošickij fest » avec jeux, musique, danses et tournois médiévaux ; la foire d'objets artisanaux traditionnels « Vesennij buket ». Dans la région de Minsk, au milieu du mois, dans le territoire du musée historique Linija Stalina ont lieu des reconstructions historiques d'actions militaires du XIIe siècle jusqu'à la Seconde Guerre mondiale.

Koupale

A Minsk, et partout en Biélorussie, la nuit du 6 juillet est celle de la fête traditionnelle de Koupale, dédiée à Ivan Koupala, une des divinités païennes les plus vénérées par les Slaves orientaux. Chansons, rondes, sauts par-dessus le feu débarrassent des maladies, des disgrâces et du mauvais œil. Lors de cette fête, les filles tressent des couronnes avec des fleurs et de la verdure qu'ensuite elles jettent dans le fleuve pour dire la bonne aventure. La superstition populaire veut que pendant la nuit de Koupale, la fougère fleurisse. Celui qui trouve la fougère fleurie est destiné à être heureux et pourra comprendre la langue des animaux et des oiseaux. Dans le cadre de la fête de Koupale a lieu à Zaslavl le festival de la culture médiévale « Zaslavski Nabat ». Si dans les grandes villes, la célébration de Koupale est accompagnée d'événements organisés, dans les petits villages de campagne la fête est spontanée. C'est là que vous pourriez vraiment saisir l'atmosphère « païenne » de cette nuit magique.

- **Žiroviči** : procession de l'icône de la Vierge de Žiroviči, ancienne relique miraculeuse faisant partie des cent icônes orthodoxes les plus vénérées au monde.
- **Polock** : fin du mois, festival de la culture du Moyen Age « Rubon » avec des tournois, des reconstructions de batailles et une foire d'objets d'artisanat.

Juin

- **Lida** : dans le cadre majestueux du vieux château du XIIe siècle a lieu le festival international de la culture et de la tradition du Moyen Age « Zamok Gedimina ». Tournois, compétitions à cheval, musiques et danses.
- **Zabor'e** : fête du tourisme agricole « Zaborskij Fes ». Musique folklorique et artisanat.
- **Novogrudok** : festival international de la culture du Moyen Age avec tournois, foire médiévale, jeux, musique.
- **Brest** : fête folklorique « Polesskij chorovod ». Tous les deux ans.
- **Postavy** : festival international de musique populaire « Zvenjat cimbaly i garmonik ».
- **Soligorsk** : festival d'art populaire « Falklornaia talaka. Kupalle » avec des représentations théâtrales et des concerts de musique folklorique.
- **Grodno** : ici a lieu un festival des cultures nationales grandiose auquel participent les représentants de 25 diasporas présentes sur le territoire biélorusse. Cuisine, musique, artisanat, danses, représentations théâtrales.

Juillet

- **Dans toutes les villes biélorusses** : le 3 juillet on fête l'indépendance avec concerts, expositions, fêtes foraines et folkloriques.
- **Région de Minsk** : dans le territoire du musée historique Linija Stalina a lieu la reconstruction de l'opération militaire Bagration qui permit la libération de la Biélorussie en 1944.
- **Benjuny** : dans un manoir du XVIIIe siècle a lieu le festival médiéval « Sjadziba Benjuny ».
- **Vitebsk** : festival international de musique pop « Slavianskij bazar » qui réunit des jeunes talents de plus de trente pays du monde.
- **Zaslavl'** : au début de juillet a lieu le festival de la culture médiévale « Zaslavskij Nabat », associé à la célébration de Koupale. Le soir, autour du feu, se tient justement une représentation théâtrale au sujet de cette ancienne fête païenne.

Août

- **Logojsk** : fête de la bière.
- **Motol'** : fête de la cuisine traditionnelle biélorusse « Motolskya Prysmaki ». Dégustations, artisanat, musique folklorique.
- **Zaslavl** : fête traditionnelle du pain, des fleurs et du miel « Zaslauski kirmaš ». Cette fête fait renaître les anciennes traditions de préparation et de cuisson du pain, d'apiculture et de culture des fleurs.

Septembre

- **Khoiniki** : le 6 septembre c'est la journée dédiée aux lettres biélorusses. Rencontres avec écrivains et poètes, présentations de livres, concerts de musique folklorique.
- **Minsk** : le 11 septembre c'est la fête de la ville. Feux d'artifice, concerts, foires.
- **Brest** : festival international de théâtre « Belaia Veža » ; festival du film biélorusse.
- **Mogilev** : festival international des films d'animation « Animaevka ».

Octobre

- **Minsk** : festival international de théâtre « Panorama » ; festival international de musique classique « Juri Bashmet ».
- **Mogilev** : festival international de musique « Zolotoj šljager v Mogileve » auquel participent les « légendes » de la musique pop de différents pays.

Novembre

- **Minsk** : festival international « Belorusskaja muzykalnaja osen' », tous type de musique, de la musique classique au jazz ; festival international du cinéma de Minsk « Listapad » ; festival de musique et bals anciens « Legendy oseni ».
- **Brilevskoe pole** : festival historique international « Berezina ». Reconstruction des actions militaires de la guerre de 1812.
- **Polock** : festival international d'orgues « Zvany Safii » dans la cathédrale de la Sainte-Sophie.

Décembre

- **Minsk** : le 25 décembre a lieu le carnaval na Koliady, une fête dédiée à la célébration du Noël catholique dans la tradition biélorusse, avec musique traditionnelle, petites représentations théâtrale, coutumes traditionnelles.
- **Vitebsk** : festival international de musique « I. Sollertinskij ».

Cuisine locale

Forgée par des hivers longs et rigoureux et par le caractère rural du pays, la cuisine biélorusse, bien riche en calories, est nourrissante et rustique. C'est une cuisine qui garde le lien avec la terre et ce qu'elle donne. En règle générale, à la base de sa tradition culinaire on trouve de la viande de porc, des pommes de terre et des crudités (concombres, champignons, choux et tomates). Les recettes sucrées tournent autour du fromage blanc, de la pomme, des baies, des graines de pavot, du miel. La cuisine biélorusse et sa spécificité sont le reflet de l'histoire du pays et de sa position géographique. Au carrefour de cultures différentes et sous l'influence constante des pays frontaliers, elle se forme grâce à l'apport de l'Est orthodoxe, de l'Ouest catholique, du nord des Pays baltes, du sud des peuples musulmans et de la séculaire présence juive. Sur tous les ingrédients domine la pomme de terre. Ce n'est pas un hasard si les Biélorusses sont appelés bulbaši (mangeurs de pommes de terre). On compte au moins vingt-cinq plats à base de pommes de terre, tous différents les uns des autres ! Champignons, carottes, choux et cornichons sont souvent marinés dans le vinaigre avec ail ou aneth et présentés en salades délicieuses. La majorité des Biélorusses continue, d'ailleurs, à préparer ses conserves pour l'hiver ! Les Biélorusses aiment également agrémenter leurs plats d'herbes fraîches (persil, oignon cébette, aneth...) qu'ils mangent telles quelles. Mais la composante fondamentale de tout repas biélorusse est le pain, surtout noir, en forme de brique, avec des graines de sésame, de coriandre ou de cannelle. Essayez le pain radzivillovskij : c'est le plus populaire ! Bien que le pays soit dépourvu d'accès à la mer, il abonde en fleuves et lacs. Ainsi on trouve des poissons, notamment la carpe et la perche qui, normalement, sont grillés. Ne ratez pas les salades de harengs en entrée ! L'histoire du XXe siècle a également laissé une trace profonde dans les traditions culinaires. Aujourd'hui, dans les menus des restaurants, à côté des plats typiques biélorusses, figurent des plats soviétiques traditionels, comme le šašlik (brochette de viande grillée), le plov (riz ouzbek avec la viande de mouton), les pel'meny (les raviolis russes). Depuis quelque temps, de nombreux restaurants de cuisine « exotique » sont apparus dans les rues des villes principales, notamment à Minsk où, selon l'envie, on peut goûter des spécialités françaises, italiennes, latino-américaine ou orientales.

HABITUDES ALIMENTAIRES

Les plats

▶ *Draniki* (Драники). C'est le plat par excellence de la cuisine nationale. Les *draniki* ressemblent à de petites crêpes, épaisses, faites de pommes de terre. Parfois, ils sont préparés avec une farce de champignons, de viande ou encore de poisson. Un plat simple et vraiment délicieux.

▶ *Babka* (Бабка). Voilà un autre grand classique de la cuisine, le saindoux lardon. On le sert avec du beurre dessus. La *babka* se prépare aussi avec une farce de champignons, cuite avec de la *smetana* dans le saindoux.

▶ *Zrazy* (Зразы). Il s'agit de boulettes de viande de bœuf avec une farce de champignons, oignons et œufs à l'intérieur.

▶ *Mačanka* (Мачанка). Vous trouverez ce plat de la tradition paysanne dans n'importe quel restaurant de cuisine locale. C'est une sorte de ragoût de viande, lardons, saucisson, oignons et champignons servi généralement dans un pot de terre cuite avec des blinisx, des pommes de terre ou des *draniki* qu'il faut tremper dans la casserole, d'où le nom de *mačanka*.

▶ *Kolduny* (Колдуны). Ils ressemblent à des *pirojkis*, des petits pâtés chauds faits avec une pâte de pommes de terre et farcis avec de la viande. Ils sont servis avec de l'oignon cuit dans le saindoux ou la *smetana*.

▶ Salade (Салат). La cuisine biélorusse présente toujours un vaste choix de salades très appétissantes qui peuvent être consommées comme entrée ou plat principal. A base de viande, pommes de terres, carottes, œufs durs, crudités, la mayonnaise ou la s*metana* ne manquent jamais.

Les soupes

▶ *Bortsch* (Борщ). Une soupe à base de bouillon de bœuf, betteraves, carottes, chou, pommes de terre, oignons, laurier, aneth. Ajoutez une cuillère de *smetana* avant la dégustation pour le rendre plus onctueux.

Diffusée aussi en Russie et Ukraine, c'est une spécialité à goûter absolument.

▶ ***Cholodnik*** **(Холодник)**. C'est un plat typique de l'été. Cette soupe, est à base d'oseille, cornichons, œufs durs et est servie avec de l'aneth et de la *smetana*, à peine tiède.

▶ ***Šči*** **(Щи)**. C'est la soupe au chou, un grand classique de la cuisine biélorusse.

▶ ***Ucha*** **(Уха)**. Cette soupe de poisson est accompagnée de pommes de terre et parfumée de laurier.

▶ **Bouillon avec les *klecki* (Бульон с клёцками)**. On mange ce bouillon de poulet aromatisé au laurier avec des *klecki*, à savoir des boulettes à base de farine, œufs et sel qui viennent d'être cuites dans le bouillon.

Les fromages

▶ ***Tvorog*** **(Творог)**. C'est un fromage très aimé par les Biélorusses qu'on peut acheter frais dans les marchés. Il ressemble beaucoup à la ricotta et on l'utilise généralement pour garnir les *bliny* ou les *pirožki*. On peut le manger salé avec de l'ail et de l'aneth, mais le plus souvent on le goûte sucré, avec des raisins secs, de la confiture, du miel ou des graines de pavot. Au supermarché, il se présente aussi sous forme de bâtonnets, enveloppés dans le chocolat. C'est délicieux !

▶ ***Smetana*** **(Сметана)**. C'est une sorte de crème fraîche aigre qui accompagne obligatoirement les soupes et, souvant, les poissons et les viandes braisées.

▶ **Fromage (Сыр)**. Les Biélorusses consomment des fromages à pâte cuite, généralement d'origine industrielle. Vous trouverez des fromages comme Rossijskij, Minskij et Gollandski dans tous les magasins. Dans les supermarchés, on vend aussi des fromages français et italiens, qui pourtant sont assez chers.

Les desserts

Le dessert n'est pas une spécialité biélorusse. Généralement, les restaurants proposent des salades de fruits, des coupes de glace, des *bliny* ou des *olad'i* (une sorte de *bliny* mais plus petit et plus épais) avec de la confiture, du miel, des pommes cuites ou des baies. Dans les cantines et les restaurants plus modestes, en guise de dessert on trouve le *kompot* (компот), de l'eau aromatisée aux fruits naturels. D'habitude, les Biélorusses terminent le repas avec un thé ou, plus rarement avec un café, qu'à la maison ils accompagnent avec des chocolats, des biscuits ou des gâteaux aux pommes, aux graines de pavot, etc. Toute sorte de viennoiseries, salées et sucrées, sont vendues dans les boulangeries ou dans les supermarchés. Dans les supermarchés, dans le rayon pâtisserie, vous trouverez toujours un grand choix de gâteaux très sucrés et crémeux avec une base en biscuit. Ils sont souvent si bien décorés qu'on a l'impression qu'il s'agit d'une décoration en plastique !

Les boissons

▶ **Vodka (Водка)**. Impossible d'imaginer un séjour en Biélorussie sans la vodka. Faite à partir de la pomme de terre ou du blé, elle accompagne toute occasion : rencontre avec les amis, réunion de famille, anniversaire, mariage, et même enterrement ! Dans la chambre qui appartenait au défunt, après sa mort on laisse un verre de vodka et un peu de pain pour qu'il puisse se réconforter avant de quitter pour toujours ce monde pour l'au-delà. Pour la Radunica, la fête des morts, on met à côté de la tombe un verre de vodka et un morceau de pain pour le défunt. On la boit dans des petits verres de 5 cl ou 50 g, comme on la mesure ici. Pour la boire comme les Biélorusses, il faut vider le verre d'un seul coup et après grignoter quelque chose : du pain noir, des champignons ou des cornichons marinés, du poisson sec. C'est de cette manière, et sans la mélanger avec d'autres boissons alcoolisées, qu'on évite d'être malade après. A part les vodkas de production russe, en Biélorussie la vodka Bulbaš est très populaire. De grands classiques sont les vodkas Zubrovka et Belovežskaja, préparées à partir d'herbes différentes. Au restaurant, essayez une salade de harengs ou des bliny avec le caviar et accompagnez les d'un petit verre de vodka. C'est délicieux ! Goûtez absolument la Krambambulya, un liqueur typique biélorusse à base de vodka, épices et miel. En hiver, pour vous réchauffer, essayer le *sbiten'*, une boisson chaude à base de miel, gingembre, cannelle et autres épices. Parfois, on y rajoute un peu de vodka.

▶ ***Pivo*** **(Пиво)**. C'est une boisson très répandue. Etrangères ou biélorusses, on les trouve dans tous les magasins. Lidskoe pivo et Krinica sont sans doute les marques dominantes. La bière la plus populaire est généralement blonde et légère, ce qui permet d'en consommer en grosse quantité. Souvent les restaurants ont un menu d'hors-d'œuvre destiné exclusivement à accompagner la bière.

▶ ***Vino*** **(Вино)**. Le vin n'est pas très consommé en Biélorussie. Dans les restaurants de bon niveau on trouve quelques vins français et italiens qui côtoyent des vins géorgiens, aux prix nettement plus abordables. Au supermarché, on trouve en majorité des vins moldaviens ou de Crimée qui toutefois sont moins bons que leurs équivalents géorgiens.

Kvas (Квас). C'est une boisson typique biélorusse préparée à partir de pain rassis et mise à fermenter. Le *kvas* rafraîchit et désaltère, on le boit surtout en été quand, dans les rues, apparaissent des tonneaux pleins de *kvas* où on vend cette boisson dans des verres en plastique.

Kefir (Кефир). Cette boisson à base de lait fermenté est très populaire et appréciée pour les multiples vertus qu'on lui prête. Toutefois, au premier abord elle semblera un peu aigre. Les Biélorusses la boivent à tout moment de la journée.

Champagne (Шампанское). Une bouteille de champagne biélorusse arrose toutes les grandes occasions (mariages, anniversaires, fêtes...). C'est une sorte de mousseux au prix peu élevé qui accompagne très bien les pâtisseries.

Mors (Морс). Cette délicieuse boisson est un jus de baies, souvent d'airelles ou de groseilles. Dans les restaurants ou les cafés, il est généralement fait maison.

Jus de bouleau (Берёзовый сок). Aux mois de mars-avril, dans la campagne biélorusse, c'est la saison de la préparation du jus de bouleau. On fait un trou dans le tronc d'un bouleau, on en recueille le jus, puis on y ajoute du jus de citron, du miel ou du sucre, deux ou trois raisins secs par bouteille. Le jus se conserve environ deux semaines. Il est très populaire pour ses propriétés purifiantes et fortifiantes.

Thé (Чай). En Biélorussie, on boit du thé à toutes les heures, y compris après les repas. Si vous êtes invité chez quelqu'un, on vous demandera si vous le prenez avec du sucre ou avec de la confiture (*varenije*), souvent faite maison.

Café (Кофе). Il vous arrivera rarement de trouver un vrai espresso, donc contentez-vous du café local, à savoir soluble ou bien à la turque car la plupart du temps, il n'est pas filtré.

Eau minérale (Минеральная вода). Elle est fortement conseillée plutôt que l'eau du robinet qui est à proscrire si on veut éviter toute mauvaise surprise, genre une gastro-entérite. Les marques locales sont nombreuses et de bonne qualité. La plus connue est l'eau Frost, produite dans le village de Khomsk, dans la Polésie occidentale.

RECETTES

Dranikis

Ingrédients (pour 4 personnes) : 6 pommes de terre de calibre moyen • 2 cuill. à soupe de farine • 1 œuf • 1 cuill. à soupe de crème fraîche • 1 petit oignon.

Préparation : éplucher et râper les pommes de terre et l'oignon, ajouter la farine, mélanger en faisant attention à ce qu'il n'y ait pas de grumeaux. Ajouter l'œuf et la crème fraîche. Battre la préparation, saler, poivrer. Faire chauffer de l'huile dans une poêle, et mettre la préparation à cuire à feu doux en faisant de petites galettes (une grande cuill. à cuire à chaque fois). Les *dranikis* se servent avec de la crème fraîche.

Kletski de pommes de terre et viande

Ingrédients : 7-8 pommes de terre • 300 g de farine • 300 g de bœuf • 1 oignon jaune • poivre noir • sel.

Préparation : hacher finement la viande avec l'oignon, saler, poivrer. Râper finement les pommes de terre, saler, ajouter la farine et bien mélanger. Former avec les pommes de terre des boulettes qu'on farcira avec la viande hachée. Faire bouillir de l'eau dans une casserole, baisser le feu, y plonger les boulettes et les laisser chauffer à feu doux 3-4 minutes. Les enlever dès qu'elles remontent à la surface. Servir avec de la crème fraîche.

Bortsch à la biélorusse

Ingrédients : 100 g d'os de porc • 80 g de tendron de veau • 20 g de saucisson • 80 g de betterave • 2 pommes de terre • 2 carottes • 10 g de persil • 2 oignons • 1 cuill. à soupe de concentré de tomates • 10 g de saindoux • 2 cuill. à café de farine • 3-5 cuill. à café de crème fraîche • laurier • poivre et sel à discrétion.

Préparation : cuire les os avec le tendron. Filtrer le bouillon. Couper finement les carottes, le persil et l'oignon. Faire chauffer le saindoux dans une poêle et mettre les légumes à cuire pendant 10 minutes. Ajouter ensuite le concentré de tomates et cuire encore 10 minutes. Cuire la betterave avec sa peau, l'éplucher et la couper finement. Ajouter au bouillon les pommes de terre, coupées en petits morceaux, la betterave, l'oignon, les carottes et le persil, précédemment cuits, le laurier, le poivre. Cuire pendant 15 minutes. En cours de cuisson ajouter la farine. A la fin de la cuisson ajuster avec un peu de sucre et de vinaigre. Servir avec la viande, le saucisson et la crème fraîche.

Jeux, loisirs et sports

Les nombreux lacs du pays favorisent la pratique des sports nautiques.

Le sport occupe une place prioritaire dans le quotidien et l'éducation des Biélorusses. Le gouvernement y attache énormément d'importance, c'est pourquoi vous ne devez pas vous étonner de trouver partout dans le pays des centres sportifs flambant neufs ! Si la Biélorussie est connue dans le monde du sport, c'est bien pour le hockey sur glace. Loukachenko est un passionné de hockey et il a toujours encouragé le développement de ce sport. En 2014, le championnat du monde de hockey sur glace aura justement lieu à Minsk dans le fabuleux complexe de Minsk-Arena, récemment inauguré et capable d'accueillir jusqu'à 15 000 personnes.
Pour ce qui est des sports qu'on peut pratiquer, il faut citer l'équitation, la pêche, la chasse, le patin à glace, le ski de fond et, bien sûr, tous les sports d'eau, comme la voile et le canoë qu'on peut pratiquer sur les nombreux lacs et fleuves. La Biélorussie est un pays idéal pour les randonneurs : le parc des Lacs de Braslav, le parc Naročanskij et en général toutes les forêts biélorusses sont des lieux superbes pour marcher et faire du camping, dans une nature magnifique et sauvage.

La *bania*

Un loisir qu'il faut absolument essayer en Biélorussie est la *bania*, le sauna. A la différence du sauna finlandais, la *bania* est humide. Si dans les villages de campagne, où généralement l'eau courante est absente, la *bania* est le lieu où on va une fois par semaine pour se laver, cette activité a surtout une valeur sociale. On va à la *bania* pour se détendre et discuter avec les amis, en famille et, aujourd'hui, même pour parler de business ! Tout un rituel est attaché à cette pratique. On se met nu et on s'enroule dans un drap pour aller dans la pièce chaude. Ici on jette régulièrement de l'eau aromatisée à l'essence de bouleau sur le poêle qui chauffe la pièce. On peut aussi se fouetter avec des branches de bouleau séchées et mouillées dans l'eau. On dit que c'est bon pour la circulation du sang ! On y reste une dizaine de minutes et puis on sort et, après avoir enlevé rapidement le drap où on était enveloppé, on court se jeter dans une piscine d'eau froide ou bien dans le fleuve ou le lac à côté, ou encore se rouler dans la neige ! De temps en temps, on fait une pause où on grignote des cornichons et des champignons marinés, du pain noir, arrosé de bière ou de vodka. Partout, à la campagne comme en ville, vous trouverez des *banias*. Préférez toutefois la *bania* de campagne. Dans la plupart des cas elle est réchauffée par un poêle à bois ce qui rend la qualité de l'air excellente. En règle générale, les maisons d'hôtes ont toutes leur propre *bania*. C'est à essayer au moins une fois !

Enfants du pays

Si à l'étranger on ne connaît pas beaucoup de Biélorusses célèbres, c'est que la Biélorussie en tant qu'Etat indépendant est une construction récente et son histoire a toujours été liée à celle des pays dominants, notamment la Pologne, l'Empire russe et l'URSS.
Ainsi il arrive souvent de ne plus nommer le pays de naissance d'une personnalité biélorusse et de la croire russe ou polonaise. En Biélorussie, jusqu'à la Seconde Guerre mondiale, il existait une communauté juive très importante, dont sont issus Shimon Peres, l'actuel président israélien ; Chaim Weismann, sioniste et premier président d'Israël ; Louis Burt Mayer, fondateur de la Metro-Goldwin-Mayer.

Žores Alferov (1930)

Physicien. Né à Vitebsk, ce brilliant scientifique a apporté une contribution essentielle au développement des recherches dans les domaines de l'informatique et de l'énergie solaire. Il est lauréat du prix Nobel de physique 2000 avec Herbert Kroemer et Jack Kilby. Il est vice-Président de l'académie des Sciences de Russie et le recteur de l'université académique de Saint-Pétersbourg, spécialisée en nanotechnologies.

Symon Budnyj (1530-1593)

Humaniste, homme de lettres et réformateur calviniste. Il a été un des fondateurs de l'imprimerie de Nesviž où, en 1562, il a publié le *Catéchisme* en biélorusse. En 1574, il publie le Nouveau Testament avec une préface et des commentaires.

Kastus Kalinovskij (1838-1864)

Publiciste, poète, et surtout célèbre révolutionnaire-démocrate, il voue sa vie à la cause du peuple biélorusse et de la formation d'un Etat biélorusse national. Lors de ses études de droit à l'université de Saint-Pétersbourg en 1860, il entre en contact avec le mouvement révolutionnaire démocratique local. En 1861, après avoir terminé ses études, il rentre dans sa terre natale où il fonde, dans la région de Grodno, une organisation révolutionnaire secrète. Afin de sensibiliser les masses à la question nationale, Kalinovskij crée la revue *Mužickaja pravda*, en langue biélorusse. En 1863-1864, il est à la tête des insurrections visant à la formation d'un Etat biélorusse indépendant. En 1864, il est arrêté et condamné à la peine de mort par le tribunal militaire.

Tadeusz Kostiuszko (1746-1817)

Révolutionnaire, héros national de Pologne, des USA et citoyen d'honneur de la France. Né à Merečevščina, à côté du Kosovo, dans la région de Brest, après des études militaires, il part aux Etats-Unis où il prend part aux combats pour l'indépendance du pays. En 1784, il rentre en Pologne et s'engage dans les mouvements nationalistes. Il est l'idéologue et l'organisateur de l'insurrection de 1794 contre l'Empire russe.

Adam Mickiewicz (1798-1855)

Artiste romantique, poète, publiciste. Il est né à Novogrudok, à l'époque du grand-duché de Lituanie qu'il a toujours considéré comme sa patrie. Après des études à l'université de Vilna, il participe aux activités d'une association patriotique clandestine. En 1829, il fait un voyage en Europe, à partir de 1832, il habite à Paris. Il a laissé un grand et varié patrimoine littéraire, composé d'œuvres lyriques, poèmes épiques, drames, articles publicistes et beaucoup d'œuvres inachevées.

Parc central M. Gorkij, poumont vert de Minsk.

Olga Korbut (1955)

Légendaire gymnaste soviétique. Née à Grodno, elle a été médaillée à maintes reprises aux jeux Olympiques de 1972.

Efrosinja Polockaja (1110-1173)

Première sainte d'Europe orientale et femme de lettres. Fille de Georgij Vseslavovič, prince de Polock, à l'âge de 12 ans, Predslava entre au monastère avec le nom d'Evfrosinija. Ensuite, en 1127-1128, elle fonde un monastère féminin aux portes de Polock, aujourd'hui connu comme le monastère de la sainte Evfrosinija. Dans l'école du monastère, elle apprenait aux jeunes moniales à chanter, coudre, recopier les manuscrits, etc. Grâce à ses efforts, la bibliothèque de la cathédrale de la Sainte-Sophie s'enrichit de précieux manuscrits. Elle meurt lors d'un pèlerinage à Jérusalem. En 1910, ses cendres retournent en Biélorussie. Elle est la protectrice de la Biélorussie.

Alexander Rybak (1986)

Chanteur de musique pop. Né à Minsk, à l'âge de 4 ans il émigre en Norvège avec ses parents où il est naturalisé norvégien. Alexander est le gagnant de l'Eurovision 2009 à Moscou, avec la chanson *Fairytale*. Issu d'une famille de musiciens, sa mère est pianiste et son père violoniste, il joue du violon depuis l'âge de 5 ans.

Lev Sapega (1557-1633)

Homme politique du grand-duché de Lituanie, diplomate, chef militaire et philosophe, Lev Sapega est une des principales personnalités de l'histoire biélorusse du XVIe siècle. Issu d'une puissante famille aristocrate, il fait ses études d'abord à Nesviž, à la cour des Radzivill, ensuite à l'université de Leipzig. Une fois de retour, sa maîtrise de plusieurs langues étrangères et sa connaissance approfondie du droit lui permettent d'entreprendre une brillante carrière politique qui le porte à devenir le chancelier du grand-duché de Lituanie en 1589, et ministre de la Guerre en 1625. En 1581, il fonde le Tribunal du grand-duché de Lituanie qui resta en fonction jusqu'à la fin du XVIIIe siècle. Il est l'auteur du célèbre du *Statut du grand-duché de Lituanie*, publié en 1588, en biélorusse. Ce document, considéré dans l'Europe entière comme un modèle de législation, resta en vigueur jusqu'à 1840.

Francisk Skorina (avant 1490-1551)

Célèbre humaniste biélorusse, c'est le premier imprimeur d'Europe orientale. Fils d'un riche marchand de Polock, après des études de médecine, effectuées aux universités de Cracovie et de Padoue, en 1517 il fonde à Prague une typographie dans laquelle il publie, en vieux biélorusse, 23 livres illustrés de la Bible. Autour de 1520, il revient dans le grand-duché de Lituanie et il ouvre à Vilna la première typographie de Biélorussie et de toute l'Europe orientale. En 1525, il publie son dernier livre au titre *L'Apôtre*. Sa typographie est détruite lors d'un incendie. Quarante ans plus tard, à Moscou, les typographes Ivan Fedorov et Petr Mstislavlec, les deux originaires de Biélorussie, à partir de son livre, fondent la première imprimerie en territoire russe.

Gol'šany a conservé toutes ses traditions.

Communiquer en russe

Le russe parlé offre l'énorme avantage de ne s'écarter que très rarement du russe écrit. De plus, les variations dues aux dialectes ne sont pas très importantes, contrairement à d'autres langues. Il est donc à la fois facile de se faire comprendre et de comprendre soi-même. Une petite restriction à toutes ces facilités : les Russes (surtout les femmes) ont tendance à parler très vite.
On différencie, au niveau de la prononciation du russe, trois grands groupes. La principale différence entre ces groupes porte sur la manière de prononcer le "o non accentué" : les dialectes du Nord (dits "Okanyé") prononcent tous les "o", qu'ils soient accentués ou non, "o" ; les dialectes du Sud et du Centre prononcent les "o non accentués" très ouverts, presque comme des "a". Le groupe des dialectes du Centre (qui comprend le dialecte de Moscou) est considéré comme la référence pour la prononciation "correcte" du russe.

Cette rubrique est réalisée en partenariat avec ASSiMiL Langues de poche

L'alphabet

L'origine de l'alphabet cyrillique russe remonte au IXe siècle. Il fut introduit par les saints Cyrille et Méthode pour les besoins de l'évangélisation des peuples slaves. On y trouve des lettres empruntées aux alphabets grec et latin, d'autres rappellent l'hébreu ou le copte, d'autres enfin n'existent plus que dans l'alphabet cyrillique. Cet alphabet fut, dans un premier temps, appliqué à la langue de ces deux moines de Salonique. Il fut ensuite imposé à la plupart des républiques de l'ex-Union soviétique par Staline et adopté par la Mongolie.

L'alphabet cyrillique moderne comprend 33 lettres :

- А, а — *a*
- Б, б — *bé*
- В, в — *vé*
- Г, г — *gué*
- Д, д — *dé*
- Е, е — *yé*
- Ё, ё — *yo* ou *io*
- Жа, ж — *jé*
- З, з — *zé*
- И, и — *i*
- Й, й — *i-kratkåyé*
- К, к — *ka*
- Л, л — *èl*
- М, м — *èm*
- Н, н — *èn*
- О, о — *o*
- П, п — *pé*
- Р, р — *èr*
- С, с — *èss*
- Т, т — *té*
- У, у — *ou*
- Ф, ф — *èf*
- Х, х — *r'a*
- Ц, ц — *tsé*
- Ч, ч — *tché*
- Ш, ш — *cha*
- Щ, щ — *chtcha*
- Ъ, ъ — *tvyordouiy znak* (marque un son dur)
- Ы, ы — *oui*
- Ь, ь — *myar'kiy znak* (marque un son mou "mouillé")
- Э, э — *è*
- Ю, ю — *you* ou *iou*
- Я, я — *ya* ou *ia*

La prononciation

Pour vous simplifier la lecture des mots russes, nous utilisons une "écriture phonétique simplifiée", dans laquelle les voyelles soulignées sont celles sur lesquelles porte l'accent tonique. Nous ne reprenons ci-après que les lettres dont la prononciation ne "coule pas de source" pour un francophone.

Lettre	Transcription	Son
е	*yé* ou *ié*	Comme dans "ra**yé**" ou dans "ve**illée**".
	é	Comme dans "**été**".
	e	Comme dans "ch**e**min" (souvent après *ts*, *tch*, *ch* et en fin de mot).
	ié	Comme dans "os**ier**", le "i" est prononcé très discrètement.
	yié	Contrairement à la lettre précédente, le "i" doit ici être prononcé clairement.

ё	*yo*	Comme dans “**yoyo**”.
з	*z*	Comme le “s” français entre deux voyelles : “ro**s**e”.
й	*y*	Comme dans “cowbo**y**”.
о	*o*	Comme dans “n**o**te”.
	a	Non accentué, se prononce comme un “a” bref comme dans “b**a**rre” (sauf dans le nord de la Russie où on le prononce “**o**”).
р	*r*	R roulé du bout de la langue comme en italien dans “*Ferrari*”.
с	*s, ss*	Comme dans “bu**s**” et “a**ss**a**ss**in”.
х	*r*^{r}	Ce son n’existe pas en français, c’est un son guttural (qui vient du fond de la gorge) : essayez de prononcer un “r” en chassant l’air du fond de votre gorge. Correspond au “ch” allemand ou au “j” espagnol.
ц	*ts*	Comme dans “**ts**ar”.
ч	*tch*	Comme dans “a**tch**oum”.
ш	*ch*	Comme dans “**ch**ocolat”.
щ	*chtch*	Pas si dur qu’il y paraît – entraînez-vous à dire “va**che tch**èque”, vous verrez, ça marche !
ь	^{i}	Ce signe est lui-même muet, mais il transforme la prononciation de la lettre qui le précède et qui est alors prononcée“mouillée”, c’est-à-dire adoucie un peu chuintée. Prononcez la lettre ainsi marquée comme si elle était suivie d’un “ch” léger et très bref en ouvrant la bouche comme pour sourire. La “mouillure” est particulièrement audible derrière *-d* et *-t* en fin de mot.
э	*è*	Comme dans “m**è**re”.

- La lettre ъ marque les sons durs / secs.

- En russe, contrairement au français, toutes les lettres d’un mot se prononcent et chacune a un son propre. Les sons français in, en, an, on, au, eu, etc. n’existent pas. один *ådi'n*, par exemple, est à prononcer comme “Nad**ine**” et non pas comme “radin”.

Structure de la phrase

La place des mots dans la phrase russe correspond le plus souvent au schéma suivant : **sujet - verbe - complément**. Cette construction de phrase se retrouve également dans les propositions relatives (phrases annexes en français introduites par “qui”, “que”, “dont”, etc.) et même dans la formulation de questions :

SUJET	*VERBE*	*COMPLÉMENT*
(acteur)	*(action)*	*(objet de l’action)*
Ольга	**читает**	**журнал.**
ol^{i}*ga*	*tchitayiét*	*journal*
Olga	lit	revue

Olga lit une / la revue.

Она	**хочет читать**	**журнал.**
åna	*r*^{r}*otchiét tchitat*^{i}	*journal*
elle	désire lire	revue

Elle désire lire une / la revue.

Les trois éléments du “cœur” de la phrase (sujet - verbe - complément direct) ne peuvent pas être séparés. Pour cette raison le complément de temps se place en général au début, celui de lieu à la fin de la phrase :

Moment	*Action principale*	*Endroit*
Сегодня	**Ольга хочет читать журнал**	**дома.**
siévodnya	*ol*^{i}*ga r*^{r}*otchiét tchitat*^{i} *journal*	*doma*
Aujourd’hui	Olga désire lire revue	à-la-maison

Aujourd’hui Olga désire lire une revue à la maison.
ou : Olga désire aujourd’hui lire une revue à la maison.
ou : À la maison aujourd’hui, Olga désire lire une revue.

En français, on fait ressortir un mot ou un élément de la phrase en changeant sa place dans la phrase. En russe, on insistera sur ce mot ou cet élément tout simplement en accentuant sa prononciation.

Être et avoir

- Le verbe “être” ne se conjugue pas au présent. Les phrases où le français utiliserait le verbe “être” au présent sont **sans verbe** en russe :

- **Он большой.**
  o'n bål'choy
  Il est grand.

- **Она большая.**
  åna bål'chaya
  Elle est grande.

• Le sens du verbe **есть** *yiést'* est facile à retenir : il y a (litt. "il y est").

- **Есть ещё свободное место?**
  yiést' yiéchtcho svåbodnåyié myéstå
  Y a-t-il encore une place libre ?

• Le verbe **быть** *bouit' être* est par contre utilisé pour décrire un état, une situation dans le passé. La forme au singulier dépend du genre du sujet (m., f., n.) mais pas de la personne (je, tu, il / elle) :

	singulier	pluriel
m.	**был** *bouil*	**были** *bouili*
f.	**была** *bouila*	
n.	**было** *bouilo*	

- **Она была касивая.**
  åna bouila krassivaya
  Elle était / a été belle.

- **Это хорошо!**
  ètå r'åråcho
  C'est bon / bien !

- **Это было хорошо!**
  ètå bouilå r'åråcho
  C'était bon / bien !

- **Это будет хорошо!**
  ètå boudiét r'åråcho
  Ce sera bon / bien !

• Avoir / posséder quelque chose ne se traduit pas directement par un verbe comme en français. Un Russe dit en fait "à moi voiture", il exprime ainsi qu'il est propriétaire d'une voiture / qu'il a une voiture.
La tournure de phrase **у** *ou à / chez* suivi d'un pronom personnel au génitif (idée de possession) sous entend donc la possession.

у меня	*ou miénya*	j'ai
у тебя	*ou tiébya*	tu as
у него (m./n.)	*ou niévo*	il / ça a
у неё (f.)	*ou niéyo*	elle a
у нас	*ou nass*	nous avons
у вас	*ou vass*	vous avez
у них	*ou nir'*	ils / elles ont

Au présent, il est possible d'ajouter **есть** *yiést'* (littéralement "il y est") avant l'objet possédé ; cela renforce l'idée de possession :

- **У нас есть дом.**
  ou nass yiést' dom
  Nous possédons / avons une maison.

Le passé de l'idée de possession (j'avais / je possédais, etc.) se forme en ajoutant le verbe **быть** *bouit' être* au passé : **был** *bouil était*.
Attention, **был** *bouil* s'accorde alors non pas avec le "possesseur" mais avec le "possédé" :

- **У меня была машина.**
  ou miénya bouila machina
  Je possédais / J'avais une voiture.

- **У нас был дом.**
  ou nass bouil dom
  Nous avons eu une maison.

DÉCOUVERTE

Pour exprimer l'idée d'une possession future, on se sert aussi du verbe **быть** *bouit'*. Si "l'objet" est unique (singulier), on emploie la forme **будет** *boudiét sera*, et s'il s'agit d'un pluriel, on dira **будут** *boudout seront.*

- **У неё будет брат.**
  ou niéyo boudiét brat
  Elle aura / va avoir un frère.
- **У меня будут каникулы.**
  ou miénya boudout kanikouloui
  J'aurai / Je vais avoir des vacances.

La négation

• La négation s'obtient simplement en plaçant **не** *nyé ne... pas* directement devant le verbe, le reste de la phrase demeurant inchangé. La négation sera renforcée si en plus vous placez **нет** *nyét non* en début de phrase :

- **Нет, я не понимаю.**
  nyèt, ya nyé pånimayou
  Non, je ne comprends pas.
- **Комната мне не нравится.**
  komnata mnyé nyé nravitsa
  La chambre ne me plaît pas.

Pour les formes suivantes, il est indispensable d'ajouter **не** *nyé* ou **нет** *nyét ne... pas* :

никто, никого	*nikto, nikåvo*	ne... personne
ничто, ничего	*nichto, nitchiévo*	ne... rien
никода	*nikågda*	ne... jamais
нигде	*nigdyé*	ne... nulle part
никуда	*nikouda*	ne... nulle part (but d'un déplacement)

• Les phrases sans verbe en russe, où en français on utiliserait le verbe "être", se transforment en phrases négatives avec **нет** *nyét non, ne ... pas, ne... pas de* :

- **Нигде нет хлеба.**
  nigdyé nyèt r'lyéba
  Nulle part il n'y a de pain.
- **У меня нет времени.**
  ou miénya nyèt vrémiéni
  Je n'ai pas le temps.

• Au passé et au futur, la négation des verbes "être" et "avoir" se fait très simplement grâce à **не** *nyé ne... pas* qui vient se placer juste devant le verbe :

- **У меня не будет времени.**
  ou miénya nyé boudiét vrémiéni
  Je n'aurai pas le temps.

L'interrogation

• Il est possible de poser des questions en jouant uniquement sur l'intonation de la phrase affirmative, ce que nous faisons très souvent en français, par exemple quand nous disons "Vous avez compris ?".

- **Он был в театре?**
  o'n bouil f-tiéatrié
  Il était au théâtre ?
- **Да, он был в театре.**
  da, o'n bouil f-tiéatrié
  Oui, il était au théâtre.

• On peut également jouer sur la place du verbe : Avez-vous compris ?

- **Были Вы у него?**
  bouili voui ou niévo
  Étiez-vous chez lui ?
- **Да, я был / была у него.**
  da, ya bouil / bouila ou niévo
  Oui, j'étais chez lui.

- **У вас есть фотоплёнка?**
  ou vass yiést' fâtâplyonka
  Avez-vous une pellicule photo ?
- **Нет, у меня нет фотоплёнки.**
  nyèt, ou miénya nyét fâtâplyonki
  Non, je n'ai pas de pellicule photo.

• Les pronoms interrogatifs :

когда?	*kâgda*	quand ?
как?	*kak*	comment ?
где?	*gdyé*	où ?
откуда?	*âtkouda*	d'où ?
куда?	*kouda*	vers où ?
с каких пор?	*s-kakir' por*	depuis quand ?
почему?	*pâtchiémou*	pourquoi ?
у кого?	*ou kăvo*	à qui ?
сколько...?	*skol'kâ...*	combien ?
сколько раз?	*skol'kâ raz*	combien de fois ?

- **кто?** *kto* qui ?
- **кого?** *kâvo* de qui ?
- **кому?** *kâmou* à qui ?
- **кем?** *kyém* avec qui ?
- **что?** *chto* quoi ?
- **чего?** *tchiévo* de quoi ?
- **чему?** *tchiémou* à / avec quoi ?
- **чем?** *tchyém* avec quoi ?

- **Куда ведёт эта дорога?**
  kouda viédyot èta dâroga
  Où conduit ce chemin ?
- **Где находится собор?**
  gdyé nar'oditsa sâbor
  Où se trouve la cathédrale ?

Les pronoms personnels sujets

я	*ya*	je
ты	*toui*	tu
он; она; оно	*o'n; âna; âno*	il, elle, ce (n.)
мы	*moui*	nous
вы	*voui*	vous
они	*âni*	ils, elles

En russe on se sert, comme en français, de la 2e personne du pluriel comme forme de politesse (pour le vouvoiement).

Autour du verbe

L'infinitif

La "forme de base" d'un verbe comporte un radical (racine) et une terminaison qui marque l'infinitif. Les terminaisons les plus fréquentes sont **-ать** / **-ять**, **-ить** et **-еть**. La terminaison **-чь** est plus rare.

Les aspects

L'aspect (ou manière de voir les choses) est une particularité (grammaticale) des langues slaves. On a pour la plupart des verbes un radical "perfectif" (parfait = terminé) et un radical "imperfectif" (pas encore terminé).

• L'imperfectif souligne une **action** :
– **qui dure encore, ou qui a duré** ;
– **répétitive, qui revient régulièrement.**
Vous pouvez conjuguer les verbes imperfectifs au présent, à l'imparfait et au futur. Une phrase où le français utiliserait le présent ne peut être traduite en russe qu'avec un verbe imperfectif.

• L'aspect perfectif souligne une action dont le résultat est connu ou qui est limitée dans le temps - c'est une action donnée (unique) :
– **qui est terminée / close** ;
– **que l'on doit terminer / clore**.

Les verbes perfectifs ne se conjuguent qu'au passé et au futur. Ils ne peuvent pas être conjugués au présent puisqu'une action ne peut à la fois être en train de se dérouler et être déjà finie. Cependant, pour les conjuguer au futur, on utilise les mêmes terminaisons que pour le présent des verbes imperfectifs.

DÉCOUVERTE

Le présent

	I. Forme en -е	II. Forme en -ё	III. Forme en -и
	делать *dyéla-t'* (faire)	**вставать** *fstav-at'* (se lever)	**говорить** *gåvår-it'* (parler)
я *ya*	**делаю** *dyéla-y-ou*	**встаю** *fsta-y-ou*	**говорю** *gåvår-y-ou*
ты *toui*	**делаешь** *dyéla-yié-ch*	**встаёшь** *fsta-yo-ch*	**говоришь** *gåvår-i-ch*
он, она, оно *o'n, åna, åno*	**делает** *dyéla-yié-t*	**встаёт** *fsta-yo-t*	**говорит** *gåvår-i-t*
мы *moui*	**делаем** *dyéla-yié-m*	**встаём** *fsta-yo-m*	**говорим** *gåvår-i-m*
вы *voui*	**делаете** *dyéla-yié-tyé*	**встаёте** *fsta-yo-tyé*	**говорите** *gåvår-i-tyé*
они *åni*	**делают** *dyéla-y-out*	**встают** *fsta-y-out*	**говорят** *gåvår-y-at*

Le passé

Là où, en français, nous avons trois formes différentes pour décrire une action passée (l'imparfait, le passé composé et le plus-que-parfait), en russe il n'y a qu'une seule et unique forme.

Pour vous simplifier un peu les choses, il n'existe au passé que deux types de conjugaison, le singulier et le pluriel, pour tous les verbes (perfectifs et imperfectifs, quelle que soit leur forme à l'infinitif) ! Pour conjuguer un verbe au passé, on substitue à **-ть** (qui est la marque de l'infinitif) l'une des quatre terminaisons possibles :

sujet	singulier	pluriel
masculin	-л *-l*	
féminin	-ла *-la*	-ли *-li*
neutre	-ло *-lo*	

Le futur

Le futur des verbes imperfectifs correspond plutôt à un conditionnel en français et décrit une action qui “pourrait” se dérouler dans le futur. Il se forme en se servant de l'auxiliaire **быть** *bouit' être* conjugué au futur, suivi de l'infinitif du verbe :

я буду	*ya boudou*	je serai
ты будешь	*toui boudiéch*	tu seras
он / она будет	*o'n / åna boudiét*	il / elle sera
мы будем	*moui boudiém*	nous serons
вы будете	*voui boudiétié*	vous serez
они будут	*åni boudout*	ils / elles seront

Le futur des verbes perfectifs se forme en conjuguant ces verbes de la même manière que les verbes imperfectifs au présent.

Les verbes les plus utiles

Conjuguer un verbe dans une langue étrangère est toujours assez compliqué. Les petits débrouillards contournent la difficulté en se servant le plus souvent possible des verbes modaux (vouloir, pouvoir, devoir, etc.) et les combinent avec l'infinitif des verbes qu'ils désirent employer. C'est une manière élégante et pratique de se tirer d'affaire.

Vouloir, aimer, pouvoir, avoir le droit

	хотеть *r'åtyét'* (vouloir, désirer)	**любить** *lyoubit'* (aimer, aimer bien)	**уметь** *oumyét'* (pouvoir, être capable de)	**мочь** *motch'* (pouvoir, avoir le droit de)
я *ya*	**хочу** *r'åtchou*	**люблю** *lyoublyou*	**умею** *oumyéyou*	**могу** *mågou*
ты *toui*	**хочешь** *r'otchiéch*	**любишь** *lyoubich*	**умеешь** *oumyéyiéch*	**можешь** *mojéch*

он, она	**хочет**	**любит**	**умеет**	**может**
o'n, åna	*r'otchiét*	*lyoubit*	*oumyéyiét*	*mojét*
мы	**хотим**	**любим**	**умеем**	**можем**
moui	*r'åtim*	*lyoubim*	*oumyéyiém*	*mojém*
вы	**хотите**	**любите**	**умеете**	**можете**
voui	*r'åtitié*	*lyoubitié*	*oumyéyiétié*	*mojétié*
они	**хотят**	**любят**	**умеют**	**могут**
åni	*r'åtyat*	*lyoubyat*	*oumyéyout*	*mogout*

Мочь *motch'* signifie *pouvoir, être autorisé*. Il existe une forme irrégulière, **можно** *mojnå on peut / on a le droit*, qui est très facile à utiliser :

- **Можно курить?**
  mojnå kourit'
  Peut-on ? / Puis-je fumer ?
- **Можно! / Нельзя!**
  mojnå! / niélizya
  Oui, on peut / Non !

En dehors des verbes modaux classiques, il existe d'autres tournures qui s'emploient de la même manière, par exemple les deux suivantes : **хочется** *r'otchiétsa avoir envie* et **надо** *nadå être obligé*, qui s'utilisent après un pronom personnel au datif, devant un verbe à l'infinitif.

	aimer / avoir envie vouloir / désirer	être obligé devoir
мне *mnyé* **тебе** *tiébyé* **ему** *yiémou* (m./n.) **ей** *yéy* (f.) **нам** *nam* **вам** *vam* **им** *i'm*	**хочется** *r'otchiétsa*	**надо** *nadå*

Devoir

Должен *doljén devoir*

	Singulier	Pluriel
m.	**должен** *doljén*	**должны** *dåljnoui*
f.	**должна** *dåljna*	
n.	**должно** *dåljno*	

Avoir besoin de quelque chose

Нужен *noujen* s'utilise pour exprimer la nécessité pour quelqu'un d'obtenir quelque chose. Attention, **нужен** est à accorder non pas avec la personne "qui a besoin", mais avec l'objet désiré.

DÉCOUVERTE

	être nécessaire + objet désiré
мне *mnyé* тебе *tiébyé* ему *yiémou* (m./n.) ей *yéy* (f.) нам *nam* вам *vam* им *i'm*	нужен *noujen* + objet (masculin, singulier) нужна *noujna* + objet (féminin, singulier) нужно *noujnå* + objet (neutre, singulier) нужны *noujnoui* + objets (pluriel)

- **Мне нужна виза.**
  mnyé noujna viza
  J'ai besoin d'un visa.
- **Мне нужны деньги.**
  mnyé noujnoui dyén'gui
  J'ai besoin d'argent.

Conversation

Salutations et politesse

La forme de politesse pour s'adresser à une ou plusieurs personnes est, comme en français, le "vous" : **вы** *voui*.

- Monsieur...
  господин...
  gåspådin
- Madame, Mademoiselle...
  госпожа...
  gåspåja
- Bonjour ! (toute la journée)
  Здравствуйте!
  zdrastvouytyié
- **Доброе утро!**
  dobråyié outrå
  (le matin)
- **Добрый день!**
  dobrouiy dyén'
  (dans la journée)
- **Добрый вечер!**
  dobrouiy vyétchiér
  (le soir)
- Salut ! (Bonjour ! / Au revoir !)
  Привет! / Пока!
  privyét / påka
- Comment ça va ? / Ça va ?
  Как дела?
  kak diéla
- Bien, merci !
  Спасибо хорошо!
  spassibå r'åråcho
- Comment allez-vous ?
  Как поживаете?
  kak påjivayiétié
- Malheureusement mal.
  К сожалению плохо.
  k såjalyéniyou plor'å
- Je suis malade (m./f.).
  Я болен / больна.
  ya bolién / bål'na
- Bienvenue !
  Добро пожаловать!
  dåbro påjalåvat'

- Au revoir !
  До свидания!
  då svidaniya
- Bonne nuit !
  Доброй ночи!
  dobråy notchi
- Comment vous appelez-vous / t'appelles-tu ?
  Как вас / тебя зовут?
  kak vass / tiébya zåvout
- Je m'appelle Maria.
  Меня зовут Мария.
  miénya zåvout mariya

oui	**да**	*da*
non	**нет**	*nyèt*
s'il vous / te plaît	**пожалуйста**	*påjalsta*
merci	**спасибо**	*spassibå*
merci beaucoup !	**большое спасибо!**	*bål'choyié spassibå*

- merci, pareillement !
  спасибо, вам тоже!
  spassibå, vam toje
- Bien ! / OK ! / Parfait !
  Хорошо!
  r'åråcho
- Excusez-moi ! Pardon !
  Извините!
  izvinitié
- Je suis vraiment désolé !
  Мне очень жаль!
  mnyé otchién' jal'
- Pardon...
  Простите, пожалуйста,...
  pråstitie, påjalsta
- Pouvez-vous m'aider / nous aider ?
  Можете вы мне / нам помочь?
  mojétié voui mnyé / nam påmotch'
- Puis-je... ?
  Могу ли я...?
  mågou-li ya
- A-t-on le droit de prendre des photos ici ?
  Можно здесь фотографировать?
  mojnå zdyéss' fåtågrafiråvat'
- Peut-on visiter... ?
  Можно осмотреть...?
  mojnå åsmåtryét'
- Est-ce possible ?
  Это возможно?
  ètå våzmojnå
- Je ne sais pas.
  Я не знаю.
  ya nyé znayou

Rien compris ? – Essayez ça !

- Je parle juste un peu russe.
  Я почти не говорю по-русски.
  ya påtchti nyé gåvåryou på-rousski

- Pardon ?
  Как?
  kak
- Je n'ai (rien) pas compris.
  Я (ничего) не понял / поняла.
  ya (nitchiévo) nyé ponyal / pånyala
- Est-ce que quelqu'un ici parle anglais ?
  Говорит кто-нибудь по-английски?
  gåvårit kto-niboud' på-angliyski
- Comment appelle-t-on ça en russe ?
  Как называется это по-русски?
  kak nazouivayiétsa ètå på-rousski
- Pouvez-vous répéter, SVP !
  Повторите, пожалуйста!
  påftåritié, påjalsta
- Parlez plus lentement !
  Говорите медленнее!
  gåvåritié myédliéniéyé
- Pouvez-vous me l'écrire, SVP ?
  Вы можете это написать, пожалуйста?
  voui mojétié ètå napissati, påjalsta

Les mots qui dépannent

• **Есть...? – Y a-t-il ?**

- Y a-t-il une chambre libre ?
  Есть свободная комната?
  yiést' svåbodnaya komnata
- Y a-t-il de la bière ?
  Есть пиво?
  yiést' pivå
- Oui, il y en a.
  Да, есть.
  da, yiést'
- Non, il n'y en a pas.
  Нет, этого нет.
  nyèt, ètåvå nyèt

• **У вас есть...? – Avez-vous de / du... ?**

- Avez-vous des billets (de transport) ?
  У вас есть билеты?
  ou vass yiést' bilyétoui
- Avez-vous un plan de la ville ?
  У вас есть план города?
  ou vass yiést' pla'n gorådå
- Oui, nous en avons.
  Да, у нас есть.
  da, ou nass yiést'
- Non, nous n'en avons pas.
  Нет, у нас нет.
  nyèt, ou nass nyèt

• **Сколько стоит...?– Combien coûte... ?**

- Combien coûte une chambre ?
  Сколько стоит комната?
  skol'kå stoit komnata
- Combien ça coûte ?
  Сколько это стоит?
  skol'kå ètå stoit
- Ça coûte...
  Это стоит...
  ètå stoit

- **Где...? – Où est / y a-t-il... ?**

▸ Où y a-t-il un hôtel ?
Где гостиница?
gdyé gåstinitsa

▸ Où trouve-t-on un taxi ?
Где такси?
gdyé taksi

▸ Où se trouve... ?
Где находится...?
gdyé nar'oditsa...?

▸ ambassade	**посольство**	*påssol'stvå*
▸ banque	**банк**	*bank*
▸ cathédrale	**собор**	*såbor*
▸ château	**замок**	*zamåk*
▸ consulat	**консульство**	*konsoul'stvå*
▸ église	**церковь**	*tsérkåf'*
▸ gare	**вокзал**	*våkzal*
▸ monument	**памятник**	*pamyatnik*
▸ musée	**музей**	*mouzyéy*
▸ pharmacie	**аптека**	*aptyéka*
▸ police	**милиция**	*militsiya*
▸ poste	**почта**	*potchta*
▸ téléphone	**телефон**	*tiéliéfo'n*
▸ toilettes / WC	**туалет**	*toualyèt*

▸ Où sont les toilettes ?
Где здесь туалет?
gdyé zdyéss' toualyét?

▸ Où puis-je téléphoner ?
Где можно позвонить по телефону?
gdyé mojnå påzvånit' på liéllétonou

Les transports

- **Les transports en commun**

▸ aller, marcher	**идти**	*iti*
▸ aller (motorisé)	**ехать**	*yér'at'*
▸ arrêt, station	**остановка**	*åstanofka*
▸ arriver	**прибывать**	*pribouivat'*
▸ autobus	**автобус**	*aftobous*
▸ entrer, monter	**входить**	*fr'ådit'*
▸ métro	**метро**	*miétro*
▸ partir	**отъезжать**	*åt'iejjat'*
▸ sortir, descendre	**выходить**	*vouir'ådit'*
▸ tramway	**трамвай**	*tramvay*
▸ trolleybus	**троллейбус**	*trålyeybous*

▸ Est-ce que ce tramway va à... ?
Этот трамвай идёт к...?
ètåt tramvay idyot k

▸ À quelle heure part le bus (de la ligne) n°... ?
Когда отходит автобус номер...?
kågda åtr'odit aftobous nomiér

▸ Combien d'arrêts y a-t-il encore jusqu'à... ?
Сколько ещё остановок до...?
skol'kå yiéchtcho åstanovåk do

▸ Dites-nous quand nous devrons sortir, SVP !
Скажите, пожалуйста, когда нам выходить?
skajitié, påjalsta, kågda nam vouir'ådit'

- **Le taxi**

▸ taxi	**такси**	*taksi*
▸ taxi (à plusieurs)	**маршрутное такси**	*marchroutnoyié taksi*
▸ station de taxis	**стоянка такси**	*ståyanka taksi*

Le voyage en poche
collection
Langues de poche
l'indispensable
pour comprendre
et être compris
L'Hébreu
L'Espagnol
Le "Chtimi" de poche
Parler du Nord et du Pas-de-Calais
Le Chinois de poche
L'Anglais britannique de poche
Kit de conversation
Thaï
Kit de conversation
Arabe Marocain
Un livre + un CD audio
Kit de conversation
Espagnol de Cuba
Un livre + un CD audio
ASSiMiL®
Langues de poche

- Vous êtes libre ?
  Вы свободны?
  Voui svåbodnoui
- Combien coûte le taxi jusqu'à...
  Сколько стоит такси до...
  skol'kå stoit taksi do
- SVP, arrêtez-vous ici / tout de suite !
  Пожалуйста, остановите здесь / сейчас!
  påjalsta, åstanåvitié zdyéss' / siéytchass

• Le train

arrivée	прибытие	*pribouitiyié*
bagage	багаж	*bagach*
caisse, guichet	касса	*kassa*
chemin, voie	путь	*pout'*
consigne	камера хранения	*kamiéra r'ranyéniya*
départ	отправление	*åtpravlyéniyié*
gare	вокзал	*våkzal*
horaire (des voyages)	расписание поездов	*raspissaniyié påyiézdof*
quai	платформа / перрон	*platforma / piéro'n*
station, arrêt	станция	*stantsiya*
train	поезд	*poyiézd*
train rapide	скорый поезд	*skorouiy poyiézd*
wagon	вагон	*vago'n*
wagon-lit	спальный вагон	*spalinouiy vago'n*
wagon-restaurant	вагон ресторан	*vag'on-riéståran*

- Combien coûte un billet pour... ?
  Сколько стоит билет до...?
  skol'kå stoit bilyét do
- Quand arrive le train de... ?
  Когда приезжает поезд из...?
  kågda priyiéjjayiét poyiézd iz

aller et retour	туда и обратно	*touda i åbratnå*
billet, ticket	билет	*bilyét*
billet de réservation	плацкарта	*platskarta*
billet retour	обратный билет	*åbratnouiy bilyét*
réservation	резервирование	*riézerviråvaniyié*
(wagon de) première classe	мягкий вагон	*myar'kiy vagon*
(wagon de) deuxième classe	жёсткий вагон	*jostkiy vagon*

- On doit / Je dois changer (de train) ?
  Нужно сделать пересадку?
  noujnå zdyélat' piériéssadkou
- Est-ce (bien) le train pour... ?
  Этот поезд на...?
  ètåt poyiézd na
- Combien de temps dure le voyage jusqu'à... ?
  Сколько времени длится путешествие до...?
  skol'kå vrémiéni dlitsa poutiéchestviyié do

• L'avion

aéroport	аэропорт	*aèråport*
avion	самолёт	*samålyot*
billet d'avion	авиабилет	*aviabilyét*
décoller	вылетать	*vouiliétat'*

• Le bateau

bac	паром	*parom*
bateau à vapeur	пароход	*parår'od*
débarcadère	пристань	*pristan'*
fleuve / rivière	река	*riéka*
lac	озеро	*oziérå*
mer	море	*moryé*
navire, bateau	корабль, судно	*kårabl', soudnå*
port	порт	*port*

- Quand arrive le bateau ?
  Когда прибудет судно?
  kågda priboudiét soudnå

- Quand part le bateau ?
  Когда отплывает теплоход?
  kågda åtplouivayiét tiéplår'od

• **La voiture**

autoroute	**автомагистраль**	*aftåmaguistral(i)*
camping-car	**автофургон-дача / жилой автомобиль**	*aftåfourgon-datcha / jiloy aftåmåbil(i)*
diesel, gazole	**дизель**	*disiél(i)*
essence	**бензин**	*benzin*
garage	**авторемонт**	*aftåriémont*
panne, avarie	**авария**	*avariya*
parking (surveillé)	**(охраняемая) автостоянка**	*(år'ranyayiémaya) aftåståyanka*
passage / sens interdit	**проезд запрещён**	*pråyiézd zapriéchtchyon*
permis de conduire	**водительское удостоверение**	*våditiél'skåyié oudåståviéryéniyié*
prendre de l'essence	**заправлять**	*zapravlyat'*
réparation	**ремонт**	*riémont*
route, chemin	**дорога**	*dåroga*
route principale	**главная дорога**	*glavnaya dåroga*
rue	**улица**	*oulitsa*
station essence	**автозаправка**	*aftåzapravka*
voiture	**(авто)машина**	*(aftå)machina*

- Où y a-t-il un parking dans les environs ?
  Где ближайшая автостоянка?
  gdyé blijaychaya aftåståyanka

- Le plein, SVP !
  Пожалуйста, полный бак!
  påjalsta, polnouiy bak

- J'ai un pneu crevé.
  У моей машины прокол шины.
  ou måyéy machinoui pråkol chinoui

- Pouvez-vous réparer ça ?
  Вы можете это сделать?
  voui mojétié ètå zdyélat'

L'hébergement

auberge de jeunesse	**молодёжная турбаза**	*målådyojnaya tourbaza*
camping	**кемпинг**	*kémping*
hôtel, hôtellerie	**гостиница**	*gåstinitsa*
motel	**мотель**	*måtel(i)*

- J'ai réservé (m./f.) une chambre pour une personne / deux personnes.
  Я заказал / заказала одноместный / двухместный номер.
  ya zakazal / zakazala ådnåmyéstnouiy / dvour'myéstnouiy nomiér

- Je désire une chambre pour une nuit.
  Мне нужен номер на сутки.
  mnyé noujén nomiér na soutki

- Ce prix comprend le petit déjeuner ?
  Завтрак включён в эту цену?
  zaftrak fklyoutchon v-ètou tsénou

- Je désire une chambre avec douche / une autre chambre.
  Я хочу номер с душем / другой номер.
  ya r'åtchou nomiér s-douchém / drougoy nomiér

bagage	**багаж**	*bagach*
chambre	**номер / комната**	*nomiér / komnata*
clé	**ключ**	*klyoutch*
couverture	**одеяло**	*ådiéyalå*
eau chaude	**тёплая вода**	*tyoplaya våda*
eau froide	**холодная вода**	*r'ålodnaya våda*
eau potable	**питьевая вода**	*pitiyévaya våda*
lavabos	**умывальная**	*oumouival'naya*

réception	**служба / приёма / администрация**	*sloujba / priyoma / administratsiya*
salle à manger	**столовая**	*stålovaya*
salle de bains	**ванная**	*vannaya*
serviette de bain	**полотенце**	*pålåtyéntsé*
tente	**палатка**	*palatka*

- À quelle heure est le petit déjeuner / le déjeuner / le dîner ?
  Во сколько завтрак / обед / ужин?
  vå-skolʹkå zaftrak / åbyéd / oujin

Au restaurant

petit déjeuner (nom / verbe)	**завтрак / завтракать**	*zaftrak / zaftrakatʹ*
déjeuner (à midi)	**обед / обедать**	*åbyéd / åbyédatʹ*
dîner	**ужин / ужинать**	*oujin / oujinatʹ*
assiette	**тарелка**	*taryélka*
couteau	**нож**	*noch*
cuillère	**ложка**	*lochka*
fourchette	**вилка**	*vilka*
tasse	**чашка**	*tchachka*
verre	**стакан**	*stakan*
dessert	**десерт**	*diéssert*
entrée, hors-d'œuvre	**закуска**	*zakouska*
menu, carte	**меню**	*miényou*
plat (principal)	**главное блюдо**	*glavnåyié blyoudå*
café-restaurant	**кафе**	*kafé*
café / salon de thé	**чайная**	*tchaynaya*
pâtisserie, salon de thé	**кондитерская**	*kånditiérskaya*
retaurant	**ресторан**	*riéståran*
salle à manger, self-service	**столовая**	*stålovaya*
snack-bar	**закусочная**	*zakoussåtchnaya*
snack-bar (debout)	**буфет**	*boufyét*
snack à pelméni (raviolis russes)	**пельменная**	*piélimyénaya*

- J'ai faim (m./f.).
  Я голоден / голодна.
  ya golådién / gålådna
- Que pouvez-vous nous recommander ?
  Что вы можете нам посоветовать?
  chto voui mojétié nam påssåvyétåvatʹ
- Vous pouvez nous apporter une portion / deux portions (de)...
  Принесите, пожалуйста, одну порцию / две порции...
  priniéssitié, påjalsta, ådnou portsiyou / dvyé portsii
- Je prends deux "chachlyk".
  Я возьму два шашлыка.
  ya våzʹmou dva chachlouika
- Bon appétit !
  Приятного аппетита!
  priyatnåvå apiétita
- L'addition, SVP !
  Пожалуйста, счёт!
  påjalsta, chtchyot
- Combien vous dois-je ?
  Сколько с меня?
  skolʹkå s-miénya

Les boissons

boissons sans alcool	**безалкогольные напитки**	*biézalkågolʹnouiyié napitki*
café	**кофе**	*kofié*
chocolat	**какао**	*kakao*
eau (minérale)	**(минеральная) вода**	*(miniéralʹnaya) våda*

jus de fruits	**фруктовый сок**	*frouktovouiy sok*
kvas	**квас**	*kvas*
lait	**молоко**	*målåko*
limonade	**лимонад**	*limånad*
sirop (de fruit)	**сироп**	*siro'p*
thé	**чай**	*tchay*
~ au lait	**~ с молоком**	*~ s-målåkom*
~ avec du sucre	**~ с сахаром**	*~ s-sar'aråm*
~ sans sucre	**~ без сахара**	*~ byés sar'ara*

Le **квас** *kvas* est à l'origine une boisson aigre à base de farine de seigle et de malt. Par extension, il désigne toutes sortes de jus de fruits fermentés.

boissons alcoolisées	**алкогольные напитки**	*alkågol'nouiyié napitki*
bière	**пиво**	*pivå*
vin	**вино**	*vino*
~ blanc	**белое ~**	*byélåyié vino*
~ rouge	**красное ~**	*krasnåyié vino*
vodka	**водка**	*vodka*
~ avec des glaçons	**~ со льдом**	*~ så-l'dom*

- une tasse de thé / de café
  одна чашка чая / кофе
  ådna tchachka tchaya / kofié
- un verre de vin / de jus de fruits
  один стакан вина / сока
  ådin stakan vina / soka
- une bouteille de vin / de vodka
  одна бутылка вина / водки
  ådna boutouilka vina / vodki
- trois chopes (verres) de bière
  три кружки пива
  tri kroujki piva
- J'ai soif.
  Мне хочется пить.
  mnyé r'otchiétsa pit'
- Santé ! Tchin-tchin !
  За здоровье!
  za-zdårovyié
- À la vôtre !
  За ваше!
  za vaché

Les produits alimentaires

beurre	**масло**	*maslå*
boulettes de viande	**котлеты**	*kåtlyétoui*
caviar	**икра**	*ikra*
caviar noir	**чёрная икра**	*tchyornaya ikra*
caviar rouge	**красная икра**	*krasnaya ikra*
confiture	**варенье**	*varyényié*
fromage	**сыр**	*souir*
fruits	**фрукты**	*frouktoui*
gâteau	**пирог**	*pirog*
goulash	**гуляш**	*goulyach*
lait	**молоко**	*målåko*
légumes	**овощи**	*ovåchtchi*
œuf	**яйцо**	*yaytså*
pain	**хлеб**	*r'lyéb*
poisson	**рыба**	*rouiba*
poivre	**перец**	*pyériéts*
pomme	**яблоко**	*yablåkå*
pomme de terre	**картофель**	*kartofiél'*

poulet	курица	*kouritsa*
saucisse	колбаса	*kålbassa*
sel	соль	*sol'*
soupe	суп	*soup*
sucre	сахар	*sar'ar*
viande	мясо	*myasså*
volaille	птица	*ptitsa*

Les achats

magasin	магазин	*magazin*
magasin d'alimentation	гастроном	*gastrånom*
grand magasin	универмаг	*ouniviérmag*
boulangerie	булочная	*boulåtchnaya*
marché (en plein air)	рынок	*rouinåk*
magasin de souvenirs	магазин сувениров	*magazin souviéniråf*
ouvert	открыто	*åtkrouitå*
fermé	закрыто	*zakrouitå*
carte postale	открытка	*åtkrouitka*
cigarettes	сигареты	*sigaryétoui*
comprimé	таблетка	*tablyétka*
dictionnaire	словарь	*slåvar'*
film, pellicule	фильм	*fil'm*
pansement	пластырь	*plastouir(i)*
piles	батарейки	*bataryéyki*
plan des rues	дорожная карта	*dårojnaya karta*
plan de la ville	план города	*plan goråda*
timbre (poste)	(почтовая) марка	*(påtchtovaya) marka*

Le **ГУМ** *goum*, à Moscou, est sûrement l'un des plus beaux grands magasins au monde. **ГУМ** est l'abréviation de **Государственный Универсальный Магазин** (magasin d'État universel).

- Quand ouvre... ?
  Когда открывается...?
  kågda åtkrouivayiétsa
- Je désire juste regarder.
  Я хочу просто посмотреть.
  prostå påsmåtryét'
- Montrez-moi...
  Покажите, пожалуйста,...
  påkajitié, påjalsta
- Puis-je goûter / essayer ?
  Можно попробовать / примерить?
  mojnå påprobåvati / primiérit'
- Je voudrais ça.
  Я это беру.
  ya ètå biérou
- Donnez-moi une carte postale, SVP !
  Дайте мне, пожалуйста, открытку.
  daytié mnyé, påjalsta, åtkrouitkou
- 100 grammes de fromage, SVP !
  Мне нужно сто грамм сыра.
  mnyé noujnå sto gram souira
- Ça suffit.
  Достаточно.
  dåstatåtchnå
- Où peut-on acheter... ?
  Где можно купить...?
  gdyé mojnå koupit'

beaucoup	много	*mnogå*
peu	мало	*malå*
la moitié	половина	*pålåvina*
1 bocal / boîte de conserve	одна банка	*ådna banka*
1 boîte / paquet	одна коробка	*ådna kåropka*
1 pièce / morceau	одна штука	*ådna chtouka*

DÉCOUVERTE

1 sac (en papier) / paquet (par ex. de bonbons)	один кулёк	*ådin koulyok*

- Combien coûte ... ?
  Сколько стоит...?
  skol^{i}kå stoit
- C'est (très) cher.
  Это (очень) дорого.
  èta (otchién$^{(i)}$) dorågå

argent liquide	наличные деньги	*nalitchnouiyié dyén^{i}gui*
bureau de change	пункт обмена валюты	*pounkt åbmyéna valyoutoui*
(petite) monnaie, pièces	мелочь	*myélåtch$^{(i)}$*
billet de banque	банкнот	*banknot*
carte de crédit	кредитная карта	*kriéditnaya karta*

S'orienter géographiquement

au centre (-ville)	в центре	*v-tséntrié*
au coin	за углом	*za ouglom*
continuez	продолжайте!	*prådaljaïtié*
croisement	перекрёсток	*piériékryoståk*
droite	справа	*sprava*
à droite	направо	*napravå*
en arrière	назад	*nazad*
feu tricolore	светофор	*sviétåfor*
gauche	слева	*slyéva*
à gauche	налево	*nalyévå*
hors de la ville	за городом	*za gårådåm*
ici	здесь	*zdyéss^{i}*
juste ici	сразу здесь	*srazou zdyéss^{i}*
là-bas	там	*tam*
loin	далеко	*daliéko*
place	площадь	*plochtchtad^{i}*
pont	мост	*most*
près / proche	недалеко	*niédaliéko*
route, chemin	путь	*pout^{i}*
rue	улица	*oulitsa*
sortie / entrée	выход / вход	*vouir^{r}åd / fr^{r}od*
tout droit	прямо	*pryamå*
ville	город	*goråt*
vis-à-vis	напротив	*naprotif*

- Comment puis-je aller à... ?
  Как мне пройти к...?
  kak mnyé pråyti k
- On peut y aller à pied ?
  Можно пройти пешком?
  mojnå pråyti piéchkom
- Comment va-t-on à la poste ?
  Как пройти на почту?
  kak pråyti na potchtou
- Est-ce encore loin jusqu'à... ?
  Далеко ещё до...?
  daliéko yiéchtcho do
- Comment s'appelle cette rue ?
  Как называется эта улица?
  kak nazouivayiétsa èta oulitsa

S'orienter dans le temps

après-demain	послезавтра	*påsliézaftra*
l'après-midi	после обеда	*poslié åbyéda*
aujourd'hui	сегодня	*siévodnya*
dans la journée	днём	*dnyom*

demain	**завтра**	*zaftra*
demain soir	**завтра вечером**	*zaftra vyétchiéråm*
hier	**вчера**	*ftchiéra*
jour / journée	**день**	*dyén(i)*
matin	**утро**	*outrå*
le matin	**утром**	*outråm*
ce matin	**сегодня утром**	*siévodnya outråm*
le midi	**в полдень**	*f-poldién(i)*
nuit	**ночь**	*notch(i)*
la nuit	**ночью**	*notchiyou*
soir / soirée	**вечер**	*vyétchiér*
le soir	**вечером**	*vyétchiéråm*
bientôt	**скоро**	*skorå*
jamais	**никогда**	*nikågda*
maintenant	**теперь**	*tiépyér*
plus tard	**позжс**	*pujjé*
plus tôt	**раньше**	*ranche*
tard	**поздно**	*poznå*
tôt	**рано**	*ranå*

- Quelle heure est-il ?
  Который час?
  kåtorouiy tchass
- 2 / 3 / 4 heures
  два / три / четыре часа
  dva / tri / tchiétouirié tchiéssa
- 5 / ... / 20 heures
  пять / ... / двадцать часов
  pyat(i) / ... / dvatsat(i) tchiéssof
- 21 heures
  двадцать один час
  dvatsat(i) ådin tchass
- 22 / 23 / 24 heures
  двадцать два / три / четыре часа
  dvatsat(i) dva / tri / tchiétouirié tchiéssa

Les formes “et quart”, “et demie”, “moins dix”, etc. sont assez compliquées. Simplifiez-vous la vie et exprimez toujours l'heure sous la forme “XX heures, YY minutes”.

- minute
  минута
  minouta
- heure
  час
  tchass
- (à) 3 heures 15
  (в) три часа пятнадцать минут
  (f) tri tchiéssa pitnatsat(i) minout
- (à) 10 heures 45
  (в) десять часов сорок пять минут
  (f) dyéssyat(i) tchiéssof soråk pyat(i) minout

printemps	**весна**	*viésna*
été	**лето**	*lyétå*
automne	**осень**	*ossién(i)*
hiver	**зима**	*zima*
lundi	**понедельник**	*påniédyel(i)nik*
mardi	**вторник**	*ftornik*
mercredi	**среда**	*sriéda*
jeudi	**четверг**	*tchiétvyérg*
vendredi	**пятница**	*pyatnitsa*
samedi	**суббота**	*soubota*

dimanche	**воскресенье**	*våskriéssyéniyié*
janvier	**январь**	*yanvar(i)*
février	**февраль**	*fiévral(i)*
mars	**март**	*mart*
avril	**апрель**	*apryél(i)*
mai	**май**	*may*
juin	**июнь**	*iyoun(i)*
juillet	**июль**	*iyoul(i)*
août	**август**	*avgoust*
septembre	**сентябрь**	*siéntyabr(i)*
octobre	**октябрь**	*åktyabr(i)*
novembre	**ноябрь**	*nåyabr(i)*
décembre	**декабрь**	*diékabr(i)*

Quelle est la date d'aujourd'hui ?
Какое сегодня число?
kakoyé siévodnya tchislo

Les nombres

0	**ноль**	*nol(i)*
1	**один, одна, одно** (m./f./n.)	*ådin / ådna / ådno*
2	**два** (m.+n.), **две** (f.)	*dva, dvyé*
3	**три**	*tri*
4	**четыре**	*tchiétouirié*
5	**пять**	*pyat(i)*
6	**шесть**	*chést(i)*
7	**семь**	*syém(i)*
8	**восемь**	*vossiém(i)*
9	**девять**	*dyévit(i)*
10	**десять**	*dyéssit(i)*
11	**одиннадцать**	*ådinatsat(i)*
12	**двенадцать**	*dviénatsat(i)*
13	**тринадцать**	*trinatsat(i)*
14	**четырнадцать**	*tchiétouirnatsat(i)*
15	**пятнадцать**	*pitnatsat(i)*
16	**шестнадцать**	*chéstnatsat(i)*
17	**семнадцать**	*siémnatsat(i))*
18	**восемнадцать**	*våssiémnatsat(i)*
19	**девятнадцать**	*diévitnatsat(i)*
10	**десять**	*dyéssit(i)*
20	**двадцать**	*dvatsat(i)*
30	**тридцать**	*tritsat(i)*
40	**сорок**	*soråk*
50	**пятьдесят**	*pitdissyat*
60	**шестьдесят**	*chéstdissyat*
70	**семьдесят**	*syémdissyat*
80	**восемьдесят**	*vossiémdissyat*
90	**девяносто**	*diévyanostå*
100	**сто**	*sto*
200	**двести**	*dvyésti*
300	**триста**	*trista*
400	**четыреста**	*tchiétouiriésta*
500	**пятьсот**	*pitsot*
1 000	**тысяча**	*touissyatcha*
10 000	**двести тысяч**	*dyéssit(i) touissyatch*
100 000	**сто тысяч**	*sto touissyatch*
1 000 000	**один миллион**	*ådin millio'n*

Les nombres composés se forment dans le même ordre qu'en français :

121	**сто двадцать один**	*sto dvatsat(i) ådin*

MINSK ET SES ENVIRONS

Bibliothèque nationale de Minsk.

Minsk – Минск

Situé au centre du pays, dans une plaine entourée par des forêts, avec presque 2 millions d'habitants, Minsk est la seule métropole. Sa position géographique centrale en fait le cœur pulsant du pays et le carrefour de tous les échanges. C'est le centre politique, économique, universitaire et culturel de la Biélorussie. A l'image de l'histoire difficile du pays, le passé de Minsk est riche en péripéties. A la croisée entre Orient et Occident, la ville a été plusieurs fois envahie, détruite et brûlée. Fortement endommagée par les nazis pendant la Seconde Guerre mondiale, elle a été reconstruite après la guerre en un temps record.

Aujourd'hui, Minsk est une ville éclectique qui réunit de façon harmonieuse un centre moderne à des quartiers anciens. Son centre-ville, hérité du communisme, est sans doute l'exemple le plus éclatant d'une architecture stalinienne définie comme « style totalitaire avec des éléments de la Renaissance italienne » et frappe le visiteur par l'élégance de ses immeubles. Au-delà de son aspect moderne, Minsk garde des charmants îlots du passé, tels que la ville haute, les faubourgs Troickoe et Rakovskoe, ou bien les petites cours des immeubles à deux étages bâtis par les prisonniers allemands à la fin de la guerre. On y retrouve encore des cadres de vie de village : le linge qui sèche au milieu des arbres, les enfants qui jouent, les mamies qui papotent assises sur les bancs. Au cadre de vie agréable et à la quiétude apparente, Minsk est une ville accueillante tout comme ses habitants, généralement cordiaux, généreux, ouverts. Traversée du nord à l'ouest par le fleuve Svisloč, Minsk s'enorgueillit de ses vastes zones vertes qui se concentrent autour des berges du fleuve. Restée longtemps renfermée sur elle-même, la ville s'ouvre doucement à l'extérieur, vers les investisseurs étrangers et les touristes. Ne vous arrêtez pas aux apparences : traditionnel et dynamique, conservateur et postmoderne, Minsk cache une vie culturelle effervescente à découvrir dans les ateliers de peintres et photographes, pendant les soirées littéraires et les concerts de musique alternative.

Histoire

Aucune capitale européenne n'a connu autant de guerres et d'invasions que Minsk. L'histoire de la ville est étroitement liée aux destructions dont elle a été l'objet au cours des siècles. Mentionné pour la première fois dans la *Chronique des temps passés* en 1067 comme Men'sk (Menesk), Minsk a été fondé à la confluence des fleuves Svisloč et Nemiga. Si pendant le XIe siècle la ville est détruite plusieurs fois d'abord par les princes Jaroslaviči de Kiev et ensuite par Vladimir Monomach, au début du XIIe siècle elle devient le centre d'une

Les immanquables de Minsk

- **Comprendre** l'histoire tragique de Minsk et de la Biélorussie en visitant le musée de l'Histoire de la Seconde Guerre mondiale.
- **Parcourir** le prospekt Nezavisimosti, artère principale et exemple majestueux de l'architecture totalitaire d'époque stalinienne, actuellement en lice pour entrer au patrimoine mondial de l'Unesco.
- **Découvrir** l'atmosphère du Minsk des années 1950 en partant à la recherche de ses vieilles cours.
- **Visiter** la galerie d'art Ў – Галерея « Ў ». Expositions, photographie, présentations de livres, séances cinématographiques : c'est la vitrine de la nouvelle culture biélorusse.
- **Monter** sur la terrasse panoramique de la bibliothèque nationale pour avoir une vue d'ensemble sur Minsk.
- **Passer le mercredi soir**, à 20h, quand il fait beau, à côté du métro Vostok, où se réunit spontanément une petite foule de passionnés de musique traditionnelle et de danses médiévales biélorusses. Danse et musique à volonté dans la rue !

principauté médiévale. Grâce à sa position stratégique au cœur du continent européen et sur les principales voies de communication entre la mer Baltique et la mer Noire, Minsk connaît une forte croissance économique aux XIIe et XIIIe siècles et devient un important centre artisanal et commercial. Au début du XIVe siècle, la principauté de Minsk intègre le grand-duché de Lituanie et en 1499 la ville reçoit le droit de Magdebourg qui lui permet de s'administrer de façon autonome. C'est à cette époque que sur la place du Marché supérieur, aujourd'hui place Svobody, est construit un hôtel de ville en bois, sur deux étages. Au XVIe siècle, de nouvelles guerres frappent la ville. Après la guerre russo-polonaise de 1654-1667, Minsk est dépeuplé et l'on n'y dénombre plus que 150 familles. Pendant la guerre du Nord entre la Russie et la Suède (1700-1721) s'abat une terrible épidémie de peste sur la ville. Après la dernière division de l'Union polono-lituanienne en 1793, Minsk est annexé par l'Empire russe et devient le centre de la province homonymique. Pendant la guerre de 1812 entre la France et la Russie, Napoléon fait de Minsk le principal centre de ravitaillement de son armée : sa population passe de 11 200 personnes à 3 500.
Pendant les années 1830-1831 et 1863-1864, les habitants de Minsk participent aux insurrections nationales patriotiques contre la domination russe. A partir de la fin du XIXe siècle, la ville connaît une époque de fort développement lié à l'apparition des premières usines. De 1861 à 1897 la ville s'agrandit et sa population est multipliée par trois. En 1871, le chemin de fer passe à Minsk, en 1874 est construit le système de canalisation, en 1890 apparaît le téléphone, en 1892 l'omnibus, en 1894 commence à fonctionner la première centrale électrique de la ville. En 1913, à la veille de la Première Guerre mondiale, la population de Minsk était de 106 000 habitants. Le 25 mars 1918 est proclamée la naissance de la république populaire de Biélorussie qui, dès janvier 1919, passe sous le contrôle des Soviétiques.
Le 28 juin 1941, six jours après l'invasion allemande, Minsk est occupé par l'armée nazie. L'occupation dure 1 100 jours pendant lesquels la population passe de 207 000 à 80 000 et plus du 80 % de la ville est détruite. Minsk a été libéré le 3 juillet 1944. A cette époque, le gouvernement soviétique voulait déplacer la capitale du pays à Mogilev et laisser intactes les ruines de Minsk afin qu'elles rappellent à jamais les horreurs du nazisme. Mais l'histoire en a voulu autrement. Aujourd'hui, le 3 juillet, on célèbre la fête de l'indépendance de la République biélorusse. Après la guerre, commence une longue époque de reconstruction qui fait de Minsk un modèle de planification urbaine et d'architecture dans le style du réalisme socialiste d'époque stalinienne. En 1974, sous Brejnev, Minsk reçoit le titre de ville-héros.

QUARTIERS

Minsk moderne

Cette partie de la ville correspond aux perspectives Nezavisimosti et Pobeditelej et à leurs environs. C'est le cœur politique, économique, universitaire et commercial de la ville. C'est aussi le lieu où se concentre la plupart des hôtels, des restaurants, des cafés et des boîtes de nuit. Les bombardements destructeurs de la Seconde Guerre mondiale ont provoqué la disparition de la plupart des monuments historiques de Minsk. La reconstruction des années 1950 a laissé place à des immeuble bâtis dans le style du Réalisme socialiste. Aujourd'hui, ce quartier est probablement l'exemple le plus éclatant d'architecture stalinienne dans l'espace postsoviétique. Des édifices soviétiques somptueux y côtoient de petites églises et des immeubles du XIXe siècle, vestiges rares d'un passé lointain.

Rakovskoe predmest'e

Surgi au XIe siècle, cet ancien faubourg est délimité par les rues Nemiga et Romanovskaja Sloboda, par le prospekt Pobeditelej et la place Jubilejnaja. Caché au milieu de gros immeubles d'époque soviétique, l'atmosphère est celle du Minsk d'antan. Entre les XVIIe et XIXe siècles, le faubourg acquiert progressivement un aspect plus moderne et partout surgissent des bâtiments en pierre dont des fragments ont été conservés jusqu'à nos jours. Traditionnellement, ce quartier a toujours été habité par les juifs. Pendant les années de l'occupation de Minsk, se trouvait ici un des plus grands ghettos d'Europe. Dans 39 rues entourées de fil de fer, vivaient plus de cent mille juifs. Seulement 13 habitants du ghetto ont survécu. La rue Rakovskaja est le cœur du faubourg.

Minsk

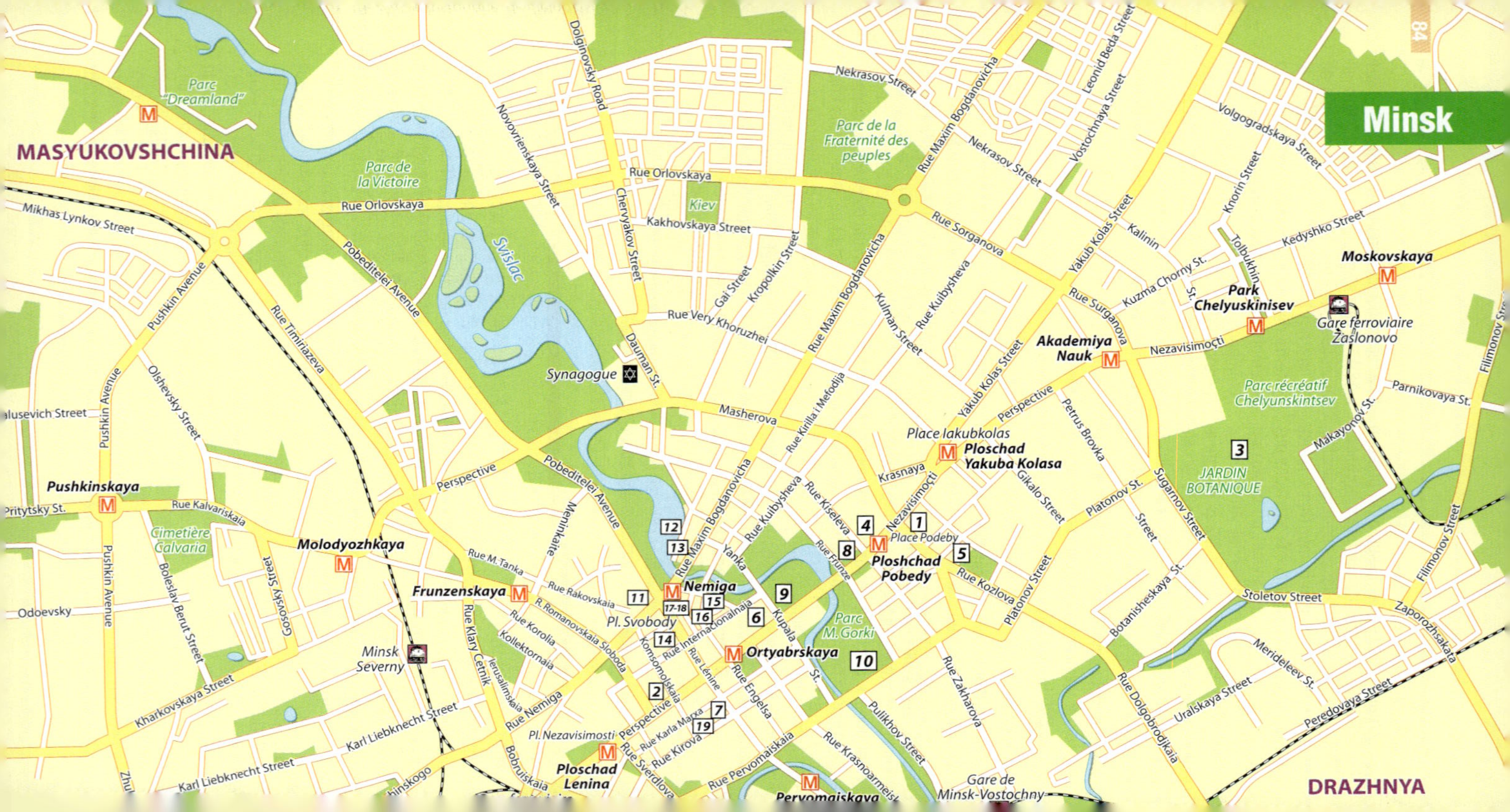
MASYUKOVSHCHINA
DRAZHNYA
Parc "Dreamland"
Parc de la Victoire
Parc de la Fraternité des peuples
Kiev
Svislac
Synagogue
Parc récréatif Chelyunskintsev
JARDIN BOTANIQUE
Parc M. Gorki
Cimetière Calvaria
Gare ferroviaire Žaslonovo
Minsk Severny
Gare de Minsk-Vostochny
Moskovskaya
Park Chelyuskinisev
Akademiya Nauk
Place lakubkolas
Ploschad Yakuba Kolasa
Place Podeby
Ploshchad Pobedy
Nemiga
Ortyabrskaya
Ploschad Lenina
Pervomaiskaya
Frunzenskaya
Molodyozhkaya
Pushkinskaya
Pl. Svobody
Pl. Nezavisimosti
Mikhas Lynkov Street
Pushkin Avenue
Rue Orlovskaya
Pobeditelei Avenue
Rue Timiriazeva
Olshevsky Street
alusevich Street
Pritytsky St.
Rue Kalvariskaia
Odoevsky
Boleslav Berut Street
Gosovsky Street
Kharkovskaya Street
Karl Liebknecht Street
Novovrienskaya Street
Dolginovsky Road
Cherryakov Street
Kakhovskaya Street
Gai Street
Kropolkin Street
Rue Very Khoruzhei
Dauman St.
Masherova
Perspective
Meninkaite
Rue M. Tanka
Rue Rakovskaia
R. Romanovskaia Sloboda
Rue Korolia
Kollektornaia
Ierusalimskaia
Rue Klary Cetnik
Rue Nemiga
Bobruiskaia
hinskogo
Zhu
Rue Sverdlova
Rue Kirova
Rue Karla Marxa
Komsomolskaia
Rue Lénine
Rue Internacionalnaia
Rue Engelsa
Rue Pervomaiskaia
Rue Krasnoarmeisk
Pulikhov Street
Kupala St.
Yanka
Rue Maxim Bogdanovicha
Rue Kuibysheva
Rue Kirilla i Mefodija
Kulman Street
Rue Frunze
Rue Kiseleva
Krasnaya
Nezavisimoçti
Gikalo Street
Rue Kozlova
Rue Zakharova
Platonov Street
Platonov St.
Petrus Brovka
Street
Botanisheskaya St.
Sugarnov Street
Rue Dolgobrodjkaia
Stoletov Street
Zaporozhsakata
Merideleev St.
Uralskaya Street
Peredovaya Street
Filimonov Street
Makayonov St.
Parnikovaya St.
Yakub Kolas Street
Rue Surganova
Rue Sorganova
Kuzma Chorny St.
Kalinin
Tolbukhin
St.
Knorin Street
Kedyshko Street
Volgogradskaya Street
Nekrasov Street
Vostochnaya Street
Leonid Beda Street
1
2
3
4
5
6
7
8
9
10
11
12
13
14
15
16
17-18
19

Proletarskaya
Kultury
Partizanskaya
Aranskaya Street
Mogilyovskaya Street
Perspective Partizanskii
Koshevoi Oleg Street
Radialnaya Street
Rue Dolgobrodjkaia
Vaneev Street
Parc des 50 ans d'octobre
Grushevskaya Street
Zheleznodorozhnaya Street
Zhukov Avenue
Rue Chkalova
Rue Vcronianskogo
Zhukovsky Street
Volodko Street
Mayakovsky Street
Trostenetskaya Street
Gare routière de l'Est
Narodnaya Street
Rue Vaneeva
Rue Denisovskaia
Rue Aerodromnaia
Dzerzhinsky Avenue
Gare routière du sud-ouest
Aéroport de Minsk
Lieutenant Kizhevatov Street
Gare de Minsk-Yuzhny
Rue Maiakovskogo
Perspective Rokossovskogo
Tukhachevsky
Plekhanov Street
Shishkin Street
YUGO-ZAPAD
SEREBRYANKA
Rue Iakubova
Malinin Street
Kabushkin Street
Uborevich Street
Tashkentskaya Street
Svislac
Goloded Street
Chizhevskikh Street
Iyumensky Road
V. Syrokomiya Street
Yanka Luchina Street
Kazinets Street
Korzhenevsky Street
Minsk Belt Road
0
750 m
1- Eglise de la Trinité
2- Eglise des Saints-Siméon et Hélène
3- Jardin botanique
4- Galerie d'art
5- Eglise Saint-Alexandre Nevski
6- Musée de la seconde guerre mondiale
7- Musée des Beaux-Arts
8- Musée du premier congrès du parti social-démocrate russe
9- Musée littéraire Ianka Kupala
10- Parc central Gorki
11- Cathédrale de Pierre-et-Paul
12- Ile aux larmes
13- Musée littéraire Maxim Bogdanovich
12- Cathédrale de la vierge Marie
15- Cathédrale du Saint-Esprit
16- Eglise de Saint-Joseph
17- Gostinyj Dvor
18- Hôtel de ville
19- Musée historique de Biélorussie

Faubourg Trojka ou la vieille ville de Minsk.

Troickoe predmest'e

Appelé Trojka par les habitants de Minsk, ce vieux faubourg de petites maisons colorées couvertes de tuiles correspond à la vieille ville. Hélas, il s'agit cependant d'une reconstruction qui a eut lieu dans les années 1990, dans le souci de restituer à Minsk sa physionomie du XIXe siècle. A partir de son apparition, au XIIIe siècle, ce vieux faubourg donnant sur le fleuve Svisloč était connu pour ses tavernes. Aujourd'hui aussi, sur ces ruelles donne une multitude de restaurants, bars et cafés ce qui lui vaut le surnom de « la ville des restaurants ». Flânez dans les rues Starovilenskaja et Starožovskaja. Au n° 3 de cette dernière, vous trouverez une pharmacie dont l'intérieur est fait dans le style du XIXe siècle. Sur le quai Kommunal'naja, au n° 4 vous trouverez la librairie « Vjanok » avec sa belle enseigne vieux style.

Verkhnij gorod

Ce quartier commença à se former au XVIe siècle. Aux XVIIIe-XIXe siècles c'était le centre culturel, administratif et commercial de Minsk. Aujourd'hui, dans la « ville haute », se trouve la plupart des monuments historiques de Minsk. Comprise entre les rues Nemiga, Gorodskoj Val, Internacional'naja et la rive droite du Svisloč, du haut de sa colline, elle domine la fleuve. Le cœur du quartier est la pl. Svobody, la place de la Liberté, sur laquelle donnent l'hôtel de ville, les monastères des jésuites, des basiliens, des bernardins, de nombreux palais et l'ancienne auberge. Beaucoup de maisons des XVIIIe-XIXe siècles ont été conservées à ul. Engel'sa, ul. Gercena, ul. Internacional'naja, ul. Komsomol'skaja et ul. Revoljucionnaja. A ul. Internacional'naja 20, se trouve le cinéma Pobeda (Victoire), construit après la Seconde Guerre mondiale par les prisonniers allemands. A ul. Gercena 6, reste une merveilleuse maisonnette en bois typique de la vieille ville.

TRANSPORTS

L'arrivée

Avion

■ AEROPORT NATIONAL DE MINSK (MINSK 2) – НАЦИОНАЛЬНЫЙ АЭРОПОРТ МИНСК (МИНСК 2)
✆ (017) 279 13 00 – (017) 279 17 30
www.airport.by
info@airport.by
Situé à 40 km à l'est de Minsk, il accueille les vols à destination des grandes villes européennes et internationales. Pour la France, il y a un vol Belavia vers Paris environ trois fois par semaine, selon la saison. Rénové en 2005, l'aéroport est petit, mais très fonctionnel. Dans le hall des arrivées, au premier étage, vous trouverez un bureau d'échange, une filiale de banque ouverte 24h/24, une agence pour la location de voitures et un service taxi. Les bureaux des compagnies aériennes opérant en Biélorussie sont situés au troisième étage. On y trouve aussi un bureau de poste avec accès à Internet, ouvert 24h/24.

Rejoindre le centre-ville : l'aéroport se trouve à 35 minutes de voiture du centre-ville. Le bus urbain 300 relie l'aéroport aux gares routières Moskovskaja et Vostočnaja, tous les jours à partir de 6h30 environ jusqu'à 23h. Il y a un bus plus au moins toutes les heures. La course dure approximativement 1 heure 15. Le ticket coûte 700 BYR, 750 BYR si on l'achète directement chez le chauffeur. Les navettes (*maršutnye taksi*) font le même parcours du bus, mais elles sont plus rapides (45 minutes). Le billet coûte 1 100 BYR (informations plus détaillées sur les horaires ✆ 114). L'arrêt des bus se trouve à la sortie des arrivées, terminal n. 2. Vous pouvez aussi rejoindre le centre-ville en taxi, cela vous coûtera environs 75 000 BYR. L'arrêt des taxis est devant les terminals n. 5 et 6.

AUSTRIAN AIRLINES
Pr. Nezavisimosti, 38 ✆ (017) 288 25 35
✆ (017) 279 15 39
(agence Austrian Airlines à l'aéroport)
http://www.aua.com/by/rus
office.minsk@austrian.com
Ouvert du lundi au vendredi de 9h à 17h. L'agence à l'aéroport est ouverte tous les jours de 3h à 6h et de 11h à 19h.

BELAVIA
Ul. Nemiga, 14 ✆ (017) 216 21 01
✆ (017) 279 10 32
(agence Belavia à l'aéroport)
www.belavia.by
ticketoffice@belavia.by
Ouvert du lundi au vendredi de 9h à 19h, le samedi de 9h à 17h.

CSA CZECH AIRLINES
Ul. Kujbyševa, 29 ✆ (017) 284 91 01
✆ (017) 279 26 23
(agence CSA à l'aéroport)
http://belarus.czechairlines.com/ru/portal/homepage/by_homepage.htm
msq@czechairlines.com
Ouvert tous les jours de 9h30 à 18h30. L'agence à l'aéroport est ouverte uniquement en correspondance des vols CSA.

LUFTHANSA AIRLINES
Pr. F. Skoriny, 56
✆ (017) 284 71 29
✆ (017) 279 10 59
www.lufthansa.by
msqguteam@dlh.de
Ouvert du lundi au vendredi de 9h à 17h30. L'agence à l'aéroport est ouverte du lundi au vendredi de 9h30 à 17h, le samedi de 9h30 à 16h, le dimanche de 10h à 16h.

Train

GARE DES TRAINS – ЦЕНТРАЛЬНЫЙ ЖЕЛЕЗНОДОРОЖНЫЙ ВОКЗАЛ
Privokzal'naya ploščad'
✆ (017) 225 70 00
✆ (017) 225 70 51 (bureau de réservation)
✆ (017) 213 17 19 (caisses pour la vente des tickets vers l'étranger)
www.railwayminsk.by
Situé en plein centre-ville, à deux pas du pr. Nezavisimosti, le nouvel immeuble de la gare a été inauguré à la fin de décembre 2000 et peut accueillir plus de 7 000 passagers. C'est le principal nœud ferroviaire de Minsk et un des plus grands de l'Europe centro-orientale.

Métro de Minsk

Minsk en bateau, en vélo ou en patins à roulettes

Sur le quai du pr. Pobeditelej, non loin du pont de la ul. Bogdanoviča, se trouve un point de location de petits bateaux et de pédalos. Profitez d'une belle promenade sur le fleuve Svisloč, au printemps c'est très agréable ! Une heure de location va de 15 000 à 20 000 BY. On peut aussi y louer des vélos, des patins à roulettes, des trottinettes (de 5 000 à 10 000 BYR l'heure). Ouvert tous les jours de mai à septembre, de 12h à 22h, le dimanche de 10h à 22h.

D'ici partent les trains vers toutes les destinations en Biélorussie et vers Berlin, Vienne, Paris, Varsovie, Moscou, Saint-Pétersbourg, Odessa, Riga, Vilnius, Kaliningrad. Les caisses se trouvent au rez-de-chaussée, sur la gauche les caisses pour les trains nationaux, sur la droite celles pour les trains régionaux. Au rez-de-chaussée également on trouve un point information ouvert 24h/24. Au premier étage : la salle d'attente, un bureau de poste avec un service téléphonique international, une pharmacie, des magasins et des bars. Dans l'immeuble de la vieille gare de train à côté se trouvent les caisses pour les trajets à l'international et un bureau de change. Une série de passages souterrains relie la gare aux quais, à la place Privokzalnaya, à la gare routière centrale (actuellement en phase de reconstruction) et à l'arrêt du metro Ploščad' Lenina.

▶ **Tarifs et durée des trajets.** Il y a plusieurs trains par jour en direction de Grodno, Brest, Gomel', Mogilev et Vitebsk. Généralement, pour un aller on paye entre 15 000 et 20 000 BYR, selon le type de train, le niveau de confort et la destination. En moyenne, le trajet dure de 4 à 6 heures. En ce qui concerne les lignes internationales, il y a des départs quotidiens vers Berlin, Prague, Varsovie, Saint-Pétersbourg, Moscou, Kiev, Odessa, Simferopol, Vilnius, Chișinău et beaucoup d'autres destinations. Comptez 19 heures jusqu'à Berlin, 21 heures jusqu'à Prague, 10 heures jusqu'à Varsovie, 4 heures jusqu'à Vilnius, 12 heures jusqu'à Kiev, 22 heures jusqu'à Odessa, 14 heures jusqu'à Saint-Pétersbourg, 10 heures jusqu'à Moscou.

Bus

A Minsk, il y a trois gares routières : Vostočnaja, Moskovskaja et Central'naja. Les bus provenant de l'étranger arrivent à la gare Moskovskaja. La gare Central'naja se trouve à côté de la gare des trains, à ul. Bobrujskaja, 6, mais elle est actuellement en phase de reconstruction. Les destinations qu'elle desservait avant ont été déplacées à la gare Moskovskaja. Il existe aussi une gare secondaire, Jugo-zapadnaja d'où partent les bus en direction de Brest. Toutes les villes biélorusses sont desservies quotidiennement soit par les bus soit par les microbus. Ces derniers coûtent un peu plus chers mais vont significativement plus vite.

■ GARE ROUTIÈRE JUGO-ZAPADNAJA – АВТОСТАНЦИЯ ЮГО-ЗАПАДНАЯ

Ul. Železnodorožnaja, 31/1 ✆ (017) 226 30 72

Ouvert de 6h à 22h. Bus régionaux en direction de Brest.

■ GARE ROUTIÈRE MOSKOVSKIJ – МОСКОВСКИЙ АВТОВОКЗАЛ

Ul. Filimonova, 59 ✆ (017) 219 36 53
✆ (017) 219 36 52
(caisses pour les trajets internationaux)
La gare est ouverte tous les jours de 6h à 23h. Elle dessert les villes du Nord et de l'Ouest du pays. On y trouve aussi les bus qui relient Minsk à l'étranger. Liaisons régulières avec Paris, Strasbourg, Moscou, Varsovie, Prague, Vilnius, Riga, Tallina, Naples, Münich, Köln, etc.

■ GARE ROUTIÈRE « VOSTOČNYJ » – ВОСТОЧНЫЙ АВТОВОКЗАЛ

Ul. Vaneeva, 34 ✆ (017) 248 08 82
✆ (017) 248 06 28
(caisse pour les trajets internationaux)
La gare est ouverte tous les jours de 6h à 23h. Elle dessert les villes de l'Est et du Sud du pays.

■ INFORMATIONS BUS

✆ 004
www.minsktrans.by/routes/suburb
Pour tout rensignement concernant les horaires et trajets.

Voiture

Nœud routier de première importance en Biélorussie, Minsk est facilement accessible de l'Europe par l'autoroute Brest-Moscou. La ville est ceinturée d'un boulevard périphérique avec des sorties différentes vers les routes nationales qui mènent dans les autres villes du pays. La circulation à Minsk est très ordonnée, il est rare de trouver des embouteillages. Généralement, se garer ne pose pas de problème. Néanmoins, l'usage de la voiture est absolument superflu : le réseau des transports publics est très bon et la ville est petite, on peut aisément se déplacer à pied.

Location de voitures

La voiture est sans doute le moyen de transport qui vous permettra de profiter au mieux de votre séjour en Biélorussie. Le business de la location de voitures est assez récent. A part les désormais nombreuses agences locales, quelques compagnies internationales, comme Avis, Herz, Europcar et Sixt, ont leurs bureaux au Bélarus. Pour la location d'une voiture vous aurez besoin du passeport et du permis de conduire International.

AVIS
Ul. Storoževskaja, 15
✆ (017) 334 79 90 – http://avis.by/
belideal@avis.solo.by

HERTZ
Pr. Nezavisimosti, 11, Hôtel Minsk
✆ (017) 209 90 91, (029) 660 29 88
www.hertz-belarus.by – rent-car@mail.ru.

RENT A CAR
Pr. Pobeditelej, 19 ✆ (017) 226 90 18
www.rentacar.by – info@rentacar.by

SERVICE 157
Ul. Sverdlova, 23 ✆ (017) 213 18 18
www.157.by – info@157.by

SIXT
Ul. Mar'evskaja, 7a ✆ (017) 285 38 29
✆ (017) 285 38 29 (agence à l'aéroport)
www.sixt.by – dt7316@ol.com.ua

En ville

Le réseau des transports en commun est très développé, bien organisé et fort économique, bien que, surtout aux heures de pointe, les transports soient souvent bondés. Métro, bus, tramway et trolleybus vous permettront de rejoindre aisément chaque coin de la ville de 5h jusqu'à minuit. Il existe aussi des minibus (*maršrutka*), sortes de taxi collectif, qui assurent le même parcours que le bus, mais à un prix et à une vitesse supérieurs. Il n'y a pas d'arrêts définis, le chauffeur s'arrête n'importe où sur demande ! Le numéro et l'indication de la direction sont toujours affichés à l'avant du transport. Les arrêts sont indiqués par des planchettes généralement accrochées aux poteaux. Impossible de les rater : la foule autour est le signe que vous êtes au bon endroit !

Pour tout savoir sur les transports de la ville (sauf le métro) : www.minsktrans.by

Tarification. Les billets classiques permettent d'accéder à tous les moyens de transport (métro, autobus, tramway, trolleybus). Prix du ticket à l'unité : 700 BYR, 1 100 BYR pour les minibus. Le ticket est valable pour un trajet et ce quelle que soit la distance parcourue. Abonnements (valables pour un seul moyen de transport) : mensuel 27 600 BYR, dix jours 9 700 BYR, quinze jours 14 550 BYR. On achète les tickets aux guichets du métro ou bien, pour le bus, le tramway et le trolleybus, directement auprès du chauffeur (dans ce cas le prix sera de 750 BYR), dans les kiosques à journaux, dans les kiosques à côté des arrêts ou dans les passages souterrains.

Métro

MÉTRO DE MINSK
www.minsk-metro.net
Prix du ticket à l'unité : 700 BYR. Le ticket est valable pour un trajet et ce qu'elle soit la distance parcourue. Abonnements mensuel : 27 600 BYR ; 10 jours : 9 700 BYR ; 15 jours : 14 550 BYR. On achète les tickets aux guichets du métro. En service depuis juillet 1984, le métro comprend deux lignes, Moskovskaja (bleue, du nord-est au sud-ouest) et Avtozavodskaja (rouge, du sud-est à l'ouest) qui se croisent à l'arrêt Oktjabr'skaja-Kupal'skaja. Les rames circulent toutes les 3-4 minutes de 5h30 à 1h, et toutes les 2 minutes aux heures de pointe, l'intervalle entre un train et le suivant est de 10 minutes après 23h. Deux autres lignes sont en construction.

© ANDREA NERI

Dans le métro de Minsk.

Taxi

Les prix des taxis biélorusses n'ont rien à voir avec ceux des taxis parisiens. Ils sont extrêmement économiques ! Il est préférable de commander un taxi par téléphone ou de le prendre à son arrêt. Si vous arrêtez un taxi dans la rue, demandez le prix de la course à l'avance. On paie en espèces.

- **Avtotaxi** ✆ 107
- **Nabat** ✆ 152
- **Stolica** ✆ 135
- **Taxi Prestige** ✆ 2 001 001

À pied

Marcher reste le meilleur moyen pour découvrir les beautés de Minsk. Minsk est une ville de taille moyenne, ses points d'intérêt sont assez concentrés et rejoignables à pied.

PRATIQUE

Tourisme

En Biélorussie, le marché des agences touristiques est en plein épanouissement. Les agences opèrent sous le contrôle de l'Agence nationale du tourisme. Ci-après, quelques adresses de bonnes agences expérimentées. N'oubliez pas que dans la plupart des grands hôtels d'Etat il existe des bureaux touristiques, vestiges du passé soviétique lorsque le voyage était toujours en groupe et organisé.

■ BELINTURIST – БЕЛИНТУРИСТ
Pr. Pobeditelej, 19 ✆ (017) 226 98 40
✆ (017) 203 11 43 – www.belintourist.com
incoming@belintourist.by
Sur le marché depuis 1955, cette agence propose des excursions à Minsk et ses alentours, à Grodno, Vitebsk, Lida, Slonim, Žirovići, Brest, dans la réserve naturelle Berezinskij, dans la forêt Belovežskaja et beaucoup d'autres. Parmi ses prestations : réservation et vente de tickets d'avion et de trains, réservation de logements, organisation de séjours chasse et pêche.

■ DORTUR – ДОРТУР
Ul. Bobrujskaja, 4
✆ (017) 225 16 36 – (017) 225 07 55
www.dortour.by – belarus@dortour.by
Large choix d'excursions, aussi bien en individuel que pour les groupes. Ils organisent aussi des excursions dans les principales villes biélorusses sur un train « touristique ». Complètement rénové et adapté, ce train dispose de quatre wagons-lits, deux wagons-restaurants, un wagon-discothèque, un wagon avec les douches et un wagon avec des services différents (coiffeur, photographe, point médical).

■ DUDUTKI-TUR – ДУДУТКИ-ТУР
Ul. Dunina-Marcinkeviča, 6
✆ (017) 252 27 81 – Fax : (017) 251 00 76
www.dudutky.by – dudutky@telecom.by
Cette agence très professionnelle et compétente s'occupe exclusivement de la Biélorussie et répond aux souhaits concrets de chaque client avec l'organisation de voyages à la carte. L'agence travaille vraiment sur le territoire, notamment avec les maisons d'hôtes et les associations qui s'occupent de la sauvegarde des traditions biélorusses. C'est donc l'idéal pour ceux qui veulent concilier la visite des sites historiques au bien-être dans la nature et à la connaissances des traditions biélorusses.

■ OFFICE DU TOURISME – ТУРИСТСКО-ИНФОРМАЦИОННЫЙ ЦЕНТР
Pr. Pobeditelej, 19 ✆ (017) 226 99 00
www.belarustourism.by
eng.belarustourism.by
info@belarustourism.by
Ouvert du lundi au vendredi de 9h à 18h. A l'office du tourisme de Minsk, vous pourrez vous procurer toute l'information nécessaire à votre séjour à Minsk et en Biélorussie en général. Les brochures sont souvent en russe et en anglais. Les prestations assurées par ce bureau comprennent aussi la réservation de logement, la location de voitures et les services d'un guide. Le personnel parle anglais.

Minsk en bref

- **Code téléphonique** : 017.
- **Population :** 1 814 800 habitants.
- **Localisation :** dans le centre de la Biélorussie.
- **Sites utiles :**
www.inyourpocket.com/belarus/minsk
www.whatsoninminsk.com
www.minsk-old-new.com

■ **RURAL BELARUS**
Ul. Dunina-Marcinkeviča, 6
✆ (017) 205 04 65 – (017) 205 01 74
www.ruralbelarus.by
Cette association s'occupe du tourisme rural dans le pays et gère le réseau des fermes disposant de chambres d'hôtes pour accueillir les touristes. Sur le site Internet, vous trouvez le catalogue. La présentation de chaque ferme est très détaillée et riche en photos. Il est possible de réserver directement grâce au site. En russe et en anglais.

■ **VIAPOL' – ВИАПОЛЬ**
Ul. Lenina, 9, ofis 10 ✆ (017) 289 15 39
✆ (017) 226 15 76 – www.viapol.by
info@viapol.info – boss@viapol.by
La devise de cette agence est « avant tout, il faut connaître le propre pays » ! Si vous désirez réellement connaître la Biélorussie, son histoire et ses beautés, vous êtes au bon endroit. Ses guides, préparés et compétents, vous mèneront en long et en large à travers le pays sur la base de circuits culturels thématiques : historiques, architecturaux, naturels, sur les traces des personnages célèbres, Minsk et ses alentours. L'agence organise aussi des voyages en Pologne, aux Pays baltes, en Ukraine et en Russie.

■ **VLADIMIR LOMAKO – ВЛАДИМИР ЛОМАКО**
✆ (029) 663 89 21 – val05@llst.ru
Fort d'une expérience consolidée dans le tourisme depuis des dizaines d'années, Vladimir Lomako travaille en *free lance* pour différentes agences de Minsk et saura organiser pour vous tout type de séjour : chasse et pêche, séjour rural, excursions à la découverte des sites historiques, etc.

■ **VOKRUG SVETA – ВОКРУГ СВЕТА**
Ul. Internacional'naja 10,
✆ (017) 306 43 60 – (017) 226 83 92
www.vokrugsveta.by
outgoing@vokrugsveta.by
Large choix d'excursions, voyages à la carte, billets d'avion et de train, tous les genres de tourisme. Service très professionnel.

Représentations – Présence française

■ **AMBASSADE DE FRANCE**
Pl. Svobody, 11 ✆ (017) 229 18 00
www.ambafrance-by.org
webmestre.by@diplomatie.gouv.fr
Ouvert du lundi au jeudi de 8h30 à 13h et de 14h30 à 18h, le vendredi de 8h30 à 13h et de 14h30 à 16h30.

■ **AMBASSADE DU CANADA**
Ul. Jana Matejki 1/5, Varsovie
✆ (0048 22) 584 3100
http://www.canadainternational.gc.ca/poland-pologne/index.aspx?lang=fra
wsaw@international.gc.ca
Ouvert du lundi au vendredi de 8h30 à 16h30.
Le Canada n'a pas de représentation en Biélorussie. L'ambassade de référence pour la Biélorussie se trouve à Varsovie.

■ **CONSULAT DE BELGIQUE**
Pr. Mašerova, 54
✆ (017) 293 19 44
http://consulbel.at.tut.by/fr.html
consulbel@tut.by

■ **CONSULAT DE SUISSE**
Ul. Krasnoarmejskaja, 22a
✆ (017) 227 18 42
min.vertretung@eda.admin.ch

Argent

Vous trouverez à Minsk une multitude de bureaux de change. Généralement situés à l'intérieur des banques, on en trouve aussi dans les hôtels, dans les centres commerciaux, dans les gares et à l'aéroport. Dans le centre-ville, les distributeurs automatiques sont nombreux.

■ **BELAGROPROMBANK – БЕЛАГРОПРОМБАНК**
Pr. Pobeditelej, 91
✆ (017) 209 77 94
Du lundi au vendredi de 9h30 à 20h (pause de 14h30 à 15h10), le samedi et le dimanche de 11h à 17h30 (pause de 14h à 14h30).

■ **BELARUSBANK – БЕЛАРУСБАНК**
Ul. Nemiga, 8
✆ (017) 222 45 15
Ouvert du vendredi au samedi de 9h à 22h (pause de 12h30 à 13h et de 18h à 18h30), le dimanche de 10h à 20h (pause de 15h à 16h). Uniquement bureau de change.

■ **BELARUSBANK – БЕЛАРУСБАНК**
Pr. Nezavisimosti, 55
✆ (017) 292 30 84
Ouvert du lundi au vendredi de 9h à 20h, le samedi de 9h à 18h.

■ **BELINVESTBANK – БЕЛИНВЕСТБАНК**
Pr. Mašerova, 29
✆ (017) 239 02 39
Ouvert du lundi au vendredi de 9h à 19h, le samedi de 10h à 15h.

Numéros d'urgences

■ **INFORMATIONS SUR LES PHARMACIES**
✆ 069

■ **POLICE**
✆ 02

■ **POMPIERS**
✆ 01

■ **URGENCES MÉDICALES**
✆ 03

Postes et télécommunications

■ **POSTE CENTRALE – ЦЕНТРАЛЬНЫЙ ПОЧТАМТ**
Pr. Nezavisimosti, 10
✆ (017) 227 77 24
Ouvert tous les jours de 8h à 20h, le dimanche de 10h à 17h. Dans cet imposant bâtiment des années 1930, vous pouvez acheter des beaux timbres, des cartes postales, envoyer des lettres, des colis et des télégrammes, téléphoner à l'étranger, surfer sur Internet.

Internet

Les point Internet sont nombreux. Outre les centres Beltelekom, il existe toute une série de cybercafés privés. Les prix pour une demi-heure de connexion varient entre 1 700 et 2 200 BYR. Le wi-fi est de plus en plus répandu. Vous le trouvez dans hôtels, resturants, bars et cafés.

■ **BELTELEKOM – БЕЛТЕЛЕКОМ**
Ul. Engel'sa, 14 ✆ (017) 219 06 79
Ouvert tous les jours de 7h à 23h.

■ **PLOŠČADKA HEWLETT-PACKARD – ПЛОЩАДКА HEWLETT-PACKARD ИНТЕРНЕТ-ЦЕНТР**
Ul. Nemiga, 8 ✆ (017) 226 42 43
Ouvert tous les jours de 9h à 23h.

■ **SOJUZ ONLINE – СОЮЗ ОНЛАЙН**
Ul. Krasnoarmejskaja, 3
✆ (017) 226 02 79 – www.soyuzonline.by
Ouvert 24h/24. Situé à l'intérieur de la maison des officiers (Dom Oficerov), à deux pas de Palac Respubliki, ce cybercafé dispose d'une trentaine d'ordinateurs. Le café est délicieux, possibilité de grignoter blinis, pizzas, salades, gâteaux.

■ **SPRUT-1 – СПРУТ-1**
Pr. Rokossovskogo, 150a
✆ (017) 249 58 72
Ouvert tous les jours de 8h à 6h30.

Urgences

■ **HÔPITAL N. 9 – ГОРОДСКАЯ КЛИНИЧЕСКАЯ БОЛЬНИЦА Н. 9**
Ul. Semaško, 8 ✆ (017) 272 73 90
✆ (017) 272 41 63 – www.m9gkb.by

■ **PHARMACIE N. 13 – АПТЕКА Н. 13**
Pr. Nezavisimosti, 16 ✆ (017) 227 08 54
Cette pharmacie est ouverte 24h/24.

■ **URGENCES – БОЛЬНИЦА СКОРОЙ МЕДИЦИНСКОЙ ПОМОЩИ**
Ul. Kiževatova, 58 ✆ (017) 278 17 20

SE LOGER

De prime abord, la situation du logement à Minsk pour les voyageurs est un peu décourageante. Les immenses hôtels d'époque soviétique destinés à accueillir des masses de touristes provenants de tous les coins de l'URSS se sont mis au goût du jour, se transformant en hôtels de luxe ou en complexes destinés principalement aux hommes d'affaires. Les prix sont généralement en euros ou en US dollars, mais on règle en BYR. L'hébergement bon marché n'est pas du tout répandu. Si vous pensez rester en ville quelques jours, pensez à louer un appartement. C'est la solution la plus intéressante car elle offre le meilleur rapport qualité/prix, en particulier si vous voyagez en groupe d'amis.

Locations

Ci-dessous, quelques sites Internet d'annonces concernant la location d'appartements. Généralement, ils sont en russe. Il est toujours possible de passer par une agence de voyages, mais les prix seront supérieurs.

■ **FLAT IN MINSK**
✆ (029) 608 58 01
www.flat-in-minsk.com

■ **NASUTKI.BY**
http://nasutki.by

■ **SUTKI.BY**
http://sutki.by

Minsk moderne

Minsk moderne rassemble la majorité des hôtels de Minsk. La plupart sont situés dans le centre-ville, les plus économiques sont par un peu excentrés. Il s'agit d'hôtels d'époque soviétique, généralement rénovés, avec un confort différent selon le niveau de prix. Restes de cette époque, à l'intérieur des hôtels, on peut trouver tous types de services : restaurant, bar, bureau de voyages, coiffeur, sauna, et parfois même dentiste !

Bien et pas cher

■ EXPRESS – ЭКСПРЕСС
Ul. Privokzal'naja, 4
✆ (017) 225 64 63
Chambre double à partir de 73 680 BYR. Si vous venez d'arriver à Minsk par le train et que vous cherchez un endroit juste pour dormir, cet hôtel est parfait. Situé à côté de la gare, il est parmi les plus économiques de la ville. Les chambres sont plutôt basiques, mais elles disposent de salle de bains et W.-C. Il faut dire que peu d'étrangers passent par ici...

■ HÔTEL BELARUS – ГОСТИНИЦА БЕЛАРУСЬ
Ul. Storoževskaja, 15 ✆ (017) 209 75 37
www.hotel-belarus.com
info@hotel-belarus.com
A partir de 233 440 BYR la chambre double avec petit déjeuner. Bon marché, fonctionnel, situé non loin du centre historique. Les chambres sont simples, mais soignées. L'hôtel offre une vaste gamme de services : salon de beauté, sauna, solarium, salle de gym, discothèque, casino, pressing, etc.

■ HÔTEL ZVEZDA – ГОСТИНИЦА ЗВЕЗДА
Pr. gazety Zvezda, 47
✆ (017) 270 74 85, – (017) 272 85 42
http://hotelzvezda.com
hotelzvezda@tut.by
A partir de 124 000 BYR la chambre double. Douche et W.-C. sont en commun toutes les deux chambres. Situé en position plutôt décentrée, cet hôtel est une possibilité de logement assez intéressante pour les petits budgets. Les chambres sont petites, mais confortables, le personnel est cordial. On peut utiliser le wi-fi dans le foyer et dans le café de l'hôtel.

■ SPUTNIK – СПУТНИК
Ul. Brilevskogo, 2 ✆ (017) 220 36 19
www.sputnik-hotel.com
info@sputnik-hotel.com
A partir de 252 820 BYR pour une chambre double avec petit déjeuner et parking. A dix minutes à pied du centre, il vaut mieux réserver à l'avance, car l'hôtel est souvent complet. Les chambres sont propres et soignées, équipées de téléviseur, téléphone et frigo. L'hôtel dispose aussi d'un service pour l'organisation d'excursions, d'une sauna et d'un salon de beauté.

■ U FONTANA – У ФОНТАНА
Ul. Amuratorskaja, 4
✆ (017) 203 58 18
Fax : (017) 203 14 74
http://ufontana.com
email@ufontana.com
Chambre double à partir de 52 € avec petit déjeuner et parking. Non loin du centre, mais à l'écart des grandes artères de la ville, cet hôtel a ouvert ses portes en 2005 et dispose de 18 chambres. Simples mais accueillantes, les chambres sont équipées d'un minibar, climatisation, téléphone et téléviseur. L'hôtel propose un restaurant et un sauna.

Confort ou charme

■ HÔTEL JUBILEJNAJA – ГОСТИНИЦА ЮБИЛЕЙНАЯ
Pr. Pobeditelej, 19
✆ (017) 226 90 37 – (017) 226 90 23
www.yhotel.by – admin@yhotel.by
A partir de 120 $ pour une chambre double avec climatisation et petit déjeuner. Situé dans le centre de Minsk, l'hôtel offre un joli panorama sur le fleuve Svisloč et sur le faubourg Troickoe. Amples et lumineuses, les chambres sont équipées de minibar, téléphone, frigo, téléviseur et Internet. L'hôtel dispose aussi d'un restaurant, d'un bar, d'un casino, d'un bowling, d'un parking, d'un bureau de change et d'un service pour la vente de tickets de train et d'avion.

■ HÔTEL ORBITA – ГОСТИНИЦА ОРБИТА
Pr. Puškina, 39
✆ (017) 252 39 88
Fax : (017) 257 14 20
http://orbita-hotel.com
info@orbita-hotel.com
reservation@orbita-hotel.com
92 $ pour la chambre double, petit déjeuner inclus. TV, Internet. Récemment rénové, cet hôtel dispose de 207 chambres confortables et bien équipées. D'un bon rapport qualité/prix, il dispose de parking, restaurant, bar, discothèque, sauna, agence de location de voitures.

■ HÔTEL PLANETA – ГОСТИНИЦА ПЛАНЕТА

Pr. Pobeditelej, 31 ✆ (017) 226 77 80
www.hotelplaneta.by
booking@hotelplaneta.by
Chambre double à partir de 89 $, petit déjeuner inclus. Bâti en 1980, cet hôtel compte 306 chambres tout confort, complètement rénovées. Dans l'hôtel fonctionne aussi une agence touristique, un restaurant, une discothèque, des bars, un bureau de poste et un bureau de change. L'hôtel a son parking.

■ IBB HOTEL

Pr. gazety Pravda, 11 ✆ (017) 270 59 59
www.ibbhotel.by – savastenia@ibb.by
Chambre double à partir de 361 840 BYR. Orienté vers une clientèle d'hommes d'affaires, cet hôtel a été dessiné par un architecte allemand qui s'est inspiré du constructivisme. Les intérieurs sont donc simples, minimalistes, avec des fenêtres énormes, beaucoup de lumière et de place libre ! Parmi les services offerts par l'hôtel : bureau de change, sauna, parking gratuit, location de voitures, pressing, etc. L'hôtel se trouve à 15 minutes de voiture du centre-ville.

Luxe

■ CROWNE PLAZA MINSK

Ul. Kirova, 13 ✆ (017) 200 53 54
Fax : (017) 200 80 60 – www.cpminsk.com
reservation@cpminsk.com
info@cpminsk.com
Chambre double à partir de 970 000 BYR. Wi-fi, petit déjeuner et parking inclus dans le prix. Situé dans le centre, pas loin du stade Dinamo, cet hôtel de grand luxe dispose aussi d'un fitness centre avec piscine, d'un casino et d'un bureau pour l'organisation d'excursions.

■ HÔTEL MINSK – ГОСТИНИЦА МИНСК

Pr. Nezavisimosti, 11 ✆ (017) 209 90 62
✆ (017) 209 90 75
Fax : (017) 209 91 11
www.hotelminsk.by
reservation@hotelminsk.by
Chambre double à partir de 224 $, petit déjeuner inclus. Climatisation, wi-fi. Parking payant (environ 20 € par jour). Bâti dans les années 1950, cet hôtel de 6 étages a été rénové en 2002. Situé dans le centre-ville, les chambres sont confortables et meublées de façon raffinée. L'hôtel dispose de deux restaurants, un bar, un centre fitness, un casino et des magasins.

■ HÔTEL VIKTORIA – ГОСТИНИЦА ВИКТОРИЯ

Pr. Pobeditelej, 59 ✆ (017) 239 77 77
✆ (017) 239 77 44
Fax : (017) 204 88 55
www.hotel-victoria.by
victoria-info@hotel-victoria.by
Chambre double à partir de 660 000 BYR. Le prix inclut petit déjeuner, parking, wi-fi, sauna et salle de sport (de 7h à 11h). Inauguré en 2007, cet hôtel est destiné principalement à une clientèle d'hommes d'affaires. Situé sur les bords du fleuve Svisloč, non loin du centre-ville, il dispose aussi d'un business center, d'un restaurant, d'un bar, d'un fitness center, d'un casino. Il est ici possible réserver des guides francophones.

Les « portes de la ville » sur la place de la gare.

Verkhnij gorod

■ **HÔTEL EVROPA – ГОСТИНИЦА ЕВРОПА**
Ul. Internacional'naja, 28
© (017) 229 83 33
Fax : (017) 229 83 34
www.hoteleurope.by
reservation@hoteleurope.by
info@hoteleurope.by
A partir de 310 € la chambre double. Petit déjeuner, wi-fi, piscine, sauna et salle de gym inclus. L'hôtel Europe existe à Minsk depuis le début du XIXe siècle. Détruit par les bombardements pendant la Seconde Guerre mondiale, il a été reconstruit en 2006. Situé dans le centre historique, il offre une vue magnifique sur la vieille ville. Rien à ajouter : ici c'est le vrai luxe. Au sein de l'hôtel, le restaurant Evropa est très raffiné.

SE RESTAURER

Soixante-dix ans de pouvoir soviétique ont laissé leur empreinte dans la restauration biélorusse. Les prix sont parfois disproportionnés par rapport à la qualité proposée. Les prix des restaurants restent tout de même bon marché pour le touriste européen. Toutefois, la situation est en train de changer rapidement. Le nombre des restaurants augmente sans cesse. A Minsk, on trouve des restaurants pour tous les goûts. La cuisine internationale est désormais bien représentée. Les sushis bars poussent comme des champignons. Néanmoins, profitez des bons restaurants de cuisine locale pour goûter la vraie cuisine biélorusse ! Les meilleurs restaurants se concentrent sur le pr. Nezavisimosti et dans ses environs, notamment dans la ville haute et dans le faubourg Rakovskoe. Le faubourg Troickoe abonde en restaurants et cafés, mais ils sont plutôt touristiques.

Minsk moderne

C'est dans Minsk moderne qu'on trouve les meilleurs restaurants de la ville, situés en particulier sur la perspective Nezavisimosti. Les établissements qui méritent absolument qu'on s'y attable sont Lido, U Franciska et Staryj Mensk.

Sur le pouce

A l'époque soviétique, manger au restaurant était un privilège pour la majorité de la population. Toutefois, il existait un système de restauration rapide de cantines ou *stolovye* proposant les mêmes plats aux mêmes prix partout. Ouvertes généralement de 8h à 20h, la *stolovaia* était un univers en soi, avec son esthétique, ses odeurs, ses impolitesses et ses omniprésentes salades, soupes, côtelettes, garnitures et compotes de fruits rouges en guise de dessert. Comme la plupart des pays ex-soviétiques, la Biélorussie a conservé ce système, tout en proposant une nourriture meilleure et un service amélioré. Mais dans les quartiers centraux, les *stolovaia* sont désormais remplacées par des fast-foods qui permettent de bien manger, sur le pouce et à des prix très modiques, dans une ambience biélorusse. Dans tous les centre commerciaux de la ville, vous trouverez des cafés où vous pourrez grignoter quelque chose.

■ **LIDO – ЛИДО**
Pr. Nezavisimosti, 49/1
© (017) 284 82 64 – (017) 284 82 08
www.lido.by/ – minsk@lido.by
Ouvert du lundi au vendredi de 8h à 23h, samedi et dimanche de 11h à 23h. 18 000-20 000 BYR pour un repas complet. Situé dans le cœur de la ville, c'est sûrement le bistrot le plus populaire de Minsk. Le choix des plats est vraiment large, les portions sont abondantes, la nourriture est délicieuse. Cuisine biélorusse et européenne. Le bistrot est très accueillant, avec son intérieur en bois, des éléments décoratifs du folklore biélorusse et une atmosphère complètement détendue.

■ **MAENTAK – МАЁНТАК**
Ul. Sverdlova, 32
© (017) 225 27 01 – (017) 200 93 43
www.relax.by/112875
Ouvert tous les jours de 11h à 22h. 18 000 BYR pour un repas complet. Un autre bistrot sympathique et accueillant où vous pouvez goûter de la bonne cuisine biélorusse à des prix modiques. Il rappelle un peu l'intérieur d'un château : briques, bois, grandes fenêtres, plafonds très hauts. Pas loin de la gare ferroviaire.

Pause gourmande

■ **LONDON – ЛОНДОН**
Pr. Nezavisimosti, 18 © (017) 289 15 29
http://london.restoran.360.by

Ouvert tous les jours de 10h à 23h. Du même genre que Staryj Mensk, il est légèrement plus spacieux que ce dernier. Sur deux étages, toujours minuscules, l'atmosphère est aussi bien intime que chaleureuse. Les menus des deux établissements coïncident. Ici, l'intérieur reproduit des éléments de Londres. Il n'y a pas de toilettes.

■ SALODKI FALVARAK – САЛОДКІ ФАЛЬВАРАК
Ul. Maksima Tanka, 4
© (017) 306 34 11
Ouvert de 10h à 23h. On y vient pour boire un café, un thé et pour manger des pâtisseries. Les portions sont géantes, le choix des gâteaux est très large. Un vrai paradis pour les gourmands !

■ ŠOKOLADNICA – ШОКОЛАДНИЦА
Ul. Krasnaja, 14 © (017) 288 12 41
http://shokoladnica.restoran.360.by
Ouvert tous les jours de 8h à 22h. Une autre pâtisserie où satisfaire vos envies de gâteaux.

■ STARYJ MENSK – СТАРЫЙ МЕНСК
Pr. Nezavisimosti, 14 © (017) 289 14 00
http://starimensk.restoran.360.by/
Tous les jours de 8h à 23h. Situé dans la rue principale de la ville, le « Vieux Minsk » est un charmant café minuscule (12 personnes au maximum), souvent fréquenté par la bohème locale. L'intérieur reproduit les façades de la vieille ville. Plusieurs sortes de cafés et de thés. On peut également y déguster une glace, des blinis et des gâteaux. L'été il y a une terrasse sur le trottoir. Un endroit vraiment insolite.

Bien et pas cher

■ BULBJANAJA – БУЛЬБЯНАЯ
Pr. Nezavisimosti, 53
© (017) 331 10 00 – (029) 331 77 77
www.cafebulba.by
Ouvert tous les jours de 10h à 23h. 50 000 BYR. Ce restaurant propose des plats de cuisine biélorusse, avec la pomme de terre comme premier ingrédient. Ambiance élégante et raffinée.

■ EL POMIDORO – ЭЛЬ ПОМИДОРО
Ul. Krasnaja, 23 © (029) 122 22 42
http://elpomidoro2.restoran.360.by
Ouvert du lundi au vendredi de 9h à 23h, samedi et dimanche de 12h à 23h. 35 000 BYR. D'autres restaurants El Pomidoro se trouvent à : ul. Kirova 6 © (017) 226 10 20 ; pr. Nezavisimosti 83 © (029) 606 09 60 ; ul. Bogdanoviča 102 © (029) 306 07 06. On mange généralement des plats de la cuisine biélorusse et européenne. Décoration rurale à l'intérieur, atmosphère joviale. Un endroit sympa où savourer de la bonne cuisine, mais sans prétention.

■ KHUTOROK – ХУТОРОК
Pr. Partizanskij, 174 © (017) 299 61 94
© (029) 3 160 161 – www.hutorok.by
Ouvert tous les jours de 12h à 1h. 45 000 BYR. Un autre café Khutorok se trouve à ul. Kaznica, 2 © (017) 222 00 95. En position décentrée, ce restaurant au décor rustique recrée l'ambiance du village ukrainien. On y goûte des spécialités ukrainiennes et biélorusses. Les *vareniki* avec les cerises sont délicieux !

Bonnes tables

■ NATVRIS KHE – НАТВРИС ХЕ
Ul. Svjazistov, 4 © (017) 385 02 55
http://natvrishe.restoran.360.by
Ouvert tous les jours, sauf le lundi, de 12h à minuit. Comptez 70 000 BYR par personne. En position décentrée, c'est le restaurant géorgien par excellence de Minsk. Le décor et la musique de fond vous emporteront immédiatement dans l'atmosphère d'une maison géorgienne, chaleureuse et confortable. Au menu : la cuisine géorgienne dans toutes ses variantes. Excellente qualité des plats et du service.

■ TOVARIŠČ – ТОВАРИЩ
Ul. Janka Kupaly, 21 © (017) 227 34 35
© (029) 678 66 66 – http://tovarisch.by
Ouvert tous les jours de 12h à minuit. 90 000 BYR. Ce restaurant renoue avec les bonnes vieilles traditions des restaurants de luxe de l'époque soviétique. Lustres de cristal, journaux, monnaies, symboles soviétiques : un mini-musée de l'histoire de l'URSS. bien évidemment, la cuisine est celle des peuples de l'URSS.

■ U FRANCISKA – У ФРАНЦИСКА
Pr. Nezavisimosti, 19
© (017) 222 48 02 – (017) 227 73 39
http://ufranciska.restoran.360.by
Ouvert tous les jours de 12h à minuit. 75 000 BYR. Restaurant biélorusse jusqu'à la moelle. Le personnel parle en biélorusse, la musique de fond est biélorusse, la cuisine est délicieusement biélorusse. Les plats sont présentés de façon recherchée. En été, demandez une table sur la terrasse, en hiver à côté de la cheminée. A ne pas rater.

Luxe

■ **EKSPEDICIJA – ЭКСПЕДИЦИЯ**
Ul. Parnikovaja, 50
✆ (017) 268 01 27
✆ (029) 167 06 76
http://expediciya.restoran.360.by
Ouvert tous les jours de 12h à minuit. Autour de 180 000 BYR par personne. La vie en ville vous fatigue ? Alors partez à l'aventure dans le Grand Nord ! Ce restaurant vous plonge justement dans l'atmosphère du Nord de la Russie. La décoration a pour thème la chasse et la vie dans le Grand Nord. Au menu : principalement du gibier et du poisson. Le cadre est raffiné et élégant. Le restaurant possède sa *banja* et un magasin de souvenirs.

Rakovskoe predmest'e

Dans les rues calmes et ombragées de ce quartier ancien vous trouverez deux restaurants de cuisine de très bon niveau à ne manquer sous aucun prétexte !

■ **RAKOVSKIJ BROVAR – РАКОВСКИЙ БРОВАР**
Ul. Vitebskaja, 10
✆ (017) 328 64 04
✆ (029) 733 13 31 – http://brovar.by
http://rakovskibrivar.restoran.360.by
restoran@brovar.by
Ouvert tous les jours de 12h à minuit. 60 000 BYR. Situé dans un immeuble de fin XIXe dans le faubourg Rakovskij, ce restaurant est une vraie institution. Vous pouvez y goûter non seulement de la bonne cuisine biélorusse, mais aussi de l'excellente bière artisanale ! A l'entrée, vous vous trouverez immédiatement dans le cœur de sa petite fabrique de bière. La bière Starovilenskoe est sans doute la meilleure. L'intérieur est simple et accueillant. L'été, choisissez la terrasse au deuxième étage ou bien la petite cour.

■ **TALAKA – ТАЛАКА**
Ul. Rakovskaja, 18
✆ (017) 203 27 94
✆ (029) 637 03 80
http://talaka.restoran.360.by
Ouvert tous les jours de 10h à 6h. 55 000-60 000 BYR. Si vous avez vraiment envie de connaître la bonne cuisine biélorusse, il faut manger ici au moins une fois. Poussez la porte et vous vous retrouverez dans une atmosphère de petit village biélorusse. Portions pantagruéliques, nourriture simplement délicieuse, personnel souriant. Tous les soirs, un petite orchestre (violon, accordéon et violoncelle). Un excellent rapport qualité/prix. Il vaut mieux réserver à l'avance. A ne manquer sous aucun prétexte.

SORTIR

Il n'y a même pas une dizaine d'année la scène de la vie nocturne à Minsk était encore plutôt timide. Aujourd'hui, Minsk commence à bouger et les possibilités pour les passionnés des sorties nocturnes se multiplient. Des cafés, des bars, des boîtes de nuit, tous concentrés dans Minsk moderne. L'ambiance commence à chauffer à partir du jeudi pour battre son plein tout le week-end.
Les bars adoptent le plus souvent la formule disco-bar pour garder la clientèle plus tard la nuit. N'oubliez pas que la distinction restaurant-café-bar ici ne marche pas : partout vous pouvez manger ou simplement boire un verre, écouter de la musique.
Bon nombre d'endroits proposent de la musique *live*. Le monde de la nuit est très changeant, les ouvertures et les fermetures de bars et discothèques sont assez nombreuses. Enfin, les amateurs de théâtre et de musique classique trouveront toujours à l'affiche des programmes qui leur correspondent.

Cafés – Bars

Minsk moderne

■ **7 TONN – 7 ТОНН**
Ul. Jakuba Kolasa, 42
✆ (017) 280 88 24
Ouvert tous les jours de 11h30 à minuit. Ce bar se trouve sur deux étages au sous-sol. Les intérieurs sont en brique rouge. Ici on vient principalement pour boir de la bonne bière. On y goûte aussi une excellente cuisine biélorusse-lituanienne, avec des hors-d'œuvre pour accompagner la bière. Du jeudi au dimanche soir, ont lieu des concerts de groupes locaux.

■ **BAR VENA – БАР ВЕНА**
Ul. Very Chorudžej, 29
✆ (017) 334 43 44
Ouvert du dimanche au jeudi de 10h à 2h, le vendredi et le samedi de 10h à 6h.

Ce bar est une vraie institution de la ville. Intime et chaleureux, malgré les modes et les tendances, il reste fidèle à son vieux comptoir en bois et à ses tabourets. Excellent choix de musique (jazz, blues, funk). Pour y aller, il faut traverser le club The Black Door.

■ **DOODAH KING**
Ul. Bersona, 14 ✆ (017) 222 42 38
http://doodahking.by
Ouvert tous les jours de 11h à 5h. Dans ce bar à l'américaine, l'atmosphère est décontractée. Dans la salle, le son est excellent, c'est pourquoi ici des concerts ont souvent lieu.

■ **DROŽŽI UNITED – ДРОЖЖИ UNITED**
Ul. Sverdlova, 2 ✆ (017) 200 54 56
Ouvert tous les jours de 9h à 2h. C'est un vrai pub irlandais, petit, en bois, à l'atmosphère intime.

■ **GRAFFITI – ГРАФФИТИ**
Per. Kalinina, 16
✆ (029) 17 999 18 – www.graffiti.by
Ouvert tous les jours de 11h à 23h, le vendredi et le samedi jusqu'à 2h. C'est le lieu idéal pour ceux qui désirent découvrir la musique biélorusse, étant le rendez-vous préféré des groupes musicaux les plus en vogue. L'atmosphère est très détendue, familiale, on y passe d'agréables soirées.

Verkhnij gorod

■ **U RATUŠI – У РАТУШИ**
Ul. Gercena, 1 ✆ (017) 226 06 43
Ouvert tous les jours de 12h à 2h. Célèbre brasserie dans le cœur historique de la ville. On y vient pour boire une bière et écouter de la musique. Chaque soir, à partir de 21h, il y a un concert (dans ce cas, on paie 5 000 BYR pour le billet d'entrée). La clientèle est jeune (maximum 35 ans), l'atmosphère est gaie, décontractée, bruyante.

Clubs – Discothèques

■ **AFRIKA**
Ul. Timirjazeva, 9
✆ (017) 219 00 10 – www.africaclub.by
Ouvert tous les jours de 22h à 6h. Un club très populaire de Minsk. La décoration intérieure rappelle les pays exotiques.

■ **MADISON CLUB**
Ul. Timirjazeva, 9 ✆ (017) 219 00 10
www.madisonclub.by
Ouvert tous les jours de 20h à 6h. Dans ce club très à la mode se trouve aussi une salle de bowling.

■ **NEXT CLUB**
Ul. Kirova, 13 ✆ (017) 218 34 35
Ouvert tous les jours de 10h à 6h. Situé à l'intérieur du Crowne Plaza Hotel, c'est le club le plus chic de la ville.

Spectacles

Minsk moderne

■ **CIRQUE D'ÉTAT – БЕЛОРУССКИЙ ГОСУДАРСТВЕННЫЙ ЦИРК**
Pr. Nezavisimosti, 32
✆ (017) 226 10 08 – www.circus.by

■ **PHILHARMONIE – БЕЛОРУССКАЯ ГОСУДАРСТВЕННАЯ ФИЛАРМОНИЯ**
Pr. Nezavisimosti, 50 ✆ (017) 331 16 17
www.philharmonic.by – bkzf@mail.ru

■ **THÉÂTRE ACADÉMIQUE NATIONAL JANKA KUPALA – НАЦИОНАЛЬНЫЙ АКАДЕМИЧЕСКИЙ ТЕАТР ИМ. ЯНКИ КУПАЛЫ**
Ul. Engel'sa, 7
✆ (017) 227 58 94 – (017) 227 17 17
www.kupala-theatre.by
Inauguré en 1890, c'est le théâtre le plus ancien de la Biélorussie. Son répertoire comprend des pièces russes et étrangères, aussi bien classiques que contemporaines.

■ **THÉÂTRE DES MARIONNETTES – БЕЛОРУССКИЙ ТЕАТР КУКОЛ**
Ul. Engel'sa, 20 ✆ (017) 227 13 65
www.puppet-minsk.com
Ce magnifique théâtre met en scène des spectacles aussi bien pour les enfants que pour les adultes. Pour les adultes ce sont surtout les grands classiques de la littérature russe et étrangère ; alors que pour les enfants il s'agit de contes merveilleux. Des spectacles uniques à ne pas manquer.

Troickoe predmest'e

■ **GRAND THÉÂTRE NATIONAL DE L'OPÉRA ET DU BALLET – БОЛЬШОЙ ТЕАТР ОПЕРЫ И БАЛЕТА**
Pl. Parižskoj kommuny, 1 ✆ (017) 334 10 41
http://belarusopera.by
ticket@belarusopera.by
Les caisses sont ouvertes tous les jours de 11h30 à 19h30 sauf le lundi. C'est un miracle si ce bâtiment, construit en 1936-1937, est demeuré intact pendant les bombardements de la Seconde Guerre mondiale. Erigé sur la colline Troickaja, de ses marches s'ouvre un excellent panorama sur la vieille ville. Ici, travaille Valentin Elizarev, une des légendes du ballet, dont les mises en scène et les chorégraphies ont été applaudies dans le monde entier.

À VOIR – À FAIRE

Parcourez Minsk à pied : les principaux points d'intérêt sont assez proches les uns des autres. C'est d'ailleurs la meilleure façon d'apprécier son imposante architecture d'époque stalinienne et de découvrir ses petits coins charmants des XVIIIe-XIXe siècles. En été, les parcs qui abondent dans la ville sont l'occasion d'une halte réparatrice. Les musées ne sont pas forcement l'attrait principal de Minsk, mais ils sont très riches en enseignements et découvertes concernant l'histoire et la culture du pays. Il sont d'ailleurs très économiques, autour de 3 000 BYR ! Ils sont généralement fermés le lundi ou le mardi.

Minsk moderne

Commencez votre visite de la place Nezavisimosti, puis remontez la perspective jusqu'à la place Jakuba Kolosa. Vous pourrez apprécier le visage soviétique de Minsk avec ses bâtiments élégants, ses musées et ses nombreux espaces verts.

BIBLIOTHÈQUE NATIONALE – НАЦИОНАЛЬНАЯ БИБЛИОТЕКА

Pr. Nezavisimosti, 116
✆ (017) 266 37 37
www.nlb.by – inbox@nlb.by
Tous les jours de 10h à 21h, le dimanche de 10h à 18h. Entouré par une pittoresque zone naturelle, le nouvel immeuble de la bibliothèque existe depuis 2006. Il a la forme d'un brillant, ce qui symbolise la valeur du savoir. L'entrée principale a la forme d'un livre ouvert. L'immeuble est assez impressionnant, en particulier le soir quand il s'allume de mille lumières ! Les maisons devant la bibliothèque sont décorées par des mosaïques datant de 1978, dédiées à Minsk, à son histoire, à ses succès dans les sphères de la culture, de l'art et de la science.

ÉGLISE DE LA TRINITÉ – КОСТЁЛ ПРЕСВЯТОЙ ТРОИЦЫ

Pr. Nezavisimosti, 44a
Située dans une cour sur le pr. Nezavisimosti, cette église catholique date de la deuxième moitié du XIXe siècle. En style néogothique, elle fut bâtie sur un ancien cimetière catholique. Un petit coin de paix dans le centre de Minsk.

ÉGLISE DE SAINT-ALEXANDRE-NEVSKIJ – СВЯТО-АЛЕКСАНДРО-НЕВСКАЯ ЦЕРКОВЬ

Ul. Kozlova, 11
Située dans un cimetière militaire, cette église a été érigée en 1898 à la mémoire des soldats biélorusses morts dans le conflit russo-turque en 1877-1878. Une belle église en style « pseudo-russe », riche en éléments décoratifs.

ÉGLISE DES SAINTS-SIMÉON-ET-HÉLÈNE – КОСТЁЛ СВЯТЫХ СИМЕОНА И ЕЛЕНЫ

Pl. Nezavisimosti, 15
Après la mort de ses enfants, le riche propriétaire foncier Vojnilovič donna toutes ses richesses pour la construction d'une église catholique à Minsk. Appelée aussi « l'église rouge », elle a été construite en 1905-1910 en brique rouge avec des éléments du roman et du gothique. Elle est surmontée par trois tours avec des croix dorées. Depuis 1996, une statue de l'archange saint Michel, le protecteur de la Biélorussie, se trouve devant l'entrée.

Devant la bibliothèque nationale.

■ **GALERIE D'ART Ў – ГАЛЭРЭЯ Ў**
Pr. Nezavisimosti, 37a
✆ (017) 284 53 99 – (029) 329 06 10
www.ygallery.by – info@ygallery.by
Ouvert tous les jours de 11h à 22h, le samedi et le dimanche de 12h à 22h. Le nom de cette galerie, « Ў », résume sa quintessence et sa mission. Tout comme la lettre « Ў » est unique pour l'alphabet biélorusse, cette galerie est un lieu exclusivement dédié à la langue et la culture biélorusse. Expositions diverses, notamment peinture et photographie, conférences, présentation de livres, concerts, projection de films : l'immersion culturelle est totale ! Vous y trouverez aussi un café et une librairie.

■ **JARDIN BOTANIQUE – ЦЕНТРАЛЬНЫЙ БОТАНИЧЕСКИЙ САД**
Ul. Surganova, 2
✆ (017) 284 14 84
Ouvert de mai à octobre, du lundi au jeudi de 8h30 à 17h30, le vendredi jusqu'à 16h15. Environ 100 hectares et 10 000 espèces différentes de plantes.

■ **MONT DE LA GLOIRE – КУРГАН СЛАВЫ**
Situé à 20 km à l'est de Moscou, sur l'autoroute qui mène à Moscou et à l'aéroport, cet imposant monument de 70 m de hauteur domine la plaine de la campagne autour de Minsk et est visible de très loin. Inauguré en 1969 pour glorifier la victoire de l'URSS sur l'Allemagne nazie, il a été érigé sur une colline artificielle construite en utilisant la terre apportée ici des villes-héros soviétiques, des villages libérés par l'armée rouge et des principaux champs de bataille. Sur cette colline surgit un obélisque composé de quatre baïonnettes qui symbolisent les quatre fronts ouverts par l'armée rouge pour libérer le pays. A côté de l'obélisque se trouve un anneau décoré par les visages de soldats et partisans et par des inscriptions à la gloire de l'armée rouge. Du haut de cette colline s'ouvre un panorama magnifique sur Minsk et sa campagne.

L'église des Saints-Siméon et-Hélène également appelée l'église rouge.

■ **MUSÉE DE LA SECONDE GUERRE MONDIALE – МУЗЕЙ ИСТОРИИ ВЕЛИКОЙ ОТЕЧЕСТВЕННОЙ ВОЙНЫ**
Pr. Nezavisimosti, 25a
✆ (017) 227 56 11
www.warmuseum.by
Tous les jours de 10h à 18h, fermé le lundi. 2 000 BYR et 1 600 BYR le tarif réduit. La riche collection du musée (photographies, documents, armes, etc.) raconte l'histoire de la Seconde Guerre mondiale. Dans la cour, se trouve une exposition sur la technologie militaire soviétique pendant la guerre.

■ **MUSÉE DES BEAUX-ARTS – НАЦИОНАЛЬНЫЙ ХУДОЖЕСТВЕННЫЙ МУЗЕЙ**
Ul. Lenina, 20-22
✆ (017) 227 71 63
www.artmuseum.by
Tous les jours de 11h à 19h, fermé le mardi. 5 100 BYR, 3 000 BYR tarif réduit. Ce musée contient la plus vaste collection d'art biélorusse du pays du XIIe au XXe siècle. On y trouve aussi une section dédiée à la peinture russe des XVIIIe-XXe siècles.

■ **MUSÉE DU PREMIER CONGRÈS DU PARTI SOCIAL-DÉMOCRATIQUE RUSSE – ДОМ-МУЗЕЙ I СЪЕЗДА РСДРП**
Pr. Nezavisimosti, 31a
✆ (017) 290 68 47
Ouvert tous les jours de 11h à 19h, fermé le lundi. 2 200 BYR, 1 100 BYR tarif réduit. Non loin de la place de la Victoire, au bord du fleuve, se trouve cette petite maison en bois dans laquelle le 1er mars 1898 a eu lieu le premier congrès du Parti social-démocratique russe. La maison est une véritable « relique » à regarder au moins de l'extérieur.

Maison-musée du Premier Congrès du parti social-démocratique russe.

MUSÉE LITTÉRAIRE JANKA KUPALA – ЛИТЕРАТУРНЫЙ МУЗЕЙ ЯНКИ КУПАЛЫ

Ul. Janki Kupaly, 4 ✆ (017) 227 78 66

Tous les jours de 9h à 18h, fermé le dimanche. 2000 BYR, 1000 BYR le tarif réduit. Situé au milieu du parc homonymique, sans doute le plus pittoresque et le plus romantique de tous les parcs de Minsk, le musée est dédié à la vie et à l'œuvre de Janka Kupala, écrivain, poète et dramaturge, grand classique de la littérature biélorusse.

PARC CENTRAL M. GORKIJ – ЦЕНТРАЛЬНЫЙ ДЕТСКИЙ ПАРК ИМ. М. ГОРЬКОГО

Pr. Nezavisimosti, 22

Ouvert tous les jours de 8h à 22h. Fondé en 1800 et situé sur le bord du Svisloč, c'est une énorme zone verte dans le cœur de la ville.

PERSPECTIVE DE LA VICTOIRE – ПРОСПЕКТ ПОБЕДИТЕЛЕЙ

Construite dans les années 1960, cette perspective de 9 km longe le Svisloč. C'est un excellent exemple de planification et d'architecture urbaine de l'époque : sur un côté du fleuve on trouve des bâtiments administratifs et commerciaux, de l'autre côté une immense zone verte. C'est le célèbre parc de la Victoire (парк Победы), le plus grand parmi les parcs de Minsk. A côté du parc, sur une petite butte, s'érige le majestueux monument à Minsk, ville-héros de l'URSS. A côté de cet obélisque de 45 m, se trouve un autre monument lié à la Seconde Guerre mondiale : la statue d'une femme symbolisant la mère, la patrie, la victoire, la gloire.

PERSPECTIVE DE L'INDÉPENDANCE – ПРОСПЕКТ НЕЗАВИСИМОСТИ

Cette gigantesque perspective de 15 km coupe la ville à moitié du sud-ouest au nord-est. C'est la rue principale de Minsk et son centre. Ici se concentrent les immeubles de l'administration de l'Etat, la bibliothèque nationale, l'université, l'Académie des sciences, une multitude de restaurants, cafés, hôtels, musées et théâtres. C'est un monument grandiose de l'architecture urbaine d'époque soviétique, un ensemble harmonieux dans le style du dit « Empire stalinien ». Construite au début du XIXe siècle, la perspective Nezavicimosti a été fortement endommagée pendant la Seconde Guerre mondiale, ce qui a obligé sa reconstruction lors des années 1950. Sur la perspective se trouvent cinq places : Nezavisimosti, Oktjabr'skaja, Pobedy, Jakuba Kolasa i Kalinina. Des nombreuses zones vertes s'ouvrent sur les côtés de la perspective.

PLACE DE LA GARE – ПРИВОКЗАЛЬНАЯ ПЛОЩАДЬ

Ici se trouve une des cartes de visite de la ville : les « Portes de la ville ». Un complexe architectural constitué de deux tours solennelles de onze étages, érigées en 1953. Sur une des deux tours se trouve le blason de la Biélorussie soviétique, sur l'autre l'horloge la plus grande du pays, un « trophée » de guerre soustrait aux Allemands. Non loin de la gare, se trouve le célèbre square Michajlovskij, un lieu de promenade très populaire à Minsk, décoré par deux délicieuses statues de Vladimir Žbanov : *L'Inconnue* et *La Fille avec le parapluie.*

Obélisque de la Victoire sur la place de la Victoire.

■ **PLACE DE LA VICTOIRE – ПЛОЩАДЬ ПОБЕДЫ**

Appelée aussi la place rotonde pour sa forme circulaire, au centre se trouve l'obélisque de la Victoire, en granit, construit en 1954 en l'honneur de la victoire sur l'Allemagne nazie. En 1980, sous la place, a été ouverte une salle commémorative avec des plaques indiquant les noms de 566 héros de l'URSS qui ont combattu en Biélorussie. La place est entourée d'un ensemble d'immeubles construits dans les années 1950 par les prisonniers allemands. Dans ces maisons ont été murées des capsules symboliques contenant les cendres des villes-héros soviétiques.

■ **PLACE DE L'INDÉPENDANCE – ПЛОЩАДЬ НЕЗАВИСИМОСТИ**

Avec une extension de 7 hectares, c'est la plus grande place de Minsk, aujourd'hui un agréable espace piétonnier. Ici se trouvent le corpus principal de l'université biélorusse d'Etat, la mairie, la maison du gouvernement (1930-1933) (Дом Правительства), dans lequel se situe le Parlement et le Conseil des ministres. Devant, le plus ancien monument dédié à Lénine (1933). Sur la place donnent aussi plusieurs maisons en style moderne (début XXe siècle). Au n. 10, se situe l'édifice de la poste centrale (1953), au n. 21 les Grands Magasins (GUM) (1951). De style classique, les deux édifices ressemblent à des palais somptueux avec colonnes, marbres et lustres.

■ **PLACE D'OCTOBRE – ОКТЯБРЬСКАЯ ПЛОЩАДЬ**

C'est le centre géographique et culturel de la ville. Au centre de la place, une petite pyramide marque le kilomètre zéro, le début de toutes les routes de Biélorussie. La place est dominée par le palais de la République (Дворец Республики), la plus grande salle de concerts de toute la ville. Si on traverse la perspective Nezavisimosti et on monte les escaliers, on arrive à la maison des officiers (Дворец офицеров). Ensuite, à ul. Karla Marksa 38, on trouve la résidence du Président. Dans le jardin central se trouve la plus ancienne fontaine de Minsk qui représente un enfant avec un cygne (1864).

■ **PLACE JAKUB KOLAS – ПЛОЩАДЬ ЯКУБА КОЛАСА**

Au centre de cette belle place, entouré de fontaines et d'un petit jardin de bouleaux, se trouve le monument dédié à Jakub Kolas, écrivain et poète biélorusse. Non loin de cette place, à ul. Very Choružej, se trouve le célèbre marché Komarovka.

Rakovskoe predmest'e

La rue Rakovkaja mérite qu'on y fasse une belle promenade. Isolée du bruit des grosses avenues qui l'entourent, on retrouve ici l'atmosphère d'une petite ville de province au XIXe siècle.

■ **CATHÉDRALE DE PIERRE ET PAUL – ПЕТРОПАВЛОВСКИЙ СОБОР**

Ul. Rakovskaja, 4
✆ (017) 226 74 75 – www.sppsobor.by
Construite en 1611-1613, c'est l'église la plus ancienne de Minsk. Le caractère défensif de son architecture témoigne qu'originairement elle devait servir non seulement pour les fonctions religieuses mais aussi comme avant-poste sud du château de Minsk. Quand à la fin du XVIe siècle l'Eglise uniate s'affirme en Biélorussie, pendant presque deux siècles (XVIIe-XVIIIe) la cathédrale de Pierre-et-Paul reste la seule égise orthodoxe de Minsk. Dans les années 1930, comme la plupart des églises de Minsk, la cathédrale est fermée et devient un dépôt de poisson, après la Seconde Guerre mondiale des logements y sont aménagés, ensuite des archives y sont installées pour longtemps. A l'intérieur on trouve des belles fresques des XVIIe-XIXe siècles. La façade présente des éléments de la Renaissance et baroques.

■ **COMPLEXE COMMÉMORATIF LA FOSSE – МЕМОРИАЛ ЯМА**

Ul. Melnikajte

Situé à l'intersection des rues Melnikajte et Zaslavskaja, ce complexe commémoratif est dédié aux victimes de l'holocauste. Il surgit sur le lieu où, le 2 mars 1942, 5 000 juifs du ghetto furent fusillés par l'armée allemande. Le monument représente un groupe de condamnés qui descendent vers la fosse.

■ **RUE RAKOVSKAJA – УЛИЦА РАКОВСКАЯ**

C'est le cœur du faubourg, une petite rue silencieuse où se conservent les maisonnettes à deux ou trois étages qui étaient typiques de Minsk aux XVIIIe et XIXe siècles. Malheureusement, la partie la plus ancienne de la rue, à l'intersection avec la rue Nemiga, a été détruite à la fin des années 1960. Ce fut un vrai acte de vandalisme à l'égard du patrimoine historico-culturel de Minsk. Autrefois, c'était la rue principale du quartier juif, ici se concentraient synagogues, écoles juives, maisons, petites fabriques et ateliers d'artisans. Au numéros 17 et 24, se trouvent les immeubles des anciennes synagogues ; dans la maison du numéro 18 se trouvait l'ancienne fabrique Skorochod qui, au début du siècle dernier, produisait des chaussures pour l'armée russe ; au numéro 25 se trouvait l'ancienne fabrique de chaussures Šifmanovič, ensuite devenue la plus vieille usine de panification de Minsk, ouverte en 1927 et en encore en fonction de nos jours. Quelques constructions de la fin du XIXe siècle restent aussi sur les rues Vitebskaja et Osvoboždenija.

Troickoe predmest'e

Une visite de ce quartier est aussi l'occasion de déambuler dans ses faubourgs. Au printemps et en été, après la visite, il est conseillé de s'asseoir à l'une des nombreuses terrasses qui bordent le fleuve Svisloč pour y boire un café.

■ **ÎLE AUX LARMES – ОСТРОВ СЛЕЗ**

Reliée à la terre par un pont bossu, cette île héberge le complexe commémoratif « Aux enfants de la patrie, morts en dehors de ses frontières », inauguré en 1996. Au centre de l'île se trouve une chapelle commémorative, érigée en mémoire des soldats biélorusses morts pendant la guerre d'Afghanistan. Elle rappelle l'église de Sainte-Evfrosinija à Polock. Sur ses murs sont sculptées les images de mères, sœurs et veuves qui attendent en vain le retour de leurs bien-aimés. Un peu plus loin, sur le bord du fleuve se trouve la statue de l'ange en larmes. Pendant les week-ends des cortèges de mariage arrivent ici pour laisser des fleurs. Selon la tradition, la mariée doit toucher l'ange qui ainsi protégera son futur enfant de la guerre.

■ **MUSÉE LITTÉRAIRE MAXIM BOGDANOVIČ – ЛИТЕРАТУРНЫЙ МУЗЕЙ МАКСИМА БОГДАНОВИЧА**

Ul. Bogdanoviča, 7a © (017) 334 07 61

Ouvert tous les jours de 10h à 17h, fermé le lundi. 2 000 BYR, 1 000 BYR le tarif réduit. Situé dans une jolie maison du début du XIXe siècle, ce musée célèbre la vie et à l'œuvre du poète Maksim Bogdanovič, l'un des fondateurs de la littérature biélorusse moderne, né dans ce quartier, au n. 25 de la même rue.

MINSK ET SES ENVIRONS

© ANDREA NERI

La place d'Octobre est dominée par le palais de la République.

Un monument dédié Bogdanovič se trouve sur la colline Troickaja, dans le jardin devant le théâtre de l'Opéra et du Ballet.

Verkhnij gorod

La ville haute a du charme. Rendez-vous à l'hôtel de ville pour une jolie promenade qui vous fera découvrir le visage de Minsk au XVIIIe siècle. Terminez le tour sur la terrasse panoramique devant la cathédrale du Saint-Esprit avant de descendre en direction des faubourgs Rakovskoe et Troickoe.

■ CATHÉDRALE DE LA-VIERGE-MARIE – КАФЕДРАЛЬНЫЙ СОБОР ПРЕСВЯТОЙ ДЕВЫ МАРИИ

Pl. Svobody, 7-9

En style baroque, la cathédrale a été construite par les jésuites en 1700-1710. C'est la principale église catholique de Biélorussie. Elle est dominée par deux tours sur cinq niveaux avec des cavités semi-circulaires et des coupoles aux sommets. Dans la partie centrale de la façade, sur le fronton, se trouve la statue de la Vierge Marie. A partir de 1948 jusqu'au début des années 1990, la cathédrale avait été fermée et elle servait de salle de gym. A gauche de la cathédrale, se trouve l'édifice de l'ancien collège des jésuites (XVIIe-XVIIIe siècles) qui malheureusement a été l'objet d'une reconstruction radicale à la fin des années 1960, suite à laquelle il a perdu son aspect originaire. En sortant de la cathédrale, tournez à gauche en direction de ul. Revoljucionnaja. Habitée au XVIIIe siècle par les aristocrates de la ville, ses immeubles des siècles XVIIIe-XIXe ont été préservés. Au n. 2, un immeuble de style classique était un bureau de poste au XIXe siècle.

■ CATHÉDRALE DU SAINT-ESPRIT – КАФЕДРАЛЬНЫЙ СОБОР СВЯТОГО ДУХА

Ul. Kirilla i Mefodija, 3

C'est la principale église orthodoxe de Minsk. Originairement, elle fut bâtie en 1642-1687 comme église de l'ordre des bernardines. A partir de 1852, suite à la fermeture de l'ordre, l'église devient orthodoxe. De 1918 à 1943, ici se trouvait la salle de gym des pompiers, ensuite un archive. Construite sur la colline la plus haute de Minsk dans le style du baroque « vilenski », très repandu en Biélorussie au XVIIIe siècle, la cathédrale, toute blanche, et ses deux tours de 34 m, dominent sur les immeubles autours. Le fronton est décoré par un mosaïque de la Vierge. Saint Michel est représenté à gauche de l'entrée, Saint Gabriel à droite. L'autel central est caractérisé par une iconostase en bois sur quatre niveaux. A gauche de l'autel, se trouve l'icône miraculeuse de Vierge de Minsk, protectrice de la ville. La façade donne sur le fleuve Svisloč. Devant l'église se trouve une terrasse panoramique de laquelle s'ouve un panorama splendide sur la ville neuve et sur le faubourg Troickoe.

■ CITADELLE – ЗАМЧИЩЕ

Pr. Pobeditelej, Ul. Nemiga

La partie la plus ancienne de la ville se trouve sur la rive droite du Svisloč, à l'intersection des rues Pobeditelej et Nemiga. Pendant la deuxième moitié du XIe siècle ici surgit la

Cathédrale du Saint-Esprit.

forteresse à partir de laquelle se développa la ville. Elle fut détruite en 1953 pour permettre la construction de l'avenue Pobeditelej. Aujourd'hui, à sa place reste la maquette d'une fondation de la première église de la ville (XIIe siècle).

■ DÉPÔT DES SAPEURS-POMPIERS – ПОЖАРНОЕ ДЕПО

Ul. Gorodskoj val, 4

Ici se conserve le plus ancien dépôt des pompiers de la ville, ouvert en 1885, dans ce joli immeuble en brique rouge. Le dernier étage héberge un musée dédié aux pompiers (uniquement sur réservation).

■ ÉGLISE DE SAINT-JOSEPH – КОСТЁЛ СВЯТОГО ИОСИФА

Ul. Kirilla i Mefodija, 4

Cette église catholique fait partie d'un complexe monumental de l'ordre des bernardins qui compte aussi un monastère masculin et l'église du monastère féminin dans laquelle aujourd'hui se trouve la cathédrale orthodoxe du Saint-Esprit. Le monastère féminin n'existe plus. Construit à la moitié du XVIIe siècle, le complexe est en style baroque. En 1864, l'ordre des bernardins est interdit et en 1872, l'église est transformée en archives littéraires. Chaque soir, une protestation silencieuse a lieu devant l'église afin que l'édifice soit rendu à l'église catholique.

■ GOSTINYJ DVOR (HÔTELLERIE) – ГОСТИНЫЙ ДВОР

Pl. Svobody, 2-8

Bâti au XVIIIe siècle dans le style du classicisme, le complexe de l'ancienne hôtellerie fut reconstruit en 1909 en style moderne. Aujourd'hui on y trouve des enfilades de magasins de luxe, un restaurant, un casino et des bureaux.

■ HÔTEL DE VILLE – РАТУША

Pl. Svobody, 2a

Au centre de la place de la Liberté, l'hôtel de ville fut érigé en 1499, quand Minsk reçut le droit de Magdebourg. A l'époque, l'hôtel de ville hébergeait l'administration publique. Originairement bâti en bois, au cours des siècles l'immeuble est reconstruit plusieurs fois, mais la tour de l'horloge et le balcon sur la façade restent ses éléments distinctifs. Détruit en 1857 par le tsar Nikolaj I, l'hôtel de ville a été reconstruit en 2004 sur ses anciennes fondations sur la base des dessins du début XIXe siècle, dans le style du classicisme. Sur la tour de 32 m se trouvent l'horloge et l'emblème de la ville, l'ascension de la Vierge entourée par les anges. A toutes les heures, le carillon sonne la mélodie *La Chanson de Minsk*. Aujourd'hui c'est un immeuble administratif. Devant l'hôtel de ville, se trouve une belle composition en bronze du sculpteur V. Žbanov, représentant un élégant carrosse attaché à deux chevaux, grâce auquel, jadis, la mer rejoignait peut-être l'hôtel de ville...

■ MAISON DES FRANC-MAÇONS – ДОМ МАСОНОВ

Per. Muzykaln'yj, 5 ✆ (017) 229 26 67

Ouvert du lundi au samedi de 10h à 17h30, fermé le dimanche. Selon la légende, dans cet immeuble du XVIIIe siècle se réunissaient les membres de la loge maçonnique « Severnyj fakel' », fondée en 1816. A la place se trouve aujourd'hui le musée de l'Histoire théâtrale et musicale.

■ MAISON-MUSÉE VANKOVIČ – ДОМ-МУЗЕЙ ВАНЬКОВИЧЕЙ

Ul. Internacionalnaja, 33A

✆ (017) 227 88 78

Ouvert tous les jours de 10h à 17h, fermé le lundi et le mardi. 5 100 BYR, 3 000 BYR le tarif réduit. Construit à la fin du XVIIIe siècle, ce manoir en bois était la résidence de la famille Vankovič et un des centres culturels de la ville au XIXe siècle. Aujourd'hui, on y trouve le musée de Valentin Vankovič, peintre romantique et célèbre portraitiste.

■ MONASTÈRE DES BASILIENS – МОНАСТЫРЬ БАЗИЛИАН

Pl. Svobody, 23 Ul. Engelsa, 1

Appartenant à l'Église uniate, les moines basiliens menaient une captivité éditoriale et de divulgation des savoirs. Leur ordre fut supprimé en 1839, suite à l'interdiction de la confession uniate. Deux monastères constituent le complexe des basiliens. Situé rue Engels, le monastère féminin, de style Renaissance, est le plus ancien parmi les monastères qui ont traversé les âges à Minsk. Il fut hérigé au XVIIe siècle sur la base de constructions gothiques préexistantes du XVIe siècle. Aujourd'hui, il héberge une école musicale. Reconstruit au XIXe siècle en style classique, dans le monastère masculin se trouve le siège de la fédération biélorusse des syndicats.

■ MUSÉE HISTORIQUE DE BIÉLORUSSIE – НАЦИОНАЛЬНЫЙ ИСТОРИЧЕСКИЙ МУЗЕЙ БЕЛАРУСИ

Ul. Karla Marksa, 12 ✆ (017) 227 36 65

Tous les jours de 11h à 19h, fermé le lundi. 2 200 BYR, 1 100 BYR le tarif réduit. Les collections du musée décrivent la culture matérielle et spirituelle de Biélorussie à partir du 40000 avant J.c. jusqu'à nos jours.

SHOPPING

Fort d'une tradition centenaire, l'artisanat biélorusse est d'une grande richesse : broderie et tissage du lin, sculpture sur bois, céramique, travail de la paille. De quoi rapporter des souvenirs vraiment typiques.

Minsk moderne

Beauté

■ MILAVICA – МИЛАВИЦА
Pr. Mašerova, 54 ✆ (017) 293 16 31
www.milavitsa.com
Tous les jours de 10h à 20h, le dimanche de 10h à 18h. Ce magasin vous offre un vaste assortiment de lingerie pour femme de la célèbre marque biélorusse Milavica. La collection est magnifique.

Artisanat

■ GALERIE D'ART MASTACTVA – ГАЛЕРЕЯ МАСТАЦТВА
Pr. Nezavisimosti, 12
✆ (017) 227 31 15
www.artgallery.by – mastactva@tut.by
Ouvert du lundi au vendredi de 10h à 20h, le samedi jusqu'à 18h, fermé le dimanche. Dans cette galerie on peut acheter les œuvres des peintres et des sculpteurs biélorusses ainsi que des objets divers en céramique, bois, tissu, pierre.

■ KUPALINKA – КУПАЛИНКА
Pr. Nezavisimosti, 19 ✆ (017) 226 00 81
Ouvert du lundi au samedi de 10h à 20h, le dimanche de 10h à 18h. On y achète l'artisanat biélorusse traditionnel : objets en bois, en paille, en céramique, en lin, tissus, etc.

■ LYANOK – ЛЯНОК
Pr. Nezavisimosti, 46
✆ (017) 284 81 44
Ouvert du lundi au vendredi de 10h à 20h, le samedi de 10h à 19h. Fermé le dimanche. La Biélorussie est réputée pour le tissage du lin. Dans ce magasin, on trouve des beaux vêtements et des charmantes parures de linge de maison. Prix intéressants pour une qualité de lin excellente.

Les marchés de Minsk

■ MARCHÉ AUX PUCES POLE ČUDES – БЛОШИНЫЙ РЫНОК ПОЛЕ ЧУДЕС
Situé à Ždanoviči, dans la périphérie sud-ouest de Minsk
Tous les week-ends. Ce marché est une vraie institution. Des chaussures et des décorations militaires, au hachoir à viande de fabrication soviétique, aux pelotes de laine, aux vieux appareils téléphoniques, aux notes musicales : c'est une excursion dans la vie « matérielle » d'un passé pas encore trop loin. A ne pas rater.

■ MARCHÉ DE L'ARTISANAT MINSKIJ VERNISSAGE – МИНСКИЙ ВЕРНИСАЖ
Pr. Nezavisimosti 25-25a
À côté du musée de la Seconde Guerre mondiale. Ouvert tous les jours de 10h à 18h, sauf le lundi. Dans le centre-ville, c'est un petit marché d'artisanat local et de tableaux, on y trouve aussi des souvenirs.

■ MARCHÉ DU LIVRE SUR LE LAC KOMSOMOL'SKIJ – КНИЖНЫЙ РЫНОК НА КОМСОМОЛЬСКОМ ОЗЕРЕ
Ul. Daumana 21
Situé à côté du lac Komsomol'skij, c'est un marché du livre atypique. Il fonctionne du vendredi à minuit, jusqu'à 14h du samedi.

■ MARCHÉ KOMAROVKA – КОМАРОВСКИЙ РЫНОК
Ul. Very Choružej, 8 – www.komarovka.by
Situé dans le quartier Sovetskij. Tous les jours. Ce gigantesque marché couvert est le principal marché alimentaire de Minsk et le plus grand du pays. Ordonné et rationnel, ce marché est un triomphe de couleurs, odeurs et goûts ! Sur la place devant le marché se trouvent des statues en bronze du sculpteur Vladimir Žbanov, *Le Cheval* et *Le Photographe et la dame avec le chien.*

■ PODZEMKA – ПОДЗЕМКА
Pr. Nezavisimosti, 43
✆ (017) 288 20 36
www.podzemka-minsk.by
Ouvert du lundi au samedi de 10h à 20h, le dimanche de 11h à 18h. C'est un magasin plutôt original où vous trouverez des objets différents, produits par des artistes biélorusses et destinés principalement à la décoration intérieure. Meubles, tasses, poupées en tissu, t-shirts rigolos, casses-tête en bois et métal, bijouterie, coussins. Tout rigoureusement *made in Belarus*. Des CD et des DVD sont également en vente.

■ SKARBNITSA – СКАРБНИЦА
Ul. Kiseleva, 40 ✆ (017) 334 05 07
http://skarbnica.by
Upscarbnica@gmail.com
Ouvert de 8h30 à 17h15. Ce magasin est annexé à son atelier de production. On y trouve tout type d'artisanat traditionnel biélorusse. En particulier, vous pouvez y acheter des tissus splendides, tissés à la main selon la tradition populaire, des chemises, des nappes, des tapis typiquement biélorusses.

Panier gourmand

■ LAKOMKA – ЛАКОМКА
Pr. Nezavisimosti, 19
Du lundi au vendredi de 9 h à 21h, le samedi et le dimanche de 9h à 20h. Ici vous pouvez acheter au poids les fameux bonbons biélorusses au chocolat de la fabrique Kommunarka. Chaque type de bonbon porte un nom qui renvole à des personages de l'imaginaire biélorusse : Ecureil, Chaperon Rouge, Alenka, et est enveloppé dans un papier coloré avec un joli dessin !

Centre commerciaux

■ GUM – ГУМ
Pr. Nezavisimosti, 21
✆ (017) 226 10 48
www.gum.by – info@gum.by
Tous les jours de 9h à 22h, le dimanche de 10h à 20h. Inauguré en 1951, le GUM est un excellent exemple d'architecture d'époque stalinienne. Visiter ce merveilleux centre commercial à la soviétique est comme faire un voyage dans le passé. A l'entrée, une femme avec une écharpe sur laquelle est marqué le mot Информация (informations) renseigne les clients. Vous y trouverez tout type de marchandises, y compris des kiosques avec les souvenirs.

▸ Annexé au GUM, mais au numéro 21 du pr. Nezavisimosti, se trouve un énorme supermarché. Au premier étage, colonnes en marbre, lustres et fresques d'époque soviétique décorent un café où vous pouvez consommer une boisson et des pâtisseries debout ou assis sur les tabourets devant la fenêtre. C'est un endroit très populaire, notamment parmi la bohème de la ville.

■ STOLICA – СТОЛИЦА
Pl. Nezavisimosti
✆ (017) 226 18 31 – (017) 226 18 32
www.tc-stolica.by – tc-stolica@tut.by
Les magasins sont ouverts de 10h à 22h, les bars et les restaurants de 10h à 6h. C'est le centre commercial le plus fréquenté de Minsk et un endroit très populaire auprès de la jeunesse bohème de la ville. Sous une belle coupole, il compte 4 niveaux souterrains pour un total de 75 000 m², dont un parking avec 500 emplacements. Il comprend de nombreux restaurants, des magasins de vêtements et de chaussures, une filière de la banque Belarusbank, un cinéma avec 5 salles, des magasins d'appareils photo, de téléphones portables et de souvenirs, etc. La partie en surface correspond à une agréable zone piétonnière.

Librairies

■ LIBRAIRIE CENTRALE – ЦЕНТРАЛЬНАЯ КНИГАРНЯ
Pr. Nezavisimosti, 19
✆ (017) 227 49 18
www.ckm.belkniga.by
Du lundi au vendredi de 10h à 21h, le samedi de 10h à 20h et le dimanche de 10h à 19h.

■ LIBRAIRIE SVETOČ – СВЕТОЧ
Pr. Pobeditelej, 11 ✆ (017) 203 15 03
www.svetoch.belkniga.by
mag-svetoch@yandex.ru
Ouvert du lundi au vendredi de 10h à 21h, le samedi de 11h à 21h, le dimanche de 11h à 19h.

Troickoe predmest'e

■ LIBRAIRIE VJANOK – ВЯНОК
Kommunal'naja naberežnaja, 4
✆ (017) 334 26 23
Tous les jours de 10h à 19h, fermé le dimanche. Située dans le faubourg Troickoe, cette librairie de livres d'occasion et anciens reproduit l'ambiance des vieilles librairies de la fin du XIXᵉ siècle. Elle vaut une visite.

Les environs de Minsk

NESVIŽ – НЕСВИЖ

Avec Mir, Nesviž est parmi les sites historiques les plus anciens et les mieux préservés de Biélorussie. Sur les Chroniques anciennes, la ville est mentionnée pour la première fois en 1446. En 1533, elle devient propriété de la puissante famille des Radziwill, célèbres magnats du grand-duché de Lituanie. Les Radziwill choisissent Nesviž comme lieu de résidence et y règnent pendant quatre siècles transformant la ville en capitale prospère et important centre culturel. A la fin du XVIe siècle, la ville est entièrement reconstruite. Le système chaotique des ruelles médiévales est remplacé par une planification géométrique qui a été conservée jusqu'à nos jours. La ville avait l'aspect d'une forteresse. Quelques ruines de ces fortifications sont visibles dans la partie sud-est de la ville. Considéré par les Biélorusses comme le symbole de ses racines européennes, aujourd'hui, Nesviž est une charmante petite ville dont le centre historique abonde en monuments anciens, gardiens de son passé glorieux. Le palais des Radziwill de Nesviž est considéré comme le plus beau de Biélorussie. Proche de Minsk, Nesviž constitue un but de visite incontournable et l'occasion d'une agréable balade d'une journée.

Transports

Nesviž se trouve à 112 km au sud-ouest de Minsk, non loin de l'autoroute M1 en direction de Brest.

- **En voiture.** Autoroute M1 en direction de Brest, sortir pour Mir-Nesviž.
- **En bus.** Prendre le bus en direction de Pinsk de la gare routière Vostočnaja.
- **En train.** En direction de Baranoviči de la gare centrale ou de l'arrêt du métro Institut Kul'tury. Descendre à Gorodeja, puis prendre le bus pour Nesviž directement de la gare.

Se loger

■ HÔTEL NESVIŽ – ГОСТИНИЦА НЕСВИЖ
Ul. Belorusskaja, 7 ✆ (01770) 55 367
57220 BYR la chambre double. L'hôtel se trouve dans le centre-ville, à côté de l'hôtel de ville. Modeste et sans prétention, il est néanmoins propre et confortable.

■ MAISON D'HÔTES NESVIŽSKAJA – УСАДЬБА НЕСВИЖСКАЯ
Ul. Kostiuško, 6
✆ (01770) 5 17 32 – (029) 765 56 26
http://ruralbelarus.by/catalogue.one.php?form_id=37
18 000 BYR par personne. Possibilité de petit-déjeuner et de dîner, sur réservation. Location de vélo 1 000 BYR l'heure, de kayak 3 000 BYR l'heure. Cette grande maison en brique se trouve dans la banlieue de Nesviž, à 1 km de la forêt et à 2 km des lacs. Deux chambres sont à disposition des visiteurs. Le salon, la cuisine, la salle de bains et les toilettes sont en commun avec les propriétaires. Autour de la maison se trouve un grand jardin. Décor rustique, accueil chaleureux.

Se restaurer

■ RESTAURANT RATUŠA – РЕСТОРАН РАТУША
Ul. Sovetskaja, 3
Comptez environs 25 000 BYR pour un repas complet. Le restaurant, de style médiéval, se trouve dans l'ancien hôtel de ville. Cuisine biélorusse et européenne. Portions abondantes. Les noms des plats renvoient au passé féodal de la ville.

À voir – À faire

■ ÉGLISE DU CORPUS CHRISTI – ФАРНЫЙ КОСТЁЛ НАИСВЯТЕЙШЕГО БОЖИЕГО ТЕЛА
Ul. Mickiewicza
Magnifique église catholique érigée pas loin de l'hôtel de ville. Premier monument de style baroque en Europe orientale, elle a été construite en 1593 sur le projet de l'architecte italien Gian Maria Bernardoni qui s'inspira de l'église du Jesus Christ à Rome. Au départ, elle appartenait à l'ordre des jésuites, sous l'influence desquels Radziwill Sirotka, protestant devenu catholique. L'église a trois nefs décorées de fresques des années 1750-1770.

Dans la crypte, se trouve le tombeau de la famille Radziwill avec 72 tombes. Le dernier enterrement a eu lieu en 2000. L'église fait partie du patrimoine mondial de l'Unesco. Dans le square à côté de l'église, on trouve le monument à Symen Budnyj, philosophe et théologien de la Renaissance qui, en 1562, publia les premiers livres en langue biélorusse dans la typographie de la ville.

HÔTEL DE VILLE – РАТУША

Ul. Sovetskaja, 3

Situé en centre-ville, sur la place centrale (autrefois place du marché), le complexe de l'hôtel de ville est une île du XVIe siècle dans le Nesviž contemporain. Bâti en 1596 et reconstruit en 1752, c'est le plus ancien hôtel de ville de Biélorussie. Sa tour avec l'horloge et sa coupole en style baroque dominent le centre-ville et symbolisent la liberté que la ville acquiert en 1586 avec le droit de Magdebourg, obtenu par Radziwill Sirotka, seigneur de la ville. Tout autour, se trouvent les anciennes galeries commerciales (XVIIe siècle). Pas loin, en particulier à ul. Leninskaja, se conservent des maisons des XVIIe et XVIIIe siècles. En face de l'hôtel de ville, à ul. Čapaeva, 4 se trouve la célèbre Maison sur le marché (Дом на рынке), un excellent exemple architectural du début XVIIIe siècle. Construite en 1721, elle appartenait à un riche commerçant. Elle compte deux étages : le premier est en pierre, le deuxième en bois. La façade est de style baroque. A la fin d'ul. Sovetskaja, en direction du fleuve, se trouve la porte de Sluck (Слуцкая брама) (fin XVIe siècle), en style baroque, la seule des quatre portes de la ville qui s'est conservée. Pas loin de l'hôtel de ville, à la fin de ul. Čkalova, surgit l'ancien monastère des bénédictines, aujourd'hui occupé par le collège pédagogique.

PALAIS DES RADZIWILL – ДВОРЦОВО-ЗАМКОВЫЙ АНСАМБЛЬ

Cette magnifique résidence a été bâtie par la volonté de Nikolaj Radziwill en 1583, sur le projet de Gian Maria Bernardoni. Au cours des siècles, elle a été reconstruite plusieurs fois, ce qui lui confère son aspect éclectique actuel réunissant les traits de la Renaissance, du baroque, du classicisme, du néogothique et du moderne qui s'associent à une structure architecturale de type défensif. Le palais est entouré par des remparts de 20 m de hauteur et un fossé. A l'époque des Radziwill, il hébergeait un musée d'armes, une riche collection numismatique, les archives d'Etat du grand-duché de Lituanie et la plus grande bibliothèque de Biélorussie (en 1770 on comptait ici plus de 20 000 volumes et une multitude de manuscrits anciens). La guerre de 1812 marque la fin du prestige du palais. Après la mort de Geronim Radziwill, les richesses de la famille sont confisquées par le pouvoir russe et le palais reste abandonné. En 1865, Anton Vilgelm et sa famme Maria Dorota, descendants de la branche berlinoise de la famille, reviennent à Nesviž et créent un parc superbe autour du palais. Composé de cinq parties et caractérisé par un système de lacs artificiels et de canaux, ce parc entoure la résidence. Le palais fait partie du patrimoine mondial de l'Unesco. Il est en phase de reconstruction.

Le palais des Radziwill est entouré de remparts.

■ **TOUR DU CHÂTEAU – ЗАМКОВАЯ БАШНЯ**

Ul. Mickiewicza

Cette tour défensive (XVIe siècle) de style gothique se trouvait à la sortie de la ville en direction de la résidence des Radziwill. Située à côté de l'église, aujourd'hui, elle est utilisée comme clocher.

MIR – МИР

Cette charmante petite bourgade au milieu de la campagne biélorusse est une vraie ville-musée dominée par son élégant château, perle de l'architecture médiévale. Mentionnée pour la première fois dans les *Chroniques* en 1395, à l'époque la ville fut envahie et détruite par les croisés. Il paraît qu'un détachement de guerriers tatars se trouvait ici avec son émir d'où probablement le nom de la ville, Mir. Encore une fois, l'histoire de la ville est liée à la famille Radziwill qui y régna à partir de 1569 la transformant, aux XVIIe-XVIIIe siècles en prospère centre commercial et artisanal. En 1579, Mir reçoit, en forme partielle, le droit de Magdebourg, ce qui attire ici artisans et commerçants de toutes nationalités. Mir a été toujours caractérisé par un fort mixage ethnique. Tatars, juifs, Biélorusses et gitans y ont cohabité pacifiquement pendant des siècles. Sur la place du Marché, aujourd'hui place 17-septembre, se trouvaient la synagogue, les églises catholique et orthodoxe et une mosquée. Malheureusement, la mosquée n'existe plus. Proche de Minsk, Mir est un lieu enchanteur et mérite absolument une visite.

Transports

Situé à 90 km au sud-ouest de Minsk, Mir se trouve sur l'autoroute M1 en direction de Brest.

▶ **En voiture.** Prendre l'autoroute M1 vers Brest, puis emprunter la sortie en correspondance de Mir-Nesviž.

▶ **En bus.** Prendre le bus en direction de Novogrudok, Djatlovo ou Lida de la gare routière Vostočnaja.

▶ **En train.** Train en direction de Baranoviči de la gare centrale ou de l'arrêt du métro Institut Kul'tury. Descendre à Stolbcy, puis prendre le bus pour Mir directement de la gare.

Se loger

■ **HÔTEL MIR – ГОСТИНИЦА МИР**

Pl. pl. 17 Sentjabrja, 2 ✆ (01596) 23 851

Les prix varient selont le niveau de confort de 36 150 BYR à 62 860 BYR. Ce petit hôtel de province donne sur la place centrale de Mir. Les chambres sont modestes, mais propres.

■ **MAISON D'HÔTES ZAMKOVOE PREDMEST'E – УСАДЬБА ЗАМКОВОЕ ПРЕДМЕСТЬЕ**

Ul. Pionerskaja, 44 ✆ (029) 6208671

http://www.mirzamok.by/?ad=maxi.by

Piomir@tut.by

20 $ par personne. Banja à 50 $ par groupe. Possibilité de louer des vélos. Repas à partir de 20 $ par personne. De cette maison d'hôtes s'ouvre une belle vue sur le château. La maison est spacieuse, équipée de tout confort et entourée par un grand jardin. Excellent accueil.

Château de Mir.

© ANDREA NERI

Église de la Trinité aux coupoles bleues.

Se restaurer

■ CAFÉ RESTAURANT DOROGA ZAMKOV – КАФЕ ДОРОГА ЗАМКОВ

Ul. Krasnoarmejskaja, 9

Ouvert tous les jours de 9h à 1h. 15 000 BYR pour un repas complet. Situé dans l'immeuble de la vieille école du XIXe siècle, à côté de l'église catholique de Saint-Nicolas, ce café est un lieu inattendu pour une petite ville de province. L'intérieur en pierre et bois a été restauré, le passé est souverain ici. Atmosphère chaleureuse et intime. Bonne cuisine biélorusse. Idéal aussi pour une pause gourmande.

À voir – À faire

En arrivant de Minsk, on tombe directement sur le château, devant lequel il y a un parking gratuit. Le centre-ville se trouve de l'autre côté du fleuve.

■ CHÂTEAU DE MIR – МИРСКИЙ ЗАМОК

✆ (01596) 282 72 – www.mirzamak.by

Ouvert du mercredi au dimanche de 10h à 17h. Situé à l'entrée de la ville, le château de Mir surgit au bord du lac, entouré par un parc romantique. Sa silhouette, élégante et majestueuse, domine la bourgade de laquelle il est séparé par une petite rivière. Probablement, la construction du château commença entre 1522 et 1527, quand Mir appartenait au prince Jurij Il'inič. En 1568, le château devient de propriété de la famille Radziwill qui termine la construction et fait bâtir un parc à l'italienne tout autour. Aux angles du château, en dehors du périmètre des enceintes, surgissent quatre tours imposantes de 25 m environ de hauteur. Au centre de l'enceinte occidentale, se trouve une cinquième tour qui correspond à la seule entrée du château. Elle fut bâtie devant l'ancienne route qui menait à Vilnius, la capitale du grand-duché de Lituanie. La partie supérieure des enceintes et des tours est en briques, posées selon un motif décoratif gothique. Un autre motif décoratif consiste à colorer les niches avec de l'enduit clair, ce qui est utilisé surtout dans la tour d'entrée. Il est possible de monter sur la tour sud-ouest qui est aussi la mieux préservée des quatre (à ce jour c'est la seule partie du château qui est visitable). De son sommet, s'ouvre un panorama époustouflant sur la bourgade et sur la campagne autour. Sur les côtés nord et est du château s'étend le palais en style Renaissance. Après la guerre de 1812, le château connaît une longue phase de décadence, liée à la mort du dernier prince de Mir, Dominik Radziwill. En 1891, le château est acheté par le prince Nikolaj Svjatopolk-Mirskij qui commence les travaux de resturation et fait bâtir une petite chapelle et tombeau de famille en style moderne (1904), située dans le parc. Après 1939, le château est complètement oublié. Pendant la Seconde Guerre mondiale dans les enceintes du château se trouvait le ghetto de la ville. Au début des années 1980, démarrent les travaux de restauration qui sont en encore en cours aujourd'hui. Pour 2011, dans le château, est prévue l'ouverture de chambres d'hôtes et d'un restaurant. Il fait partie du patrimoine mondial de l'Unesco.

■ ÉGLISE DE LA TRINITÉ – СВЯТО-ТРОИЦКАЯ ЦЕРКОВЬ

Pl. 17 Sentjabrja

Cette église a été construite dans la deuxième moitié du XVIe siècle. En 1705, elle devient une église uniate. Depuis 1939, elle est rendue aux orthodoxes et reconstruite en style pseudo-russe.

Toute blanche, avec des coupoles bleues, sa silhouette se détache sur le fond la place 17-Septembre. Cœur de la bourgade, la place a une forme rectangulaire. Tout autour se trouvent des petites maisons à un seul étage, typiques des XVIIIe-XIXe siècles avec des vieilles enseignes. La ville de Mir a été fortement détruite pendant la Seconde Guerre mondiale et ces maisons, à l'époque des ruines, ont été reconstruites. Au centre de la place a lieu le marché.

■ ÉGLISE DE SAINT-NICOLAS – КОСТЁЛ СВЯТОГО НИКОЛАЯ

Ul. Krasnoarmejskaja, 9

Cette église catholique, voulue par Radziwill Sirotka, a été construite en 1605. Elle remplace l'église en bois, érigée en 1599. Sa façade est surmontée par une tour carrée de type défensif. Fermée en 1940, à l'époque soviétique elle fut transformée en dépôt pour meubles. L'intérieur a été fortement endommagé. L'église a réouvert ses portes en 1990.

■ QUARTIER JUIF – ЕВРЕЙСКИЙ КВАРТАЛ

Ul. Kirova

Les juifs se sont installés à Mir à partir du XVIIe siècle. Jusqu'à la Seconde Guerre mondiale, ils constituaient 60 % de la population. Aujourd'hui, il n'en reste plus. Ils ont été tous tués pendant la Seconde Guerre mondiale. L'ancien quartier juif se situe derrière la place, autour de la rue Kirova. Ses immeubles, bâtis entre le XVIIIe et le début du XXe siècle, se sont miraculeusement sauvés. On y trouve l'ancienne synagogue, aujourd'hui devenue le bureau de poste, l'école (1893) et la yeshivah (centre d'étude de la Torah et du Talmud) (1815). De style classique avec des colonnes sur la façade, la yeshivah de Mir était connue dans le monde entier. Devant la yeshivah, se trouve l'immeuble où se réunissait la communauté juive. Ces immeubles sont restés en fonction jusqu'en 1939.

Sports

■ COMPLEXE DES SPORTS D'HIVER SILIČI – ГОРНОЛЫЖНЫЙ КОМПЛЕКС « СИЛИЧИ »

✆ (01774) 50 285

www.silichy.by – silichy@gmail.com

Dans les environs

Iškol'd

A environ 25 km de Mir, se trouve le village d'Iškol'd (Ишкольд). Après Mir, prendre la route en direction de Polonečka, à la fin du village tourner à gauche, après 7 km vous arriverez à Iškol'd, un village perdu dans la campagne. Ici, au milieu des maisonnettes en bois se trouve l'église catholique de la Trinité, la plus ancienne du pays, un excellent exemple du gothique biélorusse parfaitement préservé (début XVIe siècle). A visiter, rien que pour saisir le contraste entre la magnificence de cette église et la décadence de la campagne autour.

DUDUTKI – ДУДУТКИ

A 40 km au sud de Minsk, à côté du fleuve Ptič, Dudutki est le premier musée privé de Biélorussie, inauguré en 1994. Visiter Dudutki, c'est comme effectuer un voyage dans le temps dans la campagne biélorusse du XIXe siècle. Musée en plein air, il reproduit l'architecture et le quotidien d'une vieille résidence noble de campagne.

On a fait renaître en particulier les anciennes professions et technologies artisanales, typiques de Biélorussie. Dispersées sur une surface d'environ 200 hectares, des maisons en bois hébergent les différents ateliers de production artisanale : on y fait le pain, le fromage, on y distille la vodka, on y travaille la paille, les tissus, le fer, l'argile, on y tresse les branches pour faire des jolis paniers.

Dudutki.

Le massacre de Chatyn

Le 22 mars 1943, l'armée allemande occupe le village de Chatyn. Ses habitants ne savaient pas que non loin du village un officier allemand était mort par la main d'un partisan biélorusse. Les représailles des Allemands furent atroces : tous les habitants de Chatyn furent enfermés dans un hangar et brûlés vifs. Sous la pression des corps, les portes du hangar cédèrent, mais les Allemands tirèrent sur ceux qui cherchaient à s'enfuir. Tous les habitants du village moururent, 149 personnes au total, dont 75 enfants ; le village fut complètement rasé. Trois personnes ont survécu au massacre de Chatyn, deux enfants que les Allemands croyaient morts et un homme, Iosif Kaminskij, blessé et qui reprit conscience seulement la nuit quand les Allemands avaient déjà quitté le village. A son réveil, Iosif Kaminskij trouva le corps de son fils gravement blessé qui mourut dans ses bras. Ce moment tragique de sa vie a inspiré la sculpture du mémorial *L'Homme indompté*. Le massacre de Chatyn n'a pas été un épisode isolé dans l'histoire de la guerre. Chatyn est le symbole des 618 villages biélorusses brûlés par les Allemands avec leurs habitants en représailles contre les partisans. La guerre a laissé une trace profonde dans la culture et la psychologie des Biélorusses. Une visite de ce site permet sûrement de mieux comprendre l'histoire de ce pays qui perdit presque 3 millions d'âmes pendant la guerre...

La production locale peut être achetée sur place. A Dudutki, il y a aussi tous les animaux de la ferme, des sangliers, des cerfs, des autruches et un élevage de chevaux. D'ailleurs, il est possible de faire un tour à cheval (de 3 000 à 5 000 BYR). La paysage autour du musée est fascinant. Vous pouvez le découvrir en louant des vélos au musée (10 000 BYR une heure). Ici, on organise régulièrement des fêtes médiévales et populaires. Le musée dispose aussi d'un café, d'un petit hôtel avec quatre chambres très confortables, d'une *banja* en bois. A 1,5 km du musée, elle se trouve au milieu de la nature, avec un accès direct au fleuve Ptič.

Transports

- **En bus.** Bus deux fois par jour de la gare routière Vostočnaja. 4 780 BYR, 1 heure 20 de trajet.
- **En voiture.** C'est un vrai casse-tête car il y a un seul panneau indicateur à moitié de chemin. Sortir de Minks en direction de Sluck (P23). Au 38e kilomètre, tourner à gauche et suivre Krupicy et Novopol'e.

Se restaurer

KORČMA – КОРЧМА
Autour de 45-50 000 BYR pour un repas complet. Ce restaurant de style traditionnel biélorusse se trouve dans l'enceinte du musée. On y goûte une excellente cuisine locale, préparée en utilisant les produits du jardin potager du musée, dans une ambiance chaleureuse.

À voir – À faire

MUSÉE DUDUTKI – МУЗЕЙ МАТЕРИАЛЬНОЙ КУЛЬТУРЫ ДУДУТКИ
✆ (01713) 7 25 25
http://dudutki.by – info@dudutki.by
Ouvert tous les jours de 10h à 17h, sauf le lundi. 25 000 BYR, 7 000 BYR le tarif réduit. Le ticket comprend aussi une petite dégustation de pain, fromage et beurre de production locale. Le numéro de téléphone indiqué sert aussi pour réserver une chambre dans l'hôtel du musée, le restaurant et la banja.

CHATYN – ХАТЫНЬ

À voir – À faire

COMPLEXE HISTORIQUE DE CHATYN – МЕМОРИАЛЬНЫЙ КОМПЛЕКС ХАТЫНЬ
✆ (01774) 55060
www.khatyn.by – khatyn@mail.ru
Le complexe se trouve à 60 km au nord de Minsk. Prendre la route M3 en direction de Vitebsk, ensuite tourner à droite et suivre les panneaux pour Chatyn. Ouvert 24h/24. L'exposition photographique et le musée sont ouverts de 10h à 16h30, sauf le lundi. Entrée du musée 10 000 BYR, 7 000 BYR le tarif réduit, pour l'exposition photographique 1 200 BYR, 600 BYR le tarif réduit.
Ouvert en 1969, ce complexe commémoratif est dédié aux victimes de la Seconde Guerre mondiale et rappelle les horreurs commises par l'armée nazie en Biélorussie.

Il surgit au même endroit où se trouvait le village de Chatyn qui brûla avec ses habitants le 22 mars 1943. Entouré par les forêts, imposant et dramatique, ce complexe ne peut pas laisser ses visiteurs indifférents. Une palissade symbolique en béton indique, en russe et en biélorusse, les noms des villages détruits par l'armée allemande et le numéro total des morts. Au centre du mémorial, est érigé le monument *L'Homme indompté*, une statue impressionnante représentant un homme qui sort vif du feu et tient dans les bras son fils mort. A droite du monument, se trouve une dalle énorme avec une brèche au centre : c'est l'endroit où ont été brûlés les villageois. A gauche du monument, on peut voir la fosse commune où les habitants des villages voisins ont enterré les morts. 26 obélisques avec des cloches au sommet rappellent les 26 maisons du village. Deux fois par minute, les cloches sonnent. Dans le complexe, se trouvent aussi le cimetière symbolique des villages biélorusses détruits et le mur de la mémoire rappellant toutes les victimes des camps de concentration. Le musée et l'exposition photographique présentent l'histoire en photographie et des documents du massacre de Chatyn et de la Seconde Guerre mondiale en Biélorussie.

ZASLAVL' – ЗАСЛАВЛЬ

Zaslavl' est une des villes parmi les plus anciennes de Biélorussie, mentionnée pour la première fois dans les Chroniques anciennes en 985. Selon les Chroniques, Vladimir, prince de Kiev, fait construire ici un petit château où exiler sa femme Rogneda, qui avait cherché à le tuer. Dans son exil, Rogneda était accompagnée par son fils Izjaslavl' qui donna le nom à la ville. Le nom de la ville est toutefois lié à la famille Glebovič qui reigna ici de 1539 à 1678 et qui fit construire, sur le point le plus haut de la ville, un château fortifié, un des premiers en Biélorussie. Dans la périphérie nord de la ville, sur la rive droite du Svisloč se trouvent les ruines du château et de ses fortifications. Chaque annéee, au début de septembre se tient la fête médiévale « Le tocsin de Zaslavl' » (Заславский набат). L'évènement principal de la fête est la reconstruction du siège du château de Zaslavl' qui eut lieu en 1434 lors d'une guerre entre la Russie et le grand-duché de Lituanie.

Zaslavl' donna le nom à un grand réservoir d'eau que les habitants de Minsk appellent généralement la « mer de Minsk » (Минское море). Plages de sable, petites îles charmantes et beaucoup de forêts tout autour : l'été c'est le lieu de repos préféré des habitants de Minsk !

Transports

Zaslavl' se trouve à 27 km au nord-ouest de Minsk.

- **En bus.** Départ de la gare Moskovskij, 4170 BYR, 1 heure 30 de trajet.
- **En voiture.** De Minsk, emprunter la route en direction de Molodečno.

À voir – À faire

■ ÉGLISE DE LA NATIVITÉ DE LA VIERGE – КОСТЁЛ РОЖДЕСТВА НАИСВЯТЕЙШЕЙ ДЕВЫ МАРИИ

Ul. Velikaja

Cette église catholique fut érigée en style baroque 1774 à la place d'une vieille église en bois. Pendant la deuxième moitié du XIXe siècle elle devient une église orthodoxe qui sera fermée en 1941. Au début des années 1990 elle est rendue aux catholiques.

■ ÉGLISE DE LA TRANSFIGURATION DU CHRIST SAUVEUR – СПАСО-ПРЕОБРАЖЕНСКАЯ ЦЕРКОВЬ

Ul. Zamkovaja

Cette imposante église blanche avec sa tour de 35 m surmonte la ville. Au cours de son histoire elle a subi plusieurs métamorphoses. Initialement, l'église fut construite à la fin du XVIe siècle comme église protestante. Pendant la première moitié du XVIIe siècle, elle est donnée aux catholiques. En 1833, elle passa aux orthodoxes. En 1961, elle est fermée et amenagée en dépôt. En 1977, dans l'église est ouvert le musée de l'Artisanat populaire. Ce n'est qu'en 1990 qu'elle est donnée à nouveau à la communauté orthodoxe et est redevenue un lieu de culte.

■ LA LIGNE DE STALINE – ЛИНИЯ СТАЛИНА

✆ (017) 503 20 20

www.stalin-line.by – info@stalin-line.by

Ouvert tous les jours de 10h à 18h, fermé le lundi. 24 000 BYR et 12 000 BYR le tarif réduit. La Ligne de Staline indique le réseau de fortifications qui, de 1928 à 1939, s'étendait de la mer Baltique à la mer Noire et qui marquait la frontière soviétique occidentale. A l'époque, la campagne autour de Zaslavl' était un territoire de frontière puisque les régions de Grodno et de Brest faisaient encore partie de la Pologne. Situé à quelques kilomètres de Zaslavl', ce musée en plein air se présente comme la reconstitution exacte d'une partie de ces fortifications militaires des années 1930. Le territoire est couvert de tranchées, fortins, obstacles anti-tanks. Les installations et les équipements sont originaux. Dans le territoire du musée on peut aussi tirer avec des fusils de la Seconde Guerre mondiale (3 000 BYR pour un coup), faire un tour sur un tank (300 000 BYR, 20 minutes, pour un maximum de dix personnes) ou manger la vraie bouillie des soldats (4 200 BYR la portion) !

OZERCO – ОЗЕРЦО

À voir – À faire

■ MUSÉE BIÉLORUSSE DE LA VIE ET DE L'ARCHITECTURE PAYSANNE – БЕЛОРУССКИЙ ГОСУДАРСТВЕННЫЙ МУЗЕЙ НАРОДНОЙ АРХИТЕКТУРЫ И БЫТА

✆ (017) 209 41 63

www.etna.of.by – info@etna.of.by

Situé dans la banlieue sud-ouest de Minsk, on y arrive en sortant du périphérique à la hauteur du marché de la voiture. En bus, de la gare Jugo-zapadnaja emprunter le bus 203 jusqu'au musée, ou les bus 262, 363, 277, 325, 357 jusqu'à l'arrêt « Musée ». Ouvert d'avril à octobre de 10h à 10h20, de novembre à mars de 10h à 16h. La caisse ferme une heure avant la fermeture du musée. 6 000 BYR, 3 000 BYR le tarif réduit.

Ce magnifique musée en plein air est consacré à l'architecture et à vie paysanne biélorusse de la fin du XIXe siècle. Ici se concentrent des constructions en bois provenant de différents villages de Biélorussie : églises, écoles, moulins, maisons paysannes, etc. Le musée est organisé en trois parties : Biélorussie centrale (régions de Minsk), région des lacs (région de Vitebks), région du Dnepr (les parties le long du Dnepr des régions de Vitebsk, Mogilev, Gomel'). A l'intérieur des constructions on trouve des objets de la vie paysanne de l'époque. C'est intéressant de le visiter surtout en même temps que les fêtes populaires qui sont ici célébrées dans le respect des traditions paysannes. Dans l'enceinte du musée, se trouve un petit resturant de cuisine biélorusse, Korčma, généralement ouvert les week-ends.

LOGOJSK – ЛОГОЙСК

Situé à 40 km au nord de Minsk, sur la route M3 en direction de Vitebsk, Logojsk et ses environs sont appelés la « Suisse biélorusse » pour la beauté des paysage. Des collines douces alternent avec des prés à perte de vue et à des forêts verdoyantes faisant de Logojsk et de sa campagne un endroit très prisé où passer des vacances relax. Fondée au XIe siècle, la ville est liée au nom des Tyškevič, une puissante famille noble du grand-duché de Lituanie qui, au XIXe siècle, avait construit à Logojsk une de ses résidences, détruite pendant la Seconde Guerre mondiale. Le vieux parc de la résidence est devenu aujourd'hui le parc public. Situé sur une colline, sur la rive droite de la fleuve Gajna, on y trouve encore des ruines de l'ancienne résidence, cachée parmi les arbres. Rue Sovetskaja, on trouve la belle église de Saint-Nicolas (Церковь Святого Николая Чудотворца), érigée en 1866 à la place de l'ancienne église en bois du XVIe siècle. Au pied de l'église se trouve une source d'eau bénite, où les habitants se rendent régulièrement pour remplir bouteilles et bidons.

Musée en plein air de la Vie et de l'Architecture paysanne.

Sortir

Située dans une zone de collines au nord de Minsk, la campagne autour de Logojsk héberge les deux centres de sports d'hiver de Biélorussie. Le district de Logojsk est le centre biélorusse des sports d'hiver. Pistes de ski et de patinage, salles de gym, hôtels et cottages, restaurants, supermarchés, *banja*, point médical, etc. Les complexes fonctionnent toute l'année : on y trouve aussi des terrains de tennis, de foot, de volleyball, etc. Situés à 30 km environ de Minsk, les centres sportifs peuvent être aisément rejoints en *maršrutka* au départ de la gare routière Moskovskij.

■ COMPLEXE DES SPORTS D'HIVER LOGOJSK – ГОРНОЛЫЖНЫЙ КОМПЛЕКС ЛОГОЙСК
✆ (01774) 53 758
http://www.logoisk.by – info@logoisk.by

PARC NATIONAL NAROČANSKIJ – НАЦИОНАЛЬНЫЙ ПАРК НАРОЧАНСКИЙ

Ce pittoresque parc naturel de 115 mille hectares est un îlot de nature sauvage situé dans une région que les Biélorusses appelent *poozjor'e*, la région des lacs. Une multitude de rivières, 43 lacs, dont le principal est le lac Naroč, le plus grand du pays, et des forêts à perte de vue (le 43 % du territoire du parc) ponctuées de petits villages colorés couchés au bord de l'eau : ici vous plongerez dans une atmosphère de paix presque irréelle, de silence interrompu uniquement par les bruits des eaux, des feuilles, des oiseaux. Cet endroit d'une beauté captivante garde le secret du charme de la Biélorussie, le charme d'une nature éblouissante qui se concilie de façon harmonieuse avec la présence discrète et respectueuse de l'homme. Dans le parc, vous découvrirez non seulement ses beautés naturelles, mais aussi les nombreux trésors cachés des villages biélorusses avec leurs églises catholiques et orthodoxes. Destination touristique prisée par les Biélorusses, le parc présente une vaste offre de logements. Toutefois, si vous voulez vraiment vous imprégner de l'atmosphère du parc, nous vous conseillons de séjourner dans les maisons d'hôtes. Les forêts du parc sont riches en baies et champignons. On peut y pratiquer la chasse et la pêche payantes. L'office d'information s'occupe de l'organisation de ces activités et de la vente des licences. Les licences sont en vente aussi dans les différents bureaux des gardes forestiers du parc.

Transports

- **En voiture.** Situé à 140 km au nord-ouest de Minsk, ce parc peut être rejoint en voiture par la P28 en direction de Molodečno, ou par la P58 en direction de Mjadel'.
- **En bus.** Plusieurs départs par jour de la gare routière Moskovskij en direction de Mjadel', Naroč, Svir' ou Postavy.

Pratique

■ OFFICE DU PARC
Ul. Leninskaya, 11, Naroč
✆ (01797) 49 884
Fax : (01797) 49 807
www.naroch.com – info@naroch.com
A l'office du parc vous pouvez acheter les licences pour la chasse et la pêche, louer une petite maison en bois au bord du lac Naroč et recevoir toute type d'information concernant votre séjour dans le parc. Il est aussi possible de réserver un guide ou participer à des excursions organisées.

Se loger

A la station balnéaire de Naroč il ne sera pas difficile de trouver un hôtel. Autour du lac existent aussi 15 campings. Les maisons d'hôtes abondent ici, nous vous conseillons de réserver à l'avance, surtout si vous voyagez en juillet et en août. Pour ça, vous pouvez vous adresser à l'association Rural Belarus et consulter leur catalogue sur Internet (http://ruralbelarus.by/__eng/). Pour une chambre les prix varient généralement entre 10 et 15 $ par personne, mais ils peuvent changer selon la saison.

■ MAISON D'HÔTES SOBINOVO – УСАДЬБА СОБИНОВО
✆ (017) 974 27 54
http://de.belarustourism.by/catalog/191_7469.html
Equipée tout confort, cette belle maison en bois et pierre est située dans le cœur du parc, à côté du village de Zasvir'. Entourée par un grand jardin, la maison a une grande véranda et une belle terrasse au troisième étage. Des sentiers vous mènent jusqu'au bord du lac Svir'. Calme et relaxation sont garantis. Accueil chaleureux dans les meilleures traditions de l'hospitalité biélorusse.

MAISON D'HÔTES TRABUTIŠKI – УСАДЬБА ТРАБУТИШКИ

✆ (02155) 4 44 32 – (029) 5532988
www.trabutishki.com/ – fursy@tut.by

La maison peut héberger un maximum de 9 personnes. Jusqu'à 5 personnes elle coûte 75 $ par jour, ensuite 15 $ supplémentaires par personne. Gratuit pour les enfants jusqu'à 5 ans. On peur louer des vélos (7 $ par jour), un petit bateau (10 $ par jour), des cannes à pêche, des tentes avec sacs de couchage (15 $ pour deux personnes). La banja est à 50 $ (5 personnes, ensuite 10 $ par personne). Située dans la zone des lacs bleus, cette maison d'hôtes vous plongera dans le monde de la campagne biélorusse. La maison est en bois. En style traditionnel, les intérieurs recréent l'atmosphère des maisons de campagne, mais avec tous les conforts. Possibilité de commander les repas sur réservation. Un endroit de rêve.

MAISON D'HÔTES TRI SKRIPKI – УСАДЬБА ТРИ СКРИПКИ

Ul. Molodežnaja, 12, village Leščinsk
✆ (029) 379 71 78 – (01797) 36 342
www.skrypki.by – skrypki@gmail.com

10 $ par personne. 15 $ par personne par jour pour les trois repas, 5 $ pour un seul repas. Vélos à disposition des clients. Cette charmante maison en bois se trouve dans un endroit pittoresque du parc, au milieu des trois lacs Naroč, Mjadel' et Kuz'mič. C'est une maison typique de la campagne biélorusse, équipée de tout type de confort. L'intérieur est rustique, en style traditionnel biélorusse, plafonds et sols sont en bois naturel, dans la cuisine se trouve une magnifique poêle à bois. Excellente cuisine, préparée selon les vraies traditions biélorusses et en utlisant les produits du jardin potager. Accueil chaleureux, les propriétaires parlent anglais. Un vrai paradis !

À voir – À faire

BUDSLAV – БУДСЛАВ

Situé à 55 km à l'est de Mjadel', ce village est le lieu sacré des catholiques biélorusses. Ici, des pèlerins provenant de tous les coins du pays viennent rendre hommage à l'icône miraculeuse de la Vierge de Budslav (1598), conservée dans le célèbre sanctuaire de l'Ascension de la Vierge Marie. Au milieu de la vaste plaine biélorusse, cette imposante église catholique fut bâtie en 1783 par les bernardins à la place d'une vieille église en bois du début du XVIIe siècle qui fut incorporée dans la nouvelle église où elle devint la chapelle de Sainte Barbe. Ici, se conserve un magnifique autel en bois sculpté et doré, de style baroque (XVIIe siècle). Chaque année, des milliers de croyants effectuent un pèlerinage à pied au départ de Minsk, Vitebks et d'autres villes biélorusses.

LAC DE SVIR' – ОЗЕРО СВИРЬ

A l'ouest du lac Naroč, le lac de Svir' est beaucoup moins touristique et complètement dépourvu d'infrastructures d'accueil. Autour, vous ne trouverez que des forêts, des petits villages et de la campagne à perte de vue. Le paysage ici est ravissant, on dirait même poétique. Le petit village de Svir' est dominé par l'église de Saint-Nicolas avec son clocher. On y trouve aussi une petite église en bois du début XXe siècle : ce sont ses deux coupoles qui permettent de la distinguer des maisons en bois du village ! A Zasvir', se trouve la belle église de la Trinité, construite par les moines carmélitains en 1714. Sur la lisière du bois restent des fragments de l'ancien monastère.

LAC NAROČ – ОЗЕРО НАРОЧЬ

Pour avoir un aperçu de la beauté de ce lac, rendez-vous dans le village de Pasynki, sur la côte orientale, entre les lacs Naroč et Mjastro. Du belvédère à côté d'un obélisque érigé en mémoire des partisans morts pendant la Seconde Guerre mondiale s'ouvre un panorama inoubliable sur le lac Naroč. Avec ses 41 km de côtes et une surface de 80 km^{2}, ce lac est le plus grand de Biélorussie. Ses côtes sont plates, généralement de sable, et donc riches de belles plages entourées de bois. Ici on peut se baigner environ 100 jours par an, l'eau est cristalline et en juillet sa température est en moyenne de 19 °C. Dans la partie nord-orientale du lac se trouve une petite île romantique. Le lieu est très touristique et riche en infrastructures hôtelières, concentrées notamment dans la station balnéaire de Naroč. Attention à ne pas confondre cette station avec le village de Naroč, situé à quelques kilomètres du lac. Sur les plages, on peut louer des vélos, des bateaux, des catamarans et tout le nécessaire pour faire du ski nautique.

LES LACS BLEUS – ГОЛУБЫЕ ОЗЁРА

Ainsi est appelé un groupe de petits lacs d'une beauté surprenante, éparpillés au milieu d'une multitude de collines recouvertes de forêts de pins et de sapins, au pied desquelles coule le fleuve Strača, rapide, impétueux comme un fleuve de montagne. Les lacs Balduk, Glublja, Glubelka et Mertvoe forment un des coins les plus pittoresques de Biélorussie. A parcourir à pied ou en vélo, point de départ : le village d'Ol'ševo.

BREST ET SA RÉGION

Les villages de Polésie ont préservé leurs traditions rurales.

Brest et sa région

La région de Brest occupe le coin sud-occidental du pays touchant au sud l'Ukraine et à l'ouest la Pologne. Sa ville principale, Brest, est le pont symbolique entre l'Occident et l'Orient. Situé sur la frontière avec la Pologne, ici, les trains provenant de l'ouest s'arrêtent quelques heures avant de poursuivre leur voyage vers l'est. A partir de la frontière, les rails deviennent plus larges et il est donc nécessaire de changer les bogies (chariots situés sous les wagons et sur lesquels sont fixées les roues) du train ! La région est traversée par la seule autoroute du pays, la M1, qui de Brest mène à Minsk puis à Moscou. Les Biélorusses l'appellent généralement olimpijskaja trassa, l'autoroute des olympiades parce qu'elle a été construite à l'occasion des jeux Olympiques de Moscou, en 1980. La région est très intéressante aussi bien du point de vue naturel que culturel et ethnographique. La forêt Beloveža avec sa population de bisons et ses arbres centenaires se situe dans la partie occidentale de la région. Les marais pittoresques de la Polésie et ses villages au milieu des eaux, riches en traditions anciennes, s'étendent dans la partie méridionale. Pinsk, « capitale » de la Polésie, mérite sans doute une visite. L'histoire a été moins cruelle avec elle qu'avec la plupart des villes biélorusses. Entouré par des marais impénétrables, Pinsk fut en partie épargné par les destructions des guerres du XXe siècle.

BREST – БРЕСТ

A deux pas de la frontière avec la Pologne, traditionnellement considérée comme la porte occidentale du pays, la ville de Brest occupe une place particulière dans l'histoire biélorusse étant liée aux étapes principales, parfois tragiques, de son histoire.

Surgie à l'intersection des fleuves Bug et Muchavec, la ville est mentionnée pour la première fois dans les Chroniques anciennes en 1019 comme Berest'e, probablement de *beresta* (écorce de bouleau) ou *berest'* (orme). Dans les documents du XVIe siècle, elle figure comme Berest', du XVIIe au début du XXe siècle elle s'appelle Brest-Litovsk, de 1921 à 1939, Brest sur le Bug, et à partir de septembre 1939 elle devient Brest.

Depuis toujours en position frontalière et stratégique, elle surgit dès le début comme ville forteresse et, au cours de son histoire, a été le théâtre de nombreuses batailles sanglantes. Envahie par les Mongols en 1241 et ravagée par les chevaliers Teutoniques en 1379 : ce ne fut que le début d'une longue série de guerres qui, à maintes reprises, ont détruit la ville.

D'abord russe, ensuite polonaise, en 1319, Brest est conquis par le prince Gedimin et rattaché au grand-duché de Lituanie.

Les immanquables de Brest et de sa région

- **Comprendre** le tragique de la Seconde Guerre mondiale et l'héroïsme des soldats soviétiques grâce au mémorial de la forteresse de Brest.
- **Se promener** rue Sovetskaia à Brest, le soir, quand le lanternier passe allumer les lanternes de cette agréable rue piétonne.
- **Visiter** les vestiges du palais majestueux des Sapega dans le village de Ružany.
- **Faire de la randonnée** dans la forêt primaire Beloveža à la découverte de ses arbres séculaires et de sa population unique de bisons européens.
- **Plonger** dans l'atmosphère irréelle des marais de la Polésie et explorer le parc naturel Pripjatskij avec son incroyable alternance de prairies, forêts, eaux et dunes, et sa population de plus de 250 espèces différentes d'oiseaux.
- **Parcourir** le fleuve Pripjat à la recherche de ses villages sur l'eau où le temps semble s'être arrêté au siècle dernier.

Brest et sa région

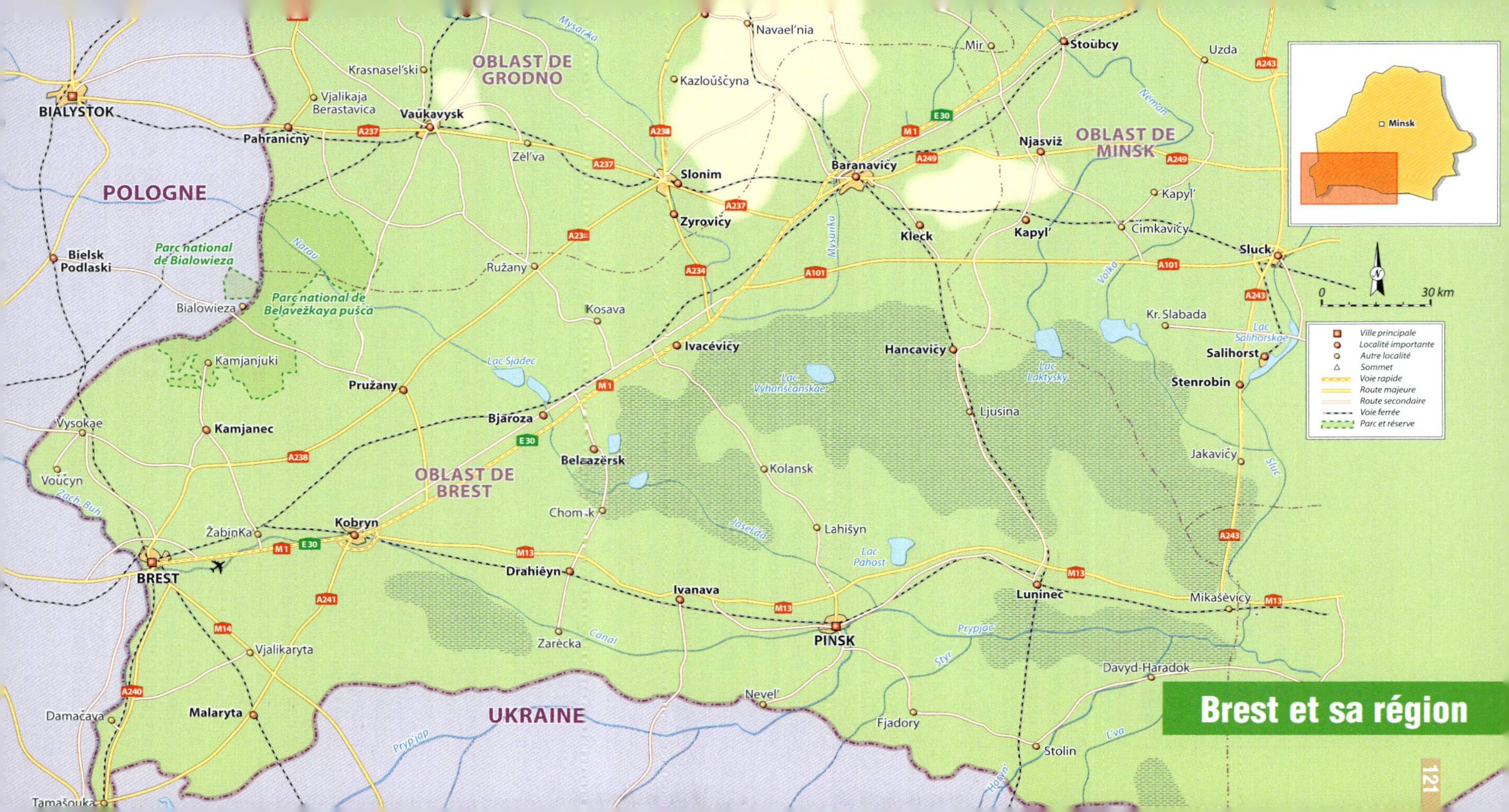

Brest en bref

- **Code téléphonique :** 0162.
- **Population :** 318 000 habitants.
- **Localisation :** à 350 km au sud-ouest de Minsk, sur la frontière avec la Pologne.
- **Sites utiles :** www.tour.brest.by – www.brest.by

En 1390, c'est la première ville biélorusse à recevoir le droit de Magdebourg. Brest devient un prospère centre commercial et artisanal. Dans les années 1550, le duc Nikolaj Radzivill Le Noir, homme profondément cultivé, ouvre à Brest une typographie, la première sur le territoire biélorusse, où, en 1563, est publié une Bible en polonais. En 1569, Brest fait partie de l'Union polono-lituanienne. En 1596, lors d'un concile ecclésiastique, à Brest est signée la célèbre Union de Brest qui porte à la création de l'Eglise uniate, un compromis entre les Eglises catholique et orthodoxe. Des nouvelles guerres arrivent à la moitié du XVIe siècle avec la guerre russo-polonaise, et la guerre entreprise par la Suède contre la Pologne d'abord et la Russie ensuite. La ville est détruite, et seulement après la deuxième moitié du XVIIIe siècle, elle connaît un nouvel essort économique devenant le principal port sur le Bug. A partir de 1795, la ville fait partie de l'Empire Russe. Après la guerre de 1812 avec Napoléon, le tsar décide la construction d'une forteresse pour mieux protéger la frontière occidentale. Ainsi, en 1836 débutent les travaux qui portent à la construction de la fameuse forteresse de Brest, symbole de la ville. En 1918, à Brest est signé le traité de paix de Brest-Litovsk entre la Russie et l'Allemagne, Brest est annexé à la Pologne jusqu'en 1939 quand, suite au pacte Molotov-Ribbentrop et à la répartition de la Pologne, Brest passe à l'URSS. Maintenant, le fleuve Bug correspond à la frontière entre l'Allemagne et l'URSS. Quand le 22 juin 1941 les troupes allemandes attaquent, la ville est rapidement conquise et détruite, plus de 40 000 habitant sont tués. Elle est libérée le 28 juillet 1944. Aujourd'hui, le 28 juillet est le jour où on célèbre la fête de la ville. A Brest, ont lieu aussi le festival international du théâtre « Belaja Veža » et le festival international de musique classique « Les soirées de janvier ». Brest est aujourd'hui un important centre industriel et le principal point de frontière pour ceux qui arrivent en voiture de l'Europe occidentale. De ses presque mille ans d'histoire n'ont survécu que quelques dizaines de constructions dont les plus anciennes datent du début du XVIIIe siècle. Néanmoins, la ville est très agréable et mérite sûrement une halte, au moins pour visiter son imposante forteresse, symbole de Brest, de l'histoire biélorusse et des évènements tragiques qui ont marqué le XXe siècle en Europe.

Transports

Y accéder et en partir

En voiture, de Minsk, prendre l'autoroute M1 en direction de Brest. L'autouroute est payante (3 €).

■ GARE CENTRALE DES TRAINS – ЦЕНТРАЛЬНЫЙ ЖЕЛЕЗНОДОРОЖНЫЙ ВОКЗАЛ

Pl. Privokzal'naja, 1 ✆ (0162) 264077

Brest est un important nœud ferroviaire. C'est ici qu'on passe à un système de voies plus larges par rapport à celui utilisé dans les pays de l'Union européenne. Trains pour Minsk, Gomel', Moscou, Saint-Pétersbourg, Volgograd, Ekaterinburg, Novossibirsk, Smolensk, Varsovie, Berlin. Plusieurs trains par jour au départ de Minsk (environ 4 heures - 4 heures 30 de trajet).

■ GARE ROUTIERE – АВТОВОКЗАЛ

Ul. Mickiewicza, 35

✆ (0162) 238 142 – http://av.brest.by

Plusieurs bus par jour entre Minsk et Brest au départ de la gare routière Vostočnaja (en moyenne 5 heures de trajet). Bus pour Varsovie, L'vov, Luck, München, Düsseldorf, Köln, Antwerpen, Paris, Riga, Saint-Pétersbourg, Moscou.

Se déplacer

- **Taxi :** 161, 135, 153, 157.

Pratique

Argent

■ BELARUSBANK – БЕЛАРУСБАНК

Ul. Sovetskaia, 58 ✆ (0162) 231 476

Ouvert du lundi au vendredi de 9h à 19h et le samedi de 9h à 16h.

■ BELARUSBANK – БЕЛАРУСБАНК

Ul. Lenina, 18 ✆ (0162) 237 764

Ouvert du lundi au vendredi de 8h à 20h, le samedi de 8h30 à 18h, le dimanche de 9h à 15h.

Poste

■ **POSTE CENTRALE – ПОЧТАМТ**
Pr. Mašerova, 32 © (0162) 205 597
Ouvert tous les jours de 9h à 19h.

Internet

■ **ART CAFÉ – АРТ КАФЕ**
Ul. Sovetskaia, 63 © (0162) 21 10 99
Tous les jours de 12h à minuit. 2 500 BYR pour 1 heure d'Internet.

■ **BELTELEKOM – БЕЛТЕЛЕКОМ**
Ul. Sovetskaia, 33 © (0162) 221 212
Tous les jours de 8h à 22h.

Urgences

■ **HÔPITAL – ОБЛАСТНАЯ БОЛЬНИЦА**
Ul. Medicinskaja, 7 © (0162) 420 034

■ **PHARMACIE – АПТЕКА**
Ul. Gogolja, 32 © (0162) 208 028
Ouvert 24h/24.

■ **URGENCES – СКОРАЯ МЕДИЦИНСКАЯ ПОМОЩЬ**
Ul. Lenina, 15 © (0162) 238 900

Orientation

La ville est plutôt compacte. Le centre correspond à la rue Sovetskaja et aux rues tout autour.

Se loger

Bien et pas cher

■ **BELARUS – БЕЛАРУСЬ**
Bd. Ševčenko, 6
© (0162) 259 039
www.brestturist.by – bresttourist@tut.by
Chambre double à partir de 80 620 BYR. 8 000 BYR le petit déjeuner. Situé à côté du fleuve Muchavec, cet hôtel d'époque soviétique dispose de plusieurs services : coiffeur, solarium, bureau de change, dentiste, gynécologue, bar et restaurant. Les chambres ont été rénovées. Dépourvues de charme, elles sont néanmoins confortables et fonctionnelles.

■ **HÔTEL 5 KOLEC – ГОСТИНИЦА 5 КОЛЕЦ**
Ul. Gogolja, 9
© (0162) 208 495 – (0162) 208 558
Chambre double à partir de 70 000 BYR. L'hôtel a un réseau wi-fi qui fonctionne avec des cartes prépayés en vente à la réception. Cet hôtel est situé à l'intérieur d'un complexe sportif, dans le centre de la ville. Les chambres sont simples, confortables, propres.

■ **HÔTEL INTURIST – ГОСТИНИЦА ИНТУРИСТ**
Pr. Mašerova, 15
© (0162) 202 083 – (0162) 202 082
www.brestintourist.com
Chambre double à partir de 102 960 BYR, petit déjeuner compris. Situé sur la route menant à la forteresse, cet hôtel typiquement soviétique de presque 140 chambres, renovées et confortables. On y trouve aussi un restaurant, trois bars, un bureau de change, un casino, un cabinet pour les massages et un parking sécurisé.

■ **HÔTEL VESTA – ГОСТИНИЦА ВЕСТА**
Ul. Krupskoj, 16
© (0162) 237 169 – hotelvesta@tut.by
Chambre double à partir de 130 000 BYR. L'hôtel est situé en centre-ville, dans un endroit calme entouré de verdure. Les chambres ont été récemment rénovées, elles sont fonctionnelles, sans prétention. L'hôtel dispose aussi d'un bar, d'un restaurant, d'un coiffeur et d'un salon de massages.

Confort ou charme

■ **MAISON D'HÔTES SJADZIBA RYNKAUKA – СЯДЗIБА РЫНЬКАУКА**
© (0162) 297 576
Fax :(0162) 297 577
www.rinkavka.by – bron@rinkavka.by
Chambre double à 258 910 BYR, petit déjeuner compris. Cottage à partir de 350 000 BYR. Cette maison d'hôtes se trouve au bord du fleuve Lesnaja, dans un endroit pittoresque aux environs de Brest. Vous pouvez loger dans des belles chambres équipées de tous les conforts ou bien dans un de leurs magnifiques cottages en bois présents sur la propriété. Vous y trouverez aussi un très bon restaurant de cuisine typique et une plage sur le fleuve à disposition des clients.

Se restaurer

La rue Sovetskaja abonde en cafés et restaurants qui, dès les beaux jours, mettent les tables dehors.

Pause gourmande

■ **SLADKIJ UGOLOK – СЛАДКИЙ УГОЛОК**
Ul. Pushkinskaya, 14/1 © (0165) 239 055
Ouvert tous les jours de 9h à 21h. La meilleure pâtisserie de la ville. On y trouve un vaste choix de viennoiseries, de gâteaux ainsi que des boissons. Dans la même rue, au numéro 29, se trouve un autre Sladkij ugolok qui fonctionne aussi comme bar et café.

■ **ZEVS – ЗЕВС**
Ul. Puškinskaja, 22 ✆ (0162) 234 332
Ouvert tous les jours de 10h à 23h. Une autre délicieuse pâtisserie où goûter des viennoiseries accompagnées d'une bonne tasse de café.

Bien et pas cher

■ **CAFÉ MAGELLAN – КАФЕ МАГЕЛЛАН**
Ul. Komsomolskaja, 36 ✆ (0162) 236 292
Ouvert tous les jours de 10h à 23h. C'est un grand café plutôt populaire parmi les habitants de Brest. Cuisine locale à des prix modiques, mais sans prétention. Du jeudi au dimanche soir, il y a des concerts.

Bonnes tables

■ **JULES VERNES – ЖЮЛЬ ВЕРН**
Ul. Gogolja, 29 ✆ (0162) 236 717
Tous les jours de 12h à minuit. 50 000-60 000 BYR. C'est un petit restaurant, élégant et raffiné, où l'on goûte principalement des plats de la cuisine européenne et indienne plus quelques plats de cuisine locale. Le service est très professionnel.

■ **STARYJ GOROD – СТАРЫЙ ГОРОД**
Ul. Kirova, 103 ✆ (0162) 215 332
Ouvert tous les jours de 12h à 23h. 50 000-55 000 BYR. C'est un petit restaurant très raffiné, à l'atmosphère intime et romantique. La cuisine est en majorité européenne, mais on trouve aussi des plats locaux.

■ **TRAKTIR U OZERA – ТРАКТИР У ОЗЕРА**
Park Kultury i otdycha im. 1 Maja
✆ (0162) 265 367
Ouvert tous les jours de 12h à 23h30. 40 000-45 000 BYR par personne. Situé au bord du lac dans le parc citadin, dans un cadre enchanteur, ce restaurant propose de la cuisine typique dans une ambiance familiale et rustique. Les plats sont délicieux, les portions abondantes, l'accueil chaleureux. Une excellente adresse à ne pas manquer.

Sortir

■ **PHILARMONIE – ФИЛАРМОНИЯ**
Ul. Ordžonikidze, 14 ✆ (0162) 232 913
www.philart.brest.by

■ **PLANET ROCK**
Ul. Pionerskaja, 48
✆ (0162) 466 483 – (0165) 46 03 28
http://www.planetrock.by/planet_rock.htm
art@planetrock.by
Ouvert tous les jours de 19h à 5h. C'est sûrement la meilleure discothèque de la ville. Elle dispose aussi d'un restaurant, d'un bar et d'une salle de billard.

■ **THÉÂTRE DES MARIONNETTES – ТЕАТР КУКОЛ**
Ul. Lenina, 56 ✆ (0162) 213 566
www.puppet-brest.com
Des magnifiques spectacles de marionnettes aussi bien pour les enfants que pour les adultes.

■ **THÉÂTRE DRAMATIQUE – АКАДЕМИЧЕСКИЙ ТЕАТР ДРАМЫ ИМ. ЛЕНИНСКОГО КОМСОМОЛА**
Ul. Lenina, 21
✆ (0162) 235 425
www.bresttheatre.info
Dans ce théâtre, chaque année, a lieu le festival international de théâtre Belaja Veža.

À voir – À faire

Ayant été presque complètement rasée par les bombardements de la Seconde Guerre mondiale, la ville de Brest présente un nombre plutôt limité d'attractions. Néanmoins, elle reste une ville très agréable, riche en espaces verts, en petites ruelles et cours où le temps semble arrêté aux années 1950 ! La rue Sovetskaja est la rue piétonne de la ville, la rue des commerces, des cafés et des promenades. A l'angle avec la rue Gogolja, on trouve le monument des 1 000 ans de la fondation de Brest. Faites absolument une promenade le soir : un lanternier passe allumer toutes les lanternes de la rue et la ville semble plonger dans une atmosphère de fin XIXe siècle !

■ **CATHÉDRALE DE SAINT-SIMÉON – СОБОР СВ. СИМЕОНА**
Ul. Karla Marksa, 84
Cette église date de 1865-1868. De style russe, à sa place se trouvait l'ancien monastère de Saint-Siméon, détruit par un incendie en 1816.

■ **ÉGLISE DE SAINT-NICOLAS – ЦЕРКОВЬ СВ. НИКОЛАЯ**
Ul. Sovetskaja, 10
Cette église à été construite en 1906, le lendemain de la défaite russe lors de la guerre contre le Japon, par les offres des survivants et des parents des soldats morts. L'église est en style pseudo-russe.

■ **FORTERESSE DE BREST – БРЕСТСКАЯ КРЕПОСТЬ**
✆ (0162) 200 012
www.brest-fortress.by

Ouvert tous les jours de 9h à 18h. Entrée libre. C'est non seulement l'attraction principale de Brest, mais sûrement un monument à ne pas manquer lors d'un voyage en Biélorussie. Construite en 1842, la forteresse de Brest est le symbole du courage, de l'endurance du peuple biélorusse et des sacrifices accomplis pendant la Seconde Guerre mondiale. Elle surgit sur la frontière avec la Pologne. D'ailleurs, en sortant de la magnifique porte Cholmskij, parfaitement conservée, on se retrouve directement dans le territoire de la frontière. Après la Première Guerre mondiale, suite à l'annexion de Brest à la Pologne, de 1921 à 1939, la forteresse héberge un détachement de l'armée polonaise. La répartition de la Pologne entre l'Allemagne et l'URSS et l'annexion de la région de Brest à la Biélorussie soviétique font de Brest une ville de frontière. Dans la forteresse se concentrent désormais les troupes de l'armée rouge. Quand le 22 juin 1941, l'Allemagne attaque l'URSS, la ville de Brest est détruite en quelques jours. Néanmoins, les troupes soviétiques, assiégées dans la forteresse, ne cèdent pas et s'engagent dans une défense à la foi héroïque, désespérée et tragique de la ville. Plusieurs phrases écrites sur les murs des casemates, telles que « Je suis en train de mourir, mais je ne me rendrai pas. Adieu, chère patrie », témoignent du courage inégalable des soldats. A la fin du mois de juillet, les soldats soviétiques capitulent. Le 8 mai 1965, la forteresse acquiert le statut de forteresse héros. Le 25 septembre 1971, le complexe commémoratif est inauguré. Aujourd'hui, ce complexe impressionant fait revivre le tragique de l'époque. Sur ce qui reste de l'ancienne forteresse ont été installés des monuments dans le style du réalisme socialiste représentant une image hypertrophiée de la guerre. L'entrée dans la forteresse est en forme d'étoile géante, taillée dans la pierre. Le couloir qui traverse cette étoile est en granite noir qui contraste énormément avec les briques rouges des ruines des casemates qu'on perçoit dès l'entrée. Un enregistrement de l'époque reproduit la voix de Jurij Levitan, speaker à la Radio soviétique centrale, qui annonce le début de la guerre, suivie par les bruits des cannonades et des bombardements. Un des monuments les plus impressionant est *La Soif* qui renvoie au manque catastrophique d'eau pendant la défense de la forteresse. Située sur la rive gauche du fleuve Muchavec, cette sculpture représente un soldat cherchant de l'eau qui glisse vers le fleuve avec son casque dans la main. Plus loin, on trouve la sculpture principale du complexe, *Le Courage*, un monolithe imposant en béton dans lequel est taillé le visage contracté d'un combattant. Derrière la sculpture, des gravures racontent des épisodes de la guerre. Un obélisque de 100 m en forme de baïonnette domine la place centrale de la forteresse. A côté, brûle le feu perpétuel, gardé à vue par quatre adolescents de l'organisation des pionniers, deux garçons et deux filles. Les immeubles à deux étages en brique rouge autour de la place étaient les casernes où habitaient les soldats. Aujourd'hui, on y trouve des magasins de souvenirs (normalement ouverts de 10h à 18h) et des galeries où exposent les peintres locaux. Dans la partie orientale du complexe, surgit l'église de Saint Nicolas, protecteur des soldats de la garnison.

© ANDREA NERI

Porte Cholmskij de la forteresse de Brest.

A côté, sur la droite, on peut voir les restes du palais Blanc. Construit au XVIIIe siècle pour l'Assemblée des officiers, au début du XXe siècle ici se trouvaient un restaurant, une salle de billard, un petit théâtre, une bibliothèque, l'école pour les enfants des officiers. Le 3 mars 1918, y a été signée la paix de Brest-Litovsk. Un peu plus loin encore, se trouve le musée de la Défense de la forteresse de Brest (ouvert tous les jours de 9h à 18h, 2420 BYR).

MUSÉE BEREST'E – МУЗЕЙ БЕРЕСТЬЕ

Ouvert tous les jours de 10h à 18h. 1500 BYR. Situé à côté de la forteresse, on rejoint le musée en sortant de la porte Cholmskij. Ce musée a été construit autour d'un vaste site archéologique dans lequel ont été retrouvés les restes de l'ancienne ville de Berest'e, d'où se forma progressivement Brest. Il conserve les restes archéologiques de plus de trente constructions habitatives carrées, d'environ 3 m², en bois de pin, datant du XIIIe siècle, plus une grande exposition d'objets des XIe-XIIIe siècles.

MUSÉE DES OBJETS SAUVÉS – МУЗЕЙ СПАСЕННЫХ ЦЕННОСТЕЙ

Ul. Lenina, 39 ✆ (0162) 204 195

Tous les jours de 10h à 18h, fermé le lundi et le mardi. 1800 BYR. A l'apparence ordinaire, ce musée est constitué en réalité par des objets de contrebande confisqués à la frontière ! On y trouve une belle série d'icônes des XVIe-XVIIe siècles, une collection de tableaux parmi lesquels figurent aussi des œuvres d'Ajvazovskij et Vrubel', des meubles de la fin du XIXe siècle.

MUSÉE DES TRAINS – МУЗЕЙ ЖЕЛЕЗНОДОРОЖНОЙ ТЕХНИКИ

Pr. Mašerova, 2

✆ (0162) 263 764

Ouvert tous les jours de 9h à 18h, sauf le lundi et le mardi. De novembre à avril, le musée est ouvert de 9h à 17h. Situé sur la route qui mène à la forteresse de Brest, ce musée en plein air réunit une collection fabuleuse de locomotives et wagons des années 1903-1940, tous parfaitement fonctionnels !

Shopping

LYANOK – ЛЯНОК

Ul. Internacionalnaja, 38/1

✆ (0162) 202 662

Ouvert du lundi au vendredi de 10h à 20h, le samedi jusqu'à 19h, fermé le dimanche. On y trouve un vaste choix de tissus en lin de production biélorusse, ainsi que des souvenirs, notamment des poupées.

SKARBNICA – СКАРБНИЦА

Ul. Sovetskaja, 54

✆ (0162) 208 441 – (029) 522 28 13

Ouvert tous les jours sauf le lundi de 10h à 19h, fermé de 14h à 15h. Dans ce délicieux magasin en plein centre-ville vous pouvez trouver un vaste choix d'artisanat biélorusse.

TSUM – ЦУМ

Pr. Mašerova, 17 ✆ (0162) 201 607

www.tsum.brest.by – cds@brest.by

Ouvert tous les jours de 09h à 21h. On y trouve tout type de marchandises, y compris des souvenirs et une bonne librairie.

RUŽANY – РУЖАНЫ

Situé dans un endroit pittoresque au milieu de douces collines, Ružany est une petite ville de province qui conserve les traces de son passé glorieux, lié à la puissante famille des Sapega qui deviennent les seigneurs de la ville à partir de 1598. Aujourd'hui, ici règne le charme de la décadence.

Ruines du palais des Sapega.

Transports

Ružany se trouve sur la route A238 qui relie Slonim à Brest, à environ 140 km au nord-ouest de Brest.

À voir – À faire

La place Sovetskaja, ancienne place des Commerces, est le centre de la ville. Ici se dressent les trois lieux de culte, symbole des trois fois, catholique, orthodoxe et juive, qui cohabitaient harmonieusement à Ružany : l'église catholique de la Trinité (Троицкая церковь), l'église orthodoxe des saints Pierre et Paul (церковь св. Петра и Павла), les deux datant de la deuxième moitié du XVIIIe siècle, et l'ancienne synagogue (ul. Kolasa, 6), fermée en 1940 et désormais dans un état d'abandon. Mais, le cœur de la ville demeure sans doute les ruines du château des Sapega.

■ PALAIS DES SAPEGA – ДВОРЕЦ САПЕГ

Erigé initialement comme forteresse en 1617, il est détruit presque complètement pendant la guerre du Nord, au début du XVIIIe siècle, et reconstruit ensuite à la fin du siècle par l'architecte Jan Samuel Bekker. Surnommé le « Versailles biélorusse », ce palais était constitué d'un corpus central uni aux pavillons latéraux par deux arcades. A l'entrée, se situait une porte en forme d'arc triomphal. Selon la légende, un passage souterrain de 25 km liait le palais directement à la résidence des Puslovskie à Kossovo. Suite à la participation des Sapega à l'insurrection de 1831, le palais fut confisqué par le tsar Nikolaj Ier et, ensuite, donné à un industriel juif qui le transforma en fabrique de tissage. Pendant la Première Guerre mondiale, un incendie détruit une partie de la résidence, la Seconde Guerre mondiale fit le reste. Aujourd'hui, ces imposantes ruines, mémoire de la gloire et de la puissance d'antan, s'inscrivent harmonieusement dans le paysage de la petite ville sommeillante qu'est devenue Ružany, lui conférant un aspect romantique, presque hors du temps.

KOSSOVO – КОССОВО

Une fois laissé l'autoroute qui mène de Brest à Minsk et tourné sur la route P78, avant d'entrer dans le village de Kossovo, sur votre gauche, caché au milieu des arbres, surgit l'ancien château des comtes Puslovskij.

Transports

Le village de Kosovo se trouve à quelques kilomètres au nord-ouest de l'autoroute M1. La distance de Brest est d'environ 120 km, de Minsk 200 km à peu près.

Palais des comtes Puslovskij.

À voir – À faire

■ MAISON-MUSÉE DE TADEUSZ KOSTIUSZKO – ДОМ-МУЗЕЙ ТАДЕУША КОСТЮШКО

Ouvert tous les jours de 10h à 18h, 1500 BYR.

De l'autre côté de la rue, presque face au château des comtes Pulskovskij surgit la maison en bois où, le 12 février 1746, naquit Tadeusz Kostiuszko, leader de l'insurrection patriotique de 1794. Brûlée en 1944, elle a été reconstruite sur ses anciens fondements. C'est aujourd'hui un musée dédié à la vie de Kostiuszko.

■ PALAIS DES COMTES PUSLOVSKIJ – ДВОРЕЦ ПУСЛОВСКИХ

Construit en 1830, c'est un bel exemple de planification classique unie à des éléments gothiques dans la réalisation architecturale, ce qui reflète une certaine tendance au romantisme propre à l'architecture de la moitié du XIXe siècle. Le château comptait plus de 130 chambres, somptueusement décorées. Le sol d'un des salons était en verre, en-dessous des poissons exotiques y nageaient. La légende dit qu'un lion dressé sur ses pattes arrières se promenait la nuit dans les couloirs et veillait à la sûreté des habitants. En 1943, les partisans y ont mis le feu. Le château brûla pendant dix jours. Aujourd'hui, des travaux de reconstruction sont en cours.

PARC NATIONAL BELOVEŽSKAJA PUŠČA – НАЦИОНАЛЬНЫЙ ПАРК БЕЛОВЕЖСКАЯ ПУША

Créé en 1939 et devenu patrimoine mondial de l'Unesco en 1992, ce parc est l'orgueil de la Biélorussie. Dernière forêt primaire d'Europe, il s'étend pour 70 km du nord au sud, pour un total de 152 961 hectares. La flore du parc compte plus de 1000 types d'arbres, buissons et arbustes, 270 types de mousses, 600 types de champignons et 290 de lichens. La faune est également très riche : 59 espèces de mammifères, plus de 250 espèces d'oiseaux, 27 espèces de poissons et 10 000 espèces d'insectes. Sangliers, renards, loups, wapitis, chevreuils, cerfs, lynx, martres et lièvres se promènent dans les sentiers de la forêt. Le tsar de la forêt, comme on l'appelle ici, est le bison. Il y en a presque 800 ! Anéantis en Europe encore au XVIIIe siècle, ces géants de trois mètres de longueur ont choisi la forêt Belovežskaja comme leur habitat idéal. Le désir de protéger les bisons et de les sauver du risque de l'extinction a sûrement permis de préserver la forêt aussi. Déjà à la fin du XIVe siècle le roi Jagellon fait de la forêt une réserve. En 1897, le tsar Nicolas II décrète la protection de l'aspect primitif de la forêt et en interdit l'exploitation

Transports

Le parc est situé à 60 km à l'ouest de Brest et s'étend du sud au nord le long de la frontière avec la Pologne. De Brest on peut le rejoindre par voiture par la route P83 en direction de Kamenjuki, ou bien par bus. De Minsk, on y arrive par l'autoroute M1, sortir à la hauteur de Žabinka en direction de Kamenec, ensuite prendre la P83 jusqu'à Kamenjuki.

Pratique

Le village de Kamenjuki correspond aux portes du parc. Vous y trouvez l'office du parc, des hôtels, le restaurant de cuisine typique biélorusse « Belovežskaja pušča ». Ici, vous pouvez visiter le musée de la Nature (6 000 BYR), les cages des animaux (4 000 BYR) ou la propriété de Ded Moroz, le père Noël biélorusse (17 000 BYR). Le territoire de la propriété a été transformé par les artisans biélorusses en un monde enchanté entièrement en bois. Des statues représentant des personnages des contes, des animaux et des gnomes décorent le parc autour de la maison du père Noël qui accueille les visiteurs toute l'année. A côté de la maison, se trouvent les mangeoires pour les bisons qui, en hiver, s'approchent pour chercher de la nourriture sans craindre la présence humaine. A l'intérieur du territoire du parc, se trouve aussi le café « Lesnaja skazka » (ouvert tous les jours de 9h à 20h). Les blinis aux baies et le thé aux herbes de la forêt sont à goûter absolument !

■ OFFICE DU TOURISME
✆ (01631) 56 370 – (01631) 561 69
http://puscha.belarustourism.by
beltour07@mail.ru
Ici vous trouverez toutes les informations nécessaires pour organiser au mieux votre visite. Vous pouvez aussi réserver un logement et des excursions guidées. On peut aussi louer des vélos (environ 3000 BYR l'heure).

Le parc national Belovežskaja Pušča est la dernière forêt primaire d'Europe.

Se loger

L'office du parc met à disposition des visiteurs plusieurs possibilités de logement, notamment deux hôtels dans le village de Kamenjuki (chambres doubles à partir de 75 000 BYR environ ✆ (01631) 56 657), ainsi que l'ancienne résidence du conte Tyškevič, située dans la partie septentrionale du parc (690 000 BYR ✆ (01631) 56 398). Toutefois, nous vous conseillons de choisir pour votre séjour une belle maison d'hôtes, plongée dans le vert de la forêt. Contactez l'association Rural Belarus pour plus de détails (info@ruralbelarus.by ✆ (017) 205 04 65).

MAISON D'HÔTES LESNAJA – УСАДЬБА ЛЕСНАЯ

✆ (029) 653 16 03

10 € par personne, y compris l'usage des vélos et des cannes à pêche. C'est une vraie maison de campagne, en bois. Elle est située dans le village de Belaja, dans un endroit pittoresque, au milieu de la nature. Le fleuve Lesnaja passe à 15 m de la maison, la forêt est à 200 m. Deux chambres sont à disposition des visiteurs. En été, on peut dormir aussi dans la grange. Attention : dans la maison, il y a les toilettes, mais pas la douche ! Un endroit paisible et charmant pour les vrais amoureux de la nature. Sur demande, la maîtresse de maison peut préparer les repas.

MAISON D'HÔTES PUŠČANSKAJA – УСАДЬБА ПУЩАНСКАЯ

✆ (029) 288 23 68

30 $ pour la location de la maison. Les toilettes sont dans la rue, la douche est dans la banja. Entourée par le bois et à quelques kilomètres du fleuve, une autre belle maison en bois, rustique et accueillante, typique de la campagne biélorusse. Sur demande, le maîtresse de maison peut préparer des plats de cuisine biélorusse. La maison se trouve à l'intérieur du parc.

À voir – À faire

Aujourd'hui, seulement une petite partie de la forêt est visitable. A pied, en vélo ou à bord du petit train du parc, partez à la recherche de ses arbres géants, de ses chênes de 600 ans, de ses animaux sauvages. Les paysages pittoresques, l'air propre, des animaux et des plantes rares rendent une visite au parc vraiment inoubliable ! Sachant qu'en plus d'être un parc naturel, c'est une zone frontalière, les contrôles sont fréquents : ne pas se déplacer sans son passeport. L'importance du parc est aussi historique : dans la résidence Viskuli,

Ded Moroz, le Père-Noël biélorusse, à l'entrée du parc national Belovežskaja Pušča.

située au centre du parc, le 8 décembre 1991, les présidents de Russie, Biélorussie et Ukraine ont signé l'acte de dissolution de l'URSS. Cette résidence avait été construite dans les années 1950 pour les dirigeants soviétiques qui utilisaient la forêt comme réserve de chasse. Aujourd'hui, on peut chasser dans des territoires limités où est autorisée la chasse au bison. Pour l'organisation de la chasse et l'obtention des licences, s'adresser à l'office du parc.

Dans les environs

Kamenec – Каменец

Sur la route entre Brest et la forêt Belovežskaja, faites une brève halte à Kamenec. Selon les *Chroniques anciennes*, la ville fut bâtie entre 1276 et 1288 sous l'ordre de Vladimir Vasilkovič, prince de Volynie, comme partie du système défensif de la frontière occidentale du royaume de Volynie. De l'ancienne ville, aujourd'hui ne reste que la fameuse tour de Kamenec (Белая вежа) qui surgit au bord du fleuve Lesnaja. Appelée *belaja* (blanche), dans le sens de libre, non conquise, cette magnifique tour romanique de 30 m d'hauteur et 13 m de largeur est en brique rouge. Aujourd'hui, elle héberge une exposition sur l'histoire de Kamenec. Il est possible de monter jusqu'à son sommet. Située sur une colline, elle se détache sur le fond de la ville et de la campagne autour par sa silohuette monolithique et par le laconisme de sa décoration. Bien que des tours comme celle de Kamenec existaient aussi à Brest, Grodno et Novogrudok, celle de Kamenec est la seule qui est restée. Vous pouvez visiter aussi la belle église de Saint-Simon, construite en 1914 en style pseudo-russe, à la place d'une église en bois.

POLÉSIE – ПОЛЕСЬЕ

Quittez Brest en direction est, vers Pinsk, et en une heure de voiture vous vous retrouverez dans la région de la Polésie. Terre de champs et de forêts, comme l'indique son nom, la Polésie n'est pas simplement une région, c'est un monde à part, un univers naturel, culturel et ethnographique que les marais ont toujours protégés des guerres et des invasions, et préservés dans son intégrité. Si la partie orientale de la Polésie, essentiellement dans la région de Gomel', a été fortement frappée par le désastre de Tchernobyl, celle occidentale a parfaitement gardé son aspect de terre vierge où c'est plutôt l'homme qui a dû s'adapter à la nature et à son rythme plutôt que le contraire. Nombre de fleuves traversent la Polésie, mais son cœur est le fleuve Pripjat', appelé l'Amazone de la Polésie. Long de 760 km, le Pripjat' traverse de l'est à l'ouest la partie méridionale de la Biélorussie pour un total de 500 km, avant de se jeter dans le Dnepr. Selon la légende, la tombe du poète Ovide se trouverait justement au bord du Pripjat'. Au printemps, quand les fleuves débordent, les terres autour se transforment en une énorme étendue d'eau formant des petits lacs peu profonds avec des îlots de terre qui émergent. C'est ici que se trouvait la fameuse « mer d'Hérodote », décrite par l'historien latin il y a 2 500 ans. Malgré les travaux d'assèchement entrepris dans les années 1970, le spectacle naturel qu'offre la Polésie est unique et vraiment inoubliable. Des prairies à perte de vue alternent à la broussaille, aux dépressions marécageuses, à de magnifiques chênaies submergées, à des petits lacs. Les passionnés de pêche et d'ornithologie pourront satisfaire leurs envies !

L'intérêt de la Polésie réside non seulement dans sa flore et faune, mais aussi dans sa civilisation. L'exploration de ses villages est comme un voyage dans le passé. Entourés par les marais, ses habitants, les *poleščuki*, parlent un dialecte unique, un mélange de biélorusse, russe, ukrainien et polonais et ont conservé des traditions séculaires et spécifique de cette région. Un excellent musée ethnographique de la Polésie se trouve dans le village de Motol' et vaut vraiment la peine d'être visité (de la M13 à l'hauteur de Ivanovo tourner en direction de Motol'). Situé sur le fleuve Jasel'da dans un cadre naturel pittoresque, au cours de son histoire, Motol' s'est toujours distingué pour sa production artisanale et pour le caractère entreprenant de ses habitants. A la moitié du XVIe siècle, la reine Bona Sforza avait envoyé ici des familles d'artisans italiens et encore aujourd'hui, parmi les habitants du village, on trouve des noms de famille d'origine italienne ! Après la mi-août a lieu le festival culinaire Motalskija prysmaki. Non seulement la gastronomie, aussi bien locale que nationale, y est à l'honneur, mais aussi l'artisanat et la musique traditionnelle. Dans le village de Bezdež se trouve le musée du Tablier. On y trouve une intéressante collection de tabliers typiques de la Polésie, dont le plus ancien date des années 1880, et une exposition d'objets du monde paysan. Pour rejoindre le village : de la route M13 à a hauteur de Dragičin, tourner en direction de Chomsk et Bezdež.

▶ **Un site très instructif** sur la Polésie en anglais : www.polesie-wetlands.by

PINSK – ПИНСК

Appelée la « perle de la Polésie », cette ville ancienne surgit à la confluence des fleuves Pripjat' et Pina, duquel elle tire son nom. Pinsk est mentionné pour la première fois dans les *Chroniques* en 1097 comme propriété de Svjatopolk Izjaslavič, prince de Kiev. Autour de 1316, la ville devient partie du grand-duché de Lituanie. Grâce à la reine Bona Sforza, qui régna à Pinsk de 1523 à 1556, et à ses réformes économiques et administratives, la ville prospère. En 1581, le roi Stefan Batorij donne à la ville le droit de Magdebourg. Au XVIe siècle, on y trouvait 16 églises, des monastères orthodoxes et catholiques et une synagogue. A partir du début du XVIe siècle, à Pinsk se forme une des plus anciennes et consistantes communautés juives de la Biélorussie. Avec le temps, la population juive devient dominante. A la veille de la Seconde Guerre mondiale, 75 % des habitants de Pinsk étaient des juifs, la plupart périrent pendant la guerre. Malgré les nombreuses invasions et destructions dont la ville a été l'objet, Pinsk a pu sauvegarder une partie significative de son patrimoine architectural, protégée par les marécages impénétrables qui l'entourent. Enveloppée dans le brouillard de la Polésie, cette charmante ville est aujourd'hui la capitale de la région. Elle compte 125 000 habitants, une célèbre fabrique de tricot et une économie essentiellement agricole. Etalé le long du fleuve Pina, Pinsk garde un joli centre-ville plongé dans un cadre verdoyant et paisible.

Transports

Pinsk se trouve à 175 km à l'est de Brest et à 320 km au sud-ouest de Minsk. De Brest, on rejoint Pinsk par la M1 en direction de Minsk-Kobryn, à la hauteur de Kobryn emprunter la M13 en direction d'Ivanovo-Pinsk. De Minsk, prendre la A243 en direction de Sluck jusqu'à Mikaševiči, puis la M13 en direction de Pinsk.

■ **GARE DES TRAINS – ЖЕЛЕЗНОДОРОЖНЫЙ ВОКЗАЛ**
Ul. Železnodorožnaja, 19 © (0165) 355 453
De Brest, les trains en direction de Vitebsk, Gomel', Mogilev et Simferopol' s'arrêtent à Pinsk (entre 2 heures 30 et 3 heures 15 de trajet). De Minsk, les trains Vitebsk-Brest et Mogilev-Brest s'arrêtent à Pinsk (6 heures 30 de trajet).

■ **GARE ROUTIERE – АВТОВОКЗАЛ**
Ul. Železnodorožnaja, 15 © (0165) 355 449
De Brest, il y a un bus direct tous les jours à 11h20, sinon prendre le bus en direction de David-Gorodok (2 heures 45 de trajet). De Minsk, il y a trois départs par jour de la gare routière Vostočnaja (de 4 heures 30 à 6 heures 30 de trajet selon les bus).

Pratique

■ **OFFICE DE LA RÉSERVE SREDNJAJA PRIPJAT' – ЗАКАЗНИК СРЕДНЯЯ ПРИПЯТЬ**
Ul. Dneprovskoj Flotilii, 31
© (0165) 316 131 – (029) 336 23 48
Cette réserve est non loin de Pinsk. Adressez-vous à son office pour l'organisation de la chasse, de la pêche et de visites guidées. Il est possible de s'adresser à eux pour visiter Kudriči aussi.

Argent

■ **BELARUSBANK – БЕЛАРУСБАНК**
Ul. Pervomajskaja, 173a © (0165) 373 090
Du lundi au samedi de 9h à 19h, le dimanche de 9h30 à 19h30, fermé de 14h à 15h.

Poste

■ **POSTE CENTRALE – ПОЧТАМТ**
Ul. Zaslonova, 13 © (0165) 359 614
Ouvert de 8h à 19h, le samedi de 9h à 18h, le dimanche de 9h à 15h.

Internet

■ **BELTELEKOM – БЕЛТЕЛЕКОМ**
Ul. Zaslonova, 15 © (0165) 322 510
Ouvert tous les jours de 9h à 22h, fermé de 13h à 13h30. Environ 1900 BYR pour une demi-heure d'Internet.

Urgences

■ **PHARMACIE N. 65 – АПТЕКА Н. 65**
Pl. Lenina, 4a © (0165) 359 717
Tous les jours de 8h à 22h, le samedi et le dimanche de 10h à 22h.

Flâner sur le Prijpat'

Il est difficile d'imaginer une visite à Pinsk sans une excursion au bord du légendaire bateau *Vitebsk*. Le bateau fonctionne comme bus fluvial et, depuis trente ans, relie Pinsk aux villages situés dans les marais du Pripjat', autour de la ville. Toujours chargés de passagers qui rentrent chez eux ou bien vont cultiver leur lopin de terre aux environs de Pinsk, il s'arrête à des ports improvisés desquels, suivant les sentiers, vous arriverez à des villages perdus au milieu des eaux et qui souvent ne peuvent être atteints en voiture. Kriviči, Kudriči, Tereben', Kačanoviči conservent intacte l'atmosphère de cette charmante Polésie au paysage doux, avec ses eaux omniprésentes, sa végétation éblouissante, ses maisons aux toits construits avec les cannes sur lesquels les cigognes font leurs nids, une Polésie qui semble très lointaine du XXIe siècle. Le bateau propose aussi, plusieurs fois par jour, des excursions sur le fleuve Pina, à travers Pinsk. On peut aussi rejoindre Turov, aux portes du parc Pripjatskij. Le voyage à travers l' « Amazonie de la Polésie » dure entre 12 et 14 heures et nécessite une halte pour la nuit à Turov.

■ **GARE FLUVIALE – РЕЧНОЙ ВОКЗАЛ**
© (029) 698 76 82 – (0165) 345 766 – port.pinsk@tut.by
Les bateaux naviguent de mi-avril à début octobre. Les dates peuvent varier selon les années et les conditions météo. Les bateaux partent de la gare fluviale. Contacter la gare pour plus d'informations sur les horaires et les parcours.

BREST ET SA RÉGION

■ **URGENCES – СКОРАЯ МЕДИЦИНСКАЯ ПОМОЩЬ**
Ul. Sosnovaja, 5 ✆ (0165) 342 721

Orientation

Traversé par le fleuve Pina, le centre-ville se concentre sur sa rive gauche. La rue Lenina est piétonne. La plupart des monuments est justement autour de cette rue.

Se loger

■ **HÔTEL PRIPJAT – ГОСТИНИЦА ПРИПЯТЬ**
Ul. Dneprovskoj flotilii, 31
✆ (0165) 359 633
Chambre double à partir de 110 000 BYR. Situé dans le centre de Pinsk, c'est un hôtel typiquement soviétique qui a été complètement rénové. Les chambres sont très simples, mais propres et accueillantes. Au rez-de-chaussée de l'hôtel se trouve le restaurant Pripjat, plutôt fréquenté. L'hôtel dispose aussi d'un distributeur automatique de billets, d'un bar, d'un coiffeur, d'une discothèque, d'un parking et d'une agence touristique où on peut réserver des excursions guidées. Sans charme, mais pratique et fonctionnel.

■ **HÔTEL VOLNA – ГОСТИНИЦА ВОЛНА**
Ul. Irkutsko-Pinskoj divizii, 48
✆ (01653) 54 665
Chambre double à partir de 85 000 BYR. L'hôtel est situé à côté du parc citadin et du stade, non loin du fleuve Pina. Les chambres sont spacieuses, confortables, très simples. Devant l'hôtel il y a un parking.

■ **MAISON D'HÔTES DUBOE NAD PINOJ – УСАДЬБА ДУБОЕ НАД ПИНОЙ**
Ul. Zelenaja, 7
✆ (029) 966 75 99 – (0165) 305 073
Cette belle maison d'hôtes en bois se trouve dans le village de Duboe, à une vingtaine de kilomètres de Pinsk (prendre la route P8), à l'intérieur du parc d'une ancienne résidence de nobles qui n'existe plus. Le maître de maison vous réservera un accueil vraiment chaleureux et, sur demande, vous préparera des plats délicieux de la cuisine biélorusse. L'endroit est très agréable et paisible, la maison est de style traditionnel. Dans le village, pas loin du petit barrage hydroélectrique, se trouve le point de passage sur le fleuve Pina desservi par un bac en bois tiré à la main grâce à un système de cordes.

Se restaurer

■ **CAFÉ RÉTRO – КАФЕ РЕТРО**
Ul. Dneprovskoj flotilii, 31
✆ (0165) 359 649
Ouvert de 11h à 23h. 25 000 BYR pour un repas complet. C'est le café le plus fréquenté de la ville. Le personnel est souriant, la cuisine est bonne, l'atmosphère est agréable, de style rétro.

■ **CAFÉ TAVERNA – КАФЕ ТАВЕРНА**
Ul. Korža, 14 ✆ (0165) 322 950
Tous les jours de 12h à 23h. 25 000 BYR par personne. Un petit restaurant dans le centre-ville, l'intérieur est en bois. On y mange bien, mais sans prétention.

■ **RESTAURANT PINSKAJA ŠLJACHTA – РЕСТОРАН ПИНСКАЯ ШЛЯХТА**
Ul. Belova, 2 ✆ (0165) 351 659
Ouvert tous les jours de 12h à 1h. 30 000 BYR par personne. Ce vieux restaurant d'époque soviétique propose des plats locaux dans une atmosphère traditionnelle biélorusse.

■ **ZOLOTOJ KOLOS – ЗОЛОТОЙ КОЛОС**
Ul. Lenina, 22
Tous les jours de 8h à 20h. Dans cette boulangerie on achète aussi des délicieuses viennoiseries, des gâteaux, des blinis et des boissons. Il y a quelques petites tables pour consommer sur place.

À voir – À faire

Le centre historique est plutôt préservé et conserve des bâtiments des XVIIIe-XIXe siècles, outre des maisons à deux étages des années 1950. En particulier, sur la rue Lenina arrêtez-vous au n° 2 devant l'ancien hôtel Angleterre, en style moderne (1920), et au n° 5 devant l'ancien hôtel Paris (moitié XIXe siècle). Ne perdez pas l'occasion de faire une promenade sur les quais du fleuve Pina (rue Dneprovskoj flotilii). En bas du pont, vous trouverez l'immeuble de la gare fluviale, tout bleu, en bois. Vous marcherez le long d'une allée ombragée, peuplée de tilleuls qui à la hauteur du parc laissent la place aux châtaigniers. De l'autre côté du fleuve se trouvent les plages de la ville. Toujours devant le parc, vous arriverez au point où le Pina se jette dans la Pripjat', formant la lettre K.

■ **CATHÉDRALE DE SAINTE-BARBARA – СОБОР СВ. ВАРВАРЫ**
Ul. Sovetskaja, 34
Autrefois, l'église et l'ancien monastère à côté appartenaient à l'ordre des bernardins.

Ensuite, dans les années 1830, le complexe passe à l'église orthodoxe et sur le toit de l'église apparaît une coupole en forme d'oignon, typique des églises orthodoxes. A l'intérieur, on trouve des icônes du XVIIIe siècle. Dans l'immeuble de l'ancien monastère se trouve désormais un hôpital.

■ COLLÈGE DES JÉSUITES – КОЛЛЕГИУМ

Pl. Lenina

Situé sur la place centrale de Pinsk, cet immeuble monumental de trois étages faisait autrefois partie du complexe du monastère des jésuites, construit au XVIIe siècle grâce aux moyens du prince Albrecht Stanislav Radzivill, duc de Pinsk. Dans le collège de Pinsk, outre les études dans le séminaire, on recevait aussi une instruction laïque. En 1940, la riche bibliothèque du collège fut portée à Leningrad. L'église de Saint-Stanislav fut détruite en 1953. Dans le collège, en style baroque et Renaissance, se trouve aujourd'hui le musée de la Polésie biélorusse (ouvert tous les jours de 10h à 17h30) et une école de danse pour les enfants.

■ ÉGLISE DE SAINT-CHARLES-BORROMEO – КОСТЁЛ СВЯТОГО КАРЛА БАРОМЕЯ

Ul. Kirova, 37

Cette église catholique a été fondée en 1695 dans l'ancien bourg de Karolin, qui fut construit pour héberger des moines de l'ordre des bartolomites provenant du nord de l'Italie. A la fin du XVIIIe siècle l'église a été reconstruite en pierre. En style baroque, avec une seule nef et une tour carrée qui surmonte sa façade, elle ressemble à une forteresse en miniature. L'église a été fermée en 1960. En 1992, l'immeuble est devenu une salle de concerts.

■ MONASTÈRE DES FRANCISCAINS ET ÉGLISE DE L'ASCENSION DE LA VIERGE MARIE – МОНАСТЫРЬ ФРАНЦИСКАНЦЕВ И КОСТЁЛ ВОЗНЕСЕНИЯ ДЕВЫ МАРИИ

Ul. Lenina, 18

L'église de l'Ascension est une des plus anciennes du grand-duché de Lituanie. Elle a été probablement construite en 1396 en bois. Ensuite, elle a été reconstruite en pierre au début du XVIIIe siècle. En style baroque, elle est constituée par une nef et des chapelles latérales. On y trouve sept autels, dont six en bois et un en stuc. L'intérieur est décoré par une gravure en bois dorée, avec presque cent sculptures. Le clocher adjacent a été construit en 1817. Le monastère a été ouvert en 1863. Aujourd'hui, se trouve ici le séminaire.

■ PALAIS DE BUTRIMOVIČ – ДВОРЕЦ БУТРИМОВИЧА

Ul. Lenina, 44

Le palais a été construit de 1784 à 1793 comme résidence de Mateuš Butrimovič, homme politique et industriel de la Polésie. Le palais a une forme symétrique, ses trois corps de bâtiment entourent un jardin qui donne sur le fleuve Pina. Aujourd'hui, s'y trouve le palais des Pionniers et de la Jeunesse.

Shopping

■ LIBRAIRIE POLYMJA – КНИЖНЫЙ МАГАЗИН ПОЛЫМЯ

Pl. Lenina, 4a ✆ (0165) 354 393

Ouvert tous les jours de 10h à 19h, le dimanche de 10h à 15h.

DAVID-GORODOK – ДАВИД-ГОРОДОК

Perdue au milieu de la Polésie ensoleillée, cette petite ville ancienne surgit sur les affluents du fleuve Goryn'. Ville multiethnique, habite ici une grande communauté de gitans et, depuis les années 1530, de Tatars. La ville conserve intact l'aspect d'un village traditionnel de la Polésie : des maisons en bois avec un soleil gravé sur les frontons, les encadrements en bois gravé autour des fenêtres, les gouttières en fer blanc. Sur une petite colline, a été bâtie la belle église en bois de Saint-Georges (1724) entourée d'un grand pré sur lequel, au printemps, il est agréable de s'allonger et de profiter de la paix et de la douceur de ce lieu.

Transports

David-Gorodok est à environ 100 km à l'est de Pinsk. On rejoint la ville en prenant la P6, en direction de Stolin et de la frontière avec l'Ukraine, ensuite suivre la direction David-Gorodok.

KUDRIČI – КУДРИЧИ

A seulement une vingtaine de kilomètres de Pinsk, le village de Kudriči est un musée vivant de la Polésie de la fin du XIXe siècle. Entouré par les marais et entouré par les fleuves Jaselda, Pina et Pripjat', Kudriči a conservé son aspect archaïque. La route gravillonnée qui relie le village au « monde civilisé » date seulement de la fin du XXe siècle. Traditionnellement, ses habitants se déplaçaient par le fleuve.

Entourées par une végétation éblouissante, les vieilles maisons sont en bois avec des toits en paille et roseaux sur lesquels se trouve toujours un nid de cigogne. A côté des maisons, des piles de foin, de petites remises en roseaux, des bûches de bois toutes rondes et un vieux bateau, nécessaire pour se déplacer quand les fleuves débordent. A ce moment-là, Kudriči se transforme dans une sorte de « Venise de la Polésie », avec les maisons dispersées sur des îlots et les rues qui deviennent comme des canaux. Dans le village, les abeilles sont élevées dans le creux de bouts d'arbres coupés, comme on faisait au XIXe siècle. Désormais, à Kudriči ne restent que des personnes âgées. Deux fois par semaine un petit camion-superette apporte les produits de première nécessité. Le village est absolument unique et exige d'être visité avant qu'il disparaisse définitivement... Kudriči se trouve dans le territoire de la réserve Srednjaja Pripjat', il suffit de s'éloigner du village de quelques pas pour se retrouver dans un véritable paradis pour le *birdwatching*. Au printemps, outre les cigognes blanches et noires, les hérons gris et d'autres oiseaux qui nidifient en Polésie, s'arrêtent aussi ici une multitude d'oiseaux migrateurs.

Transports

Seuls les habitants du coin peuvent arriver à Kudriči en voiture. La meilleure façon de s'y rendre est avec le bateau *Vitebsk* au départ de la gare fluviale de Pinsk.

PARC NATIONAL PRIPJATSKIJ – НАЦИОНАЛЬНЫЙ ПАРК ПРИПЯТСКИЙ

Situé au centre de la Polésie, ce parc a été fondé en 1996 sur la base d'une réserve naturelle existante depuis 1969, afin de préserver l'écosystème unique de la région, en particulier les vastes chênaies submersibles dont la vallée du Pripjat' est riche. A parcourir à pied ou, encore mieux, en bateau, ce parc est une alternance de prairies fleuries, forêts, eaux et dunes. Des dunes en Biélorussie ? En effet, la partie méridionale du parc est recouverte de forêts de pins dont les racines sont dans des buttes de sable, proches des dunes. L'eau est sans doute l'élément naturel prédominant. 30 000 hectares du parc sont occupés par des zones marécageuses. Pendant la période des grandes crues, au printemps, l'eau arrive à recouvrir jusqu'à 70 % du parc ! C'est pourquoi des bottes en caoutchouc sont indispensables pour toute visite en avril et en mai et le bateau est un moyen de transport essentiel ici, on en voit souvent au bord de l'eau ou à côté des maisons. C'est le lieu idéal pour les amateurs du *birdwatching*. Dans le parc on compte 250 espèces d'oiseaux qui nidifient ici ou bien sont de passage au cours de leur migration annuelle, de l'Europe occidentale aux forêts de la Russie européenne. Cet endroit d'une beauté complètement sauvage est à visiter notamment par tous les amoureux de la nature authentique et non touchée par l'homme. On peut y pratiquer la chasse et la pêche. Pour plus de renseignements, s'adresser à l'office du tourisme situé dans la ville de Turov d'où commencera votre visite.

Histoire de Turov

Ville d'eau et de brouillards, Turov est situé dans le cœur même de la Polésie. Cette petite ville somnolente était autrefois la capitale de la principauté de Turov et un important centre spirituel. Au XIe siècle, c'est ici qu'apparaît l'Evangile de Turov, un manuscrit en caractères cyrilliques retrouvé en 1866 et aujourd'hui conservé à Vilnius. Il est considéré comme le plus ancien manuscrit créé en Biélorussie. Dans le centre-ville, on peut visiter l'église de Tous-les-Saints (1810), en bois. A l'intérieur, se trouvent deux croix en pierre que, selon la légende, le fleuve Pripjat' aurait transportées ici à l'époque de la christianisation de la Rus' (fin Xe siècle). Une troisième croix est située dans le cimetière de Boris et Gleb. Les habitants de Turov assurent que cette croix pousse directement de la terre et que la chaleur naturelle qui émane d'elle guérit de toute maladie. Malgré le fait que les nombreuses invasions et guerres aient anéanti le patrimoine architectural de la ville, une visite à Turov est indispensable. D'abord, parce que la ville est la porte d'accès au parc Pripjatskij. Ensuite, parce que le spectacle du fleuve Pripjat', de ses méandres et des terres émergées est inégalable. Montez sur la colline où autrefois surgissait le château (Замковая гора). Ici, non seulement se trouve le symbole de la ville, le monument dédié à Kirill Turovskij, célèbre théologien, prédicateur et écrivain qui vécut au XIIe siècle. De cette colline, s'ouvrira devant vous un panorama superbe sur le Pripjat'. Allongez-vous sur la pelouse et profitez de ce silence immobile rompu uniquement par les bruits d'une nature éblouissante. Ici, se trouve aussi la prairie de Turov, destination privilégiée pour les passionnées de *birdwatching*. Au printemps, quand le Pripjat' inonde les terres alentour, de cette prairie de 500 hectares ne reste en surface qu'une myriade d'îles minuscules sur lesquelles vient nidifier une centaine d'espèces rares d'oiseaux. Un excellent point panoramique sur le Pripjat est le pont sur le fleuve qui se trouve sur la route Turov-Žitkoviči en sortant de Turov. Ca vaut le coup d'y faire une halte : le panorama est à couper le souffle !

Transports

Le parc se situe au sud de la Biélorussie, compris parmi les fleuves Pripjat', Stviga et Ubort'. Distance Pinsk-Turov : 150 km. Distance Minsk-Turov : 255 km. La solution la plus facile pour le rejoindre est d'y aller en voiture.

En voiture. De Pinsk, prendre la M13 jusqu'à Žitkoviči, puis suivre la direction de Turov. De Minsk, prendre l'A243 en direction de Sluck, Soligorsk. Puis, à la hauteur de Mikaševiči, prendre la M13 jusqu'à Žitkoviči, ensuite suivre Turov.

En bus. De Pinsk, bus en direction de Turov ou de Žitkoviči. De Minsk, un bus par jour au départ de la gare routière Vostočnaja en direction de Stolin.

En train. De Pinsk, prendre le train jusqu'à Žitkoviči (2 heures 45 de trajet), puis le bus jusqu'à Turov. De Minsk prendre le train jusqu'à Kalinkoviči (environ 5 heures de trajet), puis changer pour Žitkoviči, puis prendre le bus jusqu'à Turov.

Pratique

OFFICE DU PARC

Ul. Leninskaja, 127, Ljaskoviči
✆ (02353) 7 51 73 – www.npp.by
Lyaskovichi@tut.by

Le personnel de l'office vous aidera à réserver un logement et à organiser vos excursions, avec ou sans guide. Il est possible de louer aussi vélos, tentes, sacs de couchage et vaisselle. Nombreuses sont les possibilités d'effectuer des excursions sur l'eau. Se renseigner ici.

Autre adresse : Agrogorodok Ljaskoviči, Ljaskoviči ✆ (02350) 5 70 17/5 70 18

Se loger

L'office du parc gère plusieurs cottages équipés tout confort et situés dans des coins pittoresques dans les environs du parc. Pendant votre séjour, vous pouvez aussi commander des repas, il s'agit généralement de plats typiques de la cuisine biélorusse et de la Polésie. Contactez directement l'office pour plus de renseignements et pour les réservations.

GOSTINIČNYJ DOMIK – ГОСТИНИЧНЫЙ ДОМИК

Ul. Leninskaja, 127, Turov
✆ (02353) 75 6 44 – Fax :(02353) 75 1 44
lyaskovichi@tut.by – nptourism@tut.by

44 $ pour une chambre double. Cette petite maison sur deux étages peut héberger six personnes. Toilettes, cuisine et salle de bains sont à chaque étage. Il y a aussi un joli jardin et un parking. L'idéal pour des vacances en famille.

BREST ET SA RÉGION

Le parc national Pripjatskij se découvre au fil de l'eau.

GRODNO ET SA RÉGION

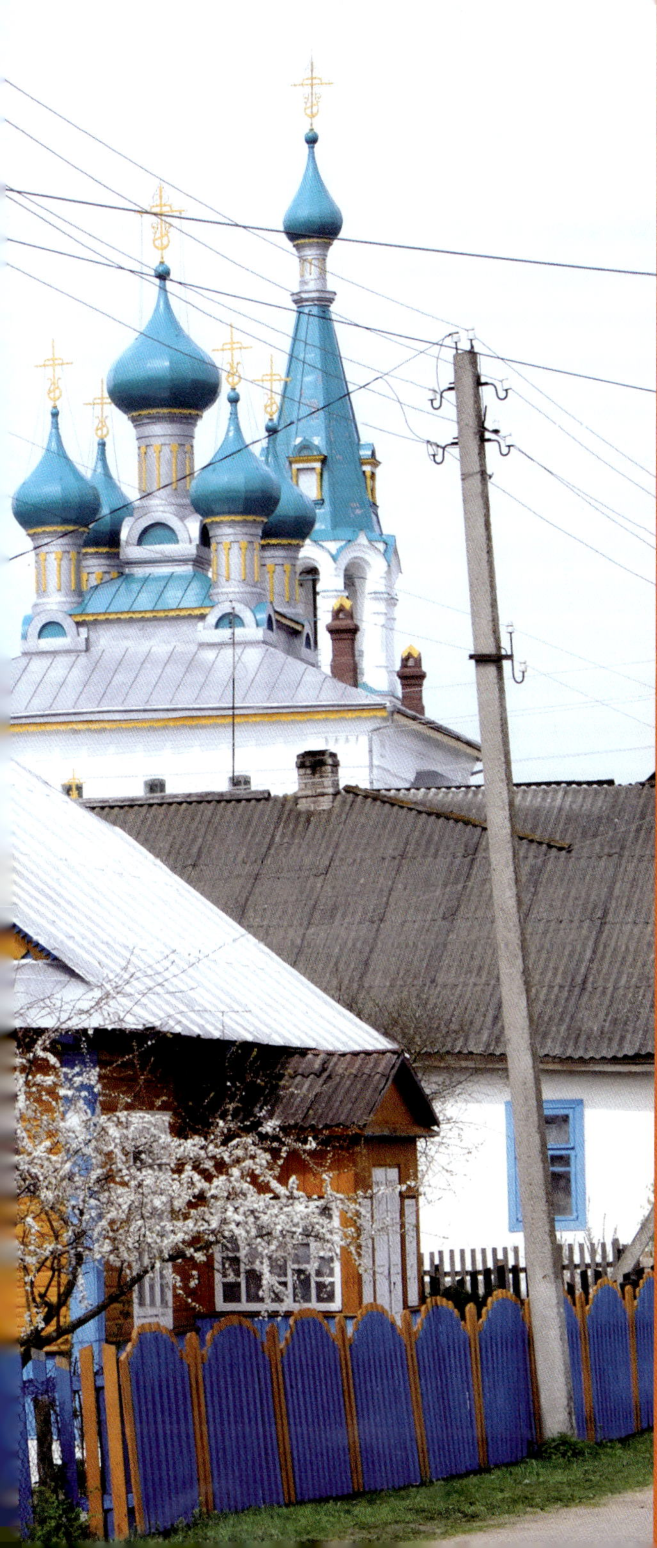

Vue sur le village de Ljubča.

Grodno et sa région

La région de Grodno occupe la partie nord-ouest du territoire biélorusse. Elle touche à l'ouest la Pologne et au nord la Lituanie. Considérée comme la région la plus occidentale du pays, elle est habitée par une importante communauté polonaise qui compte environ 400 000 habitants et est concentrée principalement dans la ville de Grodno, centre adiministratif et culturel de la région. Annexée tardivement à l'Union soviétique (en 1939), la région a été épargnée de la destruction massive des édifices religieux, opérée par les bolcheviques pendant la campagne antireligieuse. Ceci explique pourquoi l'on trouve ici la plus grande concentration de monuments historiques du pays. Des villes comme Novogrudok, Krevo, Ljubča, Gol'šany, et bien sûr Grodno témoignent d'un passé lointain et glorieux qui remonte à l'époque prospère du grand-duché de Lituanie. Les paysages sont enchanteurs. Très verte et sauvage, la région est traversée par le fleuve Neman et plus d'un tiers de son territoire est recouvert de forêts épaisses, pour la plupart sauvages. La forêt Belovežskaja pousse jusqu'à l'extrémité méridionale de la région, mais elle n'est pas la seule forêt primaire. On trouve aussi la forêt Lipačanskaja et celle Avgustovskaja à côté du canal Avgustovskij qui relie trois pays : Biélorussie, Lituanie et Pologne. Les monuments s'inscrivent de façon harmonieuse dans ce paysage verdoyant. Souvent immergés dans la verdure, comme abandonnés par l'histoire, ils se sont figés pour toujours, entourés par une aura de magnifique décadence.

GRODNO – ГРОДНО

Ville charmante et raffinée, Grodno est souvent appelée la ville-musée. C'est une ville unique en Biélorussie et, sans doute, la plus intéressante du point de vue artistique et architectual. Ville de châteaux, palais et églises, au fil des siècles Grodno a su conserver des monuments de styles les plus différents, du gothique au constructivisme se présentant comme un des derniers exemples du Moyen Âge d'Europe orientale avec Vilnius, Krakow et Lvov. A 20 km de la frontière avec la Pologne, la ville est coupée en deux par le fleuve Neman. La rive droite a été choisie pour la fondation de la ville. Grodno est mentionné pour la première fois dans les Chroniques anciennes en 1127 comme capitale de la principauté du prince Vsevolod. Ici surgissait une forteresse qui donna à la ville le nom de Goroden' (construction défensive en bois), ensuite devenue Grodno sous l'influence du polonais.

Les immanquables de Grodno et de sa région

- **Se balader** dans les rues anciennes de Grodno, à la recherche de ses églises catholiques, orthodoxes et de ses synagogues.
- **S'étonner** devant la beauté de l'église Koložskaia à Grodno, exemple rare d'architecture du XIIe siècle en Biélorussie.
- **Monter** sur la colline du château de Novogrudok, ancienne capitale du grand-duché de Lituanie, et contempler le panorama magnifique qui s'ouvre sur les maisons en bois et la campagne environnante.
- **Partir** sur les traces du grand-duché de Lituanie en visitant les vestiges de châteaux et palais à Krevo, Golšany, Novogrudok et Ljubča.
- **Découvrir** l'église-forteresse de Synkoviči, perle rouge au milieu de la campagne biélorusse.
- **S'impreigner** de la spiritualité orthodoxe dans le monastère de Žiroviči.
- **Explorer** à pied ou en bateau le canal Avgustovskij, au milieu d'une nature généreuse.

Grodno et sa région

Grodno

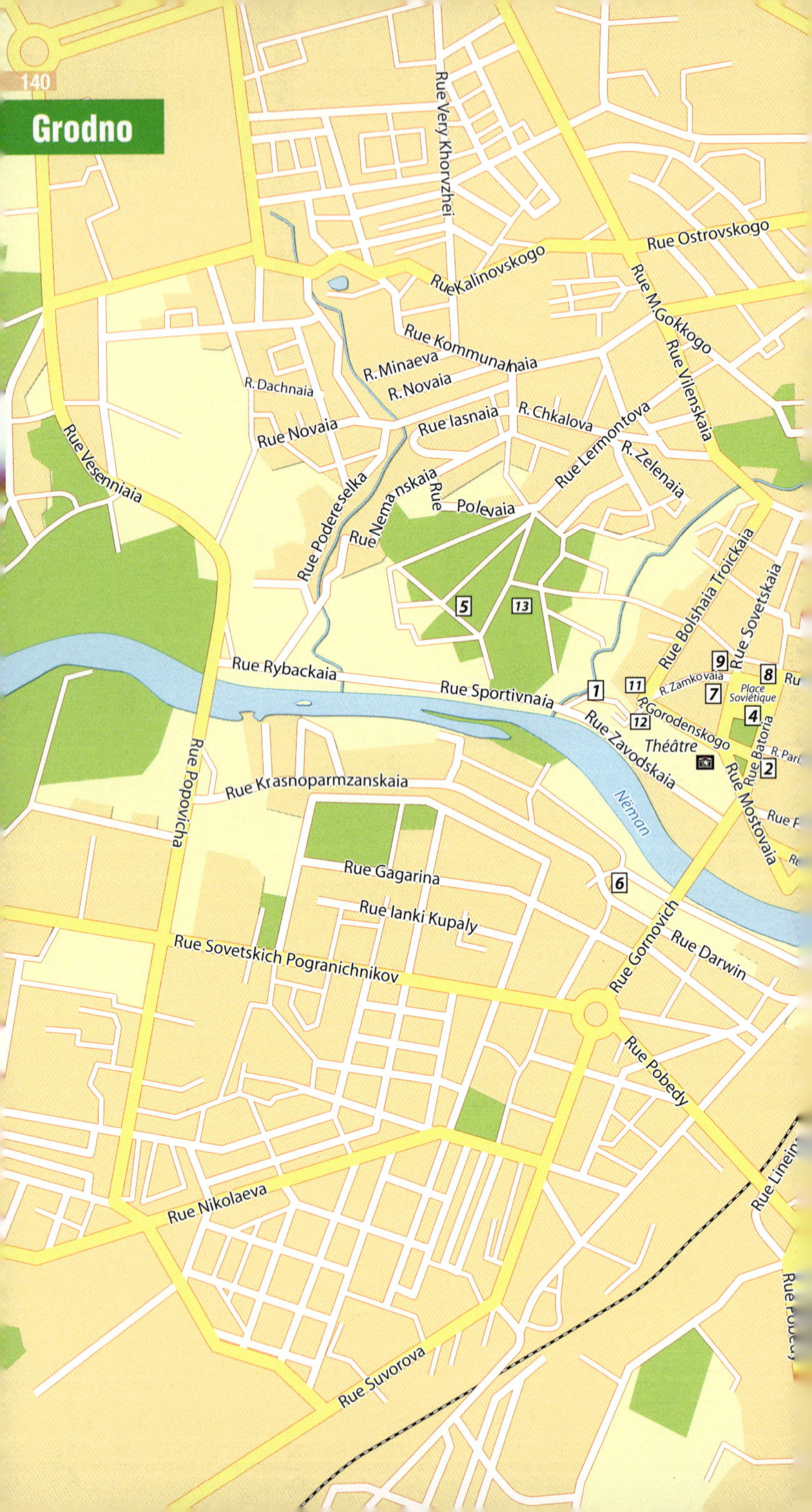

Rue Very Khorvzhei
Rue Ostrovskogo
Rue Kalinovskogo
Rue M.Gokkogo
Rue Vilenskaia
Rue Kommunalnaia
R. Minaeva
R. Novaia
R. Dachnaia
Rue Novaia
Rue Iasnaia
R. Chkalova
Rue Lermontova
R. Zelenaia
Rue Vesenniaia
Rue Podereselka
Rue Nemanskaia
Rue Polevaia
Rue Bolshaia Troickaia
Rue Sovetskaia
Rue Rybackaia
Rue Sportivnaia
R. Zamkovaia
Place Soviétique
R.Gorodenskogo
Théâtre
Rue Zavodskaia
Rue Batoria
R. Pari
Rue Mostovaia
Rue Popovicha
Rue Krasnoparmzanskaia
Něman
Rue Gagarina
Rue Ianki Kupaly
Rue Gornovich
Rue Darwin
Rue Sovetskich Pogranichnikov
Rue Pobedy
Rue Lineina
Rue Nikolaeva
Rue Suvorova
Rue Pobedy
1
2
4
5
6
7
8
9
11
12
13

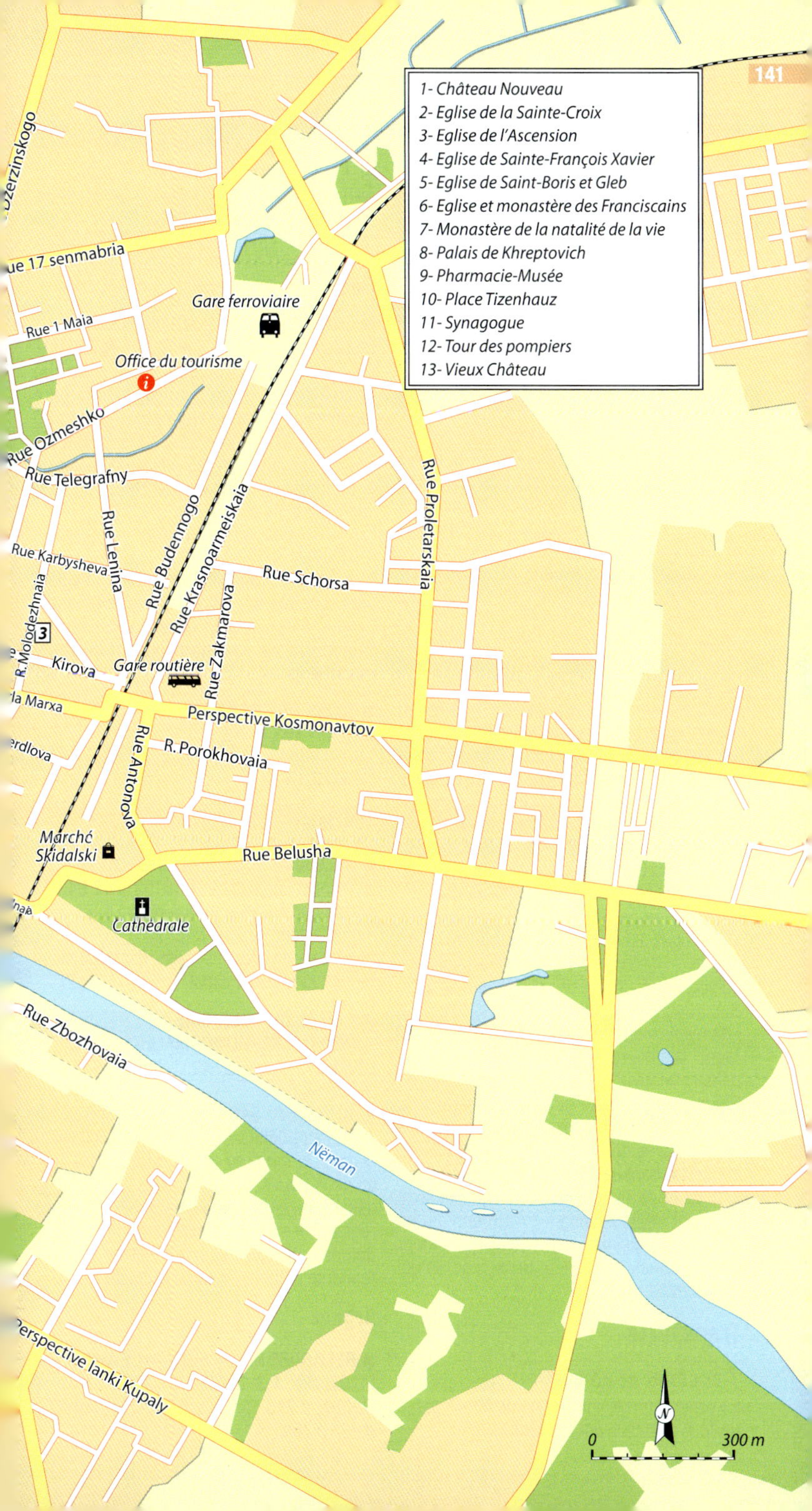
1- Château Nouveau
2- Eglise de la Sainte-Croix
3- Eglise de l'Ascension
4- Eglise de Sainte-François Xavier
5- Eglise de Saint-Boris et Gleb
6- Eglise et monastère des Franciscains
7- Monastère de la natalité de la vie
8- Palais de Khreptovich
9- Pharmacie-Musée
10- Place Tizenhauz
11- Synagogue
12- Tour des pompiers
13- Vieux Château
Dzerzinskogo
Rue 17 senmabria
Gare ferroviaire
Rue 1 Maia
Office du tourisme
Rue Ozmeshko
Rue Telegrafny
Rue Proletarskaia
Rue Karbysheva
Rue Lenina
Rue Budennogo
Rue Krasnoarmeiskaia
Rue Schorsa
Rue Zakmarova
R. Molodezhnaia
3
Kirova
Gare routière
Perspective Kosmonavtov
Rue Antonova
R. Porokhovaia
Marché Skidalski
Rue Belusha
Cathédrale
Rue Zbozhovaia
Nëman
Perspective Ianki Kupaly
0
300 m
N

Grodno en bref

- **Code téléphonique :** 0152.
- **Population :** 338 000 habitants.
- **Localisation :** 276 kilomètres à l'ouest de Minsk, à la frontière avec la Pologne.
- **Sites utiles :** www.tourgrodno.by– www.grodno.by – www.oldgrodno.com

Aux XIIIe-XIVe siècles, la ville doit affronter les invasions des chevaliers Teutoniques. C'est de Grodno que l'armée du grand-duché part pour affronter les croisés lors de la bataille décisive de Grünwald, en 1410. Suite à la victoire, la ville commence à prospérer et en 1496 elle reçoit le droit de Magdebourg. De 1576 à 1586, Grodno devient la résidence du roi de Pologne Stefan Batorij. De 1765 à 1780, le conte Antoni Tisenhaus, *starosta* de Grodno, entreprend ici son activité réformatrice. Surgissent de nombreuses manufactures, un théâtre est ouvert, et en 1775 est fondée une typographie qui publie le premier journal sur le territoire biélorusse, la *Grodnenskaja Gazeta*. L'arrivée des jésuites, en 1625, et la fondation de leur collège enrichissent ultérieurement la vie culturelle de la ville. En 1939, Grodno devient partie de la Biélorussie soviétique.

Aujourd'hui, Grodno, est une ville verdoyante, européenne, un important centre culturel, scientifique et commercial. Surtout, elle reste la ville multiethnique et multiconfessionnelle qu'elle a toujours été dès sa fondation. Juifs, Biélorusses, Ukrainiens, Russes, Tatars et Lituaniens y ont toujours cohabité pacifiquement. D'ailleurs, au mois de juin a lieu le célèbre festival des cultures nationales de Biélorussie. A cette occasion, les rues du centre-ville se transforment en une gigantesque scène de représentations théâtrales, concerts, danses, expositions d'objets artisanaux et de plats nationaux. Un spectacle vraiment impressionnant ! A Grodno est né Léon Bakst, peintre, décorateur et créateur des costumes des Ballets Russes de Sergej Diaghilev.

Transports

Y accéder et en partir

En voiture, on rejoint Grondo de Minsk par la route M6 en passant par Lida.

■ GARE CENTRALE – ЖЕЛЕЗНОДОРОЖНЫЙ ВОКЗАЛ

Ul. Budennogo, 57 ✆ (0152) 744 556

Au moins trois trains par jour de la gare centrale de Minsk (de 6 à 7 heures de trajet). Trains pour Brest, Vitebks, Minsk, Gomel', Saint-Pétersbourg, Irkutsk, Moscou, Bialystok, Simferopol' et Evpatorija.

■ GARE ROUTIÈRE – АВТОВОКЗАЛ

Ul. Krasnoarmejskaja, 7a ✆ (0152) 758 087

De Minsk plusieurs bus par jour (environ un départ par heure) au départ de la gare routière Vostočnaja (en moyenne 4 heures 30 de trajet). De Grodno, bus vers toutes les localités de la région, les villes principales de la Biélorussie, Moscou, Saint-Pétersbourg, Varsovie, Vilnius.

Se déplacer

Vous pouvez tranquillement visiter la ville à pied. Comme les autres villes biélorusses, Grodno dispose d'un excellent réseau de transports en commun (bus, trolleybus, *maršrutki*).

■ TAXIS DE GRODNO

✆ 107 – 183 – 156

Pratique

Tourisme

■ NEMNOVO TOUR – НЕМНОВО ТУР

Ul. Akademiceskaja 2 ✆ (0152) 742 943

www.nemnovotour.grodno.by

nemnovotour_grodno@tut.by

Agence de voyages spécialiste des prestations touristiques sur le canal.

■ OFFICE DU TOURISME – ТУРИСТСКО-ИНФОРМАЦИОННЫЙ ЦЕНТР

Ul. Ožeško, 38

✆ (0152) 773 546 – (0152) 773 603

www.tourgrodno.by – office_europe@mail.ru

Ouvert du lundi au vendredi de 09h à 18h.

Ici vous pouvez recevoir toute l'information nécessaire à votre séjour à Grodno et dans sa région. Possibilité d'organiser des excursions guidées, de louer des vélos et de faire du tourisme actif sur le canal Auguste.

Argent

■ BELARUSBANK – БЕЛАРУСБАНК

Ul. Ožeško, 4 ✆ (0152) 737 333

Ouvert de 9h à 19h, le samedi et le dimanche de 9h à 15h.

■ **BELARUSBANK – БЕЛАРУСБАНК**
Ul. Sovetskaja, 25
✆ (0152) 771 975
Tous les jours de 9h à 21h.

Poste

■ **POSTE CENTRALE – ПОЧТАМТ**
Ul. Ožeško, 9 ✆ (0152) 723 984
Ouvert de 8h à 19h, le samedi de 10h à 16h, fermé le dimanche.

Internet

■ **BELTELEKOM – БЕЛТЕЛЕКОМ**
Ul. Ožeško, 9
Ouvert tous les jours de 7h30 à 23h. Une demi-heure d'Internet coûte environ 1000 BYR.

Urgences

■ **HÔPITAL – 2АЯ ГОРОДСКАЯ БОЛЬНИЦА**
Ul. Gagarina, 5
✆ (0152) 521 782

■ **PHARMACIE N. 131 – АПТЕКА Н. 131**
Ul. Ožeško, 42 ✆ (0152) 745 896
Ouverte 24h/24.

■ **URGENCES – БОЛЬНИЦА СКОРОЙ ПОМОЩИ**
Ul. Sovetskich pograničnikov, 115
✆ (0152) 500 510

Orientation

La ville est coupée en deux par le fleuve Neman. Le centre historique se trouve en position surélevée sur la rive droite. La rue Sovetskaja est la rue piétonne de la ville.

Se loger

Bien et pas cher

■ **HÔTEL BELARUS – ГОСТИНИЦА БЕЛАРУСЬ**
Ul. Kalinovskogo, 1 ✆ (0152) 441 674
120 000 BYR la chambre double. C'est un hôtel classique d'époque soviétique. Néanmoins, les chambres ont été rénovées, elles sont propres et équipées tout confort.

■ **HÔTEL TURIST – ГОСТИНИЦА ТУРИСТ**
Ul. Vasil'ka, 40 ✆ (0152) 448 004
A partir de 90 000 BYR la chambre double. Cet hôtel d'époque soviétique est situé dans le centre-ville, à côté de la gare. Les chambres sont simples, mais confortables. L'idéal pour les petits budgets.

Confort ou charme

■ **HÔTEL SEMAŠKO – ГОСТИНИЦА СЕМАШКО**
Ul. Antonova, 10 ✆ (0152) 750 299
Fax :(0152) 754034
hotel-semashko.ru – sem-hotel@tut.by
370 000 BYR la chambre double, petit déjeuner, parking et wi-fi inclus. Inauguré en 2003, cet hôtel se trouve dans le centre-ville, pas loin de la gare ferroviaire. Il dispose de 41 chambres, équipées de tout confort. Les chambres sont fort accueillantes, le personnel est souriant. L'hôtel a son propre restaurant et un sauna.

■ **HÔTEL SLAVIA – ГОСТИНИЦА СЛАВИЯ**
Ul. Molodežnaja, 1 ✆ (0152) 773 535
www.hotel-slavia.by
info@hotel-slavia.by
Chambre double à 240 000 BYR, petit déjeuner, parking et wi-fi. Situé dans le centre-ville, ce délicieux hôtel dispose de 19 chambres spacieuses et fort accueillantes. Le personnel est extrêmement gentil et disponible. Un excellent rapport qualité/prix.

Luxe

■ **KRONON PARK HOTEL**
Lesopark Pyški
✆ (0152) 739 800 – (029) 360 00 50
www.kronon.by – info@kronon.by
A partir de 420 000 BYR pour une chambre double, petit déjeuner, parking et wi-fi compris. Les clients ont à leur disposition aussi la piscine et la sauna de l'hôtel (compris dans le prix). Situé au milieu d'une zone boisée à l'intérieur de la ville, cet hôtel de grand luxe a l'aspect d'une résidence de style classique sur deux étages. Il dispose de 15 chambres magnifiques. Ambiance élégante et raffinée. Le service est impeccable.

Se restaurer

Sur le pouce

■ **CAFÉ ČEBUREČNAJA – КАФЕ ЧЕБУРЕЧНАЯ**
Ul. Ožeško, 1 ✆ (0152) 771 348
Ouvert tous les jours de 10h à 23h. Si vous avez envie d'essayer un bistrot d'époque soviétique, alors vous devez absolument venir ici. Rien n'a changé depuis longtemps, mais l'endroit est sympathique et on y goûte, debout ou assis, des excellents *čebureki*, des fougasses fries avec la viande.

Pause gourmande

■ KOFEMANIJA – КОФЕМАНИЯ

Ul. Sovetskaja, 31
Ouvert tous les jours de 9h à 21h, le vendredi et le samedi de 9h à 23h. Dans ce petit café à l'atmosphère intime, on peut goûter des cocktails de lait et fruits, un vaste choix de thés et cafés, des gâteaux, des glaces, des salades de fruits, des blinis et des sandwichs.

Bien et pas cher

■ KORČMA U PRIČALA – КОРЧМА У ПРИЧАЛА

Ul. Zavodskaja, 14 ✆ (0152) 742 045
Ouvert tous les jours de 12h à minuit, le vendredi et le samedi jusqu'à 2h. Environs 40 000 BYR pour un repas complet. On y mange des plats typiques, mais aussi de la bonne viande au feu de bois. L'été, le restaurant dispose d'une belle terrasse directement sur le fleuve Neman. Un endroit très agréable.

■ KORČMA – КОРЧМА

Ul. Sovetskaia, 31 ✆ (0152) 723 411
Ouvert de 10h à minuit, le vendredi et le samedi jusqu'à 1h. Autour de 35 000 BYR pour un repas complet. Ouvert récemment, ce restaurant à l'atmosphère rustique offre des plats délicieux de la cuisine locale. C'est sûrement le restaurant le plus fréquenté de la ville.

Bonnes tables

■ STARYJ LIAMUS – СТАРЫЙ ЛЯМУС

1A ul. Dzerzhinskogo
✆ (00375 15) 77 09 65
http://markiza.by/
markiza_todo@mail.ru
Ouvert de 12h à 2h. De 45 000 à 50 000 BYR. Situé dans l'immeuble d'un ancien dépôt du XVIIIe siècle, ce restaurant propose de la bonne cuisine biélorusse dans une ambiance XIXe siècle. L'intérieur est en bois ce qui rend l'atmosphère particulièrement chaleureuse. Un endroit excellent.

■ ZAMAK ZEVANY – ЗАМАК ЗЕВАНЫ

✆ (0152) 939 473
http://maentak.grodnomk.by/index.html
Ouvert tous les jours de 12h à 2h sauf le lundi. 50 000-55 000 BYR par personne. Situé à 12 km de Grodno, ce restaurant est très fréquenté. Il propose des plats de cuisine biélorusse, polonaise, lituanienne et russe. A goûter absolument les viandes, notamment le gibier, qui sont délicieuses. Comme apéritif demandez un *sbiten'*, une boisson chaude à base de miel, épices et vodka. La nourriture est en général très très bonne, les portions sont abondantes. Les intérieurs sont en bois, un peu kitch, mais l'endroit est sympa. Le restaurant est situé dans une grande zone récréative où on peut aussi monter à cheval.

Sortir

■ BOWLING KLUB METRO

Ul. Pobedy, 31 ✆ (0152) 512 494
www.metroclub.by
Ouvert tous les jours de 12h à 6h, le restaurant jusqu'à 4h. C'est un endroit très fréquenté par les habitants de Grodno. Ici, on trouve des pistes de bowling, une salle pour le billard et un restaurant.

■ PHILARMONIE – ФИЛАРМОНИЯ

Ul. Gornovych, 17 ✆ (0152) 562 548

Église de la Sainte-Croix.

■ **THÉÂTRE DES MARIONNETTES – ТЕАТР КУКОЛ**
Ul. Dzeržinskogo, 1/1 ✆ (0152) 745 930

■ **THÉÂTRE DRAMATIQUE – ДРАМАТИЧЕСКИЙ ТЕАТР**
Ul. Mostovaja, 35 ✆ (0152) 730 500
http://drama.grodno.by

À voir – À faire

Située à la frontière avec la Pologne et annexée à la Biélorussie soviétique seulement en 1939, la ville présente une forte concentration d'églises catholiques. L'architecture prédominante est du reste celle catholique. De plus, à Grodno, réside la plus grande communauté polonaise de Biélorussie. La meilleure façon de découvrir cette ville fascinante est de se promener dans les rues du centre. La rue Sovetskaja est la rue piétonne de Grodno. A l'époque du grand-duché de Lituanie, elle s'appelait rue Vilenskaja, c'est-à-dire qui menait à Vilna, la capitale. Ici, se concentrent plusieurs immeubles des XVIIIe-XIXe siècles. Très intéressantes sont aussi les rues Karla Marksa, Zamkovaja, Mostovaja, Ožeško, Lenina.

■ **CHÂTEAU NOUVEAU – НОВЫЙ ЗАМОК**
Ul. Zamkovaja, 22 ✆ (0152) 740 833
Le château nouveau fut construit en 1734-1751 en style rococo pour accueillir les réunions du parlement de la République des Deux Nations. Il a été témoin des évènements tragiques qui ont marqué la fin de la République. En 1793, ici a lieu la « réunion silencieuse » qui decrète le partage de la République entre la Prussie et l'Empire russe. En 1795, le roi Auguste Poniatowski renonce au trône, ce qui marqua la fin de la République. Détruit pendant la Seconde Guerre mondiale, il a été reconstruit en 1952. Seuls les sphinx et l'arche d'entrée sont originels. Aujourd'hui, se trouve la bibliothèque régionale.

■ **ÉGLISE DE LA SAINTE-CROIX ET MONASTÈRE DES BERNARDINS – КОСТЁЛ ОБРЕТЕНИЯ СВ. КРЕСТА И МОНАСТЫРЬ БЕРНАРДИНЦЕВ**
Ul. Parižskoj Kommuny, 1
On aperçoit de loin l'aiguille du clocher de cette belle église catholique, la plus ancienne de Grodno. Située sur une colline, elle domine le centre historique. Elle a été construite au début du XVIIe siècle dans un mélange de styles : gothique, Renaissance et baroque. A l'intérieur, sont conservés des précieuses sculptures en style Renaissance et un orgue du XVIIe siècle. Aujourd'hui, dans le monastère se trouve un séminaire catholique.

Église de Saint-François-Xavier.

■ **ÉGLISE DE L'ASCENSION ET MONASTÈRE DE SAINTE-BRIGITTE – БЛАГОВЕЩЕНСКИЙ СОБОР И МОНАСТЫРЬ СВЯТОЙ БРИГИТТЫ**
Ul. Molodežnaja, 2 ✆ (0152) 770 181
Cette magnifique église catholique fut construite en style baroque en 1636-1646. Tout autour, elle est décorée par une frise de style Renaissance. Le monastère à la forme d'un carré fermé au milieu duquel se trouve une cour. Dans la cour se conserve intact un vieux dépôt (*ljamus*) en bois sur deux étages datant 1730, construit sans utiliser même pas un seul clou ! De 1950 à 1990, le monastère était un dispensaire psychoneurologique.

■ **ÉGLISE DE SAINT-FRANCOIS-XAVIER – КОСТЁЛ СВЯТОГО ФРАНЦИСКА КСАВЕРИЯ**
Pl. Sovetskaja, 2
Chef-d'œuvre du baroque biélorusse, cette magnifique cathédrale blanche domine le centre-ville et est sans doute son principal ornement. Consacrée en 1701, elle appartenait à l'ordre des jésuites, arrivés à Grodno en 1622. Surmontée par deux tours, la façade est décorée par les trois statues en bois des saints Pierre, Paul et François-Xavier. A l'intérieur, on trouve 14 autels de style baroque et rococo. Les fresques sont de la moitié du XVIIIe siècle. Avec sa composition de colonnes et statues sur trois étages, l'autel central étonne par sa splendeur. A côté de l'église, se trouve l'ancien monastère des jésuites transformé en prison par le pouvoir tsariste après l'insurrection nationale de 1830-1831. Il demeure encore une prison de nos jours.

■ **ÉGLISE DES SAINTS-BORIS-ET-GLEB (KOLOŽSKAIA) – БОРИСОГЛЕБСКАЯ ЦЕРКОВЬ (КОЛОЖСКАЯ)**

Ul. Rybackaja, 6/1 ✆ (0152) 723 145

En 1180, les architectes de l'école de Grodno construisent cette église qui est une des plus anciennes de Biélorussie. Située sur une colline à côté du Vieux Château, elle domine le Neman. Consacrée aux saints Boris et Gleb, au XVe siècle elle commence à être appelée Koloža, du nom d'un faubourg de Pskov, d'où étaient originaires les prisonniers que le prince Vitovt avait emmené ici lors d'une campagne militaire. Pendant l'inondation de 1853, une moitié de l'église est emportée par le Neman. Cette partie sera reconstruite en bois au début du XXe siècle. L'église est un vrai joyau. Bâtie en briques rouges fines, sa façade est décorée par des carreaux en maïolique et des pierres taillées. Les amphores emmurées dans les murs de l'église, typique de l'architecture religieuse de Grodno de l'époque, garantissent une acoustique excellente et allègent la structure.

■ **ÉGLISE ET MONASTÈRE DES FRANCISCAINS – КОСТЁЛ И МОНАСТЫРЬ ФРАНЦИСКАНЦЕВ**

Ul. Ogorodnaja, 2

Ce complexe se tient sur une colline sur la rive gauche du Neman. L'église a été construite en style baroque en 1653. Le relief du terrain a déterminé sa structure asymétrique. Aujourd'hui, dans les bâtiments du monastère se trouve l'hôpital n. 2.

© ANDREA NERI

Église des Saints-Boris-et-Gleb.

■ **MONASTÈRE DE LA NATALITÉ DE LA VIERGE – МОНАСТЫРЬ РОЖДЕСТВА БОГОРОДИЦЫ**

Ul. Zamkovaja, 3 ✆ (0152) 723 430

Ce monastère fut fondé en 1633 par l'ordre uniate des basiliennes. Suite à différents incendies, il fut reconstruit en 1720. En 1843, il passe à l'Eglise orthodoxe. Il a reprit son activité en 1992.

■ **PALAIS DE CHREPTOVIČ – ДВОРЕЦ ХРЕПТОВИЧА**

Ul. Zamkovaja, 16

Ouvert de 10h à 18h, fermé le lundi. 2 000 BYR, 1 000 BYR le tarif réduit. Ce palais fut construit à la fin du XVIIIe siècle en style classique, pour le dernier chancelier du grand-duché de Lituanie, Evstafij Chreptovič. Sur l'arche d'entrée est représenté l'emblème de Grodno, un cerf avec une croix entre les bois. Aujourd'hui, dans le palais, se trouve le musée de la Religion.

■ **PHARMACIE-MUSÉE – ГРОДНЕНСКАЯ АПТЕКА-МУЗЕЙ**

Pl. Sovetskaja, 4 ✆ (0152) 441 709

Ouvert tous les jours de 10h à 17h, sauf le dimanche et le lundi. Entrée gratuite. L'immeuble fut construit en 1709 par les jésuites qui fondèrent leur laboratoire pharmaceutique, le premier de Biélorussie. La pharmacie fonctionna sans interruption jusqu'en 1950, ensuite elle fut transformée en dépôt. En 1996, elle ouvrit à nouveau ses portes. Dans la pièce à côté de la pharmacie, se trouve un musée avec une exposition d'objets « pharmaceutiques » des XVIIIe-XIXe siècles.

■ **PLACE TIZENHAUS – ПЛОЩАДЬ ТИЗЕНГАУЗА**

Autrefois cette place portait le nom de place du Palais. Il s'y trouvait le palais d'Antoni Tyzenhaus, trésorier du grand-duché de Lituanie et *starosta* de Grodno. Le palais n'existe plus, mais restent d'autres constructions. On trouve la fameuse *krivaja oficina*, une maison en forme de demi-cercle qui de 1764 à 1780 hébergeait l'école musicale de Tyzenhauz. Actuellement c'est une école de musique. De l'autre côté de la rue Dzeržinskaja, on voit le célèbre théâtre de l'opéra et du ballet de Tyzenhauz, aujourd'hui théâtre de marionnettes.

■ **RUE OŽEŠKO – УЛИЦА ОЖЕШКО**

De la moitié du XIXe siècle jusqu'au début du XXe siècle, sur cette rue a été bâtie une multitude d'immeubles en style néoclassique et moderne. Suite à la construction du chemin de fer en 1862, la rue Ožeško devient une des artères principales de la ville car elle relie le centre à la gare des trains, située tout au fond. Au n. 1, se trouve le palais du vice-gouverneur Maksimovič, construit en 1803 en style classique. Pendant la guerre franco-russe de 1812, ici se trouvait le quartier général de Jérôme Bonaparte. Au n. 17, se trouve la maison-musée de l'écrivain polonais Elisa Ozheshko, qui vécut ici de 1895 à 1910. Au n. 22, on trouve l'ancien gymnase féminin (1893), aujourd'hui devenu le bâtiment principal de l'université de Grodno. Au n. 23, on trouve l'église orthodoxe de l'Intercession, construite en 1907 en style pseudo-russe en mémoire des soldats morts pendant la guerre russo-japonaise. Au n. 37, on trouve un immeuble plutôt singulier : la maison de l'artisan. Construite en 1768-1773, c'est la seule maison qui reste des 20 maisons construites pour héberger les artisans étrangers invités à Grodno. La façade est baroque, en briques plâtrées, alors que le reste de la maison est en bois. Aujourd'hui, s'y tient le musée Gorodnica sur l'histoire de la région de Grodno.

■ SYNAGOGUE – СИНАГОГА

Ul. Bolšaja Troickaja, 59
Elle a été construite à la fin du XIXe siècle en style néorusse, à la place de la vieille synagogue en bois du XVIIIe siècle. Du XVIe siècle jusqu'à la Seconde Guerre mondiale, ce quartier était le quartier juif de Grodno. La synagogue fonctionna jusqu'à 1939. Elle a été réouverte en 1994.

■ TOUR DES POMPIERS – ПОЖАРНАЯ КАЛАНЧА

Ul. Zamkovaja, 19
Elle fut construite en 1912 en style moderne grâce aux dons des habitants de la ville. La raison qui poussa à sa construction fut un incendie tragique qui en 1885 détruisit 600 maisons, la moitié de la ville. Chaque jour, à midi, un pompier sort sur la tour et sonne une mélodie à la trompette.

■ VIEUX CHÂTEAU – СТАРЫЙ ЗАМОК

Ul. Zamkovaja, 20 ✆ (0152) 743 915
Le musée archéologique est ouvert de 10h à 18h, sauf le lundi, l'entrée coûte 3200 BYR.
Erigé aux XIVe-XVe siècles par le prince Vitovt, le vieux château domine le Neman du haut de sa colline. A partir de la deuxième moitié du XVIe siècle il devient la résidence du roi Stefan Batorij. En 1579, l'architecte italien Scotta le reconstruit en le transformant en

© ANDREA NERI

Monastère de la natalité de la Vierge

palais du roi. Ici, suite à la mort improviste de Stefan Batorii le 14 décembre 1586, les médecins personnels du roi, les italiens Bucello et Simoni, effectuent la première autopsie de l'histoire de la médecine biélorusse. Suite à la guerre du Nord (1700-1721) et à un incendie en 1735, le château fut détruit. Il fut reconstruit à la fin du XVIIIe siècle. Du palais de Stefan Batorij aujourd'hui restent seulement les enceintes. Depuis 1925, dans le château se trouve le musée historico-archéologique.

Shopping

■ CENTRE COMMERCIAL NEMAN – ТОРГОВЫЙ ДОМ НЁМАН

Ul. Sovetskaja, 18 ✆ (0152) 741 957
Ouvert du lundi au vendredi de 9h à 21h, le samedi de 10h à 19h, le dimanche de 10h à 18h. Vous y trouverez tout : des denrées alimentaires, des vêtements, des souvenirs.

■ LIBRAIRIE – КНИГИ

Ul. Sovetskaja, 10 ✆ (0152) 772 914
Ouvert tous les jours de 10h à 19h, le samedi de 10h à 18h, le dimanche de 10h à 15h.

■ MARCHÉ CENTRAL – ЦЕНТРАЛЬНЫЙ РЫНОК

Ul. Poligrafistov, 6 ✆ (0152) 752 234
C'est un joli marché aux mille couleurs et odeurs ! A visiter.

Dans les environs

■ FORTERESSE DE GRODNO – ГРОДНЕНСКАЯ КРЕПОСТЬ

En sortant de Grodno en direction nord-ouest, vers le village de Sopockin, s'arrêter à la hauteur du village de Naumoviči. Les restes de l'ancienne forteresse de Grodno forment un complexe de 13 forts construits entre 1880 et 1915. Pendant la Seconde Guerre mondiale, 3 000 personnes furent tuées ici. Le monument à la « mère affligée » les commémore.

■ RÉSIDENCE DE VOLOVIČ – ДВОРЦОВО-ПАРКОВЫЙ АНСАМБЛЬ ВОЛОВИЧЕЙ

Un peu après la forteresse de Grodno se trouve le village de Svjack où est située la résidence. La magnifique résidence du magnat Volovič, chancelier du grand-duché de Lituanie, fut construite en 1779 sur les plans de l'architecte italien Giuseppe Sacco. La résidence se trouve sur une petite colline et se compose de trois parties : un corpus central et deux pavillons latéraux. Entouré par un parc avec des petits lacs artificiels, l'immeuble est de style baroque, même si on y perçoit déjà l'influence du classicisme. À l'époque soviétique, elle fut transformée en sanatorium pour les malades de tuberculose. Depuis 2005, elle est à l'abandon.

■ AVGUTOVSKIJ KANAL – АВГУСТОВСКИЙ КАНАЛ

Pour plus d'informations, adressez-vous à l'office du tourisme de Grodno ou bien à l'agence Nemnovo Tour à Grodno également. Le canal Avgustovskij passe au nord-ouest de Grodno. Ce coin paradisiaque de nature sauvage fera le bonheur de tous les amoureux de la nature et du tourisme actif, en particulier aquatique. La construction du canal, destiné à relier la Vistule au Neman, commence en 1824 et s'achève en 1834. Le long de ses 102 km, dont 80 km en Pologne et 23 km en Biélorussie, on trouve 18 écluses, dont 3 en Biélorussie, avec un dénivelé de 0,8 m à 11 m. La partie biélorusse du canal a été parfaitement réaménagée en 2004-2006. La valeur naturelle du canal et de son écosystème est incalculable. Le canal traverse la forêt primaire Avgustovskaja au milieu d'un paysage ravissant, il est riche de petits affluents qui peuvent être parcourus en kayak. Visitez l'écluse Nemnova dans le village homonymique. A côté de l'écluse, se trouve la maison en briques rouge de *panna* (madame) Zažeckaia. Cette maison a été construite au début du XIXe siècle pour héberger les gardiens de l'écluse. Ici, depuis des années, *panna* Zažeckaia conserve tout type d'objets, de documents et de photographies témoignant de l'histoire du canal. Demandez-lui de vous montrer son petit musée, elle le fera avec un grand plaisir. En suivant le canal en direction de la frontière avec la Pologne, on arrive à l'écluse Dombrovka. C'est un endroit très populaire des habitants de Grodno. Les jours d'été, on vient pique-niquer et se baigner, l'écluse forme aussi des petites cascades. Il y a un point pour la location de bateaux et de pédalos. Chaque année, au mois d'août, a lieu le festival « Le canal Avgustovskij dans la culture de trois peuples » auquel participent des groupes folkloriques de Biélorussie, de Lituanie et de Pologne. Le canal peut être parcouru en kayak ou par bateau. Il est possible de participer à des excursions organisées, dont le tour « L'Europe Inconnue ». Un itinéraire de 51 km de navigation à travers trois pays : le départ s'effectue de l'écluse Kuzinec, en Pologne, et on arrive à la ville de Druskininkai en Lituanie, en passant par la Biélorussie. Il est possible aussi de louer des kayaks, des tentes et des sacs de couchage. Dans le village d'Ozery, il est possible de loger dans des maisons d'hôtes.

SLONIM – СЛОНИМ

Jolie ville de province, Slonim surgit au bord de la fleuve Ščara. Mentionnée pour la première fois dans les Chroniques en 1252 comme Uslonim et ensuite Vslonim, son nom signifie bourg fortifié. A partir de la fin du XIIIe siècle, Slonim fait partie du grand-duché de Lituanie.

Situé au croisement des routes de Vilna à Brest, de Pinsk à Grodno, de Varsovie à Minsk et Smolensk, Slonim joua un rôle fondamental dans l'économie du grand-duché. Au XVe siècle, la cité devient riche et prospère. Suite à l'union de Brest (1596), ici surgit une multitude de monastères catholiques qui forment une sorte de ceinture protectrice autour du château des seigneurs de la ville. Au XVIIIe siècle, Michail Kazimir Oginskij y laisse une empreinte profonde.

Mécène et réformateur, grâce à lui, Slonim s'enrichit de nombreuses manufactures, d'une typographie et d'un thâtre. A l'époque, Slonim était connu comme l'Athènes de la Polésie. Pour faciliter les commerces, Oginskij fit aussi construire un canal, le célèbre canal Oginskij, qui relie le Ščara au fleuve Jasel'da, donc la mer Baltique à la mer Noire. Ce canal passe aujourd'hui par Slonim. Ville de 50 000 habitants, verdoyante, paisible, elle a su garder le charme du passé.

Transports

Slonim se trouve à environ 200 km au sud-ouest de Minsk, et à 140 km au sud-est de Grodno. En voiture de Minsk, prendre la M1 en direction de Brest, puis sortir suivant les indications pour Slonim. De Grodno, prendre la P44 en direction de Lunna-Mosty-Slonim.

■ GARE DES TRAINS – ЖЕЛЕЗНОДОРОЖНЫЙ ВОКЗАЛ

Ul. Vokzal'naja, 11 ✆ (01562) 25 033

Parfaitement restaurée, la gare date de 1922. De Grodno, train en direction de Saint-Pétersbourg ou Gomel' (3 heures 30 de trajet). De Minsk prendre le même train mais en direction de Grodno.

■ GARE ROUTIÈRE – АВТОВОКЗАЛ

Ul. Vokzal'naja, 11 ✆ (01562) 25 571

De Minsk, bus au départ de la gare routière Vostočnaja en direction de Slonim, Grodno, Mosty, Zel'va (3 heures 30 de trajet). De Grodno, prendre le bus en direction de Slonim ou Minsk (2 heures 30-3 heures de trajet).

À voir – À faire

Le centre-ville se réunit autour des rues Sovetskaja, Vasi Krajnego, Pervomajskaja et de la place Lenina. On y trouve des belles constructions du XIXe siècle, notamment aux n. 5, 16, 18 et 21 de la rue Vasi Krajnego et tout autour la place Lenina.

■ CATHÉDRALE DE LA TRINITÉ – СВЯТО-ТРОИЦКИЙ СОБОР

Pl. 17 sentjabrja, 8

Au départ, cette austère église orthodoxe a été bâtie comme église catholique à laquelle était annexé le monastère des bernardins. Elle a été construite pendant la première moitié du XVIIe siècle, en style baroque. Sa façade est dominée par l'imposante tour du clocher. Le monastère date de la moitié du XVIIIe siècle, aujourd'hui s'y trouve un internat.

■ ÉGLISE DE L'IMMACULÉE CONCEPTION – КОСТЁЛ НЕПОРОЧНОГО ЗАЧАТИЯ ДЕВЫ МАРИИ

Ul. Pervomajskaja, 11

Cette belle église toute blanche a été construite en 1664-1670. Elle mélange trois styles : baroque, rococo et classicisme. Sa façade est surmontée d'une tour massive. Le monastère date de 1764. L'église a été la seule, à Slonim, à ne pas avoir été fermée à l'époque soviétique, alors que le monastère fut transformé en hôpital et c'est seulement au début des années 1990 qu'il a été rendu aux moines.

■ ÉGLISE DE SAINT-ANDRÉ – КОСТЁЛ СВ. АНДРЕЯ

Pl. Lva Sapegi

En position décentrée, cette église catholique a été construite en 1775. C'est un exemple magnifique du baroque tardif biélorusse. La façade est surmontée par deux tours et décorée par deux niches, situées en dessus de l'entrée, dans lesquelles se trouvent les statues en bois des apôtres Pierre et Paul.

■ SYNAGOGUE – СИНАГОГА

Ul. Sovetskaja, 11

Construite en 1642, cette synagogue faisait partie du système défensif de la ville. Cela explique les murs très épais, parfois jusqu'à deux mètres, et les fenêtres en forme allongée, situées en haut. La façade est en style baroque. Elle a été lieu de culte jusqu'en 1940. Elle est actuellement en phase de restauration. Derrière la synagogue se trouve le marché.

Cathédrale de la Transfiguration.

ŽIROVIČI – ЖИРОВИЧИ

A 10 km au sud de Slonim, Žirovići est un petit village situé sur la pleine du fleuve Ščara, dans un cadre naturel pittoresque. Il paraît que son nom dérive du verbe *žirovat'* (manger copieusement), se référant au fait que la verdure dans le coin était abondante et permettait au bétail de se rassasier. Ici se trouve le célèbre monastère masculin orthodoxe qui fait de Žirovići le centre spirituel de l'orthodoxie biélorusse. Là, où aujourd'hui se tient le monastère, au XVe siècle se trouvait la résidence d'Alexandre Soltan, un des trésoriers du grand-duché de Lituanie. En 1470, sur ses propriétés, une icône miraculeuse de la Vierge est retrouvée dans les branches d'un arbre. Soltan fait alors construire une église en bois pour l'icône, mais en 1520, à cause d'un incendie, l'église brûle entièrement. Après l'incendie, personne ne put retrouver l'icône. Néanmoins, en 1521, la Vierge apparaît à des enfants avec l'icône dans ses mains. L'église est donc reconstruite et, ensuite, un monastère. En 1609, le monastère passe aux uniates qui le gardent jusqu'à 1839, quand l'Union de Brest est supprimée. Le premier supérieur du monastère a été Iosafat Kuncevič, célèbre archevêque uniate. De 1839, le monastère est orthodoxe. A partir du moment de sa construction, le monastère n'a jamais cessé de fonctionner. A l'époque soviétique, y étaient envoyés les moines de tous les coins de la Biélorussie afin de les isoler du reste de la société. Chaque année, le 20 mai, on y célèbre la fête de l'icône miraculeuse de la Vierge. Cet endroit constitue un des grands trésors de la Biélorussie, à ne pas manquer.

Se loger

■ **MONASTÈRE DE ŽIROVIČI – СВЯТО-УСПЕНСКИЙ ЖИРОВИЧСКИЙ МОНАСТЫРЬ**

✆ (029) 653 87 23

On peut le rejoindre de Slonim en bus ou maršrutka. Le monastère dispose de chambres pour les visiteurs. Elles se trouvent dans les nouveaux bâtiments construits pour héberger les étudiants de l'académie spirituelle. Les chambres sont grandes et confortables, les sanitaires sont en commun sur le palier. Le monastère a aussi sa propre cantine est est économiquement autonome. Il dispose de plusieurs hectares de terres et d'un petit élevage. Pour la préparation de la nourriture ne sont donc utilisés que des produits naturels ! C'est la solution idéale pour les visiteurs qui ont ainsi la possibilité de profiter de l'atmosphère paisible du village et de voir de près la vie d'un monastère orthodoxe, ce qui généralement est assez rare. Pour réserver une chambre adressez-vous à père Pavel Bubnov (par téléphone ou sur place).

À voir – À faire

■ **MONASTÈRE DE ŽIROVIČI – СВЯТО-УСПЕНСКИЙ ЖИРОВИЧСКИЙ МОНАСТЫРЬ**

✆ (029) 653 87 23

On peut le rejoindre de Slonim en bus ou maršrutka. Le monastère est ouvert tous les jours de 9h à 18h. Les visites guidées sont effectuées par les étudiants du séminaire et de l'académie spirituelle de Minsk, dont le siège

Monastère de Žirovići sous la neige.

et les locaux se trouvent ici. Le complexe du monastère est composé de différents blocs : trois églises, le séminaire avec les salles de cours, les logements et la cantine pour les étudiants. Non loin du monastère, dans le cimetière se trouve la petite église en bois de Saint-Georges (XVIIIe siècle).

▸ **Église de l'Apparition** (**Явленская Церковь**). Cette église a été construite en 1672 à l'endroit où la Vierge apparut une deuxième fois avec l'icône, en 1521. C'est l'église la plus ancienne du monastère, même si, au XVIIIe siècle, elle subit quelques changement. Son icône principale représente la Vierge avec l'icône dans les mains. L'autel a été construit à partir du rocher sur lequel était assise la Vierge lors de son apparition en 1521. L'iconostase est du XVIIIe siècle. Dans l'église, il n'y a ni chauffage, ni éclairage.

▸ **Église de l'Assomption** (**Свято-Успенский Собор**). Bâtie en 1650, cette imposante église a été reconstruite pendant la première moitié du XIXe siècle. Les fresques sur les murs ont été toutes faites à l'époque soviétique par les moines, la nuit, en cachette. L'iconostase centrale se compose d'icônes de la fin du XVIIIe siècle. Minuscule et en pierre, l'icône miraculeuse de la Vierge à l'origine de la fondation du monastère se trouve devant l'iconostase. A côté de l'iconostase, on peut voir une croix qui contient les cendres des saints.

▸ **Église de l'Élévation de la Croix** (**Крестово-здвижснская Церковь**). Construite en style baroque en1769 sur une colline, son intérieur à une forme inhabituelle reproduisant le calvaire de Jésus : un escalier de 28 marches conduit à la salle où se tient la fonction religieuse. Cet escalier est la copie de l'escalier en marbre par lequel Jésus monta jusqu'à Ponzio Pilato (la scala santa, conservée à Rome). Initialement chaque marche contenait les cendres d'un saint. Les croyants montaient l'escalier à genoux. Au début du XXe siècle les cendres sont transportées dans la croix qui se trouve dans l'église de l'Assomption. Les fresques sont récentes puisque l'église à été profondément endommagée à l'époque soviétique.

SYNKOVIČI – СЫНКОВИЧИ

Le petit village de Synkoviči se trouve à 13 km de Slonim, sur la route en provenance de Grodno-Volkovysk. Ici, en position isolée, surgit l'église-forteresse de Saint-Michel, joyau de l'architecture médiévale biélorusse. L'origine de l'église est mystérieuse. Il paraît qu'elle aurait été bâtie vers la fin du XVe siècle, à partir d'une forteresse déjà existante. L'église réunit de façon harmonieuse les deux tendances orientale (byzantine) et occidentale (gothique) qui ont influencé la culture biélorusse au cours de son histoire. L'épaisseur des murs de l'église, la présence de tours et de fentes rapprochent l'église à une forteresse. Au début du XVIIe siècle, l'église passe aux uniates, pour revenir aux orthodoxes au début du XIXe siècle. En 1926, l'église devient à nouveau uniate, mais après la Seconde Guerre mondiale elle est fermée et transformée en dépôt pour les légumes. Depuis 1993, l'église appartient aux orthodoxes.

LIDA – ЛИДА

Important nœud de communication pour Grodno, Vilnius et Minsk, Lida est la deuxième ville de la région, après Grodno. La date de sa fondation est incertaine. Il paraît que Lida aurait été fondée par le prince Gedimin en 1326, au moment de la construction de la célèbre forteresse. Lida est connue aussi pour sa fabrique de bière Lidskoe pivo, fondée en 1873. Les nombreuses guerres qui sont passées par ici ont laissé une empreinte profonde dans la ville. C'est une ville soviétique qui, outre son château, n'a pas gardé grand-chose de son passé. La rue Sovetskaja correspond au centre-ville. Au n. 2, se trouve l'église catholique de l'Exaltation de la Croix (deuxième moitié XVIIIe siècle). Au n. 20, on trouve l'église orthodoxe de Saint-Michel (début XIXe siècle) avec sa grande coupole. A l'époque soviétique, cette église hébergeait le planetarium de la ville.

Transports

Lida se trouve à 205 km à l'ouest de Minsk et à 150 km à l'est de Grodno. En voiture, prendre la M6 de Grodno ou de Minsk.

■ **GARE DES TRAINS – ЖЕЛЕЗНОДОРОЖНЫЙ ВОКЗАЛ**
Pl. Truchanova © (01561) 36 106
De Minsk les trains en direction de Grodno s'arrêtent à Lida aussi (3 heures 30 de trajet). De Grodno, prendre le train en direction de Minsk, Moscou, Gomel' ou Vitebsk et descendre à Lida (2 heures 30-3 heures de trajet). Quatre fois par jour il y a aussi un train à destination de Lida (3 heures-3 heures 30 de trajet).

■ **GARE ROUTIÈRE – АВТОВОКЗАЛ**

Ul. Čapaeva, 1 ✆ (01561) 27 676

De Minsk il y a plusieurs bus par jour en direction de Grodno ou à destination de Lida (2 heures 30-3 heures de trajet). De Grodno, plusieurs bus par jour (1 heure 30 de trajet).

Se loger

■ **MAISON D'HÔTES DOKUDOVO – УСАДЬБА ДОКУДОВО**

Située dans le village de Dokudovo et entourée par une nature verdoyante, cette jolie maison d'hôtes propose aux visiteurs des chambres confortables. Accueillants et souriants, les propriétaires vous assureront un séjour très agréable. Les produits du jardin potager sont à disposition des visiteurs. Un endroit idyllique, non loin de Lida et de Novogrudok.

Se restaurer

■ **CAFÉ AIVENGO – КАФЕ АЙВЕНГО**

Ul. Leninskaja, 7 ✆ (01561) 348 25

Ouvert tous les jours de 12h à 23h. Un petit café où on peut goûter la cuisine locale dans une ambiance intime et rustique.

À voir – À faire

■ **CHÂTEAU – ЗАМОК**

(01561) 32 294

Le château est actuellement en phase de restauration. Le château de Lida a été la première forteresse en pierre du grand-duché de Lituanie. Le prince Gedimin ordonna sa construction en 1323 pour défendre les terres du grand-duché des attaques des croisés. Le château surgit sur une petite butte. Construit en briques et en blocs erratiques, il a la forme d'un carré. Au cours de son histoire, il a été témoin de beaucoup de guerres qui ont porté à la destruction des constructions qui se trouvaient à l'intérieur. Deux tours carrées se trouvaient en position diagonale aux coins du château. Aujourd'hui, il en reste une. Chaque année, au mois d'août, a lieu le festival international de culture médiévale « Zamok Gedimina » (Le château de Gedimin), pendant lequel ont lieu des représentations théâtrales et des tournois de chevaliers. En hiver, la cour à l'intérieur du château est tranformée en piste de patinage.

NOVOGRUDOK – НОВОГРУДОК

Situé à environ 50 km au sud-est de Lida, Novogrudok est un endroit enchanteur, perdu au milieu de la campagne et des forêts, un endroit où le temps semble ralenti. La ville est mentionnée pour la première fois en 1044. Au XIIIe siècle la cité devient la première capitale du grand-duché de Lituanie. Et même quand, en 1323, la capitale est déplacée à Vilna, Novogrudok reste une des résidence des princes du grand-duché, un de ses avant-postes défensifs et un important centre artisanal et commercial. A Novogrudok avaient lieu les réunions du Parlement du grand-duché, les rencontres de princes et ambassadeurs, les séances du Tribunal. En 1511, Novogrudok reçoit le droit de Magdebourg et l'emblème de la ville représentant l'archange saint Michel. Suite aux guerres, aux incendies et aux épidémies des XVIIe-XVIIIe siècles, Novogrudok entre dans sa

Château de Lida.

phase de déclin. Chaque année, à la fin de juin, a lieu le festival de culture médiévale « Novogrudskij zamok ». Cette ville splendide, parmi les plus anciennes de Biélorussie est à visiter absolument.

Transports

■ **GARE ROUTIÈRE – АВТОВОКЗАЛ**
Ul. Mickiewicza, 19 ✆ (01597) 2 14 30

Se loger

■ **MAISON D'HÔTES CHERESHLYA – УСАДЬБА ЧЕРЕШЛЯ**
✆ (1597) 3 00 27 – (1597) 75 7 04
www.chereshlya.com
michael@chereshlya.com
Cette belle maison d'hôtes est située dans un endroit pittoresque, au bord du lac et entourée par les forêts. La maison est confortable, rustique. Possibilité de louer des petits bateaux et des vélos. Il y a aussi une *banja*.

■ **PANSKI DOM ПАНСКИЙ ДОМ**
Ul. Grodnenskaya, 3 ✆ (01597) 25 385
Fax :(01597) 22 604 – nov_gruz@mail.ru
60 000 BYR la chambre double. Ce petit hôtel est dans le centre-ville. Les chambres sont modestes, mais propres et confortables.

Se restaurer

■ **CAFÉ SVITJAZ – КАФЕ СВИТЯЗЬ**
Ul. Sovetskaja, 23 ✆ (01597) 21 236
Ouvert tous les jours de 9h à 23h, fermé de 15h à 16h. C'est l'idéal pour un repas rapide à consommer sur place où à emporter. Au deuxième étage se trouve le restaurant « Svitjaz' ».

À voir – À faire

Le centre-ville correspond à la place Lenina, autrefois appelée Torgovaia, la place du commerce. C'est une petite place fort jolie qui a gardé son charme d'antan. Sur la place donnent des immeubles du XIXe et du début du XXe siècle.

■ **CHÂTEAU – ЗАМОК**
Le château de Novogrudok surgit sur une colline au fond de la rue Lenina. Du château ne restent que des magnifiques ruines qui dominent la ville et renvoient à un passé lointain quand Novogrudok était la capitale du grand-duché de Lituanie. Sa construction commença après le couronnement de Mindovg en 1253. Initialement, le château est en bois,

Ruines du château de Novogrudok.

mais à la fin du XIVe siècle il est reconstruit en pierre et prend la forme d'une citadelle avec sept tours. Cette construction, qu'on voyait de loin avant d'arriver à Novogrudok, a résisté aux sièges des chevaliers Teutoniques, des Tatars et de princes de la Galice. Il est détruit pendant la guerre du Nord (1700-1721). Du château s'ouvre un panorama époustouflant sur la ville.

■ **ÉGLISE DE L'ARCHANGE SAINT-MICHEL – КОСТЁЛ СВ. МИХАИЛА АРХАНГЕЛА**
Ul. Sovetskaja, 2
Cette belle église catholique a été construite en 1624 comme l'église du monastère des dominicains de Novogrudok. Les deux incendies de 1751 et 1831 n'ont pas épargné l'église qui a été reconstruite en style néoclassique englobant ce qui restait de l'ancienne construction, à partir de son intérieur en style baroque. Sur l'autel central se trouve l'image de saint Michel, protecteur de l'église et, à partir de 1831 de la ville de Novogrudok. L'école dominicaine qui existait à côté, et qui avait était fréquentée par Mickiewicz, est fermée en 1832. En 1853, c'est le tour du monastère. En 1948, l'église est transformée en dépôt pour le grain, ensuite pour les meubles. Elle réouvre ses portes au début des années 1990.

ÉGLISE DE LA TRANSFIGURATION – ФАРНЫЙ КОСТЁЛ ПРЕОБРАЖЕНИЯ ГОСПОДНЯ

Ul. 1 Maja, 17

Cette superbe église catholique surgit au pied de la colline du château. Elle a été construite en 1395 par le prince Vitovt à la place d'un temple païen dédié à Perun. Initialement bâtie en bois, seulement à la moitié du XVIIe siècle l'église est reconstruite en pierre. C'est un monument de rare beauté du « baroque sarmate » dont est typique l'aspect ascétique des immeubles religieux, semblables à des forteresses. En 1422, ici, ont lieu les noces entre le roi de la Pologne Ladislas II Jagellon et la princesse Sofia Golshanskaia. Ainsi naît la puissante dynastie des Jagellon qui pendant 200 ans régna en Pologne, Suède, Hongrie et sur le grand-duché de Lituanie. Le 12 février 1799, ici fut baptisé Adam Mickiewicz.

ÉGLISE DE SAINT-NICOLAS – СВЯТО-НИКОЛАЕВСКИЙ СОБОР

Ul. Grodnenskaja, 4

Cette église fut construite en 1780 comme église franciscaine. En 1846 elle devient orthodoxe. Après l'incendie de 1852, elle est reconstruite en sytle pseudo-byzantin.

ÉGLISE DES SAINTS-BORIS-ET-GLEB – БОРИСОГЛЕБСКАЯ ЦЕРКОВЬ

Ul. Počtovaja, 10

On arrive à cette église en empruntant une ruelle qui de la place principale descend vers les petites maisons en bois. Construite en 1519, elle réunit deux styles : gothique tardif et Renaissance. Dans les années 1630 furent érigées les deux tours avec embrasures. A l'intérieur, on peut y voir l'icône miraculeuse de la Vierge de Novogrudok.

MAISON-MUSÉE D'ADAM MICKIEWICZ – ДОМ-МУЗЕЙ АДАМА МИЦКИЕВИЧА

Ul. Lenina, 1 ✆ (01597) 243 40

www.mickiewicz.novogrudok.by

Ouvert du mardi au vendredi de 9h à 13h et de 14h à 18h, le samedi et le dimanche de 9h à 17h, fermé le lundi. 2 000 BYR. L'immeuble du musée surgit sur les fondements de la maison dans laquelle la famille Mickiewicz avait déménagé en 1806. Il contient des objets de l'époque, ainsi que une collection de tableaux et de sculptures représentant Mickiewicz.

MONTAGNE DE MINDOVG – ГОРА МИНДОВГА

Ul. Minskaja

Au fond de la rue Minskaja, se trouve la montagne de Mindovg où, selon la légende, y serait enterré Mindovg, premier roi du grand-duché de Lituanie. D'ici vous profiterez d'une belle vue sur les ruines du château.

MOSQUÉE – МЕЧЕТЬ

Ul. Lenina, 28

Elle a été construite en 1855 à la place de la vieille moquée. Fermée après la Seconde Guerre mondiale, elle fonctionne à nouveau depuis 1997. A la fin du XVe siècle, les Tatars s'installent à Novogrudok où se forma un quartier tatar à côté duquel, au XVIe siècle, apparaît un cimetière qui existe encore de nos jours. De la mosquée on le rejoint en empruntant la rue Internacional'naja.

LJUBČA – ЛЮБЧА

Voilà un autre village plein de charme qu'il faut visiter absolument ! Situé à 20 km au nord-est de Novogrudok, Ljubča est un petit village sommeillant au bord du Neman, probablement fondé au XIIIe siècle. Il a toujours appartenu aux princes du grand-duché de Lituanie. Avec l'arrivée de la famille Radzivill, à Ljubča s'installe une forte communauté protestante qui fait de Ljubča un grand centre culturel non seulement du grand-duché mais de l'Europe entière. En 1612, ici ouvre une typographie, ensuite un musée d'art et un grand atelier pour la lavoration artistique du verre. La vie culturelle et économique de la ville était liée à son château, dont la construction commence en 1581 et termine au XVIIe siècle, quand Ljubča appartenait déjà aux Radzivill. Initialement, il avait quatre tours en pierre et briques dont il en reste deux. Pendant la Première Guerre mondiale, il est fortement endommagé. Ensuite, une école est créée dans ses ruines. Aujourd'hui, c'est un îlot d'histoire qui existe en dehors du temps et de l'espace. Les ruines des deux tours se lèvent majestueuses sur les maisons en bois du village. Du château s'ouvre une vue inoubliable sur le Neman. A Ljubčaon, on peut visiter aussi la belle église orthodoxe de Saint-Elie, de style pseudo-russe.

OŠMJANY – ОШМЯНЫ

Situé sur la route qui de Minsk mène à Vilnius, Ošmjany est une ville de frontière. La Lituanie est à seulement 20 km. Cette petite ville du XIVe siècle était autrefois une forteresse du grand-duché de Lituanie. Sur la place principale d'Ošmjany, entourées par des immeubles du XIXe siècle, surgissent l'élégante église catholique de Saint-Michel (1906) en style baroque et l'église orthodoxe de la Résurrection (1883).

Se loger

■ KONNO-SPORTIVNY CENTR – КОННО-СПОРТИВНЫЙ ЦЕНТР ГИППИКА
Grincy ✆ (01593) 4 53 53
✆ (029) 610 74 23 – www.hippika.by
45 000 BYR par personne. A la mi-chemin entre Ošmjany et Smorgon', c'est un complexe agro-touristique tout neuf, au milieu de la nature. Les clients sont logés dans des jolies maisons en bois très accueillantes. Il y aussi la *banja*, un restaurant de cuisine locale, un café. Il est possible de monter à cheval dans la campagne autour.

GOL'ŠANY – ГОЛЬШАНЫ

Situé à 20 km au sud d'Ošmjany, ce petit village de maisons en bois autrefois était un prospère centre culturel et économique du grand-duché de Lituanie. La fondation de Gol'šany date de 1280. La ville appartenait aux princes Gol'šanski. En 1525, suite au mariage entre Elena Gol'šanskaja et Pavel Sapega, elle devient de propriété de la puissante famille Sapega. C'est grâce à leur petit-fils, Pavel Stefan Sapega, si à la fin du XVIe siècle à côté de la ville est construit un château. Gol'šany connaît donc une époque de prospérité qui sera interrompue par la guerre du Nord (début XVIIIe siècle). Au XIXe siècle commence le déclin définitif de la ville. Aujourd'hui, Gol'šany est un petit village fascinant qui garde des nombreuses traces de son passé glorieux. On arrivant ici on a l'impression que le temps a été figé au XIXe siècle : sur les deux rues principales, Sovetskaja et Borunskaja, on trouve une multitude de maisons en pierre qui, à la fin du XIXe siècle, appartenaient aux artisans et aux commerçants. Pas loin, la fleuve Gol'šanka traverse la ville. De là-bas, s'ouvre un beau panorama sur l'église et le monastère des franciscains. Un lieu empreigné d'histoire biélorusse, à visiter absolument.

À voir – À faire

■ CHÂTEAU – ЗАМОК
Construit à la fin du XVIe siècle, ce château se trouve aux portes de la ville, sur la rue Sovetskaja, en direction de Juratiški. De la grandieuse construction d'antan aujourd'hui ne restent que des ruines pittoresques qui s'imposent au milieu de la campagne. Plongées dans les broussailles, ces ruines gardent encore le charme d'autrefois. On y trouve les restes de deux tours, de la chapelle et des parties du palais. Fortement endommagé pendant les deux guerres mondiales, à l'époque soviétique il a été ultérieurement détruit et ses briques ont été utilisées pour la construction de la porcherie et de la maison de la culture. Ces ruines sont entourées de légendes. On raconte qu'il y a beaucoup de temps, un jeune homme simple était tombé amoureux de la princesse Anna-Gordislava Gol'šanskaja. Les deux jeunes se rencontraient en cachette. Le père de la princesse méprisait le jeune et ordonna donc de l'emmurer dans les murs du château. Dès lors, quand il y a la pleine lune, dans les ruines erre le fantôme du « Moine Noir », ainsi surnommé par les habitants. Vladimir Korotkevič, a dédié au château le célèbre roman Le *Château noir des Olshanski*, publié en 1979.

■ ÉGLISE DE SAINT-JEAN-BAPTISTE – КОСТЁЛ СВ. ИОАННА КРЕСТИТЕЛЯ
Majestueuse et élégante, cette église est un beau monument de style baroque. Bâtie par les franciscains en 1618, elle a été reconstruite à la moitié du XVIIIe siècle. A côté se trouve l'ancien monastère des franciscains.

SMORGON – СМОРГОНЬ

A 30 km à l'est d'Ošmjany, Smorgon' est une ancienne ville dont l'histoire est liée à la famille Radzivill. Les Radzivill fondent ici la célèbre académie des ours pour le dressage des ours et qui fonctionna jusqu'au début du XIXe siècle. L'attraction principale de Smorgon' est l'église catholique de l'Archange-Michel de style Renaissance. Bâtie initialement comme temple protestant en 1606-1612, quelques années après elle est reconvertie en église catholique.

KREVO – КРЕВО

Situé entre Smorgon' et Gol'šany, ce petit village ancien épate par la douceur de son paysage. Il est célèbre pour les ruines de son château médiéval. Construit au début du XIVe siècle par Ol'gerd, prince du grand-duché de Lituanie, c'était un avant-poste contre les invasions des chevaliers Teutoniques, exactement comme les châteaux de Novogrudok, Mir et Lida, auxquels il ressemblait. Le spectacle du château est impressionnant. Rien ne rappelle le XXIe siècle. Aucune voiture, aucun bruit, une petite ruelle poussiéreuse et les ruines qui surgissent imposantes au milieu des maisons colorées du village, dans un endroit paisible, plongées dans une nature pittoresque. L'église orthodoxe d'Aleksandr Nevskij (1854) se trouve sur un colline. Montez-y et vous pourrez profiter d'un panorama splendide sur le village et ses ruines.

VITEBSK ET SA RÉGION

Maison typique de la campagne biélorusse.

Vitebsk et sa région

Située au nord-est de la Biélorussie, la région de Vitebsk est frontalière avec la Russie, la Lettonie et la Lituanie. C'est la région la plus froide de Biélorussie, avec des températures moyennes de 20 °C en été et de -8 °C en hiver. Ville élégante et dynamique, Vitebsk en est le centre politique, économique et culturel. Deuxième ville de la région, Polock en est le centre historique avec ses monuments anciens. La nature a été généreuse avec cette région : forêts épaisses, lacs et fleuves aux eaux cristallines, marais impénétrables... C'est un vrai paradis pour les amateurs de nature, de randonnées et de tourisme écologique qui, ici, est particulièrement développé. Avec 2 800 lacs et 500 fleuves, dont la Dvina occidentale, le Dniepr et la Berezina, la région de Vitebsk correspond à ce que les Biélorusses appellent le Poozer'e, la région des lacs. Ici se trouve notamment le magnifique parc national des lacs de Braslav, et la réserve naturelle Berezinskij composée à 85 % de forêt primaire. Un lieu de loisirs, de relaxation et de découverte naturaliste.

VITEBSK – ВИТЕБСК

L'origine de Vitebsk est enveloppée de mystères. Selon la légende, la princesse Olga de Kiev, épouse du prince Igor, fils de Rjurik, fut si impressionnée par la beauté de ces lieux qu'en 974 elle ordonna la fondation d'une ville à l'intersection des fleuves Dvina occidentale et Vit'ba de laquelle la ville tire son nom. Légendes à part, la ville est mentionnée pour la première fois dans les Chroniques en 1021 comme domaine de Brjačislav, prince de Polock. Aux XIIe-XIIIe siècles, exploitant sa position stratégique sur la Dvina occidentale, la ville prospère grâce aux commerces avec Kiev, Novgorod, Byzance et l'Europe. A partir du début du XIVe siècle, elle fait partie du grand-duché de Lituanie. La ville ne cesse de prospérer. En 1597, elle reçoit le droit de Magdebourg. Mais en 1623, Juzefat Kuncevič, archevêque uniate, est tué à Vitebsk lors d'une insurrection populaire contre l'interdiction de l'orthodoxie. Suite à cet événement, Vitebsk perd le droit de Magdebourg mais le reçoit à nouveau en 1644.

Au début du XVIIIe siècle, la ville est profondément endommagée par la guerre du Nord, entre la Russie et la Suède. En 1772, elle devient partie de l'Empire russe. Quand en juin 1812, l'armée napoléonienne envahit l'Empire russe, Vitebsk se trouve sur le chemin vers Moscou. Napoléon achète la loyauté de la noblesse locale leur promettant la restauration du droit de Magdebourg. Il établit donc son quartier général dans le palais du gouverneur. Mais la masse paysanne supporte le tsar. Vitebsk connaît une nouvelle époque de fortune à la fin du XIXe siècle après la construction du chemin de fer Moscou-Riga et Saint-Pétersbourg-Kiev dont elle se trouvait

Les immanquables de Vitebsk et de sa région

- **Découvrir** les origines de Marc Chagall à Vitebsk.
- **S'émerveiller** lors d'une soirée magique au théâtre des marionnettes Ljal'ka à Vitebsk.
- **Parcourir** les rues anciennes de Polock, berceau culturel et spirituel de la Biélorussie, et admirer les magnifiques fresques du XIIe siècle dans l'église de Sainte-Ephrosinia.
- **Se régénérer** dans la réserve naturelle Berezinskij, oasis de nature sauvage avec sa population d'ours, wapitis, castors et cigognes noires.
- **Passer** quelques jours de rêve dans le resplendissant parc naturel des lacs de Braslav. Randonnées, pêche, *birdwatching* et une nature tout simplement éblouissante !

au milieu. La révolution d'Octobre, les purges staliniennes et les deux guerres mondiales laissent une empreinte indélébile sur la ville. A la fin de la Seconde Guerre mondiale, elle est détruite, moins de 200 personnes avaient survécu. Ce n'est qu'à la fin des années 1960 que la population atteint le seuil de 1939. Aujourd'hui, Vitebsk est un des principaux centres industriels et culturels de Biélorussie. Ville élégante et raffinée, elle est considérée comme la deuxième capitale culturelle du pays après Minsk. Vitebsk vante une tradition artistique. Au début des années 1890, le célèbre peintre russe Il'ja Repin s'établit à Zdravnevo, dans les environs de Vitebsk qui devient rapidement un centre artistique de premier plan. Ici, vivent et travaillent des peintres comme Chagall, Malevič, Dobužinskij, Pen et beaucoup d'autres artistes qui viennent enseigner dans l'école d'art fondée par Chagall en 1919. De nos jours, la ville reste un centre d'art remarquable. Chaque année, autour du 7 juin, lors de l'anniversaire de Marc Chagall, ont lieu des journées dédiées au célèbre peintre, avec expositions, concerts, conférences.

Transports

Y accéder et en partir

Pour rejoindre Vitebsk de Minsk en voiture, prendre la route M3 à travers la réserve naturelle Berezinskij et Lepel'.

■ GARE DES TRAINS – ЖЕЛЕЗНОДОРОЖНЫЙ ВОКЗАЛ
Ul. Kosmonavtov, 10a
✆ (0212) 378 237 – 105
Vitebsk est un important nœud ferroviaire. Plusieurs départs par jour de/vers Misnk, le trajet dure de 4 heures 30 à 5 heures 30 selon le train. Se trouvant sur la ligne chemin de fer qui mène à Saint-Pétersbourg, par ici passent tous les trains qui relient Saint-Pétersbourg à la Biélorussie occidentale, à la Moldavie et à l'Ukraine. Trains pour les principales villes biélorusses, pour Odessa, Kiev, Simferopol', Charkov, Lvov, etc.

■ GARE ROUTIÈRE – АВТОВОКЗАЛ
Ul. Komsomol'skaja, 27/11
✆ (0212) 364 973 – 114
Plusieurs départs par jour de la gare routière Vostočnyj de Minsk. Le trajet dure entre 4 heures (*maršrutka*) et 5 heures 30 (bus). Bus en direction de Moscou, Saint-Pétersbourg, Pskov, Riga et vers les majeures villes biélorusses.

Vitebsk en bref

- **Code téléphonique :** 0212.
- **Population :** 356 000 hab.
- **Localisation :** 280 km au nord-est de Minsk.
- **Sites utiles :** www.gorod.vitebsk.by– www.tourvitebsk.by

Se déplacer

La meilleure façon d'explorer la ville est à pied. Peu nombreux, ses points d'intérêt se concentrent principalement le long du fleuve. A Vitebsk fonctionne un bon système de transports en commun qui compte bus, tramway, trolleybus et *maršrutki*. Les taxis sont très économiques.

■ TAXIS DE VITEBSK
✆ 181 – 067 – 061

Pratique

Argent

■ BELARUSBANK – БЕЛАРУСБАНК
Ul. Zamkovaja, 21/30 ✆ (0212) 37 25 11
Du lundi au vendredi de 8h30 à 20h, le samedi de 8h30 à 17h, le dimanche de 9h à 17h. Ouvert les jours de fête.

■ BELARUSBANK – БЕЛАРУСБАНК
Ul. Lenina, 36 ✆ (0212) 372 111
Tous les jours de 9h à 21h, fermé de 13h30 à 14h30.

Postes et télécom

■ EVROSET SALON SVYAZI – ЕВРОСЕТЬ САЛОН СВЯЗИ
7-13 ul. Kirova ✆ (0212) 37 49 46
Ouvert tous les jours de 9h à 21h. On y achète des cartes sim et des recharges pour le téléphone.

■ POSTE CENTRALE – ГЛАВНЫЙ ПОЧТАМТ
Moskovskij prospekt, 10
✆ (0212) 479 826
Ouvert tous les jours de 9h à 19h.

Internet

■ BELTELEKOM – БЕЛТЕЛЕКОМ
Moskovskij prospekt, 10 ✆ (0212) 23 63 26
Tous les jours de 8h à 22h, le samedi et le dimanche de 9h à 17h.

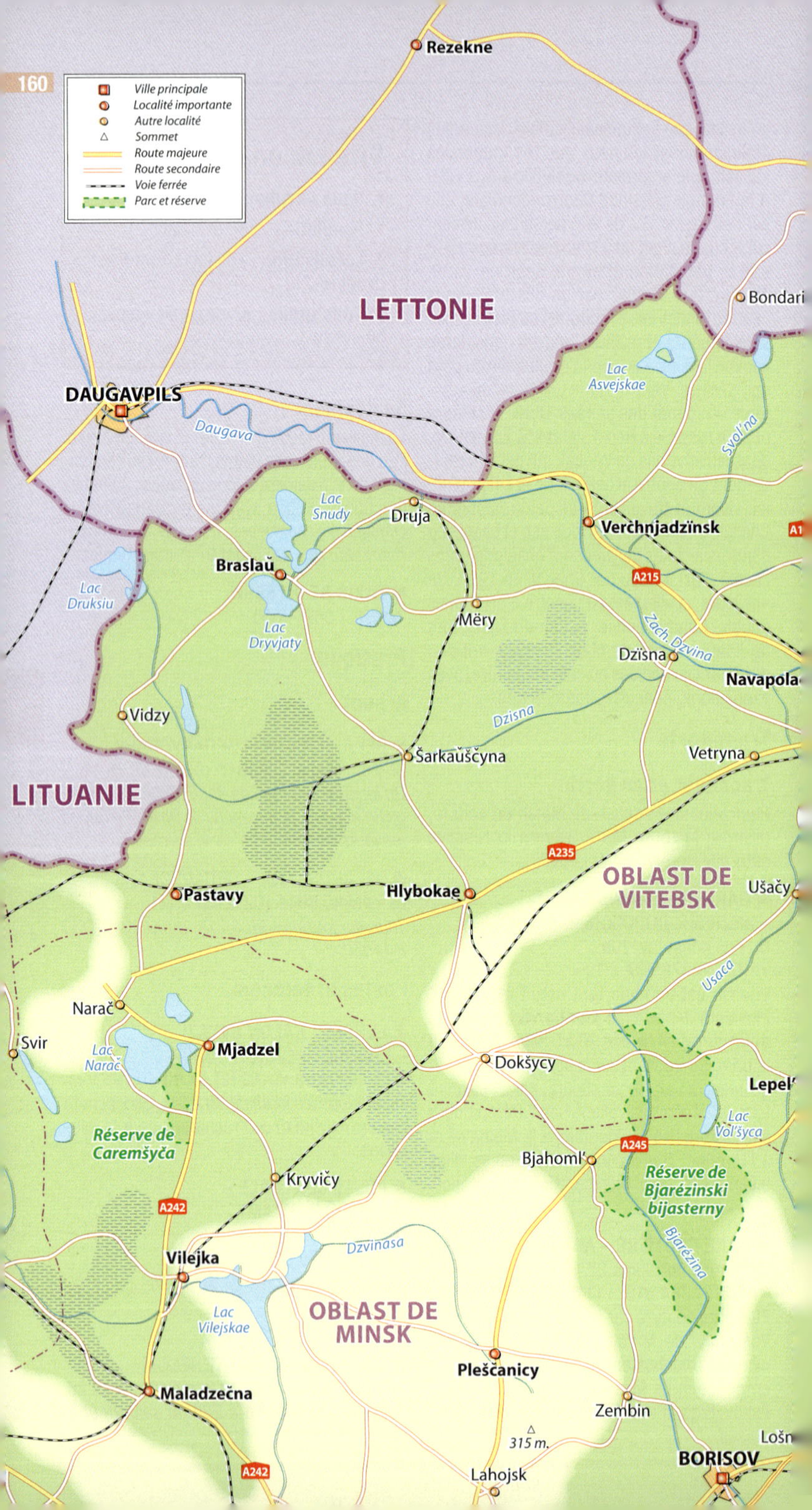
Ville principale
Localité importante
Autre localité
Sommet
Route majeure
Route secondaire
Voie ferrée
Parc et réserve
LETTONIE
LITUANIE
OBLAST DE VITEBSK
OBLAST DE MINSK
Rezekne
Bondari
Lac Asvejskae
Svol'na
DAUGAVPILS
Daugava
Lac Snudy
Druja
Verchnjadzïnsk
A215
Braslaŭ
Lac Druksiu
Lac Dryvjaty
Mëry
Zach. Dzvina
Dzïsna
Navapola
Vidzy
Dzisna
Šarkaŭščyna
Vetryna
A235
Pastavy
Hlybokae
Ušačy
Usaca
Narač
Svir
Lac Narač
Mjadzel
Dokšycy
Lepel'
Lac Vol'šyca
Réserve de Caremšyča
A245
Bjahoml'
Réserve de Bjarézinski bijasterny
Bjarézina
Kryvičy
A242
Dzvinasa
Vilejka
Lac Vilejskae
Pleščanicy
Maladzečna
Zembin
315 m.
Lošn
BORISOV
Lahojsk

Vitebsk et sa région

Vitebsk
Monument
Aux héros de Vitebsk
Cyber-café
Rue čekhova
Monument
A. Korotkevich
R. Gorovca
Monument
A. Gorovets
Sado vaia
Musée
S. Smyrev
Salle du
Philarmonique
R. Kommunističeskaia
R. Suvorova
R. Urickogo
2ème rue
R. Putna
Eglise de
la Vierge Marie
Rue Revoluci onnaia
Zach. Dzvina
Rue žoresa
Centre d'Art
M. Chagal
Monument
I. Sollertinsky
Collection privée
du Musée
Complexe sportif
du Dinamo
Perspective du général Ljudnikov
Eglise
Ste-Barbara
Rue Kondra Teva
Rue Pokrovskaia
Monument
M. Chagal
Monument au
Héros de la
Guerre de 1812
Rue Sovetskaia
Rue Baumana
Rue Leningradskaia
Musée
M. Chagal
Palais du
gouverneur
1ère rue Krasina
Rue Titova
Monument
M. Chagal
Eglise de
la Vierge Marie
R.Y. Kupaly
Hôtel de
Ville
Batiment ancien de
la Land Peasanr Bank
Rue Leonova
Rue Lokomotivnaia
Terminal
des bus
Rue Kosmonatova
R. Sovetskoi Armii
Eglise de
la Résurection
Centre de
la culture
1ère rue Dovatora
Rue Truda
4ème rue Frunze
Rue Bumagina
Monument
A. Pushkin
Théâtre "Lyalka"
Musée des
Beaux-Arts
Rue Oktiabrskaia
Rue Komsomolskaia
Rue Ilinskogo
Gare ferroviaire
Académie
de Théâtre
Rue Kirova
Pt. Kirova
Monument
A. Masherov
R. Zamkovaia
Perspective Frunze
Musée historique
du Tramway
Cyber-café
Eglise de
l'Annonciation
Musée
littéraire
Amphitéâtre
d'été
Complex de
"Salt Strorehouses"
Rue Gogolia
Rue čaikivskogo
R. Puškina
Rue
Lenina
Eglise
St-Alexandre
Centre des
Arts modernes
Cathédrale
St-Pokrov
Rue Pravdy
Rue Budennova
Rue Dimitrova
Rue Zenkovoi
Rue Kalinina
Khmelnickog
Rue šradera

Musée
Curiosité
Edifice religieux
Monument
Cyber-café
Gare ferroviaire
Gare routière
Parking
Rue du Général Belobrodov
Place Pobedy
Cyber-café
Rue žestkova
Pont F. Blocin
Rue Gorbačevskogo
Rue Gončarnaia
R. Graždanskaia
Rue Gercena
Perspective Moskovskogo
Rue Oficerskaia
Université d'Etat de Vitebsk
Cyber-café
Perspective černjakhovskogo
Rue Beregovaia
Rue čkalova
Perspective Stroitelei
Perspective Pobedy
Eglise St-Pokrov
Zach. Dzvina
Lucoža
Eglise de St-George le Martyr
Rue Voronon-Internacionalistov
Monument & Musée des soldats internationalistes
Palais des sports
0
400 m

■ **CENTRE INTERNET – ИНТЕРНЕТ ЦЕНТР**
Ul. Majakovskogo, 3 ✆ (0212) 36 20 90
Tous les jours de 10h à 22h.

Urgences

■ **HÔPITAL – ОБЛАСТНАЯ КЛИНИЧЕСКАЯ БОЛЬНИЦА**
Ul. Voinov-Internacionalistov, 37
✆ (0212) 22 12 01 – vokb.vitebsk.by

■ **PHARMACIE 127 – АПТЕКА 127**
Ul. Černjachovskogo, 9
✆ (0212) 229 509
Ouverte la nuit, de 22h à 8h.

■ **PHARMACIE 15 – АПТЕКА 15**
Ul. Suvorova, 6 ✆ (0212) 369 153
Tous les jours de 8h à 22h.

■ **URGENCES – БОЛЬНИЦА СКОРОЙ МЕДИЦИНСКОЙ ПОМОЩИ**
Pr. Frunze, 71 ✆ (0 (212) 24 12 34

Orientation

Le centre-ville se trouve sur la rive gauche de la Dvina occidentale, compris entre la rue Lenina et le fleuve. De la gare centrale des trains, prendre la rue Kirova, traverser le pont Kirova et après le théâtre dramatique Jakub Kolas tourner à gauche. Les rues Suvorova, Tolstogo, Puškina, Krylova et J. Kupaly sont les rues principales du centre. Les rues Suvorova et Tolstogo sont piétonnes.

Se loger

■ **HÔTEL ERIDAN**
Ul. Sovetskaia, 21/17
✆ (0212) 36 24 56
Fax : (0212) 36 24 56
www.eridan-vitebsk.com
A partir de 220 000 BYR la chambre double. Petit déjeuner à 20 000 BYR. TV, climatisation, frigo, téléphone, wi-fi. Situé dans un immeuble du XIXe siècle en plein centre-ville, c'est l'hôtel le plus élégant de Vitebsk et sûrement le meilleur. 25 chambres spacieuses, tout confort, service excellent, le personnel est très professionnel. Dans l'hôtel se trouve aussi un sauna, une agence pour l'organisation d'excursions dans la ville et ses environs, un restaurant et un bar.

■ **HÔTEL LUČESA – ГОСТИЦИА ЛУЧЁСА**
Pr. Stroitelej, 1
✆ (0212) 298 500
www.luchesa.by
Chambre double à partir de 251 840 BYR. TV, téléphone, minibar, frigo. Parking à disposition des clients. Ouvert en 2004, cet hôtel se présente comme un 4-étoiles, mais la qualité du service ne correspond pas vraiment au prix. En tout cas, les chambres sont grandes et propres. Dans l'hôtel on trouve aussi un bureau de change, une agence touristique, un café, un bar et un restuarant, un sauna. Non loin du centre-ville.

■ **HÔTEL VETRAZ' – ГОСТИНИЦА ВЕТРАЗЬ**
Pr. Černjachovskogo, 25
✆ (0212) 27 22 75
Les prix pour une chambre double vont de 140 000 à 500 000 BYR selon le niveau de confort. TV, frigo, minibar, téléphone. Récemment renové, cet hôtel d'époque soviétique est situé dans une zone verte, au bord de la Dvina occidentale, non loin du centre-ville. 146 chambres tout confort.

■ **ZOLOTOI TELENOK – ЗОЛОТОЙ ТЕЛЁНОК**
Ul. Belorusskaia, 6A ✆ (0212) 36 27 91
Fax : (0212) 36 26 56 – www.zt.by
zolotoy_telenok@inbox.ru – zolt@list.ru
90 000 BYR pour une chambre double. Téléviseur, réfrigérateur, wi-fi payant. L'hôtel est situé dans un complexe qui comprend aussi un café-restaurant, le bowling et une agence touristique. L'hôtel est petit, il occupe un étage de l'immeuble, mais il est très confortable et propre. Pas loin de la gare, à 10 minutes à pied du centre. Un bon rapport qualité/prix.

Se restaurer

Pause gourmande

■ **CAFÉ GLACIER AVRORA – КАФЕ МОРОЖЕНОЕ АВРОРА**
Ul. Lenina, 53 ✆ (0212) 369 512
Ouvert tous les jours de 8h à 23h. Dans cette pâtisserie, on goûte aussi des bonnes glaces !

■ **CAFÉTÉRIA – КОФЕЙНЯ**
2 ul. Suvorova ✆ (029) 137 07 30
http://www.gorod.vitebsk.by/cofe/index.htm
Ouvert tous les jours de 10h à 23h. Situé au cœur de la vieille ville, c'est le lieu idéal pour une petite pause pendant la visite de la ville : café, thé, chocolat chaud, blinis et *pirozhki* dans une atmosphère fort conviviale et à des prix modiques.

Bien et pas cher

■ LJAMUS – ЛЯМУС
Pr. Pobedy, 1
✆ (0212) 225 908
Ouvert tous les jours de 11h à 23h30. Repas complet à environ 45 000 BYR. Le décor est de style traditionnel biélorusse, les meubles sont tous en bois, dans une des salles on trouve aussi un poêle.

■ VITEBSKIJ TRAKTIR – ВИТЕБСКИЙ ТРАКТИР
2 ul. Suvorova
✆ (0212) 37 01 07
✆ (029) 512 12 61 – www.vtraktir.com
Ouvert tous les jours de 12h à minuit. Compter environ 40 000 BYR pour un repas complet. Situé dans le sous-sol d'un immeuble du XIXe siècle, à côté du vieil hôtel de ville, ce restaurant propose un vaste choix de plats de la cuisine biélorusse, européenne et japonaise. Connexion wi-fi gratuite. Lieu intime, accueillant.

■ VREMJA EST' – ВРЕМЯ ЕСТЬ
Ul. Lenina, 22/16 ✆ (0212) 370 073
Ouvert tous les jours de 10h à 23h. Autour de 25 000 BYR pour un repas complet. Assez populaire parmi les habitants de Vitebsk, ici vous pourrez goûter des plats de la cuisine biélorusse à des prix modiques. Le décor est simple, l'atmosphère bon vivant.

Bonne table

■ DA VINCI – ДА ВИНЧИ
Ul. Zamkovaja, 5/2a ✆ (0212) 358 405
http://da.vitebsk.biz
Comptez autour de 50 000 BYR pour un repas complet. Ambiance élégante et raffinée. Cuisine biélorusse et européenne. Le restaurant comprend aussi une discothèque.

Vitebsk et Marc Chagall

Marc Chagall eut deux muses : sa première femme, Bella Rozenfeld, et sa ville natale, Vitebsk. Né dans le village de Liozno, à 40 km de Vitebsk, dans une grande famille juive, dès sa première enfance il vécut dans la petite maison bâtie par son père rue Pokrovskaja, dans un quartier pauvre de la ville. Ici, il commence ses études auprès du peintre I. Pen, son premier maître. En 1906, il part étudier à Saint-Pétersbourg, en 1911 il arrive à Paris où il poursuit ses études auprès de Leon Bakst. A Paris, que Chagall appelait « mon deuxième Vitebsk », il a un atelier à La Ruche, où résidaient les artistes de l'époque. En 1914, il rentre à Vitebsk : la guerre et la révolution lui empêchent de repartir. Il épouse Bella Rosenfeld en 1915. Après la révolution il est nommée commissaire de l'Art pour la région de Vitebks et il fonde une prestigieuse école d'art à Vitebsk où travaillaient les peintres les plus célèbres de l'époque : K. Malevič, El' Lissickij, M. Dobužinskij, I. Pen. En 1922, il quitte l'Union soviétique pour toujours, pour la France d'abord et les Etats-Unis ensuite. Il ne reviendra plus jamais à Vitebsk. Et pourtant, toute sa vie sera marquée par une nostalgie profonde envers sa ville natale. Dans ses tableaux, les ruelles, les places et les petites maisonnettes en bois font revivre le Vitebsk juif de sa jeunesse.

■ MAISON-MUSÉE MARC CHAGALL – ДОМ-МУЗЕЙ МАРКА ШАГАЛА
Ul. Pokrovskaja, 11 ✆ (0212) 363 468
Ouvert tous les jours de 11h à 19h, sauf le lundi. 5 000 BYR. Cette petite maison en briques rouges fut construite à la fin du XIXe siècle par le père de Marc Chagall. Le peintre y passa son enfance et son adolescence. A l'intérieur : des documents, des articles et des objets de l'époque. Derrière la maison se trouve un jardin avec un monument à Chagall. Le musée a été inauguré en 1997. Cette maison avait auparavant toujours été habitée.

■ MUSÉE MARC CHAGALL ET CENTRE D'ART – МУЗЕЙ МАРКА ШАГАЛА И АРТ-ЦЕНТР
Ul. Putna, 2 ✆ (0212) 372 737 – www.chagall.vitebsk.by
Ouvert tous les jours de 11h à 18h, fermé le lundi et le mardi. 5 000 BYR. Situé dans une maisonnette en briques rouges (XIXe siècle), le musée possède 300 œuvres graphiques de Chagall, exposées au premier étage. Au deuxième étage, on trouve des expositions de peintres biélorusses ou étrangers contemporains.

Sortir

Ville dynamique, Vitebsk est connu aussi pour ses festivals musicaux dont le célèbre festival international de musique classique « I.I. Sollertinskij ». L'événement de l'année est sûrement le « Slavjanskij Bazar », un festival international des arts qui a lieu en juillet. Les rues de la ville s'animent, partout on trouve concerts, représentations théâtrales, expositions d'art et d'artisanat. Pour en savoir plus : festival.vitebsk.by

■ ENERGY CLUB

Ul. Pankovoj, 2 ✆ (0212) 240 741

Ouvert tous les jours de 18h à 6h. C'est le plus grand club de Vitebsk. Il y aussi un restaurant et une salle de billard. Ils organisent des concerts régulièrement.

■ MELODY

Ul. Lenina, 65 ✆ (0212) 358 136

Ouvert tous les jours de 10h à 23h. Plats chauds, thé, café, chocolat chaud, cocktails... et, le soir, de temps en temps ils organisent des concerts.

■ THÉÂTRE DES MARIONNETTES LJALKA – КУКОЛЬНЫЙ ТЕАТР ЛЯЛЬКА

Ul. Puškina, 2 ✆ (0212) 363 231

http://lialka.vitebsk.biz

Ce théâtre de marionnettes, un des meilleurs d'Europe, est une vraie institution dans la ville. Les spectacles sont simplement fabuleux.

■ THÉÂTRE DRAMATIQUE JAKUB KOLAS – НАЦИОНАЛЬНЫЙ ДРАМАТИЧЕСКИЙ ТЕАТР ИМ. ЯКУБА КОЛАСА

Ul. Zamkovaja, 2 ✆ (0212) 360 043

www.theatre.vitebsk.by

Situé dans le centre historique, on y joue des classique de la dramaturgie biélorusse et étrangère.

À voir – À faire

Vitebsk a été détruite à 80 % pendant la Seconde Guerre mondiale. L'aménagement urbanistique des années 1960 a donné le coup de grâce au patrimoine historique de la ville. Les quelques maisons anciennes qui ont survécu aux dévastations de l'histoire se concentrent autour de la rue Suvorova. Aujourd'hui, l'ancien centre historique est en phase de reconstruction.

■ ÉGLISE DE L'ANNONCIATION – ЦЕРКОВЬ БЛАГОВЕЩЕНИЯ ПРЕСВЯТОЙ БОГОРОДИЦЫ

Pl. Tysjačeletija

Originairement, cette église fut construite à la moitié du XIIe siècle, probablement par des architectes byzantins, pour remplacer l'église en bois qui se trouvait ici et dont la construction aurait été voulue par la princesse Olga au moment de la fondation de Vitebsk. En 1961, le gouvernement soviétique décrète sa destruction. En 1998, l'église est reconstruite en style byzantin. A côté, se trouve la petite église en bois d'Aleksandr Nevskij, construite en 1993 sur le modèle des églises du Nord de la Russie.

■ ÉGLISE DE LA RÉSURRECTION – СВЯТО-ВОСКРЕСЕНСКАЯ ЦЕРКОВЬ

Ul. Suvorova, 2

Construite en 1772 en style baroque tardif, cette église fut détruite en 1936 dans le cadre de campagne antireligieuse entreprise par le gouvernement soviétique. Elle a été recons-

Église de l'Annonciation.

truite en 2001. En position surélevée, elle s'ouvre sur le fleuve Vit'ba et domine l'ensemble architectural de la rue Suvorova.

■ **HÔTEL DE VILLE – РАТУША**

Ul. Lenina, 36

✆ (0212) 364 712 – www.ratusha.by

L'hôtel de ville fut construit en 1775, à la place d'un hôtel de ville en bois qui avait été bâti en 1597 quand Vitebsk reçut le droit de Magdebourg. Il présente des éléments de baroque tardif et du classicisme. Les habitants de Vitebsk l'appellent *kalanča* (tour des pompiers), car à l'époque tsariste se ici trouvait la caserne des pompiers. Aujourd'hui, l'hôtel de ville héberge un musée régional sur l'histoire du territoire (tous les jours de 11h à 18h, fermé le lundi, 2 000 BYR).

■ **MUSÉE DES BEAUX-ARTS – ХУДОЖЕСТВЕННЫЙ МУЗЕЙ**

Ul. Lenina, 32 ✆ (0212) 362 231

Tous les jours de 10h à 18h, fermé le lundi. 1 040 BYR. Situé dans l'immeuble du vieux tribunal (XIXe siècle), il possède une belle collection de peinture russe et biélorusse : I. Repin, I. Levitan, I. Ajvazovskij, Ju. Pen, etc.

■ **PALAIS DU GOUVERNEUR – ДВОРЕЦ ГУБЕРНАТОРА**

Ul. Sovetskaja, 18

Ce palais fut construit en style classique pendant la deuxième moitié du XVIIIe siècle, quand Vitebsk fit partie de l'Empire russe et devint la capitale de la province de Vitebsk. Napoléon a habité ici pendant la guerre de 1812. Aujourd'hui, c'est le siège du KGB. Devant le palais, surgit un obélisque qui commémore le centenaire de la victoire de la Russie sur la France pendant la guerre de 1812.

Shopping

■ **CENTRE D'ARTISANAT ZADZVINNE – ЦЕНТР НАРОДНЫХ РЕМЁСЕЛ И ИССКУСТВ ЗАДЗВІННЕ**

Ul. Čajkovskogo, 3 ✆ (0212) 360 581

Tous les jours de 10h à 18h. On y trouve les ateliers des artisans, une exposition d'objets artisanaux.

■ **LIBRAIRIE LA RATUSHI – КНИЖНЫЙ МАГАЗИН ЛЯ РАТУШИ**

Ul. Suvorova, 4 ✆ (0212) 360 726

Ouvert de 10h à 19h, le samedi de 10h à 18h, le dimanche de 10h à 16h.

Église de la Résurrection.

■ **MAGASIN D'ARTISANAT LOCAL – САЛОН МАГАЗИН НАРОДНЫХ ПРОМЫСЛОВ**

Ul. Suvorova, 3 ✆ (0212) 366 123

Ouvert de 10h à 18h, le samedi de 10h à 15h, fermé le dimanche. Artisanat typique biélorusse : objets en bois, cuir, argile, paille. Exposition-vente de peintres locaux.

■ **MAGAZIN NEMAN – МАГАЗИН НЁМАН**

8 ul. Sovetskaia

✆ (0212) 35 85 03 – www.neman.by

Ouvert du lundi au vendredi de 10h à 19h, le samedi de 9h à 18h, le dimanche de 9h à 15h. Tout type d'objet en cristal produit dans la célèbre fabrique Neman.

POLOCK – ПОЛОЦК

Berceau spirituel et culturel de toutes les villes biélorusses, avec Polock commence la Biélorussie : ici se trouvent les racines de sa culture et de son Etat. Considéré comme le premier Etat biélorusse, dans les Chroniques anciennes, Polock est mentionné pour la première fois en 862. La fleuve Polota, au bord de laquelle la ville surgit, lui donne son nom. Aux Xe-XIIe siècles, la principauté de Polock joue un rôle de premier plan dans la région. La présence des fleuves Dniepr et Dvina occidentale garantit la liaison entre la mer Baltique et la mer Noire et Polock prospère grâce aux commerces avec les pays scandinaves, baltes et Byzance.

Visiter futé !

Il est possible d'acheter un billet unique pour la visite des musées de la ville. Il coûte 12 000 BYR, il peut être acheté à la caisse de n'importe quel musée de Polock. Pour la liste des musées consultez le site polotsk.museum.by

A partir de 1307, Polock fait partie du grand-duché de Lituanie. En 1498, la cité reçoit le droit de Magdebourg et déjà au début du XVIe siècle c'est la ville la plus riche et puissante du grand-duché après la capitale Vilna. Toutefois, aux XVIe-XVIIe siècles, les guerres entre le grand-duché de Lituanie et la Russie provoquent le déclin progressif de la ville. En 1563, Polock est pillé par Ivan le Terrible. En 1654-1667, la ville est occupée par l'armée tsariste. Néanmoins, Polock conserve son potentiel culturel et spirituel. Au XVIe siècle, les jésuites y ouvrent un collège, une imprimerie, une pharmacie, un théâtre. Au XIIe siècle, Evfrosinija Polockaja, fille de Svjatoslav Vseslavič prince de Polock, religieuse et savante, fonde deux monastères qui deviennent le centre de la diffusion du savoir dans la principauté de Polock. Grâce à ses efforts, la bibliothèque de la cathédrale de la Sainte-Sophie s'enrichit de volumes précieux qui disparaissent mystérieusement pendant la guerre de Livonie (1558-1582). En 1490, à Polock naît Francisk Skorina, le premier imprimeur biélorusse, en 1629 naît Simeon Polockij, célèbre poète et philosophe. En 1772, le territoire de Polock est englobé dans l'Empire russe et Polock se transforme en petite ville de province. Aujourd'hui, Polock est la deuxième ville de la région, après Vitebsk. Son centre industriel, situé dans la banlieue de Novopolock, est parmi les plus grands de Biélorussie. Allongée au bord de la Dvina occidentale, dans le centre historique de cette ville ancienne règne une atmosphère d'antan dont témoignent les belles églises et les petites maisons à un ou deux étages des XVIIIe et XIXe siècles.

Transports

Y accéder et en partir

Polock est situé à 100 km au nord-est de Vitebsk et à 220 km au nord-est de Minsk. En voiture, de Vitebsk, prendre la A215 en direction de Polock. De Minsk, prendre la M3 jusqu'à Lepel', ensuite suivre pour Soročino et Polock.

■ **GARE DES TRAINS – ЖЕЛЕЗНОДОРОЖНЫЙ ВОКЗАЛ**
Ul. Oktjabrskaja, 44 ✆ (0214) 456 237
De Vitebsk, plusieurs départs par jour (1 heure 45 de trajet). De Minsk, il y a un train tous les jours qui part autour de 17h (presque 6 heures de trajet). Trains régionaux et à destination de Moscou, Saint-Pétersbourg, Kaliningrad, Simferopol', Gomel', Minsk, Vitebsk.

■ **GARE ROUTIÈRE – АВТОВОКЗАЛ**
Ul. Oktjabrskaja, 40 ✆ (0214) 423 427
Ouvert de 5h à 21h. De Vitebsk, plusieurs départs par jour (2 heures de trajet). De Minsk, quelques départs par jour de la gare routière Vostočnaja (trajet environ 4 heures). Bus vers les villes du district de Polock, pour Riga, Vitebsk, Moscou, Minsk et Gomel'.

Se déplacer

- **Taxi :** 161.

Pratique

Argent

■ **BELARUSBANK – БЕЛАРУСБАНК**
Pr. F. Skoriny, 36 ✆ (0214) 492 380
Ouvert du lundi au dimanche de 9h15 à 20h, fermé de 14h à 14h30.

Poste

■ **POSTE CENTRALE – ГЛАВНЫЙ ПОЧТАМТ**
Pr. F. Skoriny, 32 ✆ (0214) 423 335
Ouvert de 9h à 19h, le samedi et le dimanche de 9h à 16h.

Internet

■ **BELTELEKOM – БЕЛТЕЛЕКОМ**
Pr. Karla Marksa, 32 ✆ (0214) 424 331
Ouvert tous les jours de 8h à 20h.

Urgences

■ **PHARMACIE N. 77 – АПТЕКА Н. 77**
Ul. Kommunističeskaja, 18
✆ (0214) 424 388
Ouverte 24h/24.

■ **URGENCES – СТАНЦИЯ СКОРОЙ ПОМОЩИ**
Per. Jubilejnyj, 29 ✆ (0214) 422 516

Orientation

La ville est traversée par la Dvina occidentale. Le centre se trouve sur la rive droite. La plupart des monuments se concentre sur la rue Nižne-Pokrovskaja et sur la perspective F. Skoriny.

Se loger

La ville de Polock ne possède qu'un seul hôtel, l'hôtel Dvina, situé à l'intérieur du complexe Slavyanski. Toutefois, vous pouvez trouver facilement une chambre d'hôtel à Novopolock, à moins de dix kilomètres de Polock.

■ HÔTEL KENTAVR – ГОСТИНИЦА КЕНТАВР

Ul. Dvinskaya, 15, Novopolock
✆ (029) 682 05 03 – (029) 899 01 01
www.kentavr-club.com
Chambre double à 100 000 BYR. Wi-fi, petit déjeuner et parking compris dans le prix. Inauguré en 2009, cet hôtel se trouve sur la Dvina occidentale, au milieu d'une zone verte. Les intérieurs sont en bois, ce qui rend les chambres extrêmement accueillantes. Dans l'hôtel il y a une sauna.

■ HÔTEL NAFTAN – ГОСТИНИЦА НАФТАН

Ul. Yakuba Kolasa, 48, Novopolock
✆ (0214) 595 557 – http://hotel.naftan.by
130 000 BYR la chambre double. 7 000 BYR pour le petit déjeuner. C'est un grand hôtel d'époque soviétique, les chambres sont modestes, mais propres et spacieuses. On y trouve aussi deux bars, un coiffeur, un bureau de change, un pressing.

■ HÔTEL SLAVYANSKI – ГОСТИНИЧНЫЙ КОМПЛЕКС СЛАВЯНСКИЙ

Pr. F. Skoriny, 13 ✆ (0214) 422 235
Fax : (0214) 492 059
190 000 BYR la chambre double. Parking payant. Située dans le centre-ville, cet hôtel a été récemment renové. Les chambres sont spacieuses et lumineuses. Dans l'hôtel, vous trouverez aussi un bon restaurant de cuisine traditionnelle, deux cafés, un sauna, un coiffeur, un pressing. Le petit déjeuner n'est pas compris dans le prix.

Se restaurer

■ CAFÉ BRATČINA – БРАТЧИНА

Ul. Nižne-Pokrovskaja, 22
✆ (0214) 423 849
Ouvert tous les jours de 12h à 23h45, fermé de 16h à 16h30. Situé au bord de la fleuve, ce petit café offre des plats de la cuisine biélorusse à des prix modiques. Ambiance rustique.

■ CAFÉ DAMIEN – КАФЕ ДАМИАН

Ul. Nižne-Pokrovskaja, 416 ✆ (0214) 428 766
Tous les jours de 11h à minuit. Environ 20 000 BYR pour un repas complet. Un endroit sympa où déguster des bons plats de la cuisine biélorusse dans une ambiance fort agréable.

À voir – À faire

A Polock, se trouve la seule église uniate du pays. Elle se trouve à rue Novoselov, 70. Père Alexandre, curé de l'église, raconte volontiers l'histoire de sa paroisse et de la confession uniate. A rue Uspenskala 10, se trouve une église de vieux croyants. A l'intérieur, des superbes icônes du XVIIIe siècle et des livres anciens sur la base desquels les vieux croyants récitent leurs prières.

■ CATHÉDRALE DE SAINTE-SOPHIE – СОФИЙСКИЙ СОБОР

Ul. Zamkovaja, 1 ✆ (0214) 425 340
http://sophia.polotsk.museum.by
Tous les jours de 10h à 17h. 1 940 BYR. Située sur la colline où autrefois se trouvait la citadelle, cette superbe cathédrale blanche s'érige solitaire au bord de la Dvina occidentale. C'est un excellent exemple du baroque tardif biélorusse ou baroque de Vilna.

© ANDREA NERI

Cathédrale de Sainte-Sophie.

VITEBSK ET SA RÉGION

Construite entre 1044 et 1066 par des architectes byzantins, c'était la troisième église de Sainte-Sophie sur le territoire de l'ancienne Rus', après Kiev et Novgorod. A la fin du XVIe siècle, suite à l'Union de Brest, la cathédrale passe aux uniates. En 1710, en pleine guerre du Nord entre la Russie et la Suède, Pierre le Grand fait irruption dans l'église, tue cinq moines et commande de jeter leurs corps dans le fleuve. Transformée en dépôt de munitions, elle explose dans des circonstances mystérieuses. A la moitié du XVIIIe siècle, l'église est reconstruite dans le style du baroque de Vilna par I. Glaubic qui décide d'utiliser pour sa construction des fragments de l'ancienne église du XIe siècle. En 1839, elle passe aux orthodoxes. Toutefois, les croix présentes sur les toutes quatre côtés externes de l'église, témoignent son ancienne appartenance à la confession uniate. Aujourd'hui, ici se trouve le musée de l'Histoire de l'église, des concerts de musique d'orgue ont régulièrement lieu.

La pierre de Boris : devant la cathédrale se trouve un énorme rocher avec une croix gravée et l'inscription « Seigneur, aide ton serviteur Boris ». L'auteur de l'inscription sur ce monument du XIIe siècle est Boris Vseslavovič, prince de Polock.

Monastère de Sainte Ephrosinia.

MONASTÈRE DE SAINTE-EPHROSINIA – СПАСО-ЕВФРОСИНИЕВСКИЙ МОНАСТЫРЬ

Ul. Evfrosinii Polockoj, 89 ✆ (0214) 62099
http://spas-monastery.by

Ouvert de 11h à 17h. Situé à 2 km environ du centre historique, entouré par le vert de la campagne, le monastère fut fondé par la vénérable Ephrosinia Polockaja dans les années 1120. De 1579 à 1841, il appartient à l'ordre des jésuites. Il se compose par l'église de la Sainte-Ephrosinia, par la cathédrale de l'Exaltation de la Croix (1893-1897), par la porte avec le clocher (1882) et par l'église d'été. Fondée en 1161, l'église de la Sainte-Ephrosinia est un vrai chef-d'œuvre de l'architecture de Polock. L'église conserve des magnifiques fresques du XIIe siècle, récemment restaurés. Depuis 1910, ici réposent les reliques de la sainte. Le 5 juin, des pèlerins de tous les coins de la Biélorussie viennent honorer la sainte et baiser la croix d'Ephrosinia Polockaja. Malheureusement, ce n'est pas un original, mais la copie faite en 1997 de la croix d'Ephrosinia fabriquée en 1161 par l'orfèvre Lazar Bogša et disparue en 1941, au début de la Seconde Guerre mondiale. C'est un des grands centres spirituels de Biélorussie.

PERSPECTIVE F. SKORINY – ПР. Ф. СКОРИНЫ

C'est la rue principale de la ville. Parcourez cette belle avenue bordée d'arbres de la place Svobody jusqu'au monument à Francisk Skorina. Sur le chemin vous trouverez des monuments intéressants tels que le monument à Simeon Polockij, à la lettre « Ў » (« u kratkoe », « u bref »), spécifique de l'alphabet biélorusse, et à Polock-centre géographique de l'Europe. Si vous voulez démontrer à vos amis que vous vous êtes promenés au centre de l'Europe, adressez-vous au bureau de poste non loin de là : vous pouvez y acheter un certificat attestant officiellement votre visite !

RUE NIŽNE-POKROVSKAJA – НИЖНЕПОКРОВСКАЯ УЛИЦА

C'est une des rues parmi les plus anciennes de la ville. S'étendant le long du fleuve, cette rue, qui commence au pied de la cathédrale de Sainte-Sophie, présente une multitude des bâtiments du XIXe siècle. En plusieurs points, des marches permettent de descendre au fleuve. La maison au n° 9, date du début XIXe siècle, à l'époque ici se trouvaient la banque et la trésorerie. Au n° 11, on trouve la belle église protestante en briques rouges. Construit pendant la deuxième moitié du XIXe siècle, ce monument néogothique héberge aujourd'hui le Musée régional (tous les jours de 10h à 17 sauf le lundi, 2 600 BYR). Au n. 20, nous trouvons le monastère des franciscains. Construit en 1628, aujourd'hui c'est le siège de la police. Au n. 22, surgit le monastère masculin de l'Apparition du Seigneur. Fondé au XVIe siècle, pour longtemps il a été le centre principal de l'orthodoxie à Polock. A côté, se trouve l'église (deuxième moitié du XVIIIe siècle). Aujourd'hui, le monastère héberge le musée de la Typographie (tous les jours de 10h à 17h, fermé le lundi, 2 970 BYR) et le musée de Simeon Polockij (2 540 BYR, tous les jours de 10h à 18h). Au n. 33, vous trouverez la seule maison du XVIIe siècle conservée à Polock. Construite en 1692, pendant l'été 1705 habita ici Pierre le Grand, d'où son nom « la maisonnette de Pierre Ier ». Un peu plus loin, sur le bord du fleuve s'élève le monument aux 23 officiers morts dans la tentative de libérer Polock de l'armée nazie.

Shopping

GOROD MASTEROV – ГОРОД МАСТЕРОВ
Pr. F. Skoriny, 7 ✆ (0214) 462 670
Tous les jours de 10h à 19h, samedi et dimanche de 10h à 17h. On y achète des souvenirs.

MOLOČNOE RAZDOL'E – МОЛОЧНОЕ РАЗДОЛЬЕ
Ul. Zygina, 51 ✆ (0214) 424 468
Ouvert tous les jours de 8h à 21h. Si vous aimez le lait et ses dérivés vous devez absolument visiter ce magasin : on y vend plus de 70 produits laitiers différents sortis de la fameuse usine laitière de Polock !

RÉSERVE DE BIOSPHÈRE BEREZINSKIJ – БЕРЕЗИНСКИЙ БИОСФЕРНЫЙ ЗАПОВЕДНИК

Cette réserve naturelle a été créée en 1925 pour préserver l'environnement et protéger les espèces rares, en particulier les castors qui, à l'époque, étaient en voie d'extinction. Si, en 1925 dans la réserve, habitaient 20 castors, aujourd'hui on en compte plus de 200 ! Insérée dans la liste des réserves de biosphère de l'Unesco, avec ses 85 000 hectares, plus 22 000 hectares de réserve de chasse, la réserve Berezinskij est un oasis de nature sauvage qui compte des forêts primitives, des vastes marais et des lacs. La variété des systèmes naturels est à la base d'une énorme richesse de faune et flore. On compte plus de 2 000 espèces de plantes et 336 espèces différentes d'animaux, dont 230 espèces d'oiseaux. Alimenté par une cinquantaine de rivières, le fleuve Berezina traverse la réserve du nord au sud pendant 110 km. Les terrains submersibles tout autour sont le royaume des canards sauvages, loutres, castors, visons, etc. S'étendant sur une surface de 43 000 hectares, la zone des marais est fascinante. Parsemés de petites îles recouvertes d'arbres séculaires, ces marais ont généralement conservé leur aspect originaire. Des forêts de chênes, de frênes et d'aulnes noirs s'étendent à perte de vue. Parmi les animaux : cigognes noires, grues, hérons gris, des nombreux rapaces, wapitis, ours bruns, sangliers sauvages, etc. Un endroit d'une richesse unique en Europe ! On peut pratiquer la chasse et la pêche dans les deux réserves de chasse Barsuki et Berezina, à côté de la réserve Berezinskij. Pour plus d'informations s'adresser à l'office du parc.

Transports

Situé à la mi-chemin entre Minsk et Vitebsk, le parc est traversé par la route M3 qui relie ces deux villes. Le village de Domžericy, où est situé l'office du parc, se trouve à environ trois kilomètres de la route M3. On peut rejoindre le parc par bus. Plusieurs départs par jour de Minks, de la gare routière Vostočnaja, en direction de Vitebks ou Lepel'. De Vitebks, départ de la gare routière en direction de Minsk et Lepel'. Descendre à Domžericy (Домжерицы).

Pratique

OFFICE DU PARC
✆ (02132) 26318
www.berezinsky.com
bbsr@vitebsk.unibel.by
Situé au centre de la réserve, l'office du parc fournit tout type d'information concernant votre séjour. Il s'occupe aussi de l'organisation de séjours de chasse et pêche. Ici vous pouvez aussi réserver des tours guidés à travers la réserve ou bien participer aux excursions organisées par l'office.

Se loger

Locations

Dans le territoire du parc, il est possible de séjourner dans des maisons au milieu de la forêt ou au bord d'un lac.

La solution idéale pour les passionnés de chasse et de pêche, et pour ceux qui aiment le contact avec la nature. Pour la liste des maisons consulter le site Internet de la réserve (www.berezinsky.com/content/ru/lodges.htm). Les réservations sont faites directement à l'office de la réserve. Renseignez-vous sur le niveau de confort des maisons proposées, certaines n'ont pas d'électricité ou d'eau courante.

■ MAISON D'HÔTES PRIOZERNAYA – УСАДЬБА «ПРИОЗЕРНАЯ

✆ (02132) 41 773 – (029) 597 00 36

www.ruralbelarus.by/catalogue.one.php?form_id=130 1

15 $ par personne. Située à trente kilomètres du centre de la réserve, dans le village de Staryj Lepel', cette belle maison en bois du début XXe siècle donne sur le lac Lepelskij. La maison est équipée de tout le confort nécessaire, y compris la *banja*, les visiteurs ont à disposition deux chambres et la cuisine. La maîtresse de maison vous aide à organiser des excursions à pied ou en bateau, chasse et pêche.

Bien et pas cher

■ HÔTEL SERGUČ – ГОСТИНИЦА СЕРГУЧ

1 ul. Centralnaja

✆ (02132) 2 63 00

Fax : (02132) 2 63 00

www.berezinsky.com/content/ru/serguch.html

tourism@berezinsky.com

Chambre double de 85 420 BYR à 189 810 BYR. 7 000 BYR petit déjeuner. 50 050 BYR banja pour 4 personnes. Chambres propres et accueillantes. Situé dans le village de Domžericy. L'hôtel a son restaurant.

Confort ou charme

■ HÔTEL PLAVNO – ГОСТИНИЦА ПЛАВНО

✆ (02132) 44 542

Fax : (02132) 26 342

Chambre double à partir de 150 990 BYR. Petit déjeuner à 9 000 BYR. Banja pour 4 personnes à 112 980 BYR. Ce petit hôtel est situé dans la réserve de chasse Barsuki, au bord du lac Plavno. Les chambres sont très accueillantes, revêtues de bois. Devant l'hôtel il y a une petite plage. Possibilité d'excursion en bateau sur le lac. Des vélos sont à disposition des invités. L'hôtel a son restaurant.

PARC NATIONAL DES LACS DE BRASLAV – НАЦИОНАЛЬНЫЙ ПАРК БРАСЛАВСКИЕ ОЗЁРА

C'est peut-être le coin le plus suggestif et pittoresque de toute la Biélorussie. Pour en saisir la magnificence, montez sur le sommet de la montagne Majak, entre les lacs Snudy et Strusto, dans la partie nord du parc. Du haut de ses 44,5 mètres, devant vous s'ouvrira un panorama à couper le souffle : une étendue de lacs bleus entrecoupés de forêts verdoyantes à perte de vue.

Cœur du *poozer'e*, la région des lacs, ce parc a été fondé en 1995 pour protéger ce précieux écosystème aquatique dont la formation remonte à l'époque de la dernière glaciation. Si la partie méridionale consiste principalement en marais et forêts, les parties centrale et septentrionale du parc sont parsemées de lacs bleus, entreliés par une multitude de rivières et surmontés par des douces collines.

La vraie richesse du parc c'est bien sûr ses lacs aux eaux cristallines et riches en poissons. En on compte entre 200 et 250 ! Les forêts, particulièrement pittoresques au sud du lac Drivjaty, sont principalement de pins et sapins.

Elles sont habitées par chevreuils, wapitis, castors, cerfs, loups, sangliers sauvages, linx, renards. Dans le parc, vivent 189 espèces d'oiseaux. La zone du lac Snudy et de ses nombreuses îles, en particulier, fera le bonheur des passionnés de *birdwatching* : ici se concentrent 55 espèces d'oiseaux, pour un total de 7 000 exemplaires !

Le parc est pointillé d'une myriade de villages minuscules avec de charmantes petites églises catholiques en briques rouges et morceaux de pierre. Des exemples de ce type de construction, typique de la région, se trouvent dans les villages de Braslav, Vidzy, Ikazn', Opsa. C'est un lieu fascinant à découvrir à pied, en vélo, à cheval ou en bateau.

Transports

Compris entre les frontières avec Lituanie et Lettonie, le parc est situé à 250 km au nord de Minsk et à environ la même distance au nord-est de Vitebks.

▶ **En voiture.** Le parc peut être rejoint de Vitebsk en passant par Polock par la A215. Après Polock prendre la P14 en direction de Braslav, en passant par Disna et Miory. De

Minsk, prendre la M3 en direction de Vitebsk, à la hauteur de Begoml' suivre pour Glubokoje, et continuer jusqu'à Braslav.

En bus. De Minsk départ de la gare Vostočnyj pour Braslav. De Vitebsk : bus pour Braslav en passant par Polock. Le trajet est d'environ 5 heures dans les deux cas.

Pratique

A Braslav, vous trouverez banque, bureau de poste, Internet et hôpital.

OFFICE DU PARC

Ul. Dačnaja, 1, Braslav
© (02153) 29 261
© (02153) 29 343
www.braslav.com
braslavpark@gmail.com
Ouvert tous les jours de 8h à 18h. L'office du parc vous fournira toute l'information nécessaire à votre séjour. L'office organise régulièrement des excursions guidées à travers le parc. Ici, vous pourrez aussi vous renseigner pour le *birdwatching*, la chasse et la pêche. Pour l'organisation de la chasse, appeler le © (02153) 22 424.

Se loger

N'oubliez pas que le parc est une destination touristique très populaire chez les Biélorusses : en juillet et en août il est conseillé de réserver à l'avance. Et finalement, ne vous inquiétez pas si vous ne trouvez pas de logement : les Biélorusses sont très accueillants et vous arriverez sûrement à trouver une chambre sur place. L'infrastructure touristique se concentre principalement autour de Braslav. Il existe quatre complexes touristiques, tous situés dans des localités aux bords des lacs : Drivjati, Zolovo, Slabodka et Leoški. Le complexe de Drivjati offre des chambres en hôtel, les autres trois des cottages. Prévoir autour de 60 000 BYR par personne dans une chambre double. Il existe aussi plusieurs campings. Pour réserver, se renseigner auprès de l'office du tourisme. Dans le parc, vous pouvez loger aussi dans des maisons d'hôtes. L'offre est énorme. Ici, on loue généralement la maison entière. Pour une liste complète, consultez le site en anglais de l'association Rural Belarus : ruralbelarus.by/__eng/

À voir – À faire

BRASLAV – БРАСЛАВ

C'est le centre du parc et sa principale station balnéaire. Fondée en 1065, cette ancienne ville de 9 000 habitants surgit sur les bords du lac Drivjati, le plus grand de l'ensemble du parc. Braslav a conservé son aspect du début XXe siècle avec des petites maisons en bois des années 1900-1930, complètement plongées dans la verdure. De la colline Zamkovaja s'ouvre un panorama magnifique sur la ville et le lac. Au pied de la colline, on peut visiter l'église orthodoxe de l'Assomption (Успенская церковь), construite en 1897 en style pseudo-russe. A l'intérieur, on trouve des icônes des XVIIe-XVIIIe siècles. Devant, se trouve l'église catholique de la Nativité (кослтёл Рождества Божьей Матери) (1897), de style néogothique. Sur l'autel principal se trouve l'icône de la Vierge, considérée miraculeuse.

VITEBSK ET SA RÉGION

Décor paisible du parc national des lacs de Braslav.

MOGILEV ET SA RÉGION

Monument « L'Astrologue » de Mogilev.

Mogilev et sa région

Située à l'est de la Biélorussie, la région de Mogilev s'étend le long de la frontière avec la Russie. La ville de Mogilev surgit au bord du Dnepr qui traverse la région du nord au sud. C'est un centre de communication important vers la Russie, les Pays baltes et l'Ukraine. La région est extrêmement riche en pittoresques massifs boisés et en voies d'eaux. Outre le Dnepr, la zone est en effet traversée par la Berezina et le Sož.

En dépit de ce cadre naturel privilégié, il est impossible d'oublier que la région a été en partie touchée par le nuage radioactif de Tchernobyl : 35 % de son territoire a été contaminé, notamment la partie sud-orientale. Une contamination qui eut de graves conséquences sociales et économiques puisqu'environ 50 000 hectares de terre sont désormais impropres à l'agriculture. Historiquement, la région de Mogilev a donné jour au premier (et, jusqu'à ce jour, le seul) président biélorusse, Aleksandr Lukašenko, né dans le village d'Alexandria, à côté de Šklov et à 35 km au nord de Mogilev.

Bien sûr, le musée local, situé dans l'école du village, consacre une section au Président en exercice. On pourra aussi voir la maison où il a passé son enfance et boire l'eau de la source auprès de laquelle il jouait régulièrement quand il était petit.

Les immanquables de Mogilev et de sa région

- **Contempler** le Dnepr de la place Sovetskaia à Mogilev.
- **Découvrir** la superbe iconostase en bois doré dans le monastère de Saint-Nicolas à Mogilev.
- **Oublier** le temps et l'espace à Mstislavl, avec ses douces collines, ses anciennes églises et ses petites maisons en bois plongées dans une luxuriante verdure.

MOGILEV – МОГИЛЁВ

Il existe plusieurs légendes sur l'origine du nom de la ville. La plus célèbre raconte qu'il y a longtemps, dans une forêt épaisse où se tient aujourd'hui la ville, se trouvait la cachette des bandits de l'*ataman* Mašeka. De lui, on disait qu'il était tellement fort qu'il pouvait déraciner les arbres avec ses mains seules. Mašeka était un paysan, mais quand le seigneur vola sa fiancée, il décida de se venger. Il mourut par la main de sa fiancée, devenue la femme du seigneur. Les paysans l'enterrèrent sur une colline au bord du Dnepr. L'endroit reçu le nom de Mogila Lva (le tombeau du lion) et la ville qui surgit ici s'appella donc Mogilev. Fondée en 1267, la ville se forme autour du fleuve Dnepr, voie de communication fondamentale reliant la mer Baltique à la mer Noire. C'est ainsi que Mogilev commence à prospérer comme centre artisanal et commercial. A partir de 1358, Mogilev fait partie du grand-duché de Lituanie et déjà au XVe siècle, devient une des villes parmi les plus riches et prospères du grand-duché. C'est une époque de forte croissance économique. Mogilev se trouve au centre des voies commerciales du nord au sud, de l'est à l'ouest. Ses artisans sont connus même à l'étranger et Mogilev commerce avec l'Ukraine, la Moldavie, la Pologne, la Moscovie et Constantinople. Grâce à son développement en 1577, le roi Stefan Batory donne à la ville le droit de Magdebourg. En 1772, Mogilev est annexé par l'Empire russe. A cause de sa position géopolitique stratégique, au cours de l'histoire, Mogilev a toujours été le théâtre de plusieurs guerres jusqu'aux évènements tragiques de la Seconde Guerre mondiale. Des 120 000 habitants que Mogilev comptait avant la guerre, il en reste à peine 10 000 en 1945. Aujourd'hui, Mogilev est un des majeurs centres industriels du pays. La ville est très agréable, paisible, verdoyante, accueillante. Mogilev est fier d'avoir reçu la visite de plusieurs personnalités célèbres : le tsar Pierre le Grand arriva ici en 1706 ; en 1780, l'imperatrice Catherine II rencontra ici l'empereur autrichien Jospeh II ; le tsar Nicolas II visita la ville plusieurs fois, et enfin même le grand poète russe Pouchkine y séjourna ! Mogilev est aussi un important centre culturel. Au mois de septembre, a lieu le festival international d'animation « Animaevka » ; en novembre se tient le festival musical international « Zolotoj šljager », consacré au genre du retro-pop ; en juillet et en août a lieu le festival de musique sacrée « Magnuty Boža ».

Transports

Y accéder et en partir

En voiture de Minsk, prendre la route M4 en direction de Mogilev.

■ **GARE DES TRAINS – ЖЕЛЕЗНОДОРОЖНЫЙ ВОКЗАЛ**
Pl. Privokzal'naja, 20 ✆ (0222) 392 128
De Minsk, deux trains directs par jour (environ 3 heures de trajet). Trains en direction de Vitebsk, Gomel', Brest, Grodno, Moscou, Saint-Pétersbourg, Kiev, Vilnius. La jolie gare a été bâtie en 1902.

■ **GARE ROUTIÈRE – АВТОВОКЗАЛ**
Ul. Leninskaja, 93 ✆ (0222) 224 808
Plusieurs bus par jour au départ de la gare routière Vostočnaja de Minsk (environ 4 heures de trajet). Il existe aussi un service de *maršrutka* qui est plus rapide. Bus pour Moscou, Vitebsk, Gomel', Brest et les destinations de la région.

Se déplacer

La ville est petite et ses points d'intérêt sont concentrés principalement autour de la rue Leninskaja. Vous pouvez tranquillement vous déplacer à pied. En tout cas, Mogilev dispose d'un réseau de transports (bus, trolleybus, tramway et *maršrutki*) extrêmement efficace et développé. Vous pouvez consulter une carte de ce réseau sur le site city.mogilev.by/scripts/transport/showmap.html

■ **TAXIS DE MOGILEV**
✆ 156 – 152 – (0222) 235 050

Pratique

Argent

■ **BELARUSBANK – БЕЛАРУСБАНК**
Ul. Pervomajskaja, 3 ✆ (0222) 256 811
Ouvert tous les jours de 9h à 21h, fermé de 14h à 15h.

■ **PRIORBANK – ПРИОРБАНК**
Ul. Leninskaja, 41 ✆ (0222) 311 153
Ouvert tous les jours de 11h à 19h, fermé de 15h à 16h.

Mogilev en bref

- **Code téléphonique :** 0222.
- **Population :** 372 000 habitants.
- **Localisation :** à 200 km à l'est de Minsk, presque à la frontière avec la Russie.
- **Sites utiles :** www.city.mogilev.by– www.region.mogilev.by – www.tour.mycity.by

Poste

■ **POSTE – ПОЧТА**
Ul. Pervomajskaja, 28
✆ (0222) 220 627

Internet

■ **BELTELEKOM – БЕЛТЕЛЕКОМ**
Ul. Pionerskaja, 21 ✆ (0222) 292 126
Ouvert tous les jours de 9h à 23h.

■ **INTERNET CLUB NAUTILUS – ИНТЕРНЕТ КЛУБ НАУТИЛУС**
Ul. Jakubovskogo, 37/a ✆ (0222) 276 325
Ouvert 24h/24.

Urgences

■ **HÔPITAL RÉGIONAL – МОГИЛЁВСКАЯ ОБЛАСТНАЯ БОЛЬНИЦА**
Ul. Belynickogo-Biruli, 12
✆ (0222) 278 761

■ **PHARMACIE N. 22 – АПТЕКА Н. 22**
Ul. Pionerskaja, 29/24 ✆ (0222) 225 211
Ouvert 24h/24.

■ **URGENCES – БОЛЬНИЦА СКОРОЙ МЕДИЦИНСКОЙ ПОМОЩИ**
Ul. Botkina, 2 ✆ (0222) 225 326

Orientation

Le centre-ville part de la perspective Mira et se développe autour des rues Leninskaja et Pervomajskaja jusqu'à la place Sovetskaja.

Se loger

■ **HÔTEL GUBERNSKAJA – ГОСТИНИЦА ГУБЕРНСКАЯ**
Ul. Leninskaja, 56/6
✆ (0222) 222 619 – (0222) 284 575
www.gubernsky.by
gubernsky@gubernsky.by

Mogilev et sa région

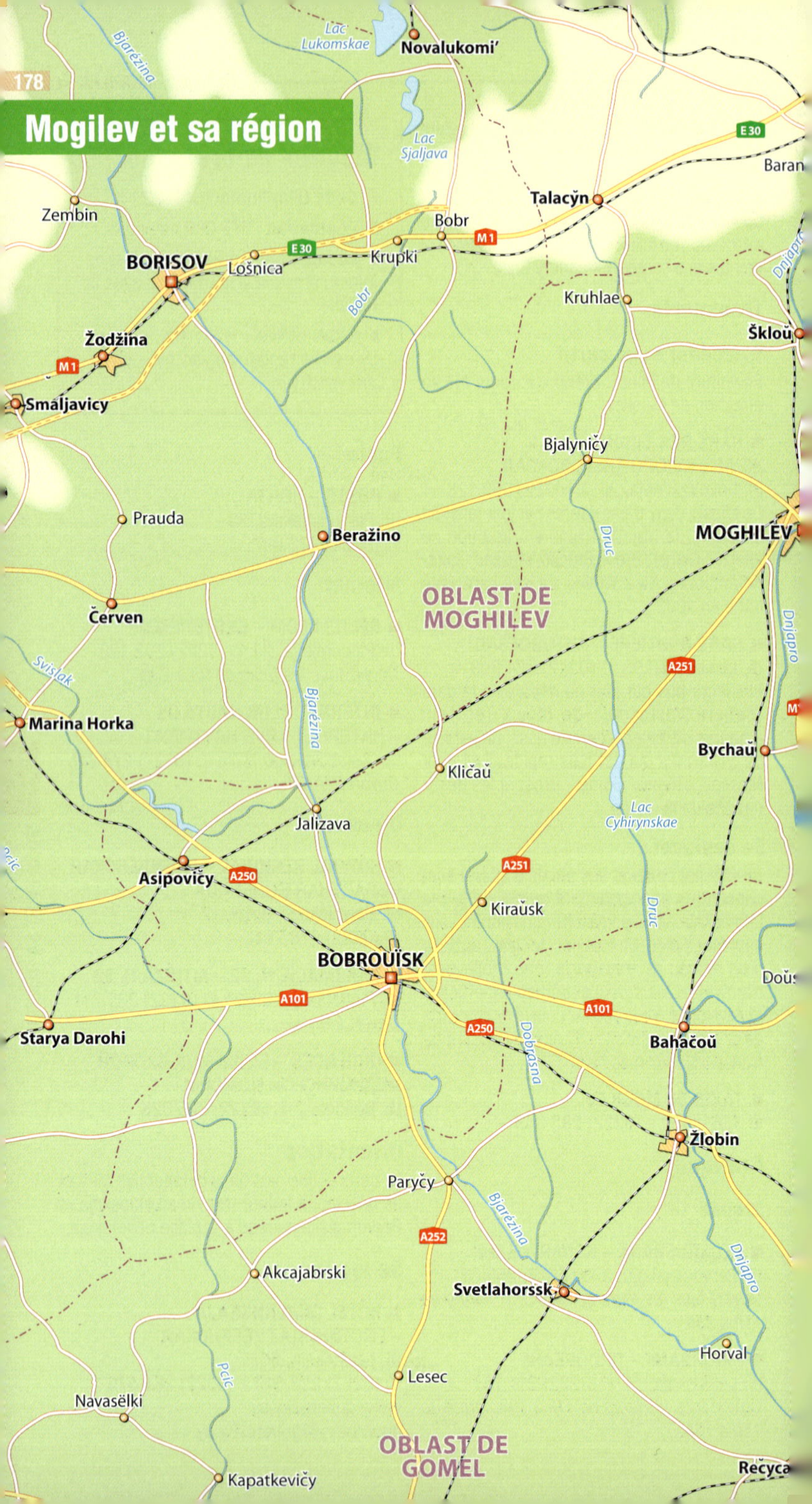

Ville principale
Localité importante
Autre localité
Voie rapide
Route majeure
Route secondaire
Voie ferrée
Minsk
Dnepr
M1
Ljady
Dubroŭna
ORCHA
Sava
Horkï
Šamava
Basja
Pronja
Msčislaŭ
Čavusy
Krycaŭ
A101
Sož
Klimavičy
Čerykaŭ
Rodnja
Chocimsk
Slaŭharad
A101
Krasnopolle
Kascjukovičy
Čačersk
Besedz
Staubŭn
Iput
Klincy
uda-Kašalëva
Sož
RUSSIE
Novozybkov
GOMEL
M13
N
0
30 km

A partir de 190 000 BYR pour une chambre double. Wi-fi, parking et petit déjeuner inclus dans le prix. Situé dans le cœur de Minsk, cet hôtel occupe un immeuble du début XXe siècle. Il existe depuis 2007. Elégantes et spacieuses, les chambres sont toutes différentes et décorée de façon originale. Vous y trouvez aussi un bar, un casino, un salon de coiffure, une pharmacie, etc.

■ **HÔTEL KIM – ГОСТИНИЦА КИМ**
Ul. Lazarenko, 27 ✆ (0222) 229 113
Fax : (0222) 229 159
www.kim-hotel.org – hotel_kim@tut.by
150 000 BYR la chambre double, petit déjeuner compris. Parking, wi-fi dans chaque chambre. Situé à deux pas du centre-ville, ce petit hôtel dispose de sept des chambres spacieuses, accueillantes, extrêmement confortables. Le personnel est souriant et chaleureux. L'ambiance est familiale. C'est sûrement le meilleur hôtel de la ville pour son excellent rapport qualité/prix. Dans l'hôtel se trouvent aussi un sauna et une petite piscine.

■ **HÔTEL LIRA – ГОСТИНИЦА ЛИРА**
Ul. Leninskaia, 45
✆ (0222) 252 543
145 000 BYR la chambre double, petit déjeuner inclus. Wi-fi dans les chambres. Ce petit hôtel se trouve dans le centre de Mogilev, dans une rue piétonne. 9 chambres très confortables à des prix modiques. L'hôtel dispose aussi d'un parking, d'un sauna et d'une petite piscine. C'est une excellente solution pour les petits budgets.

■ **HÔTEL SLAVJANSKAJA – ГОСТИНИЦА СЛАВЯНСКАЯ**
Ul. Leninskaja, 23a ✆ (0222) 230 023
http://slavyanskaya.by – slav-hotel@mail.ru
Chambre double à partir de 170 000 BYR, petit déjeuner inclus. Parking, Wi-fi. Inauguré récemment, cet hôtel se trouve en centre-ville. Spacieuses et équipées tout confort, les chambres sont très colorées. Le service est impeccable. Deux autres hôtels du même réseau se trouvent à ul. Čeljuskincev, 178, et à ul. Bol'šaja Čausskaja, 4D. Ce dernier hôtel occupe une petite maison indépendante au bord du Dniepr et compte 5 chambres.

Se restaurer

Restaurants, bars, cafés et clubs se concentrent généralement sur les rues Leninskaja et Pervomajskaja.

Sur le pouce

■ **CAFÉ-BAR BLINNAJA STRANA – КАФЕ БАР БЛИННАЯ СТРАНА**
Ul. Pervomajskaja, 32
Tous les jours de 10h à 22h. Un endroit sympa où goûter des blinis délicieux.

Pause gourmande

■ **SALON DE THÉ DA VINCI – КАФЕТЕРИЯ ДА ВИНЧИ**
Ul. Leninskaja, 68 ✆ (0222) 258 344
Tous les jours de 10h à 23h. Situé dans le centre-ville, à côté des fontaines, dans ce petit salon de thé vous pouvez goûter café, thé, chocolat et délicieuses pâtisseries.

Palais du gouvernement.

Bien et pas cher

■ IZBA – ИЗБА
Ul. Leninskaja, 29
✆ (0222) 257 836
Ouvert tous les jours de 11h à 5h. Environ 25 000 BYR. L'intérieur de ce restaurant rappelle une izba biélorusse, le personnel porte le costume traditionnel. Un endroit très aimé par les habitants de Mogilev, la cuisine est typique.

■ KORČMA NA ŠKLOVSKOM BAZARE – КОРЧМА НА ШКЛОВСКОМ БАЗАРЕ
Ul. Budennogo, 13
Ouvert tous les jours de 11h à 23h. 20 000 BYR pour un repas complet. Très populaire, ce restaurant de style traditionnel offre une excellente cuisine biélorusse à des prix modiques. En été, les tables sont à l'extérieur.

■ TAVERNE PASAD – ТРАКТИР ПАСАД
Ul. Leninskaja, 22
✆ (0222) 220 677 – http://pasad.by.ru
Ouvert tous les jours de 11h à 23h. Environ 20 000 BYR par personne. C'est une véritable taverne ! Dans ses deux salles, tables et bancs en bois, atmosphère rustique, musique et beaucoup de fumée. L'endroit est très fréquenté, il vaut mieux réserver à l'avance. Cuisine locale.

Bonnes tables

■ GABROVO – ГАБРОВО
Ul. Pervomajskaja, 31
✆ (0222) 222 854
Ouvert tous les jours de 10h à 2h. 40 000 BYR. Ici on goûte une excellente cuisine bulgare et biélorusse. L'endroit est accueillant, très fréquenté. Il y aussi un bar et une discothèque.

■ IMPERIA – ИМПЕРИЯ
Ul. Pervomajskaja, 23
✆ (0222) 225 794
Ouvert tous les jours de 12h à 1h. 50 000 BYR. Ce restaurant élégant et raffiné propose à ses clients des plats délicieux de la cuisine serbe et biélorusse.

Sortir

■ CLUB MÉTRO – КЛУБ МЕТРО
Ul. Migaja, 13/36 ✆ (0222) 252 587
www.club.metrogroup.by
Ouvert tous les jours de 21h à 5h. C'est la discothèque la plus fréquentée de la ville. Sur deux étages, on y trouve aussi un restaurant, un bar et un café. Souvent, des concerts y sont organisés.

■ THÉÂTRE DRAMATIQUE – ДРАМАТИЧЕСКИЙ ТЕАТР
Ul. Pervomajskaja, 7 ✆ (0222) 226 604
Fondé en 1888 grâce à une récolte de fonds faite par les habitants de la ville, ce magnifique théâtre en briques rouges a toujours été le centre culturel de la ville. Parmi les célébrités qui sont passés sur sa scène, Sergej Rachmaninov et Fedor Šaljapin.

À voir – À faire

■ CHAMP DE BUJNIČI – БУЙНИЧСКОЕ ПОЛЕ
Le 12 juillet 1941, à Bujniči, à 2 km de Mogilev en direction de Bobrujsk, les défenseurs de la ville détruisent 39 tanks allemands. Symbole du courage et de la fermeté des habitants de Mogilev, Bujinči est aujourd'hui un musée en plein air des engins blindés de la Seconde Guerre mondiale. Pas loin se trouve le complexe ethnographique « Le village biélorusse au XIXe siècle » qui fait revivre la culture populaire, les artisanats et les traditions de la région de Mogilev. On trouve aussi un bon restaurant de cuisine locale et un hôtel.

■ COMPLEXE COMMÉMORATIF AUX COMBATTANTS DE L'ARMÉE ROUGE – МЕМОРИАЛЬНЫЙ КОМПЛЕКС БОРЦАМ ЗА СОВЕТСКУЮ ВЛАСТЬ
Pl. Sovetskaja
Ce complexe occupe le cœur historique de Mogilev, la place du Commerce, aujourd'hui place Soviétique. Devant un obélisque énorme surmonté par la statue de la Victoire se trouve la flamme éternelle. Du belvédère s'ouvre un panorama surprenant sur le Dniepr et Mogilev.

■ ÉGLISE DE SAINT-STANISLAV – КОСТЁЛ СВЯТОГО СТАНИСЛАВА
Ul. Lazarenko
Construite en 1738-1752 de style baroque, cette église fut reconstruite à la fin du XVIIIe siècle. Sa façade fut alors modifiée par l'insertion d'un portique avec quatre colonnes, de style classique, ce qui confère à l'église un caractère éclectique. A l'intérieur se sont parfaitement conservées de magnifiques fresques de la deuxième moitié du XVIIIe siècle. Chaque année a lieu ici le festival de musique sacrée « Magnuty Boža ».

HÔTEL DE VILLE – РАТУША

Ul. Leninskaja, 1a ✆ (0222) 229 946
www.ratusha-mogilev.com
ratusha-mogilev@yandex.ru
Ouvert tous les jours de 10h à 18h, sauf le lundi et le mardi. 3 000 BYR pour le musée, 3 000 BYR pour la tour de l'horloge. Situé sur la place Sovetskaja, l'hôtel de ville fut originairement bâti à la deuxième moitié du XVIIe siècle. Il s'agit d'une reconstruction : il fut détruit en 1957. Il est possible de monter sur le sommet de la tour d'où vous pourrez profiter d'une vue magnifique sur le Dniepr. Aujourd'hui, s'y trouve le musée de l'Histoire de la ville.

MONASTÈRE DE SAINT-NICOLAS – СВЯТО-НИКОЛАЕВСКИЙ МОНАСТЫРЬ

Ul. Bol'šaja Graždnaskaja
Situé au bord du Dnepr, cet ensemble architectural est un des majeurs point d'intérêt de la ville. Il est dominé par la cathédrale de Saint-Nicolas. Bâtie à la fin du XVIIe siècle en style baroque, la cathédrale conserve à l'intérieur une précieuse iconostase en bois doré avec des magnifiques moulures et des fresques du XVIIe siècle. L'enceinte de pierre avec la porte et le clocher datent du début du XVIIIe siècle.

MUSÉE RÉGIONAL E.P. ROMANOVA – КРАЕВЕДЧЕСКИЙ МУЗЕЙ Е.Р. РОМАНОВА

Pl. Sovetskaja, 1 ✆ (0222) 220 120
http://mogilewmuseum.iatp.by
kraimog@list.ru
Ouvert tous les jours de 9h30 à 17h30, sauf le lundi et le mardi. 2 090 BYR. Ce musée dispose d'une collection énorme sur l'histoire de la région. Les documents en écorce de bouleau du XIIe siècle et la collection d'armes sont particulièrement intéressants.

PALAIS DU GOUVERNEMENT – ДОМ СОВЕТОВ

Pl. Lenina
Cette construction monumentale est identique à la maison du gouvernement (Дом Правительства) de Minsk. L'explication est simple : en 1939, le gouvernement soviétique avait décidé d'éloigner la capitale de la frontière occidentale. Mogilev ne devint jamais capitale, mais ici fut construit ce bâtiment géant de style stalinien.

RUE LÉNINE – УЛИЦА ЛЕНИНА

C'est la rue piétonne de la ville où se concentre la plupart des bâtiments des XVIIIe-XIXe siècles qui ont été conservés, une multitude de bars, clubs et restaurants. Au centre de la rue Lenina, se trouve la place des Etoiles (пл. Звёзд). Sur ses dalles sont imprimés les noms des citoyens d'honneur de Mogilev. Au centre de la place, un astrologue scrute le ciel, entouré par 12 chaises symbolisant les signes du zodiaque. Selon une croyance populaire, si on exprime un souhait et on touche le doigt de l'astrologue, il se réalisera à coup sûr ! Au n. 37, on trouve la maison du marchand Onoško où aujourd'hui se trouve le musée dédié à l'œuvre du peintre biélorusse V.K. Bjalynickyj-Biruli (ouvert de 10h à 17h30 sauf le lundi et le mardi).

Shopping

ARCADA – АРКАДА

Ul. Leninskaja, 46/18
✆ (0222) 311 948
Ouvert tous les jours de 10h à 19h, le samedi et le dimanche jusqu'à 18h. C'est le meilleur magasin de souvenirs de la ville.

Cathédrale des Trois-Saints.

■ **GRANDS MAGASINS CUM – ЦУМ**
Ul. Pervomajskaja, 61
Ouvert du lundi au vendredi de 8h30 à 21h, le samedi jusqu'à 19h et le dimanche jusqu'à 18h. Vous y trouverez tout type de marchandises y compris des souvenirs et une boutique d'excellents bonbons biélorusses.

■ **LIBRAIRIE BUKVA – КНИЖНЫЙ МАГАЗИН БУКВА**
Ul. Leninskaja, 45 © (0222) 253 291
Tous les jours de 10h à 19h.

BYCHOV – БЫХОВ

Cette petite ville de 15 000 habitants se trouve à 50 km au sud de Mogilev, sur la route M8 en direction de Gomel'. Jusqu'au début des années 1990, ici se trouvait une grosse base imilitaire soviétique. A Bychov on peut voir les ruines d'un ancien château dont la construction commença en 1590 sous Jan Chodkevič, chef de l'armée du grand-duché de Lituanie et se termina en 1630 sous Lev Sapega. A l'époque, Bychov était une ville-forteresse modèle. Ici, a été conservée une magnifique synagogue de style baroque avec une tour circulaire et des embrasures, érigée au début du XVIIe siècle comme partie d'un ensemble de bâtiments de type défensif. C'est un exemple architectural unique en Europe orientale, à voir absolument.

MSTISLAVL' – МСТИСЛАВЛЬ

Perdu au milieu des collines, à quelques kilomètres de la frontière avec la Russie, Mstislavl est une charmante petite ville où on a l'impression que le temps s'est arrêté au XIXe siècle. Considéré parmi les villes les plus anciennes de Biélorussie, Mstislavl a été fondé en 1135 par Roman Rostislavič, prince de Smolensk. Elle porte le nom du fils de ce dernier, Mstislav, qui lui succéda en 1180. Au moment de sa fondation, la ville surgissait sur la Zamkovaja gora, la montagne du château. Aujourd'hui, rien ne reste des anciennes fortifications, toutefois du haut de cette colline s'ouvre un panorama exceptionnel sur la ville, le fleuve Vichra qui la traverse et les forêts qui l'entourent. Au pied de la Zamkovaja gora, se trouve l'église catholique de l'Ascension de la Vierge (1637). Elle domine dans toute sa splendeur les maisons en bois autour, plongées dans la verdure et les fleurs. A l'intérieur, on peut voir des fresques du XVIIIe siècle. Le centre-ville est dominé par l'ancien monastère des jésuites (XVIIe-XIXe siècles) à côté duquel se trouve l'église catholique de Saint-Michel (1730-1739), devenue l'église orthodoxe de Saint-Nicolas en 1842. Au n. 30 de la rue Lenina, on trouve la belle église d'Aleksandr Nevskij, construite en 1870 à partir d'une église catholique appartenant à l'ordre des bernardins qui avait brûlé quelques années avant. Mstislavl a su préserver son aspect de ville de province du XIXe siècle. Il suffit de faire une promenade dans le centre pour s'imprégner de cette atmosphère « prérévolutionnaire » dont témoignent les nombreux immeubles à un ou deux étages, ou encore l'ancien hôtel Paris, rue Proletarskaja, 51. Les soirs d'été, à Mstislavl, laissez-vous charmer par la douceur et l'immobilisme de ce lieu enchanteur qui garde sa splendeur d'antan dans le cadre idyllique de la vie de province.

Transports

Situé à 100 km à l'est de Mogilev, on rejoint facilement Mstislavl' de Mogilev par bus ou *maršrutka* de la gare routière, ou bien en voiture par la route A244 en direction de Čausy.

Se loger

■ **HÔTEL MSTISLAVL – ГОСТИНИЦА МСТИСЛАВЛЬ**
Ul. Proletarskaja, 57 © (02240) 50 779
Autour de 40 000 BYR la chambre double. C'est un petit hôtel de province, le confort est minimal, mais les chambres sont propres et soignées. Dans l'hôtel il y a aussi un restaurant, le seul de la ville.

À voir – À faire

■ **MONASTÈRE DE PUSTYNKI – МОНАСТЫРЬ ПУСТЫНКИ**
À 8 km à l'est de Mstislavl en direction de la frontière avec la Russie. Le monastère aurait été fondé en 1380 sur le lieu où la Vierge Marie apparut à un des princes de Mstislavl, probablement le prince Siméon. Il a été ensuite reconstruit aux XVIIe et XIXe siècles. Au début du XVIIe siècle, le monastère passe à la confession uniate, en 1839 il redevient orthodoxe. A l'époque soviétique, ici se trouve un orphelinat. Ensuite à partir des années 1970, le monastère est abandonné. Aujourd'hui, plusieurs travaux de restauration sont en cours. Entouré par une nature pittoresque, le monastère héberge aujourd'hui quatre moines. Sur son territoire, se trouve une source d'eau sainte. Après le retour des moines, il paraît qu'un miracle eut lieu ici. Sur le mur d'une des chambres des moines apparut le visage du Christ. Demandez qu'on vous le montre !

GOMEL' ET SA RÉGION

Palais des Rumjancev et des Paskevič à Gomel'.

Gomel' et sa région

*La région de Gomel' occupe la pointe sud-est de la Biélorussie : elle est frontalière avec l'Ukraine au sud et avec la Russie à l'est. Sa ville principale, Gomel', est la deuxième du pays avec quelques 500 000 habitants. C'est un important centre industriel et universitaire. La région offre des paysages très romantiques de forêts à perte de vue coupées par des fleuves et des zones marécageuses. Nous sommes d'ailleurs à l'extrême-est de la Polésie. Mais ce cadre idyllique n'est qu'apparence. La région de Gomel' est celle qui a le plus souffert des conséquences de la catastrophe de Tchernobyl en Biélorussie. Plusieurs zones ont été évacuées après le désastre et jusqu'à présent elles démeurent inhabitées et interdites. La zone d'évacuation située à la frontière avec l'Ukraine constitue aujourd'hui la réserve naturelle radiative écologique de Polésie (*Полесский государственный радиационно-экологический заповедник*). Ce parc, fermé au public, a été créé en 1988 afin de pouvoir étudier les effets des radiations sur la flore et la faune.*

GOMEL' – ГОМЕЛЬ

Mentionnée pour la première fois dans les Chroniques en 1142, la ville tire son nom du fleuve Gomejuk au bord duquel elle fut fondée. Forte de sa position stratégique sur les voies d'eau, initialement Gomel' passe d'une principauté à l'autre, jusqu'à ce que vers la moitié du XIVe siècle, la ville soit cédée au grand-duché de Lituanie. En 1670, elle reçoit le droit de Magdebourg. A cause de sa position de frontière, Gomel' a souvent été la pomme de discorde entre le grand-duché de Lituanie et la Moscovie d'abord, puis entre l'Union polono-lituanienne et l'Empire russe. En 1772, Gomel' passe à la Russie comme partie de la province de Mogilev. En 1775, l'impératrice Catherine II donne Gomel' au feld-maréchal Petr Aleksandrovič Rumjancev qui fait bâtir une magnifique résidence au bord du fleuve Sož. Progressivement, la ville acquiert un aspect de plus en plus européen. A la moitié du XIXe siècle la ligne télégraphique entre Saint-Pétersbourg et Simferopol passe par Gomel. Ensuite vers 1890, la ville se trouve sur la ligne de chemin de fer reliant Saint-Pétersbourg à Kiev devenant ainsi un important nœud de communication. Dans les années 1920-1930, Gomel', qui fait déjà partie de la Biélorussie soviétique, connaît une forte croissance économique grâce notamment à la construction de nombre d'usines. Pendant la Seconde Guerre Mondiale, Gomel' est détruit de 80 %, la population juive, qui représentait un tiers de ses habitants, est anéantie. Aujourd'hui, Gomel' est une ville agréable, très vivante et jeune grâce à la présence de sept universités différentes.

Les immanquables de Gomel' et de sa région

- **Faire** une halte dans le parc du palais des Rumjancev et des Paskevič au bord du fleuve Sož, à Gomel'.
- **Voyager** dans le temps à Vetka, le village des vieux-croyants depuis la fin du XVIIe siècle.

Transports

Y accéder et en partir

En voiture de Minsk prendre la M5 en direction de Bobrujsk/Gomel'.

GARE DES TRAINS – ЖЕЛЕЗНОДОРОЖНЫЙ ВОКЗАЛ
Pl. Privokzal'naja, 3 © (0232) 952 253
www.vokzal.gomel.by
Plusieurs trains par jour au départ de Minsk en direction de Gomel' ou de n'importe quelle ville ukrainienne (entre 4 et 5 heures de trajet). Trains pour Brest, Vitebsk, Polock, Grodno, Mogilev, Saint-Pétersbourg, Moscou, Kiev, Odessa et nombreuses villes du Sud de l'Ukraine.

GARE ROUTIÈRE – АВТОВОКЗАЛ
Ul. Kurčatova, 2 © (0232) 551 037
http://avtovokzal.gomel.by

Plusieurs départs par jour de la gare Vostočnyj à Minsk (4 heures 30-5 heures de trajet). Bus pour Bobrujsk, Mogilev, Mozyr', Novopolock, Vitebsk, Pinsk, Turov, etc.

Se déplacer

Gomel' a un réseau de bus, de trolleybus et de *maršrutki* très efficace. Néanmoins, pour visiter la ville, vous pouvez aisément vous déplacer à pied. Vous pouvez consulter les horaires et lignes sur Internet : gomeltrans.net

■ TAXIS DE GOMEL'
✆ 155 – 107 – 181

Pratique

Tourisme

■ OFFICE DU TOURISME – ТУРИСТСКО-ИНФОРМАЦИОННЫЙ ЦЕНТР
Ul. Sovetskaja, 61 ✆ (0232) 774 050
Ouvert du lundi au vendredi de 9h à 18h. Ici vous pourrez recevoir les informations dont vous avez besoin pour organiser au mieux votre séjour à Gomel' et dans la région.

Argent

■ BELARUSBANK – БЕЛАРУСБАНК
Pr. Lenina, 3 ✆ (0232) 701 946
Ouvert tous les jours de 9h à 21h. Fermé de 13h à 13h20 et de 17h à 17h20.

■ BELARUSBANK – БЕЛАРУСБАНК
Ul. Sovetskaja, 60 ✆ (0232) 571 248
Ouvert tous les jours de 9h30 à 20h, fermé de 13h30 à 14h. C'est un bureau de change.

Poste

■ POSTE CENTRALE – ПОЧТАМТ
Ul. Sovetskaja, 8 ✆ (0232) 748 888

Internet

■ BELTELEKOM – БЕЛТЕЛЕКОМ
Pr. Lenina, 1 ✆ (0232) 741 58
Ouvert tous les jours de 7h à 22h.

Urgences

■ HÔPITAL – ЦЕНТРАЛЬНАЯ БОЛЬНИЦА
Ul. Il'iča, 286 ✆ (0232) 394 978

■ PHARMACIE N. 6 – АПТЕКА Н. 6
Pr. Lenina, 12
✆ (0232) 703 617 – (0232) 704 243
Ouvert 24h/24h.

Gomel' en bref

- **Code téléphonique :** 0232.
- **Population :** 499 000 habitants.
- **Localisation :** à 300 km au sud-est de Minsk, non loin de la frontière avec la Russie et l'Ukraine.
- **Sites utiles :** www.gomeltour.com – www.ilook.by

■ URGENCES – БОЛЬНИЦА СКОРОЙ ПОМОЩИ
Ul. Komissarova, 13 ✆ (0232) 740 632

Orientation

Gomel' est traversé par le fleuve Sož. Le centre et les principaux points d'intérêt se concentrent sur la rive droite. A la hauteur du parc du palais Rumjancev, il y a un pont piétonnier qui traverse le fleuve.

Se loger

Bien et pas cher

■ HÔTEL CITY – ГОСТИНИЦА СИТИ
Pr. Oktjabrja, 46
✆ (0232) 479 726 – (029) 140 62 88
http://gostinitsa-siti-otel.deal.by
160 000 BYR pour une chambre double, petit déjeuner inclus. En position décentrée, cet hôtel se trouve à côté d'un parc. Il est tout neuf, les chambres sont accueillantes et propres.

■ HÔTEL GOMEL – ГОСТИНИЦА ГОМЕЛЬ
Pl. Privokzal'naja, 1 ✆ (0232) 770 229
http://gomel-hotel.by – info@gomel-hotel.by
Chambre double à partir de 46 $. Les chambres ont un aspect encore plutôt soviétique, voire désolé. Néanmoins, elles sont propres et lumineuses. C'est un bon compromis qualité/prix d'autant plus que l'hôtel se trouve dans le centre-ville.

■ HÔTEL SOŽ – ГОСТИНИЦА СОЖ
Ul. Krestjanskaja, 16
✆ (0232) 748 173 – www.hotelsozh.by
Chambre double à partir de 52 690 BYR. Situé dans le cœur de la ville, cet hôtel date de 1968 et il a été rénové en 2001. Les chambres sont vraiment basiques, mais propres et fonctionnelles. On y trouve aussi un bar, un restaurant très fréquenté par les locaux et un bureau de change. L'idéal pour les petits budgets.

Gomel' et sa région

A101
Krasnopolle
Druc
Doŭsk
A101
Bahačoŭ
M20
RUSSIE
Čačersk
Žlobin
Besedz
Staubŭn
Svetlahorssk
Dnjapro
Buda-Kašalëva
Sož
A250
Horval
GOMEL
Rečyca
M13
M13
Vasilevičy
Kaparaŭka
M13
M20
Cerachoŭka
Levašsy
Brehinka
Loeŭ
Chojniki
UKRAINE
Brahin
Dnjapro
Zone interdite
de Paleski
Černihiv
Kamaryn
Už
Desna
N
0
30 km

Confort ou charme

■ **HÔTEL PARADIS – ГОСТИНИЦА ПАРАДИЗ**
Pl. Privokzal'naja, 1
✆ (0232) 774 111
www.gomelparadise.com
Chambre double à partir de 220 000 BYR, petit déjeuner compris. Réseau wi-fi. Cet hôtel accueillant occupe le deuxième étage de l'hôtel « Gomel ». Les chambres ne sont pas très grandes, mais lumineuses et toutes neuves. Le service est professionnel. Dans l'hôtel on trouve aussi un café, un restaurant, un parking, un bureau de change ouvert 24h/24h.

■ **HÔTEL PRESTIGE – ГОСТИНИЦА ПРЕСТИЖ**
Ul. Golovackogo, 72
✆ (0232) 586 599
www.hotelsozh.by
Chambre double à partir de 214 170 BYR. Situé dans une ruelle silencieuse du centre-ville, cet hôtel ne dispose que de 9 chambres, très accueillantes. On y trouve aussi une salle de gym, une piscine, une salle de billard. Toutefois, tout service supplémentaire est payant.

■ **TURIST – ТУРИСТ**
Ul. Sovetskaja, 87
✆ (0232) 575 915 – (0232) 575 903
www.gomeltourist.com
Chambres doubles à partir de 80 $. Petit déjeuner à 20 000 BYR. Cet hôtel est situé dans le centre. D'ici on rejoint à pied les principaux points d'intérêt de la ville. L'hôtel a été rénové, les chambres sont accueillantes et spacieuses. L'hôtel dispose aussi d'un bar ouvert 24h/24, d'un restaurant, d'un sauna et d'un centre fitness. A chaque hall d'étage vous trouverez un point wi-fi gratuit.

Se restaurer

■ **CAFÉ KAFFA – КАФЕ КАФФА**
Pr. Lenina, 34 ✆ (0232) 558 060
Tous les jours de 9h à 21h. C'est un petit café sympathique et intime. Les viennoiseries et les pâtisseries sont faites maison.

■ **ČISTO PIVNOJ RESTORANČIK – ЧИСТО ПИВНОЙ РЕСТОРАНЧИК**
Ul. Bratev Lizjukovych, 4a
✆ (029) 193 93 93
Ouvert tous les jours de 12h à 1h. 25 000-30 000 BYR. Le restaurant propose de la cuisine biélorusse et européenne, mais on vient ici essentiellement pour boire de la bonne bière et grignoter quelque chose avec. Le restaurant est rustique, avec des grosses tables en bois.

■ **KARČMA BUDZMA – КАРЧМА БУДЗЬМА**
Ul. Privokzal'naja, 3 ✆ (0232) 777 181
Ouvert tous les jours de 12h à 1h. 40 000 BYR par personne. Ce restaurant reproduit l'intérieur d'une maison typique de la campagne biélorusse. L'endroit est très accueillant et chaleureux, le personnel est en costume national, la cuisine est bien sûr traditionnelle. goûtez les *draniki* : le menu en propose 11 types divers ! De temps en temps, le soir, il y a des concerts de musique populaire biélorusse. A ne pas manquer.

■ **STAROE VREMJA – СТАРОЕ ВРЕМЯ**
Ul. Krest'janskaja, 14 ✆ (0232) 741 957
Ouvert tous les jours de 12h à 1h. 35 000 BYR par personne. Ce restaurant vous emmènera dans l'atmosphère de la Biélorussie soviétique. Il y a quatre salles, chacune est dédiée à un film culte soviétique. La cuisine est typique biélorusse, à goûter les boissons traditionnelles faites maison. Les soirées sont souvent animées par des groupes qui font de la musique folklorique. Un endroit délicieux.

Sortir

Cafés – Bars

Etant la deuxième ville universitaire du pays, Gomel' ne manque pas de bars. Ils se concentrent surtout dans les rues Sovetskaja, Pobedy et Pervomajskaja.

■ **BAR BECKER – БАР BECKER**
Ul. Sovetskaja, 11 ✆ (0232) 749 223
Ouvert tous les jours de 12h à minuit. L'intérieur de ce bar a la forme d'un tonneau. Il n'y a qu'une dizaine de tables, l'atmosphère est chaleureuse et intime. Il est connu pour sa bière produite dans une petite usine locale. On peut manger aussi, principalement de la viande et des soupes. C'est un endroit très fréquenté.

■ **BAR KRASNAJA ŽARA – БАР КРАСНАЯ ЖАРА**
Ul. Kommunarov, 4 ✆ (0232) 741 547
Ouvert de 13h à 3h, la discothèque est ouverte à partir de 22h.

Spectacles

■ **PHILARMONIE – ФИЛАРМОНИЯ**
Ul. Sovetskaja, 32
✆ (0232) 711 012 – www.gomelfil.by

■ **THÉÂTRE DES MARIONNETTES – ТЕАТР КУКОЛ**
Ul. Puškina, 14 ✆ (0232) 777 444

■ **THÉÂTRE DRAMATIQUE – ДРАМАТИЧЕСКИЙ ТЕАТР**
Pl. Lenina, 1 ✆ (0232) 745 143
http://gomeldrama.gomel.by

À voir – À faire

Ce qui est bien est de faire une belle promenade dans le centre-ville. La place Lenina en est le cœur : on y trouve le théâtre dramatique avec un monument à Lénine juste devant, le parc avec le complexe du palais des Rumjancev et des Paskevič ; d'ici partent les trois rues principales de la ville, Sovetskaja, Proletarskaja et la perspective Lenina. La plupart des bâtiments anciens a été conservée dans la rue Sovetskaja. Au début de cette rue longue de 7,5 km, du côté de la place Lenina, se concentrent des belles maisons datant du XIXe siècle. En continuant dans la rue, vous trouverez une série de fresques à la soviétique qui illustrent l'histoire de la ville de sa fondation jusqu'à 1970. Au n. 32 de la rue Puškina, se trouve l'ancienne maison de chasse du feld-maréchal N. Rumjancev, construite en style classique au début du XIXe siècle.

■ **PALAIS DES RUMJANCEV ET DES PASKEVIČ – ДВОРЕЦ РУМЯНЦЕВ И ПАСКЕВИЧЕЙ**
Pl. Lenina, 4 ✆ (0232) 749 561
✆ (0232) 741 911 – www.palacegomel.by
Le palais est ouvert tous les jours de 11h à 19h. La partie centrale du palais est fermée le lundi, la tour le lundi et le mercredi, la grotte et la partie nord du palais le lundi et le mardi. Le jardin d'hiver est ouvert tous les jours. Prix : 3 000 BYR pour la tour, 1 500 BYR pour le jardin, 1 700 pour la crypte, et 3 000 BYR pour chaque étage du palais (deux au total). Ici, on peut réserver des excursions dans le palais et aussi dans la ville. Ce joli palais se trouve dans le centre-ville, sur une colline dominant le fleuve Sož. Il est le centre d'un complexe architectural qui comprend aussi l'église des Saints-Pierre-et-Paul, une tour, la chapelle avec le tombeau de la famille Paskevič, le jardin d'hiver et un magnifique parc à l'atmosphère romantique qui s'étend le long du fleuve. Du parc, des nombreux escaliers descendent vers le Sož où on peut poursuivre la promenade sur les quais. Construit à la fin du XVIIIe siècle dans le style du classicisme russe, le palais appartenait initialement au feld-maréchal Rumjancev, auquel l'impératrice Catherine II avait donné Gomel' en signe de reconnaissance pour ses mérites militaires. L'église des Saints-Pierre-et-Paul date de 1809-1819. Comme le palais, elle surgit sur une hauteur et est visible de loin. Elle est de style classique avec un portique sur la façade et une grande coupole. D'ailleurs, à l'époque soviétique elle avait été transformée en planétarium. En 1834, le général Paskevič devient le propriétaire du palais. C'est à cette époque que commencent les travaux du parc. La chapelle avec le tombeau de la famille Paskevič est construite en 1889, à côté de l'église. En style pseudo-russe, elle présente des décorations très riches, en céramique.

Ça vaut le coup de monter sur la tour : devant vous s'ouvrira un beau panorama sur la ville et ses environs. Au départ cette tour était la cheminée de la fabrique de sucre de Paskevič qui, toutefois, n'existe plus. Elégant et majestueux ce complexe mérite sûrement une visite : en Biéorussie, c'est un des rares exemples de résidence de nobles à s'être conservé intact. Aujourd'hui, on y trouve le Musée régional. Le meilleur lieu pour avoir une vue d'ensemble sur le complexe est le banc qui se trouve derrière les fontaines sur la place Lenina.

Shopping

■ LIBRAIRIE N. 3
– КНИЖНЫЙ МАГАЗИН Н. 3
Ul. Sovetskaja, 12
✆ (0232) 741 372
Tous les jours de 10h à 19h.

VETKA – ВЕТКА

Ce petit village non loin de Gomel' a une histoire particulière liée aux évènements du schisme de l'Eglise russe. En 1653, Nikon, patriarche de Moscou, introduit des réformes dans l'orthodoxie russe qui, toutefois, ne sont pas acceptées par l'unanimité des fidèles. Appelés « vieux croyants », les opposants des réformes commencent à être persécutés. Pour se sauver, ils cherchent refuge dans les zones de frontières allant même jusqu'aux premiers territoires de l'Union polono-lituanienne. Ici, en 1685, ils fondent la ville de Vetka. De même que les catholiques, les uniates, les orthodoxes, les juifs et les musulmans, les vieux-croyants étaient protégés par les lois de l'Union polono-lituanienne. Au début du XVIIIe siècle à Vetka habitaient plus de 40 000 personnes, travaillant dans l'artisanat et les commerces. Aujourd'hui, Vetka est une petite ville de quelques milliers d'habitants, qui a beaucoup souffert de l'impact des radiations après la catastrophe de Tchernobyl. Néanmoins, ici se conservent encore les anciennes traditions des vieux-croyants et de l'artisanat local. Dans le village, on trouve des magnifiques maisons en bois finement décorées qui semblent sortir directement d'un conte merveilleux.

A Vetka, on peut visiter le musée de l'Art populaire (Музей народного творчества, place Krasnaja, 5) qui occupe l'ancienne maison d'un marchand local (fin XIXe siècle). Le musée a été fondé par F.G. Škljarov, artisan de Vetka, à partir de sa collection personnelle de manuscrits, livres anciens, icônes qu'il avait repérés à Vetka au cours de sa vie. Škljarov et d'autres habitants de la ville ont construit pour le musée des merveilleuses portes en bois sculpté. Dans la collection du musée on peut admirer des livres anciens imprimés au XVIIe siècle, des manuscrits fabriqués à Vetka et, bien sûr, des icônes des XVIIe-XXe siècles. D'ailleurs, à partir du XVIIIe siècle, dans le milieu des vieux-croyants, Vetka est connu comme un important centre de production d'icônes. Le musée conserve aussi une belle collection de vieux *rušniki*, des serviettes traditionnelles brodées qui dans les maisons avaient une fonction décorative. A 40 km au nord-est de Vetka, le village de Negljubka est fameux pour ses broderies et aussi pour le travail du bois.

Transports

Vetka se trouve à 20 km au nord-est de Gomel'. On y arrive en voiture par la P30 ou bien en bus de la gare routière de Gomel'. Le trajet prend 45 minutes. Il existe un bus qui passe toutes les 30 minutes.

Manuscrits anciens dans le musée de l'Art populaire à Vetka.

ORGANISER SON SÉJOUR

Cathédrale des Trois-Saints de Mogilev.

Pense futé

ARGENT

Monnaie

La monnaie nationale est le rouble biélorusse (symbole BYR) qui existe en billets de 10, 20, 50, 100, 500, 1 000, 5 000, 10 000, 20 000, 50 000 et 100 000. 1 BYR équivaut à 100 kopecks, mais les pièces ne sont pas en circulation. Le rouble biélorusse est adopté pour la première fois en 1992, suite à la désintégration du système monétaire soviétique. A partir de juillet 1993, le rouble soviétique est définitivement retiré de la circulation et le rouble biélorusse devient la seule monnaie nationale du pays. Le rouble biélorusse est souvent appelé *zajčik* (petit lapin), du fait que sur le premier billet de 1 rouble, imprimé en 1992, était représenté un lapin. En 2009, le rouble biélorusse a fait l'objet d'une dévaluation de 20 % de sa valeur par rapport au dollar.

Taux de change

Au 1er octobre 2010 :

- **1 000 BYR =** 0,25 € • 1 € = 3 917 BYR.
- **1 000 BYR =** 0,33 CHF • 1 CHF = 2 971 BYR.
- **1 000 BYR =** 0,34 CA$ • 1 CA$ = 2 904 BYR.

Coût de la vie

La Biélorussie est un pays de l'Est « en voie de développement ». Le salaire mensuel moyen ne dépasse pas les 300 €. Les prix varient de façon significative à l'intérieur du pays, selon que l'on soit dans la capitale ou à la campagne.

Comme toute capitale qui se respecte, Minsk est la ville la plus chère du pays. Vestiges de l'époque soviétique, les transports en commun, les cigarettes, l'alcool, la nourriture et, en général, les produits de première nécessité ne coûtent pas grand-chose.

Toutefois, les produits alimentaires deviennent de plus en plus chers. Souvent, viande et poisson sont un vrai luxe pour la plupart de la population.

Idées de prix

- **Un ticket de métro ou de bus urbain :** 700 BYR.
- **Une bière locale dans un pub :** 1 litre pour 10 000 BYR.
- **Un paquet de cigarettes :** 2 800 BYR.
- **Un litre d'essence :** 2 700 BYR.
- **Une tasse de café :** 3 000 BYR.
- **Un litre de lait :** 1 500 BYR.
- **Une forme de pain** : 1 300 BYR.

L'accès aux musées et à toutes les manifestations culturelles est à très bon marché. En revanche, dès qu'il s'agit de tourisme, les prix flambent. Ne vous étonnez pas de payer 50 € pour une chambre d'hôtel de niveau assez basique. En règle générale, le logement constituera votre dépense majeure, mais on peut toujours trouver de bons plans (location d'appartements ou hébergement chez l'habitant). De même, les bons restaurants et cafés dans le centre de Minsk vous paraîtront assez chers. Néanmoins, la ville abonde de petits restaurants ou cantines assez économiques où la cuisine locale y est délicieuse et les portions abondantes.

Budget

Le budget dépend essentiellement du logement dont les prix sont très variables. Comptez environ 8-10 € pour une chambre chez l'habitant dans une petite ville, mais de 20 à 60 € pour une chambre double dans un hôtel 3-étoiles en ville. La même distinction entre ville et province caractérise aussi les repas au restaurant. Dans une petite localité vous pouvez déjeuner pour 5 €, alors qu'en ville le prix d'un repas complet sera autour de 10-15 €. Il faut faire attention au logement à Minsk : les prix sont assez élevés.

- **Petit budget :** 25 €/jour/personne, logement, nourriture et faux frais.
- **Budget moyen :** 40 €/jour/personne, ce qui permet de se loger correctement, de bien manger et de profiter des activités qu'offre le pays.
- **Budget élevé :** entre 80 et 100 €/jour/personne, on peut mener une vie de roi, à condition de ne pas tout dépenser pour le logement.

Banques et change

Les banques sont généralement ouvertes tous les jours au moins de 9h à 18h sauf le dimanche, mais chaque banque a ses propres horaires. Certaines sont ouvertes le dimanche aussi. On trouve des bureaux de change (rouble biélorusse, euro, US dollar) dans toutes les banques de chaque ville, dans les hôtels, les grands magasins et les supermarchés. Les bureaux situés dans les gares de train et dans les magasins ouvert 24h/24h fonctionnent non-stop. Aucune commission n'est appliquée. Le marché noir, présent dans les années 1990, n'existe désormais plus. D'ailleurs, pas besoin d'y recourir : c'est interdit et vous n'y gagneriez rien. Le rouble biélorusse ne peut pas circuler à l'extérieur du pays. N'étant pas disponible en France, pour votre voyage prévoyez des dollars US ou bien des euros.

■ NATIONAL CHANGE

✆ 0 820 888 154 – www.nationalchange.com

N'hésitez pas à contacter notre partenaire en mentionnant le code PF06 ou en consultant le site Internet. Vos devises et chèques de voyage vous seront envoyés à domicile.

Moyens de paiement

Jusque dans les années 1990, les cartes de crédit n'étaient pas utilisées en Biélorussie. A ce jour, elles ont un usage encore assez limité bien que chaque année le nombre de citoyens qui s'en servent augmente sensiblement. Dans les villes principales du pays, les cartes de crédit Visa et MasterCard sont largement acceptées dans hôtels, restaurants, grands magasins, supermarchés, agences de voyages. Attention : les cartes Discovery et American Express ne sont pas acceptées en Biélorussie. Les banques et les bureaux de change dans les grandes villes accèptent les chèques de voyage American Express et Thomas Cook. Toutefois, ils ne sont pas acceptés comme moyen de paiement dans les magasins. Le change des chèques de voyage est difficile en dehors des grandes villes. Dans ce cas, il serait donc judicieux de se munir suffisamment d'argent liquide.

Cash

A chaque retrait à l'étranger avec votre carte, une commission est retenue à la fois par la banque du distributeur et par votre banque. Les tarifs qui s'appliquent se composent d'une commission fixe et de frais proportionnels au montant retiré ou payé. Pour éviter donc de multiplier les frais, pensez à grouper vos retraits d'argent ou à prendre des Traveler's Cheques.

Les distributeurs de billets (roubles biélorusses et US dollars) sont désormais assez nombreux. On en compte plus de deux cent, dans les principales villes du pays, avec une concentration majeure à Minsk. En règle générale, ils acceptent les cartes MasterCard, Maestro et VISA. Toutefois, il vaut mieux prendre un peu de liquide avant de partir pour les petites villes ou les zones rurales car il est fort probable que vous n'y trouverez pas de distributeur. A chaque retrait d'argent à l'étranger, une commission est retenue par votre banque, la banque biélorusse, par contre, n'applique pas de commission.

Transfert d'argent

Avec ce système, on peut envoyer et recevoir de l'argent de n'importe où dans le monde en quelques minutes. Le principe est simple : un de vos proches se rend dans un point MoneyGram® ou Western Union® (poste, banque, station-service, épicerie...), il donne votre nom et verse une somme à son interlocuteur. De votre côté de la planète, vous vous rendez dans un point de la même filiale. Sur simple présentation d'une pièce d'identité avec photo et de la référence du transfert, on vous remettra aussitôt l'argent. N'oubliez pas que l'argent reçu par les citoyens biélorusses de l'étranger est considéré comme une partie de leurs revenus et donc soumis à l'impôt sur les revenus. Les banques transmettent l'information concernant ce type de transferts directement au service des impôts.

Carte de crédit

Avant votre départ, pensez à vérifier avec votre conseiller bancaire la limitation de votre plafond de paiement et de retrait. Demandez, si besoin est, une autorisation exceptionnelle pour la période de votre voyage. Forts utiles, les règlements par carte sont très majoritairement acceptés dans les hôtels, les restaurants et les agences de voyages, moyennant une commission de 2 à 3 %.

▶ **En cas de perte** ou de vol de votre carte de paiement, appelez le serveur vocal du groupement des cartes bancaires Visa®, EuroCard® et MasterCard® au ✆ (00 33) 892 705 705 ou (00 33) 836 690 880. Il est accessible 7j/7 et 24h/24. Si vous connaissez le numéro de votre carte bancaire, l'opposition est immédiate et confirmée. Dans le cas contraire, l'opposition est enregistrée mais vous devez confirmer l'annulation à votre banque par fax ou lettre recommandée.

▶ **En cas de dysfonctionnement** de votre carte de paiement ou si vous avez atteint votre plafond de retrait, vous pouvez bénéficier d'un cash advance. Proposé dans la plupart des grandes banques, ce service permet de retirer du liquide sur simple présentation de votre carte au guichet d'un établissement bancaire, que ce soit le vôtre ou non. On vous demandera souvent une pièce d'identité. En général, le plafond du cash advance est identique à celui des retraits, et les deux se cumulent (si votre plafond est fixé à 500 €, vous pouvez retirer 1 000 € : 500 € au distributeur, 500 € en cash advance). Quant au coût de l'opération, c'est celui d'un retrait à l'étranger.

Traveler's Cheques

Ce sont des chèques prépayés émis par une banque, valables partout, et qui permettent d'obtenir des espèces dans un établissement bancaire ou de payer directement ses achats auprès de très nombreux lieux affiliés (boutiques, hôtels, restaurants...). Ils sont valables à vie. Leur avantage principal est l'inviolabilité : un système de double signature (la deuxième étant faite par vous devant le commerçant) empêche toute utilisation frauduleuse. A la fin de votre séjour, s'il vous reste des Traveler's Cheques, vous pourrez les changer contre des euros ou les restituer à votre banque qui les imputera à votre compte courant. A noter que le paiement par chèque classique est rarement possible à l'étranger. Lorsque c'est le cas, l'utilisation est compliquée et très coûteuse.

Pourboires, marchandage et taxes

En Biélorussie, le service est compris dans la note. Toutefois, vu les très bas salaires des serveuses et serveurs, le pourboire est une pratique très repandue qui permet à ces derniers d'arrondir leur fin de mois. Il est d'usage de laisser 10 %-15 % du prix de la consommation. Il est possible, voir souhaitable, de marchander sur les marchés, notamment sur les souvenirs. Il existe une TVA de 20 % qui est incluse dans le prix des produits.

Duty Free

Puisque votre destination finale est hors de l'Union européenne, vous pouvez bénéficier du Duty Free (achats exonérés de taxes). Attention, si vous faites escale au sein de l'Union européenne, vous en profiterez dans tous les aéroports à l'aller, mais pas au retour. Par exemple, pour un vol aller avec une escale, vous pourrez faire du shopping en Duty Free dans les trois aéroports, mais seulement dans celui de votre lieu de séjour au retour.

ASSURANCES

Simples touristes, étudiants, expatriés ou professionnels, il est possible de s'assurer selon ses besoins et pour une durée correspondant à son séjour. De la simple couverture temporaire s'adressant aux baroudeurs occasionnels à la garantie annuelle, très avantageuse pour les grands voyageurs, chacun pourra trouver le bon compromis. A condition toutefois de savoir lire entre les lignes.

Choisir son assureur

Voyagistes, assureurs, secteur bancaire et même employeurs : les prestataires sont aujourd'hui très nombreux et la qualité des produits proposés varie considérablement d'une enseigne à une autre. Pour bénéficier de la meilleure protection au prix le plus attractif, demandez des devis et faites jouer la concurrence. Quelques sites Internet peuvent être utiles dans ces démarches comme celui de la Fédération française des sociétés d'assurances (www.ffsa.fr), qui saura vous aiguiller selon vos besoins, ou le portail de l'Administration française (www.service-public.fr) pour toute question relative aux démarches à entreprendre.

Voyagistes

Ils ont développé leurs propres gammes d'assurances et ne manqueront pas de vous les proposer. Le premier avantage est celui de la simplicité. Pas besoin de courir après une police d'assurance. L'offre est faite pour s'adapter à la destination choisie et prend normalement en compte toutes les spécificités de celle-ci. Mais ces formules sont habituellement plus onéreuses que les prestations équivalentes proposées par des assureurs privés. C'est pourquoi il est plus judicieux de faire appel à son apériteur habituel si l'on dispose de temps et que l'on recherche le meilleur prix.

Assureurs

Les contrats souscrits à l'année comme l'assurance responsabilité civile couvrent parfois les risques liés au voyage. Il est important de connaître la portée de cette protection qui vous évitera peut-être d'avoir à souscrire un nouvel engagement. Dans le cas contraire, des produits spécifiques pourront vous être proposés à un coût généralement moindre. Les mutuelles couvrent également quelques risques liés au voyage. Il en est ainsi de certaines couvertures maladie qui incluent une protection concernant par exemple tout ce qui touche à des prestations médicales.

Employeurs

C'est une piste largement méconnue mais qui peut s'avérer payante. Les plus généreux accordent en effet à leurs employés quelques garanties applicables à l'étranger. Pensez à vérifier votre contrat de travail ou la convention collective en vigueur dans votre entreprise. Certains avantages non négligeables peuvent s'y cacher.

Cartes bancaires

Moyen de paiement privilégié par les Français, la carte bancaire permet également à ses détenteurs de bénéficier d'une assurance plus ou moins étendue. Visa®, MasterCard®, American Express®, toutes incluent une couverture spécifique qui varie selon le modèle de carte possédé. Responsabilité civile à l'étranger, aide juridique, avance des fonds, remboursement des frais médicaux : les prestations couvrent aussi bien les volets assurance (garanties contractuelles) qu'assistance (aide technique, juridique, etc.). Les cartes bancaires haut de gamme de type Gold® ou Visa Premier® permettent aisément de se passer d'assurance complémentaire. Ces services attachés à la carte peuvent donc se révéler d'un grand secours, l'étendue des prestations ne dépendant que de l'abonnement choisi. Il est néanmoins impératif de vérifier la liste des pays couverts, tous ne donnant pas droit aux mêmes prestations. De plus, certaines cartes bancaires assurent non seulement leurs titulaires mais aussi leurs proches parents lorsqu'ils voyagent ensemble, voire séparément. Pensez cependant à vérifier la date de validité de votre carte car l'expiration de celle-ci vous laisserait sans recours.

▶ **Précision utile :** beaucoup pensent qu'il est nécessaire de régler son billet d'avion à l'aide de sa carte bancaire pour bénéficier de l'ensemble de ces avantages. Cette règle ne s'applique en fait qu'à la garantie annulation du billet de transport – si elle est prévue au contrat – et ne concerne que l'assurance, en aucun cas l'assistance. Les autres services, indépendants les uns des autres, ne nécessitent pas de répondre à cette condition afin de pouvoir être actionnés.

Choisir ses prestations

Garantie annulation

Elle reste l'une des prestations les plus utiles et offre la possibilité à un voyageur défaillant d'annuler tout ou partie de son voyage pour l'une des raisons mentionnées au contrat. Ce type de garantie peut couvrir toute sorte d'annulation :

billet d'avion, séjour, location… Cela évite ainsi d'avoir à pâtir d'un événement imprévu en devant régler des pénalités bien souvent exorbitantes. Le remboursement est la plupart du temps conditionné à la survenance d'une maladie ou d'un accident grave, au décès du voyageur ayant contracté l'assurance ou à celui d'un membre de sa famille. L'attestation d'un médecin assermenté doit alors être fournie. Elle s'étend également à d'autres cas comme un licenciement économique, des dommages graves à son habitation ou son véhicule, ou encore à un refus de visa des autorités locales. Moyennant une surtaxe, il est également possible d'élargir sa couverture à d'autres motifs comme la modification de ses congés ou des examens de rattrapage. Les prix pouvant atteindre 5 % du montant global du séjour, il est donc important de bien vérifier les conditions de mise en œuvre qui peuvent réserver quelques surprises. Dernier conseil : s'assurer que l'indemnité prévue en cas d'annulation couvre bien l'intégralité du coût du voyage.

Assurance bagages

Voir la partie « Bagages ».

Assurance maladie

Voir la partie « Santé ».

Autres services

Les prestataires proposent la plupart du temps des formules dites « complètes » et y intègrent des services tels que des assurances contre le vol ou une assistance juridique et technique. Mais il est parfois recommandé de souscrire à des offres plus spécifiques afin d'être paré contre toute éventualité. L'assurance contre le vol en est un bon exemple. Les plafonds pour ce type d'incident se révèlent généralement trop faibles pour couvrir les biens perdus et les franchises peuvent finir par vous décourager. Pour tout ce qui est matériel photo ou vidéo, il peut donc être intéressant de choisir une couverture spécifique garantissant un remboursement à hauteur des frais engagés.

BAGAGES

Que mettre dans ses bagages ?

Si vous partez en plein hiver, prévoyez des vêtements chauds et épais. Visiter le pays en plein hiver est sûrement une expérience magnifique mais pour ceux qui sont équipés ! Manteau de fourrure ou doudoune, bonnet, moufles et écharpe, chaussures imperméables avec semelle antidérapante sont indispensables. Considérez que le jour, les températures moyennes sont de -10/-13 °C, et la nuit elles peuvent descendre jusqu'à -20 °C. Préférez plusieurs couches de vêtements, faciles à enlever : si dehors il fait très froid, les transports et les immeubles sont super chauffés ! Pour le printemps et l'automne, pensez aux vêtements de pluie, n'oubliez pas votre parapluie. En été, il fait généralement chaud, mais avec une amplitude thermique assez significative. Si pendant la journée les températures atteignent les 28 °C, le soir elles tombent à 18 °C. A part robes légères, t-shirts et shorts, prévoyez donc un ou deux pulls à mettre le soir. Les Biélorusses font très attention à leur aspect extérieur. Le soir et les jours de fêtes ils sortent endimanchés. N'oubliez donc pas d'emporter avec vous quelques pièces plus coquettes ! S'il vous reste encore un peu de place dans la valise, pensez à apporter de petits cadeaux, une boîte de chocolats ou une bouteille de vin : les Biélorusses sont très accueillants et vous aurez sans doute envie de les remercier !

Réglementation

- **Bagages en soute.** Généralement, 20 à 23 kg de bagages sont autorisés en soute pour la classe économique et 30 à 40 kg pour la première classe et la classe affaires. Si vous prenez une des compagnies low-cost, sachez qu'elles font souvent payer un supplément pour chaque bagage enregistré.
- **Bagages à main.** En classe éco, un bagage à main et un accessoire (sac à main, ordinateur portable) sont autorisés, le tout ne devant pas dépasser les 12 kg ni les 115 cm de dimension. En première et en classe affaires, deux bagages sont autorisés en cabine. Les liquides et gels sont désormais interdits : seuls les tubes et flacons de 100 ml maximum sont tolérés, et ce dans un sac en plastique transparent fermé (20 cm x 20 cm). Seules exceptions à la règle : les aliments pour bébé et médicaments accompagnés de leur ordonnance. Enfin, si vous souhaitez ramener des denrées typiquement françaises sur votre lieu de villégiature, sachez que les fromages à pâte molle et les bouteilles achetées hors du Duty Free ne sont pas acceptés en cabine. Pour un complément d'informations, contactez directement la compagnie aérienne concernée.

Excédent

Lorsqu'on en vient à parler d'excédent de bagages, les compagnies aériennes sont assez strictes. Elles vous laisseront souvent tranquille pour 1 ou 2 kg de trop, mais passé cette marge, le couperet tombe, et il tombe sévèrement : 30 € par kilo supplémentaire sur un vol long-courrier chez Air France, 120 € par bagage supplémentaire chez British Airways, 100 € chez American Airlines. A noter que les compagnies pratiquent parfois des remises de 20 à 30 % si vous réglez votre excédent de bagages sur leur site Web avant de vous rendre à l'aéroport. Si le coût demeure trop important, il vous reste la possibilité d'acheminer une partie de vos biens par voie postale.

Perte – Vol

En moyenne, 16 passagers sur 1 000 ne trouvent pas leurs bagages sur le tapis à l'arrivée. Si vous faites partie de ces malchanceux, rendez-vous au comptoir de votre compagnie pour déclarer l'absence de vos bagages. Pour que votre demande soit recevable, vous devez réagir dans les 21 jours suivant la perte. La compagnie vous remettra un formulaire qu'il faudra renvoyer en lettre recommandée avec accusé de réception à son service clientèle ou litiges bagages. Vous récupérerez le plus souvent vos valises au bout de quelques jours. Dans tous les cas, la compagnie est seule responsable et devra vous indemniser si vous ne revoyez pas la couleur de vos biens (ou si certains biens manquent à l'intérieur de votre bagage). Le plafond de remboursement est fixé à 20 € par kilo ou à une indemnisation forfaitaire de 1 200 €. Si vous considérez que la valeur de vos affaires dépasse ces plafonds, il est fortement conseillé de le préciser à votre compagnie au moment de l'enregistrement (le plafond sera augmenté moyennant finance) ou de souscrire à une assurance bagages. A noter que les bagages à main sont sous votre responsabilité et non sous celle de la compagnie.

Matériel de voyage

AU VIEUX CAMPEUR
www.au-vieux-campeur.fr
Fondé en 1941, Au Vieux Campeur est la référence incontournable lorsqu'il s'agit d'articles de sport et loisirs.

DELSEY
www.delsey.com
La 2e marque mondiale dans le domaine du bagage, présente dans plus de 100 pays, avec 6 000 points de vente.

INUKA
www.inuka.com
Ce site vous permet de commander en ligne tous les produits nécessaires à votre voyage, du matériel de survie à celui d'observation en passant par les gourdes ou la nourriture lyophilisée.

SAMSONITE
www.samsonite.com
Leader mondial de l'univers des solutions de voyage. Les produits sont distribués sous les marques Samsonite, Samsonite Black Label, American Tourister, Lacoste et Timberland.

TREKKING
www.trekking.fr
Trekking propose dans son catalogue tout ce dont le voyageur a besoin : trousses de voyage, ceintures multipoches, sacs à dos, sacoches, étuis... Une mine d'objets de qualité pour voyager futé et dans les meilleures conditions.

DÉCALAGE HORAIRE

Une heure de plus qu'en France, été comme hiver.

ÉLECTRICITÉ, POIDS ET MESURES

La norme est 220 volts – 50 Hz. Le voltage et les prises sont les mêmes que ceux utilisés en France. Toutefois, il vaut mieux de se munir d'au moins un adaptateur international. Dans un souci de sûreté, il convient de débrancher la fiche de la prise de courant, les court-circuits n'étant pas rares. De même qu'en France, on pèse en grammes et mesure en mètres.

Retrouvez le sommaire en début de guide

FORMALITÉS, VISA ET DOUANES

Le visa est obligatoire pour voyager en Biélorussie ainsi que pour transiter sur son territoire. Pour obtenir un visa vous avez besoin d'une invitation émanant d'un citoyen biélorusse ou d'un organisme (hôtel ou agence de voyages). Les visas sont délivrés par le service consulaire de l'ambassade de Biélorussie (ouvert le lundi, le mercredi et le vendredi de 9h à 12h30). Outre l'invitation, la demande de visa comporte un passeport dont la validité est au minimum de trois mois après le séjour en Biélorussie, une photo et le formulaire de demande de visa, téléchargeable sur le site de l'ambassade biélorusse. Le délai pour l'obtention d'un visa est d'une semaine. Un visa standard touristique ou de visite privée valable 30 jours coûte 60 €. Dans les cas très pressés, il est possible d'obtenir le visa en 48 heures, mais à un coût beaucoup plus élevé (120 €). Dans le cadre des voyages organisés par un tour-opérateur, celui-ci se charge de toutes les formalités. Tout étranger doit se faire enregistrer dans les trois jours ouvrables suivant son arrivée en Biélorussie. L'hôtel qui vous accueille s'en chargera. Si vous résidez chez un particulier, vous devrez vous enregistrer auprès de l'OVIR, le bureau des visas et de l'enregistrement des étrangers. Le non-respect de cette formalité peut entraîner des amendes en cas de contrôle de la part de la police ou lors de votre départ de Biélorussie. Depuis février 2006, une carte de migration doit être remplie à l'arrivée. Elle vous sera délivrée directement dans l'avion ou, si vous arrivez par train ou en voiture, à la frontière. Cette carte consiste en deux parties qui sont estampillées par le fonctionnaire de la douane au moment du contrôle du passeport. La partie B de la carte doit être conservée pendant la durée de tout votre séjour. Au moment du départ, la carte de migration sera retirée au point de contrôle des passeports. Si vous voyagez en voiture, armez-vous de patience : le passage de la frontière entre la Pologne et la Biélorussie peut être très long. Au moment du passage de la frontière, vous devez insérer les données concernant votre voiture dans la déclaration pour la douane. Si vous voyagez sur une voiture personnelle, vous devez aussi fournir les originaux des documents qui attestent que vous êtes le propriétaire du véhicule. Le permis de conduire international est obligatoire. La plupart des assurances occidentales n'est pas accréditée en Biélorussie. Toutefois, la Biélorussie a récemment adhéré au système de la carte verte. Si votre véhicule ne possède pas de carte verte, il est indispensable de se procurer une assurance biélorusse pour la voiture qui peut être achetée aux points de passage frontaliers. Les prix vont de 5 € pour cinq jours à 53 € pour l'année. Les paiements à la frontière sont acceptés en euros, dollars ou roubles russes. Au point de frontière, vous devez aussi vous procurer les papiers autorisant le transit temporaire (временный ввоз) de votre voiture sur le territoire biélorusse. Vous remettrez ces papiers avec la déclaration pour la douane à l'inspecteur qui vérifiera votre véhicule. Ensuite, vous apportez les papiers que vous donne l'inspecteur au guichet de l'inspection automobile où vous recevrez finalement le laisse-passer pour sortir de la frontière ! La procédure est effectivement un peu longue, mais ne vous inquiétez-pas : les inspecteurs de la douane sont là pour vous assister dans toutes les démarches !

Attention aux conditions d'entrée pour vos animaux de compagnie. Renseignez-vous avant votre départ pour savoir comment ils pourront vous accompagner. Normalement, pour entrer en Biélorussie les animaux doivent etre vaccinés contre la rage et posséder les document suivants : documents d'identification, passeport européen, carnet de vaccination à jour, certificat de vaccination antirabique. Le certificat de vaccination antirabique doit être validé par la direction des services sanitaires du département où vous résidez et ensuite légalisé par le ministère des Affaires étrangères ou par une cour d'appel. Pour en savoir plus, vous pouvez consulter les fiches pays de l'Ecole vétérinaire de Maisons-Alfort : www.vet-alfort.fr/ressources/anivoyage

Conseil futé. Avant de partir, pensez à photocopier tous les documents que vous emportez avec vous. Vous emporterez un exemplaire de chaque document et laisserez l'autre à quelqu'un en France. En cas de perte ou de vol, les démarches de renouvellement seront ainsi beaucoup plus simples auprès des autorités consulaires. Vous pouvez également conserver des copies sur le site internet officiel http://mon.service-public.fr – Il vous suffit de créer un compte et de scanner toutes vos pièces d'identité et autres documents importants dans l'espace confidentiel.

Obtention du passeport

Tous les passeports délivrés en France sont désormais biométriques. Ils comportent votre photo, vos empreintes digitales et une puce sécurisée. Pour l'obtenir, rendez-vous en mairie muni d'un timbre fiscal, d'un justificatif de domicile, d'une pièce d'identité et de deux photos d'identité. Le passeport est délivré sous trois semaines environ. Il est valable dix ans. Attention, il n'est plus possible d'inscrire les enfants sur le passeport de leurs parents : ils doivent disposer d'un passeport personnel (valable cinq ans).

Obtention du visa

Si vous êtes accaparé par le travail, récalcitrant aux démarches administratives ou que vous n'avez pas envie de vous préoccuper de l'intendance de votre voyage, plusieurs services proposent de s'en charger pour vous. Comptez entre 20 et 45 € selon les prestations.

■ **ACTION-VISAS**
69, rue de la Glacière 75013 Paris
✆ 0 892 707 710
www.action-visas.com

■ **VISAS EXPRESS**
54, rue de l'Ouest, BP 48
75661 Paris Cedex 14
✆ 0 825 08 10 20
www.visas-express.fr

■ **VSI**
19-21, avenue Joffre
93800 Epinay-sur-Seine Cedex
✆ 0 826 46 79 19 – www.vsi.1er.fr

■ **WORLD VISA**
117, rue de Charenton 75012 Paris
✆ 06 09 83 82 29 – www.worldvisa.fr

Douanes

Dans un souci de protection de l'économie européenne, vous ne pouvez ramener pour plus de 430 € de marchandise par personne si vous empruntez une voie aérienne ou maritime, 300 par voie terrestre ou navigable. Si vous voyagez avec 10 000 € de devises ou plus, vous devez impérativement les déclarer en douane et si vous transportez des objets d'origine étrangère, munissez-vous des factures ou des quittances de paiement des droits de douane : on peut vous les demander pour prouver que vous êtes en règle. Enfin, certains produits sont libres de droits de douane jusqu'à une certaine quantité. Au-delà de celle-ci, ils doivent être déclarés. Vous acquitterez alors les taxes normalement exigibles. Les franchises ne sont pas cumulatives. Cela signifie que si vous choisissez de ramener du tabac, vous pouvez acheter 200 cigarettes ou 50 cigares, mais pas les deux. Le transit des roubles biélorusses est interdit ! En quittant la Biélorussie, vous êtes autorisé à emporter avec vous pas plus de 500 BYR. Contactez les douanes pour en savoir plus.

■ **DOUANES**
✆ 0 811 20 44 44
www.douane.gouv.fr
dg-bic@douane.finances.gouv.fr

Tabac	Cigarettes (unités)	200*
	Tabac à fumer (g)	250
	Cigares (unités)	50
Alcool (litres)	Vin	4
	Produits intermédiaires (- 22°)	2
	Boissons spiritueuses (+ 22°)	1
	Bières	16

** Certains pays peuvent abaisser ce chiffre à 40 selon leur politique de santé.*

HORAIRES D'OUVERTURE

Les magasins sont généralement ouverts du lundi au samedi de 9h à 21h, le dimanche de 9h à 18h, mais les horaires peuvent changer selon le magasin. Les magasins alimentaires sont ouverts tous les jours de 9h à 20h, certains supermarchés fonctionnent 24h/24.

INTERNET

On trouve assez facilement des points Internet en Biélorussie. Il existe un réseau de points Internet d'Etat Beltelekom et des cybercafés privés. Ils sont ouverts généralement de 9h ou 10h jusqu'à 22h, certains 24h/24. Une demie-heure d'Internet coûte en moyenne 1 500-2 000 BYR. On y peut aussi scanner et imprimer des documents, graver des CD, etc. Le wi-fi n'est pas encore très répandu dans le pays. Il est présent dans les universités, dans les grands hôtels, dans certains cafés Internet Beltelekom et dans les bars et cafés, notamment à Minsk. Généralement il est payant, il y a encore très peu d'établissements qui offrent le wi-fi gratuitement à leurs clients.

JOURS FÉRIÉS

En Biélorussie, lorsqu'un jour férié tombe le week-end, il est reporté au lundi pour ne pas perdre de jour de vacances. Les Biélorusses prennent généralement leurs vacances les deux premières semaines de janvier et les deux premières de mai pour profiter de nombreux jours de fêtes qui s'enchaînent à ces périodes. En Biélorussie, on fête les deux Noël, catholique et orthodoxe. Les deux confessions coexistent de façon harmonieuse et pacifique.

- **1er janvier :** jour de l'An. C'est l'occasion des grandes fêtes familiales. On se réunit autour d'un sapin pour se souhaiter le traditionnel *Z novym godam* (bonne année) et ouvrir les cadeaux apportés par le Grand Père Gèle et la Reine des Neiges.
- **7 janvier :** Noël orthodoxe selon le calendrier Julien prérévolutionnaire. La veille, on en profite pour dire la bonne aventure, en famille, en jetant, chacun à son tour, de la cire chaude dans un grand bol d'eau froide, ou bien des bouts de papier après y avoir écrit dessus son propre vœu. Si le jour de Noël on rend visite à quelqu'un, le premier à entrer dans la maison est impérativement l'homme : si la femme entre en première, elle apporte chagrin, malheur et maladie.
- **8 mars :** journée de la femme. Elle fut instituée par les bolcheviques en 1917, après la révolution d'Octobre. Les femmes sont à l'honneur, on leur donne des fleurs et on essaie de leur éviter tout type de tâches ménagères. Aujourd'hui, en Biélorussie, ce jour-ci est aussi la fête du printemps.
- **Avril :** Pâques (les dates varient). On fête aussi bien les Pâques catholiques que celles orthodoxes. Pour les Pâques orthodoxes, il est de tradition de peindre les œufs durs. Le neuvième jour après le dimanche de Pâques c'est le jour de la commémoration des morts (Radunica). Ce jour-là, les Biélorusses se rendent au cimetière pour honorer la mémoire de leurs défunts.
- **1er mai :** fête du travail. C'est peut-être la fête la plus populaire en Biélorussie. Autrefois marquée par des manifestations et défilés officiels, aujourd'hui sur les places, on organise des concerts et des spectacles.
- **9 mai :** anniversaire de la victoire de 1945. Elle continue à être célébrée dans ce pays où le souvenir de la Deuxième Guerre mondiale est encore très vif et où la victoire fut emportée au prix de vies humaines qui n'eut pas de pareil (un Biélorusse sur trois décéda pendant la guerre). Dans toutes les villes biélorusses, les anciens vétérans défilent revêtus de leurs uniformes et bardés de décorations. La fanfare accompagne la parade. Bals et feux d'artifice clôturent la fête.
- **3 juillet :** jour de l'indépendance de la Biélorussie en 1944, quand Minsk fut finalement libéré des occupants allemands. Sur le prospekt Pobeditelej se tient une parade militaire visant à rappeler les énormes sacrifices au prix desquels le peuple biélorusse a gagné la liberté et a affirmé la souveraineté de la Biélorussie.
- **7 novembre :** anniversaire de la révolution d'Octobre.
- **25 décembre :** Noël catholique.

LANGUES PARLÉES

En Biélorussie on parle deux langues, le russe et le biélorusse. A Minsk vous entendrez parler majoritairement le russe, alors que le biélorusse est plus employé dans les campagnes.

On trouve de plus en plus de personnes parlant anglais, en particulier à Minsk et dans les villes principales du pays. Toutefois, quelques rudiments de russe vous permettraient de mieux vous débrouiller sur place. Nombreux centres linguistiques et associations en France offrent des cours de russe pour tous les niveaux. Si vous êtes intéressés par une immersion totale dans le russe, l'université biélorusse d'Etat de Minsk (BGU) organise des cours intensifs de russe de juin à septembre.

Apprendre la langue

Il existe différents moyens d'apprendre quelques bases de la langue et l'offre pour l'auto-apprentissage peut se faire sur différents supports : CD, cassettes vidéo, cahiers d'exercices ou même directement sur Internet.

■ ASSIMIL

11, rue des Pyramides 75001 Paris
✆ 01 42 60 40 66
www.assimil.com

La méthode Assimil se compose de deux phases. Durant la première, vous écoutez, lisez et répétez à haute voix des phrases simples pendant 20 à 30 minutes chaque jour. Durant la seconde, à partir de la cinquantième leçon, en plus des exercices habituels, vous traduisez la leçon.

■ CENTRE DE RUSSIE POUR LA SCIENCE ET LA CULTURE

61, rue Boissière 75016 Paris
✆ 01 44 34 79 79
Fax : 01 44 34 79 74
www.russiefrance.org
M Boissière.

■ CENTRE POUR LA FORMATION PRÉ-UNIVERSITAIRE DE L'UNIVERSITÉ BIÉLORUSSE D'ÉTAT

Minsk ✆ (017) 209 53 23
molofeev@bsu.by
Pour les cours de russe à Minsk.

■ POLYGLOT

www.polyglot-learn-language.com
Ce site propose à des personnes désireuses d'apprendre une langue d'entrer en contact avec d'autres dont c'est la langue maternelle. Une manière conviviale de s'initier à la langue et d'échanger.

PHOTOS

Conseils pratiques

▶ **Vous prendrez les meilleures photos** tôt le matin ou aux dernières heures de la journée. Un ciel bleu de midi ne correspond pas aux conditions optimales : la lumière est souvent trop verticale et trop blanche. En outre, une météo capricieuse offre souvent des atmosphères singulières, des sujets inhabituels et, par conséquent, des clichés plus intéressants.

▶ **Prenez votre temps.** Promenez-vous jusqu'à découvrir le point de vue idéal pour prendre votre photo. Multipliez les essais : changez les angles, la composition, l'objectif... Vous avez réussi à cadrer un beau paysage, mais il manque un petit quelque chose ? Attendez que quelqu'un passe dans le champ ! Tous les grands photographes vous le diront : pour obtenir un bon cliché, il faut en prendre plusieurs.

▶ **Appliquez la règle des tiers.** Divisez mentalement votre image en trois parties horizontales et verticales égales. Les points forts de votre photo doivent se trouver à l'intersection de ces lignes imaginaires. En effet, si on cadre son sujet au centre de l'image, la photo devient plate, car cela provoque une symétrie trop monotone. Pour un portrait, il faut donc placer les yeux sur un point fort et non au centre. Essayez aussi de laisser de l'espace dans le sens du regard.

▶ **Un coup d'œil** aux cartes postales et livres de photos sur la région vous donnera des idées de prises de vue.

▶ **À savoir :** les tons jaunes, orange, rouges et les volumes focalisent l'attention ; ils donnent une sensation de proximité à l'observateur. Les tons plus froids (vert ou bleu) créent de leur côté une impression d'éloignement.

Développer – Partager

Plusieurs sites proposent de stocker vos photos et de les partager directement en ligne avec vos proches.

FLICKR

www.flickr.com

Sur Flickr, vous pouvez créer des albums photo, retoucher vos clichés et les classer par mots-clés tout en déterminant s'ils seront visibles par tous ou uniquement par vos proches. Petit plus du site : vous avez la possibilité d'effectuer des recherches par lieux et ainsi découvrir votre destination à travers les prises de vue d'autres internautes. D'autant plus intéressant que nombre de photographes professionnels utilisent Flickr.

FOTOLIA

http://fr.fotolia.com

Fotolia est une banque d'images. Le principe est simple : vous téléchargez vos photos sur le site pour les vendre à qui voudra. Le prix d'achat de base est fixé à 0,83 € et peut monter jusqu'à 8,30 € par cliché. Pas de quoi payer vos prochaines vacances donc, mais peut-être assez pour réduire la note de vos tirages !

PHOTOWEB

www.photoweb.fr

Photoweb est un laboratoire photo en ligne. Vous pouvez y télécharger vos photos pour commander des tirages ou simplement créer un album virtuel. Le site conçoit aussi tout un tas d'objets à partir de vos clichés : tapis de souris, livres, posters, faire-part, agendas, tabliers, cartes postales... Les prix sont très compétitifs et les travaux de qualité.

POSTE

Le système postal biélorusse est plutôt fiable, même si un peu lent. Le voyage d'une lettre de Minsk à Paris peut prendre jusqu'à trois semaines ! Des bureaux de poste se trouvent partout dans le pays. Les postes principales sont situées dans le centre de chaque ville. Comme partout, vous pouvez y acheter des timbres, des lettres, envoyer un fax ou un colis, appeler à l'étranger, utiliser Internet. Tous les services postaux sont très économiques.

QUAND PARTIR ?

Climat

En Biélorussie, il n'existe pas de saison touristique haute ou basse. Pour le bonheur des esprits plus aventureux, le pays est une destination encore peu fréquentée. La meilleure saison pour visiter le pays est sans doute celle qui va du début de mai à la fin de septembre. Le printemps ne dure que le mois de mai, les arbres fleurissent, le paysage se teint de vert et le soleil fait finalement son apparition après le long hiver.

En été, les journées sont très longues et chaudes, on peut se baigner dans les rivières et pratiquer des sports nautiques sur les lacs. L'été est égalemet la saison des festivals en plein air et de la célébration des fêtes païennes dont la Biélorussie est riche. L'automne est sombre et pluvieux, mais le mois de septembre vous réservera un véritable été indien avec des températures douces et des journées ensoleillées. Le paysage des immenses forêts toutes dorées rend la visite magique.

Si vous ne craignez pas trop le froid, janvier et février sont les mois idéaux pour profiter de l'atmosphère féérique et ouatée qu'offrent les paysages biélorusses.

Les plaines enneigées brillent au soleil, les forêts semblent faites de cristal, rivières et lacs se transforment en surfaces glacées où l'on peut patiner. C'est également la saison du ski de fond et des balades en raquettes.

MÉTÉO CONSULT

www.meteo-consult.com

Sur ce site vous trouverez les prévisions météorologiques pour le monde entier. Vous connaîtrez ainsi le temps qu'il fait sur place.

Manifestations spéciales

Beaucoup de villes proposent des festivals et des manifestations culturelles, concentrées notamment dan les mois d'été. Voir la rubrique « *Festivités* » *dans la partie* « *Découverte* ».

ORGANISER SON SÉJOUR

SANTÉ

En Biélorussie, le système de santé est public et censé garantir à la population un accès général gratuit aux soins. Les médecins sont généralement très professionnels et compétents. Toutefois, faute de moyens, les infrastructures existantes sont insuffisantes, les locaux et les équipements sont vétustes. Le pays connaît une forte recrudescence des maladies, tels la tuberculose et le Sida, et les répercussions à long terme de la catastrophe de Tchernobyl sont de plus en plus visibles. Médecins et infirmières sont largement sous-payés, c'est pourquoi un petit extra ne sera jamais refusé et il pourrait faire accélerer les choses. Le réseau des cliniques et hôpitaux privés est encore très faible. Les pharmacies sont généralement bien fournies, mais il est toujours préférable de partir avec quelques médicaments dans la valise.

Conseils

Pour vous informer de l'état sanitaire du pays et recevoir des conseils, n'hésitez pas à consulter votre médecin. Vous pouvez aussi vous adresser à la Société de médecine des voyages du centre médical de l'Institut Pasteur au ✆ 01 40 61 38 46 (www.pasteur.fr/sante/cmed/voy/listpays.html) ou vous rendre sur le site du Cimed (www.cimed.org), du Ministère des Affaires étrangères à la rubrique « Conseils aux voyageurs » (www.diplomatie.gouv.fr/voyageurs) ou de l'Institut national de veille sanitaire (www.invs.sante.fr).

▶ **En cas de maladie,** il faut contacter le consulat français. Il se chargera de vous aider, de vous accompagner et vous fournira la liste des médecins francophones. En cas de problème grave, c'est aussi lui qui prévient la famille et qui décide du rapatriement.

▶ **Avant de partir,** vous pouvez contacter le service Santé Voyages : ✆ 05 56 79 58 17 (Bordeaux) • ✆ 04 91 69 11 07 (Marseille) • ✆ 01 40 25 88 86 (Paris).

Maladies et vaccins

Aucune vaccination n'est obligatoire. Pour ceux qui prévoient un séjour de plusieurs jours dans la nature, notamment dans les forêts, il est recommandé de se faire vacciner contre l'encéphalite à tique. Il est préférable d'éviter de boire l'eau du robinet à cause de la présence de métaux lourds et de radionucléides. La consommation d'eau minérale en bouteille est donc fortement conseillée.

▶ **Attention aux moustiques !** Munissez-vous de bombes, spirales et lotion avant de faire du tourisme dans les parcs naturels pendant les mois d'été. Riche en lacs, fleuves et marais, la Biélorussie est l'habitat idéal pour les moustiques qui y sont en quantité phénoménale !

Diarrhée du voyageur (tourista)

Statistiquement, un voyageur sur deux est touché par la turista au cours des 48 premières heures de son séjour. Ces diarrhées et douleurs intestinales sont dues à une mauvaise hygiène, à la cuisson insuffisante des aliments, à une nourriture trop épicée ou, le plus souvent, à l'eau. 80 % des maladies contractées en voyage sont en effet directement imputables à une eau contaminée. Ces troubles disparaissent en général en un à trois jours. Prenez un antidiarrhéique, un désinfectant intestinal et hydratez-vous bien (pas de jus de fruits). Si la diarrhée persiste ou s'accompagne de pertes de sang ou de glaires, consultez un médecin. Pour éviter ces désagréments, achetez des bouteilles d'eau scellées, faites bouillir l'eau (le café et le thé sont des boissons « sûres »), évitez les crudités ou les fruits non pelés, bannissez les glaçons, ne vous brossez pas les dents avec l'eau du robinet et ayez toujours sur vous des comprimés désinfectants. Avant de partir, vous pouvez acheter du Micropur® Forte DCCNa – seul produit sur le marché qui purifie l'eau rapidement (élimine bactéries, virus, giardia et amibes) et permet à l'eau de rester potable. Il existe aussi Aquatabs® ou Hydroclonazone®. Ce dernier est le moins cher mais le goût en chlore est très prononcé et seules les bactéries sont éliminées. Pour les aventuriers, un filtre est indispensable pour l'eau boueuse. Les filtres Katadyn® répondent aux attentes de ces baroudeurs avec plusieurs modèles, dont le filtre bouteille qui permet d'avoir de l'eau potable instantanément sans pomper (il élimine aussi les virus).

Encéphalite à tiques d'Europe centrale

Cette maladie se transmet à l'homme par l'intermédiaire de la tique, très présente en été dans les forêts. Deux semaines après la morsure, les symptômes sont similaires à ceux d'une grippe estivale. La maladie peut entraîner des complications neurologiques plus ou moins graves, avec des troubles de l'équilibre et une atténuation des capacités intellectuelles. Dans 1 à 2 % des cas, elle est mortelle. Il existe un vaccin mais pas de traitement spécifique, donc si vous n'êtes pas vacciné, portez des vêtements longs pendant les marches en forêt et inspectez-vous soigneusement le corps après toute randonnée.

Hépatite A

Pour l'hépatite A, l'existence d'une immunité antérieure rend la vaccination inutile. Elle est fréquente lorsque vous avez des antécédents de jaunisse, de séjour prolongé à l'étranger ou êtes âgé de plus de 45 ans. L'hépatite A est le plus souvent bénigne mais elle peut se révéler grave, notamment au-delà de 45 ans et en cas de maladie hépatique préexistante. Elle s'attrape par l'eau ou les aliments mal lavés. Si vous êtes porteur d'une maladie du foie, la vaccination contre l'hépatite A est hautement recommandée avant tout type de voyage où l'hygiène est précaire. Elle doit être effectuée en deux fois mais la première injection, un mois avant le départ, suffit à assurer une protection pour un voyage de courte durée. La deuxième (six mois à un an plus tard) renforce la durée de l'immunité pour des dizaines d'années.

Hépatite B

L'hépatite B est plus grave que l'hépatite A. Elle se contracte lors de rapports sexuels ou par le sang. Le vaccin contre l'hépatite B est à faire en deux fois à un mois d'intervalle (mais il existe des vaccinations accélérées en un mois pour les voyageurs pressés), puis un rappel six mois plus tard pour renforcer la durée de la protection.

Tuberculose

La tuberculose est une maladie infectieuse contagieuse. Elle attaque généralement les poumons, mais d'autres organes peuvent être atteints. Ses symptômes sont la fièvre, une toux grasse, une perte de poids et d'énergie. La tuberculose est traitable efficacement par une association de médicaments.

Centres de vaccination

Pour plus d'informations, vous pouvez consulter le site Internet du Ministère de la santé (www.sante-sports.gouv.fr) pour connaître les centres de vaccination proches de chez vous.

■ **CENTRE AIR FRANCE**
148 rue de l'Université 75007 Paris
✆ 01 43 17 22 00 – 08 92 68 63 64
✆ 01 48 64 98 03
http://centredevaccination-airfrance-paris.com

▸ **Autre adresse :** 3 place Londres Bâtiment Uranus 95703 Roissy-Charles-de-Gaulle.

■ **INSTITUT PASTEUR**
209 rue de Vaugirard 75015 Paris
✆ 0 890 710 811 – 03 20 87 78 00
http://cmip.pasteur.fr – www.pasteur-lille.fr

▸ **Autre adresse :** 1 rue du professeur Calmette 59019 Lille.

En cas de maladie

Un réflexe : contacter le consulat français. Il se chargera de vous aider, de vous accompagner et vous fournira la liste des médecins francophones. En cas de problème grave, c'est lui qui prévient la famille et qui décide du rapatriement. Pour connaître les urgences et établissements aux standards internationaux : consulter les sites www.cimed.org – www.diplomatie.gouv.fr et www.pasteur.fr

Assurance rapatriement Assistance médicale

Si vous possédez une carte bancaire Visa®, EuroCard® MasterCard®, vous bénéficiez automatiquement d'une assurance médicale et d'une assistance rapatriement sanitaire valables pour tout déplacement à l'étranger de moins de 90 jours (le paiement de votre voyage avec la carte n'est pas nécessaire pour être couvert, la simple détention d'une carte valide vous assure une couverture). Renseignez-vous auprès de votre banque et vérifiez attentivement le montant global de la couverture et des franchises ainsi que les conditions de prise en charge et les clauses d'exclusion. Si vous n'êtes pas couvert par l'une de ces cartes, n'oubliez surtout pas de souscrire une assistance médicale avant de partir.

▸ **Carte Bleue Visa**
✆ 01 41 85 88 81
www.europ-cartes.com

▸ **Eurocard-Mastercard**
✆ 01 45 16 65 65
www.mastercard.com

■ **SÉCURITÉ SOCIALE**
11 rue de la tour des Dames Cedex 09
75436 Paris ✆ 01 45 26 33 41
Fax : 01 49 95 06 50
www.cleiss.fr – www.ameli.fr
Plus d'informations sur l'assistance médicale à l'étranger au Centre des Liaisons Européennes et Internationales de la Sécurité Sociale (cleiss).

Trousse à pharmacie

Pansements divers, gants jetables, ciseaux, seringues, lingettes antiseptiques, paracétamol/ibuprofène/aspirine (à utiliser aussi bien contre la douleur que comme anti-inflammatoire), insectifuge, pommade antiseptique, médicament contre les douleurs d'estomac et contre la diarrhée.

Médecins parlant français

DR E. ŽOLNEROVIČ
Centre de diagnostic de Minsk, ul. Semaško 10, Minsk
✆ (017) 270 20 30
Généraliste.

DR. IRINA BILODID
Centre endocrinologique de Minsk ul. Kisseleva 7, Minsk
✆ (017) 284 74 15
Généraliste.

DR. NATALIA TUR
Clinique de pédiatrie n°2, ul. Naročanskaya 17, Minsk
✆ (017) 290 81 68
Pédiatre.

DR. SERGEJ SARETSKIJ
Institut de la traumatologie et de l'orthopédie ul. Kiževatogo 60 Minsk ✆ (017) 278 96 61

DR. VALERI MORZOVIČ
Hôpital de la Direction administrative de la Présidence ul. Krasnoarmeïskaja 10 Minsk ✆ (017) 227 20 44
Généraliste.

Hôpitaux et cliniques

Pour les adresses des hôpitaux voir la rubrique « *Urgences* » dans les différentes villes. Ci-dessous nous fournissons l'adresse d'un excellent centre médical privé.

CLINIQUE LODE
Ul. Gikalo, 1 ✆ (017) 284 72 20
Du lundi au vendredi de 8h à 21h, le samedi de 9h à 17h, le dimanche de 9h à 15h.
C'est la première clinique privée, ouverte en Biélorussie, et un des majeurs centres médicaux du pays.

Urgences

AMBULANCE
✆ 03

ASSISTANCE GAZ
✆ 04

POLICE
✆ 02

POMPIERS
✆ 01

SÉCURITÉ ET ACCESSIBILITÉ

Dangers potentiels et conseils

La présence massive de police sur le territoire biélorusse semble être une mesure efficace de dissuasion contre la criminalité. La Biélorussie est un pays plutôt sûr, avec un taux de criminalité extrêmement faible, aussi bien dans les grandes villes qu'à la campagne. Toutefois, comme dans tout autre pays, les touristes ont plus de chance d'être visés par le crime que les locaux, il convient donc d'être vigilant la nuit et dans les transports en commun pour éviter les pickpockets. Des crimes de rue, comme des vols de sacs et des agressions, peuvent se produire après la tombée de la nuit, mais ils sont extrêmement rares. Il est conseillé de garer sa voiture dans les parkings gardés qui existent dans toutes les villes à un prix très modique. Il peut toujours y avoir des exceptions, mais pendant votre voyage vous ne rencontrerez que des gens aimables et prêts à vous aider en cas de besoin.

Pour connaître les dernières informations sur la sécurité sur place, consultez la rubrique « Conseils aux voyageurs » du site du ministère des Affaires étrangères : www.diplomatie.gouv.fr/voyageurs – Sachez cependant que le site dresse une liste exhaustive des dangers potentiels et que cela donne parfois une image un peu alarmiste de la situation réelle du pays.

Femme seule

Il n'y a pas de dangers particuliers. Il suffit de prendre les mêmes précautions qu'on prendrait dans n'importe quel autre pays. Les hommes biélorusses sont plutôt galants. Ne vous étonnez-pas si quelqu'un vous aidera à mettre votre manteau, vous tiendra la porte ou vous embrassera la main au moment de faire votre connaissance. La drague est un concept presque inconnu, les Biélorusses sont assez réservés, généralement ce sont les femmes ici qui font les premiers pas !

En règle générale, vous pouvez vous promener seule à n'importe à quelle heure du jour ou de la nuit sans rencontrer de problème ou de risque particulier.

Voyager avec des enfants

Si ce que vous cherchez est un endroit où on s'occupe de vos enfants, la Biélorussie n'est sans doute pas le meilleur pays où voyager avec des enfants. La plupart des sites touristiques et hôtels n'ont rien de prévu pour eux. Toutefois, un séjour à la campagne ne laissera pas vos enfants indifférents : une nature luxuriante, des animaux, des petites rivières où se baigner et des belles fermes où loger dans une atmosphère familiale et chaleureuse.

Voyageur handicapé

Dernièrement, la Biélorussie a fait des efforts pour accueillir les handicapés. Toutefois, ce n'est pas suffisant. La plupart des moyens de transport ainsi que les hôtels restent mal équipés. Si vous présentez un handicap physique ou mental ou que vous partez en vacances avec une personne dans cette situation, différents organismes et associations s'adressent à vous.

■ ACTIS VOYAGES
http://actis-voyages.fr
Voyages adaptés pour le public sourd et malentendant.

■ ADAPTOURS
www.adaptours.fr

■ AILLEURS ET AUTREMENT
www.ailleursetautrement.fr
Pour des personnes souffrant de handicap physique et/ou mental.

■ COMPTOIR DES VOYAGES
2 au 18 rue St Victor 75005 Paris
✆ 0892 239 339
www.comptoir.fr

■ ÉVÉNEMENTS ET VOYAGES
www.evenements-et-voyages.com

■ GLOBE-TROTTER CLUB
www.globetrotterclub.com
Pour les personnes à mobilité réduite.

■ HANDI VOYAGES
12, rue du Singe, Nevers
✆ 0 872 32 90 91 – 06 80 41 45 00
www.handi.voyages@free.fr
Cette association assure l'aide aux personnes à mobilité réduite dans l'organisation de leurs voyages individuels ou en petits groupes. Elle propose un service d'aide à la recherche d'informations sur l'accessibilité mais aussi la mise en relation avec des volontaires compagnons de voyage. En outre, dans le cadre de l'opération « Des fauteuils en Afrique », Handi Voyages récupère du matériel pour personne à mobilité réduite et le distribue en Afrique.

■ OLÉ VACANCES
www.olevacances.org

■ PARALYSÉS DE FRANCE
www.apf.asso.fr
Informations, conseils et propositions de séjours.

Voyageur gay et lesbien

L'homosexualité n'est pas aussi bien acceptée qu'en Europe de l'Ouest. Il existe beaucoup de discriminations à l'égard des homosexuels, aussi bien de la part de l'Etat que de la société civile.

TÉLÉPHONE

Comment téléphoner ?

▶ **Appeler de la Biélorussie vers la France :** composez le 8 + 10 (indicatif international) suivi du code du pays et du numéro de votre correspondant sans le 0.

▶ **Appeler de France vers la Biélorussie :** composez le 00375 (code pays), suivi du numéro de votre correspondant. Un numéro biélorusse se compose comme il suit : un code régional à trois ou quatre chiffre, dont la première est un zéro, et un numéro local à six ou sept chiffres (seulement à Minsk).

▶ **Appeler d'une région à l'autre :** composez le 8, attendez la tonalité et composez le code régional suivi du numéro de votre correspondant.

▶ **Appeler dans une même région :** composez le numéro de votre correspondant. Les appels locaux sont gratuits, ce qui explique pourquoi les Biélorusses aiment passer des heures au téléphone.

▶ **Appeler sur un portable depuis un fixe en Biélorussie :** composez le 8, attendez la tonalité, puis composez le numéro à dix chiffres. Depuis l'étranger il faut composer 00375, suivi par le numéro à dix chiffres sans le zéro qui précède.

Appeler sur un fixe depuis un portable en Biélorussie : tapez la touche #, puis composez le numéro de votre correspondant, précédé du 8 s'il se trouve dans une région différente de la vôtre.

Téléphone mobile

Le réseau de téléphonie mobile couvre plus ou moins en entier le territoire biélorusse. Toutefois beaucoup de zones rurales, surtout le plus isolées, restent encore exclues. Le téléphone portable jouit d'une popularité énorme dans le pays. A Minsk, 87 % de la population en possède un ! Vous pouvez utiliser votre forfait français en Biélorussie. Le réseau est couvert par les trois opérateurs français Orange, Bouygues et SFR. Il faudra avant de partir activer l'option internationale (généralement gratuite) en appelant le service clients de votre opérateur. Lorsque vous utilisez votre téléphone français à l'étranger, vous payez la communication, que vous émettiez l'appel ou que vous le receviez. Dans le cas d'un appel reçu, votre correspondant paie lui aussi, mais seulement le prix d'une communication locale. Tous les appels passés depuis ou vers l'étranger sont hors forfait, y compris ceux vers la boîte vocale. Toutefois, si vous pensez utiliser beaucoup votre téléphone portable il est plus simple d'acheter une carte sim locale. Il existe plusieurs opérateurs, MTS et Velcom sont les plus populaires. Les cartes sim s'achètent dans les magasins des opérateurs avec le passeport. Le forfait se recharge avec des cartes prépayées qu'on trouve dans les bureaux de poste, dans les magasins de téléphonie, dans les magasins des opérateurs. On peut aussi recharger les portables sur Internet ou grâce aux distributeurs des banques. Les tarifs sont plutôt avantageux, d'autant plus si la personne qui appelle et celle qui reçoit ont le même opérateur. Il est aussi possible de louer un téléphone portable pour la durée de votre séjour. Se renseigner sur les sites des compagnies biélorusses (www.velcom.by– www.belcel.by – www.mts.by).

Autres moyens de téléphoner

Maintenant, beaucoup d'hôtels offrent la possibilité à leurs clients d'appeler à l'étranger directement depuis leur chambre. N'oubliez pas de vérifier scrupuleusement la facture téléphonique avant de quitter l'hôtel ! Pour appeler à l'étranger, vous pouvez aussi aller aux bureaux de poste.

Cabines et cartes prépayées

Les villes biélorusses abondent en cabines téléphoniques. Toutefois, le modèle standard de ces cabines ne permet pas d'appeler à l'étranger. On peut téléphoner en utilisant des cartes prépayées, qu'on trouve dans les bureaux de poste et dans les kiosques à journaux. Les cabines n'acceptent ni les pièces, ni les cartes de crédit.

Skype et MSN

Pas besoin de combiné mais d'un ordinateur et d'une connexion Internet pour téléphoner avec Skype ou MSN. Les deux personnes cherchant à entrer en contact doivent avoir téléchargé l'un de ces deux logiciels gratuits. L'utilisation est ensuite très simple : un micro, un casque et une webcam si vous en avez une, et vous pouvez discuter pendant des heures sans payer un centime (connexion Internet exceptée).

TARIFS DES DIFFÉRENTS OPÉRATEURS

	Bouygues	Orange (HT)	SFR	SFR Vodafone (option gratuite)
Appel émis	2,30 €/min.	2,35 €/min.	2,90 €/min.	2,20 € + 0,37 €/min.
Appel reçu	1 €/min.	1,10 €/min.	1,40 €/min.	2,20 € par appel (jusqu'à 20 min.).
SMS	0,30 € – réception gratuite	0,29 € – réception gratuite	0,50 € pour les forfaits souscrits depuis le 12/03/2008, 0,30 € pour les autres – réception gratuite	0,30 € – réception gratuite

À VOIR – À LIRE

Librairies de voyage

Paris

ESPACE IGN
107, rue La Boétie 75008 Paris
✆ 01 43 98 80 00
www.ign.fr
M° Franklin D. Roosevelt. Ouvert du mardi au vendredi de 11h à 19h, le samedi de 11h à 18h30 et le lundi de midi à 18h30. Vous trouverez dans cette belle librairie sur deux niveaux pléthore de cartes (on n'est pas à l'Institut géographique national pour rien), guides de toutes éditions, beaux livres, méthodes de langues en version poche, ouvrages sur la météo, mappemondes, conseils pour les voyages... Les enfants ont droit à un coin rien que pour eux avec des ouvrages sur la nature, les animaux, les civilisations, etc. Quant aux amateurs d'ancien, ils pourront se procurer des reproductions de cartes datant pour certaines du XVIIe siècle.

LIBRAIRIE EYROLLES PRATIQUE
63, boulevard Saint-Germain
75005 Paris
✆ 01 46 34 82 75
www.eyrolles.com
M° Maubert – Mutualité ou Cluny, La Sorbonne et R.E.R. Saint-Michel. Ouvert de 9h30 à 19h30. Consacrée à la vie pratique, cette boutique se présente sur deux niveaux dont un entièrement dédié au tourisme. Voyageurs du monde, bienvenue au « paradis eyrollien ». Vous trouverez tout pour préparer votre escapade : cartes, guides, plans… Il ne vous reste plus qu'à prendre vos billets.

LIBRAIRIE LA GÉOGRAPHIE
184, boulevard Saint-Germain
75006 Paris
✆ 01 45 48 03 82
www.librairie-la-geographie.com
M° Saint-Germain ou Rue du Bac
Ouvert du lundi au samedi de 10h à 19h. Il y en a pour tous les goûts dans cette librairie gérée par deux amoureux du voyage. Aux ouvrages couvrant les sujets de la Société de géographie s'ajoutent des récits de voyage et d'aventures, des guides touristiques, des écrits géopolitiques, des cartes, etc. Voici un endroit convivial où l'on découvre et discute… Et ça ne s'arrête pas là : le site Internet et son blog fourmillent d'informations sur l'actualité du monde.

LIBRAIRIE L'HARMATTAN
16 et 21, rue des Ecoles 75005 Paris
✆ 01 40 46 79 10 – 01 46 34 13 71
www.editions-harmattan.fr
M° Maubert – Mutualité. Ouvert du lundi au samedi de 10h à 12h30 et de 13h30 à 19h. Se consacrant essentiellement au continent africain, cette librairie propose toutefois de nombreux ouvrages sur l'Asie, l'Océanie, les pays de l'Est, le monde arabe et l'Amérique latine. Vous y trouverez littérature et études, dans des domaines aussi divers que la sociologie, l'anthropologie, l'analyse politique ou encore l'histoire.

▸ **Autre adresse :** 21 bis, rue des Ecoles (5e)
✆ 01 46 34 13 71

LIBRAIRIE MARITIME OUTREMER
55, avenue de la Grande-Armée
75016 Paris ✆ 01 45 00 17 99
Fax : 01 45 00 10 02
www.librairie-outremer.com
M° Argentine. Ouvert du lundi au samedi de 10h à 19h. La librairie de la rue Jacob a rallié les locaux de la boutique avenue de la Grande-Armée. Des ouvrages sur l'architecture navale, des manuels de navigation, des ouvrages de droit marin, les codes Vagnon, les cartes du Service hydrographique et océanique de la marine, des précis de mécanique pour les bateaux, des récits et romans sur la mer, des livres d'histoire de la marine… tout est là. Cette librairie constitue la référence dans ce domaine. Son catalogue est disponible sur Internet et en format papier à la boutique.

LE VIEUX CAMPEUR
2, rue de Latran 75005 Paris
✆ 01 53 10 48 27
www.auvieuxcampeur.fr
M° Maubert – Mutualité. Ouvert du lundi au samedi : lundi, mardi, mercredi et vendredi de 11h à 19h30, samedi de 10h à 19h30, nocturne le jeudi jusqu'à 21h. Les magasins Au Vieux Campeur disposent d'une librairie dédiée au

tourisme sportif. Vous y trouverez guides, cartes, beaux livres, revues et un petit choix de vidéos principalement axés sur la France. Le premier étage met à l'honneur le sport, les exploits et découvertes. Vous pourrez vous y documenter sur l'escalade, le VTT, la plongée sous-marine, la randonnée, la voile, le ski... Commande possible par Internet.

Brest

■ LIBRAIRIE DES VOYAGEURS

14, rue Boussingault
✆ 02 98 33 61 72
Fax : 02 98 33 61 73 – www.georama.fr
Ouvert le lundi de 14h à 19h. Les mardi, mercredi, jeudi, vendredi de 11h à 19h et le samedi de 10h à 19h. Repaire incontestable pour tous les voyageurs en partance, cette librairie propose guides, cartes, atlas, mappemondes, littérature et récits de voyage... à feuilleter en buvant un verre au coin café. Pour les bambins globe-trotteurs, des jeux pédagogiques sont disponibles.

Caen

■ HÉMISPHÈRES

15, rue des Croisiers
✆ 02 31 86 67 26
www.librairie-hemispheres.blogspot.com
Ouvert du mardi au samedi de 9h à 19h sans interruption. Dans cette librairie dédiée au voyage, les livres sont classés par pays : guides, plans de villes, littérature étrangère, ethnologie, cartes et topoguides pour la randonnée. Les rayons portent aussi un beau choix de livres illustrés et comprennent un rayon musique. Le premier étage allie littérature et gastronomie et des expositions de photos y sont régulièrement proposées.

Clermont-Ferrand

■ LA BOUTIQUE MICHELIN

2, place de la Victoire ✆ 04 73 90 20 50
www.michelin-boutique.com
Ouvert du mardi au samedi de 10h à 13h et de 14h à 19h, le lundi après-midi l'été. Vous trouverez dans cette boutique toute la production Michelin, des guides verts (en français, anglais ou allemand) aux guides rouges en passant par les cartes France et étranger. Egalement bagagerie, articles de sport, vaisselles et tout le nécessaire pour vos voyages (du triangle au contrôleur de pression) et de nombreux produits dérivés.

Grenoble

■ LIBRAIRIE DE VOYAGEURS DU MONDE

16, boulevard Gambetta
✆ 04 76 85 95 97 – www.vdm.com
Ouvert du mardi au samedi de 11h à 19h. Tout comme ses homologues de Paris ou Marseille, la librairie propose un vaste choix de guides en français et anglais, de cartes géographiques et atlas, de récits de voyage et d'ouvrages thématiques... Également pour les voyageurs en herbe : des atlas, des albums et des romans d'aventures.

Lille

■ LIBRAIRIE AUTOUR DU MONDE

65, rue de Paris ✆ 03 20 78 19 33
www.autourdumonde.biz
Ouvert le lundi de 14h à 19h et du mardi au samedi de 10h à 19h. Ouverte en 2006, cette librairie située au cœur du vieux Lille est tenue par un ancien professionnel du tourisme qui se fera un plaisir de vous conseiller. Romans, carnets de voyage, guides, cartes IGN, livres jeunesse, jeux et affiches remplissent les rayons de cette boutique. Pour s'y retrouver, c'est facile : les ouvrages sont rangés par continents, puis selon les quatre points cardinaux. Vous partez en Islande ? Rendez-vous au nord-ouest du magasin. Possibilité de commande sur le site de la librairie.

■ LIBRAIRIE DE VOYAGEURS DU MONDE

147, boulevard de la Liberté
✆ 03 20 06 76 30
Fax : 03 20 06 76 31 – www.vdm.com
Ouvert du lundi au samedi de 10h à 19h. La librairie de Voyageurs du Monde lilloise est située dans le centre-ville. Elle compte pas moins de 14 000 références, livres et cartes, uniquement consacrées à la découverte de tous les pays du monde, de l'Albanie au Zimbabwe en passant par la Chine.

Lyon

■ AU VIEUX CAMPEUR

72, cours de la Liberté 69003 Lyon
✆ 04 78 60 81 00
www.auvieuxcampeur.fr
Ouvert du mardi au vendredi de 11h à 19h30, le samedi de 10h à 19h et le lundi de 11h à 19h. Les magasins Au Vieux Campeur disposent d'une librairie dédiée au tourisme sportif. Vous y trouverez guides, cartes, beaux livres, revues et un petit choix de vidéos principalement axés sur la France. Commande possible par Internet.

■ **RACONTE-MOI LA TERRE**
14, rue du Plat 69002 Lyon
✆ 04 78 92 60 20
www.racontemoilaterre.com
Ouvert le lundi de midi à 19h30, du mardi au samedi de 10h à 11h30 et de 14h30 à 19h30, nocturne le mercredi jusqu'à 22h. Restaurant « exotique », cette librairie s'ouvre sur le monde des voyages. Les vendeurs vous conseillent et vous emmènent jusqu'à l'ouvrage qui vous convient. Ethnographes, juniors, baroudeurs, Raconte-moi la Terre propose de quoi satisfaire tous les genres de voyageurs.

▸ **Autre adresse :** Décathlon, 332, avenue Général-de-Gaulle, Bron

Marseille

■ **AU VIEUX CAMPEUR**
255, avenue du Prado 13001 Marseille
✆ 04 91 16 30 30 – Fax : 04 91 16 30 59
www.auvieuxcampeur.fr
Ouvert du mardi au vendredi de 10h30 à 19h30, le samedi de 10h à 19h et le lundi de 10h30 à 19h. Les magasins Au Vieux Campeur disposent d'une librairie dédiée au tourisme sportif. Vous y trouverez guides, cartes, beaux livres, revues et un petit choix de vidéos principalement axés sur la France.

■ **LIBRAIRIE DE LA BOURSE – MAISON FREZET**
8, rue Paradis 13001 Marseille
✆ 04 91 33 63 06
Ouvert le lundi de 14h à 19h et du mardi au samedi de 8h45 à 12h15 et de 13h45 à 19h. Cette librairie fondée en 1876 propose plans, cartes et guides touristiques du monde entier. Terre, mer, montagne ou campagne, tous les environnements se trouvent parmi les centaines d'ouvrages proposés. Si jamais l'idée vous tente de partir à l'aventure, rien ne vous empêche de vérifier votre thème astral ou de vous faire tirer les cartes avec tout le matériel ésotérique et astrologique également disponible.

■ **LIBRAIRIE DE VOYAGEURS DU MONDE**
25, rue Fort-Notre-Dame 13001 Marseille
✆ 04 96 17 89 26
Fax : 04 96 17 89 18 – www.vdm.com
Ouvert le lundi de midi à 19h et du mardi au samedi de 10h à 19h sans interruption. Sur le même site sont regroupés les bureaux des conseillers Voyageurs du Monde et ceux de Terres d'Aventure. La librairie détient plus de 5 000 références : romans, ouvrages thématiques sur l'histoire, spiritualité, cuisine, reportages, cartes géographiques, atlas, guides (en français et en anglais). L'espace propose également une sélection d'accessoires incontournables : moustiquaires, bagages…

■ **LIBRAIRIE MARITIME OUTREMER**
26, quai Rive-Neuve 13001 Marseille
✆ 04 91 54 79 40 – Fax : 04 91 54 79 49
www.librairie-maritime.com
Ouvert du mardi au vendredi de 9h à 12h30 et de 14h à 18h30, le samedi de 10h à 12h30 et de 15h à 18h30. Que vous ayez le pied marin ou non, cette librairie vous ravira tant elle regorge d'ouvrages sur la mer. Ici, les histoires sont envoûtantes, les images incroyables... De quoi se mettre à rêver sans même avoir jeté l'ancre !

Montpellier

■ **LES CINQ CONTINENTS**
20, rue Jacques-Cœur
✆ 04 67 66 46 70 – Fax : 04 67 66 46 73
www.lescinqcontinents.com
Ouvert le lundi de 13h à 19h et de 10h à 19h du mardi au samedi. Les libraires globe-trotters de cette boutique vous aideront à faire le bon choix parmi les nombreux ouvrages des cinq continents. Récits de voyage, guides touristiques, livres d'art, cartes géographiques et autres livres de cuisine ou musicaux vous permettront de mieux connaître divers pays du monde et régions de France. Régulièrement, la librairie organise des rencontres et animations (programme trimestriel disponible sur place).

Nantes

■ **LA GÉOTHÈQUE**
10, place du Pilori ✆ 02 40 47 40 68
Fax : 02 40 47 66 70
http://geotheque.over-blog.com
Ouvert le lundi de 14h à 19h et du mardi au samedi de 10h à 19h. Vous trouverez des centaines de magazines, guides spécialisés et plus de 2 000 cartes IGN à la Géothèque. Une bonne adresse pour savoir où l'on va et, en voyageur averti, faire le point avant le départ.

■ **LIBRAIRIE DE VOYAGEURS DU MONDE**
1-3, rue des Bons-Français
✆ 02 40 20 64 39 – www.vdm.com
Ouvert du mardi au samedi de 11h à 19h. Tout comme ses homologues de Paris ou Marseille, la librairie propose un vaste choix de guides en français et anglais, de cartes géographiques et atlas, de récits de voyage et d'ouvrages

thématiques. Également pour les voyageurs en herbe : des atlas, des albums et des romans d'aventures.

Nice

■ LIBRAIRIE DE VOYAGEURS DU MONDE

4, rue du Maréchal-Joffre
✆ 04 97 03 64 65
Fax : 04 97 03 64 60 – www.vdm.com
Ouvert de 10h à 19h du lundi au samedi. Les librairies de Voyageurs du Monde travaillent en partenariat avec plusieurs instituts géographiques à travers le monde et également quelques éditeurs privés. Elles proposent tous les ouvrages utiles pour devenir un voyageur averti !

Rennes

■ ARIANE LIBRAIRIE DE VOYAGE

20, rue Capitaine-Dreyfus
✆ 02 99 79 68 47 – Fax : 02 99 78 27 59
www.librairie-voyage.com
Ouvert tous les jours de 9h30 à 12h30 et de 14h à 19h, fermé le lundi matin. En France, en Europe, à l'autre bout du monde, plutôt montagne ou résolument mer, forêts luxuriantes ou déserts arides… quelle que soit votre envie, chez Ariane, vous trouverez de quoi vous documenter avant de partir. De la boussole aux cartes routières et marines, en passant par les guides de voyage, plans et articles de trekking, vous ne repartirez certainement pas sans avoir trouvé votre bonheur.

Strasbourg

■ AU VIEUX CAMPEUR

32, rue du 22-Novembre
www.auvieuxcampeur.fr
Ouvert du mardi au vendredi de 11h à 19h30, le samedi de 10h à 19h et le lundi de 11h à 19h. Les magasins Au Vieux Campeur disposent d'une librairie dédiée au tourisme sportif. Vous y trouverez guides, cartes, beaux livres, revues et un petit choix de vidéos principalement axés sur la France.

■ GÉORAMA

20, rue du Fossé-des-Tanneurs
✆ 03 88 75 01 95
Ouvert du lundi au samedi de 9h30 à 18h45, fermé le lundi matin. Le lieu est dédié au voyage et les guides touristiques voisinent avec les cartes routières et les plans de villes. Des accessoires indispensables au voyage (sacs à dos, boussoles) peuplent aussi les rayons de cette singulière boutique. Notez également la présence (et la vente) de fascinants globes lumineux et de cartes en relief.

Toulouse

■ AU VIEUX CAMPEUR

23, rue de Sienne, Labège-Innopole
www.auvieuxcampeur.fr
Ouvert du mardi au vendredi de 11h à 19h30, le samedi de 10h à 19h et le lundi de 11h à 19h. Les magasins Au Vieux Campeur disposent d'une librairie dédiée au tourisme sportif. Vous y trouverez guides, cartes, beaux livres, revues et un petit choix de vidéos principalement axés sur la France.

■ LIBRAIRIE PRESSE DE BAYARD

60, rue Bayard ✆ 05 61 62 82 10
Fax : 05 61 62 85 54
Ouvert du lundi au vendredi de 8h à 12h30 et de 14h à 19h, le samedi de 9h à 12h30 et de 14h à 17h. Cette librairie propose toutes sortes de cartes IGN (disponibles aussi en CD-ROM), topoguides, guides touristiques, cartes du monde entier et plans de villes (France et étranger). Cette surface de vente – la plus importante de Toulouse consacrée au voyage – possède également un rayon consacré à la navigation aérienne et maritime, aux cartes marines et un fonds important de guides Petit Futé !

■ OMBRES BLANCHES

48-50, rue Gambetta ✆ 05 34 45 53 33
Fax : 05 61 23 03 08
www.ombres-blanches.fr
info@ombres-blanches.fr
Ouvert du lundi au samedi de 10h à 19h, le samedi de 10h à 19h30. Cette librairie est la petite sœur de la grande Ombres Blanches d'à côté. Dans cet espace spécialisé dans les voyages et le tourisme, vous trouverez beaux livres, récits de voyage, cartes de rando et de montagne, livres de photos… Le voyage avant même d'avoir quitté sa ville !

Belgique

■ LIBRAIRIE ANTICYCLONE DES AÇORES

34, rue Fossé-aux-Loups, Bruxelles
✆ (02) 217 52 46
On va dans cette librairie située près de la Bourse pour ses guides et ses beaux livres mais surtout pour son large choix cartographique. Cartes topographiques, de randonnée, cyclotouristiques, plans de villes, cartes et atlas routiers, globes terrestres : vous ne vous lasserez pas de vous perdre dans les rayons de l'Anticyclone des Açores.

■ **LIBRAIRIE PEUPLES ET CONTINENTS**
17-19, Galerie Ravenstein, Bruxelles
✆ (02) 511 27 75 – Fax : (02) 514 57 20
www.peuplesetcontinents.com
Ouvert du mardi au vendredi de 9h à 18h et le samedi de 10h à 18h. Cette librairie indépendante propose guides de voyage et de randonnée, cartes routières, plans de villes, lexiques de conversation, guides d'identification botanique, atlas animaliers. Parmi plus de 5 000 titres, vous trouverez aussi des livres d'art sur les civilisations, des récits de voyage, historique, d'ethnologie, d'anthropologie et des beaux livres sur tous les pays du monde. Le tout en français, néerlandais ou anglais.

Suisse

■ **LIBRAIRIE LE VENT DES ROUTES**
50, rue des Bains, Genève
✆ (022) 800 33 81 – www.vdr.ch
Le Vent des Routes réunit sous le même toit une librairie, une agence de voyages et un café-restaurant. Vous y trouverez guides, cartes, romans, idées de voyage et des libraires très disponibles qui vous feront part de leurs livres coup de cœur.

Cartographie

Sur place on trouve facilement des cartes, dans les librairies et à l'office du tourisme de Minsk. Il existe par ailleurs une bonne carte de la Biélorussie, publiée en France par l'IGN.

Bibliographie

Il n'est pas facile de trouver de bons ouvrages en français traitant exclusivement de la Biélorussie. Sur place, les librairies offrent un vaste choix de livres et de guides touristiques en russe et en biélorusse.

- **Symaniec (Virginie), Lallemand (Jean-Charles)**, *Biélorussie. Mécanique d'une dictature*, Les Petits Matins, 2008.
- **Hervouet (Ronan)**, *Datcha blues. Existences ordinaires et dictatures en Biélorussie*, Aux lieux d'être, 2007.
- **Drweski (Bruno)**, *Biélorussie*, PUF, 1993.
- **Goujon (Alexandra), Lallemand (Jean-Charles), Symaniec (Virginie) (dir.)**, *Chroniques sur la Biélorussie contemporaine*, L'Harmattan, 2001.
- **Goujon (Alexandra)**, *Révolutions politiques et identitaires en Ukraine et Biélorussie (1988-2008)*, Belin, 2009.
- **Marchesin (Philippe)**, *La Biélorussie*, Karthala, 2006.
- **Tchertkoff (Wladimir)**, *Le Crime de Tchernobyl ou le goulag nucléaire*, Actes Sud, 2006.
- **Richard (Yann)**, *La Biélorussie. Une géographie historique*, L'Harmattan, 2002.
- **Lapatniova (Alena)**, *Biélorussie. Les mises en scène du pouvoir*, L'Harmattan, 2003.
- **Kagan (Jacq), Cohen (Dov)**, *Endlosung. La solution finale et la résistance bielsi en Biélorussie*, L'Harmattan, 2002.
- **Kuszelexicz (Joseph)**, *Un Juif de Biélorussie de Lida à Karaganda*, L'Harmattan, 2003.
- **Bykau (Vasil)**, *Le Menu sable jaune et autres nouvelles*, L'Harmattan, 2003.
- **Alexievitch (Svetlana)**, *La Supplication. Tchernobyl, chroniques du monde après l'apocalypse*, J'ai lu, 2004.
- **Alexievitch (Svetlana)**, *La Guerre n'a pas un visage de femme*, J'ai lu, 2005.
- **Koupala (Ianka)**, *Les Gens d'ici*, L'espace d'un instant, 2006.
- **Théâtre libre de Minsk**, *Génération jeans (de Nikolaï Khalezine) et autres pièces*, L'espace d'un instant, 2007.

Hôtel de ville de Minsk.

Découvrir le monde avec LibertyTV
LibertyTV est une chaîne non cryptée sur Astra 19,2° Est (12 552 Mhz, polarisation verticale)
Cinéma du monde
Les coulisses du voyage
la télé des vacances
numericable canal 82
orange canal 112
CANALSAT canal 45
SFR canal 177
canal 4
Maroc Telecom
proximus
Alice canal 72
France CitéVision canal 144
DARTY BOX canal 155
free canal 154
Monaco telecom canal 145
Mobistar
libertyTV
LibertyTV vous propose:
- des reportages sur le monde entier pour choisir vos prochaines vacances.
- des offres de vacances aux meilleurs prix toutes les 15 minutes.
- un journal sur le tourisme toutes les heures.
- des comparaisons sur toutes les destinations de vacances.
- les meilleures promotions de vacances en permanence.
0892 700 313 (0,34 €/min)
www.libertytv.fr

AVANT SON DÉPART

Le rôle principal de l'ambassade est de s'occuper des relations entre les Etats, tandis que la section consulaire est responsable de sa communauté de ressortissants. Ainsi, pour tout problème concernant les papiers d'identité, la santé, le vote, la justice ou l'emploi, il faut s'adresser à la section consulaire de son pays. En cas de perte ou de vol de papiers d'identité, le consulat délivre un laissez-passer pour permettre uniquement le retour dans le pays d'origine, par le chemin le plus court. Il faut, bien entendu, avoir préalablement déclaré la perte ou le vol auprès des autorités locales.

Représentations

■ AMBASSADE DE LA RÉPUBLIQUE DU BÉLARUS
38, bd. Suchet 750016 Paris
✆ 01 44 14 69 75 – 01 44 14 69 78
Fax : 01 44 14 69 70
www.france.belembassy.org/frn
france@belembassy.org
Horaires d'ouverture au public du service consulaire : lundi, mercredi, vendredi, de 9h à 12h30. Consultations par téléphone : du lundi au vendredi, de 14h à 17h.

■ DÉLÉGATION DE LA RÉPUBLIQUE DU BÉLARUS À L'UNESCO
1, rue Miollis 75015 Paris
✆ 01 44 14 69 79
Fax : 01 44 14 69 70 – www.unesco.org

Bibliothèque nationale de Biélorussie à Minsk.

■ REPRÉSENTATION DE LA RÉPUBLIQUE DU BÉLARUS AUPRÈS DU CONSEIL D'EUROPE
Conseil d'Europe, Strasbourg
✆ 03 90 21 41 40 – Fax : 03 88 41 36 07

Associations et institutions culturelles

■ BELPROJET
c/o Delphine Pallier
102, rue Truffaut 75017 Paris
www.belprojet.com/
belprojet.asso@gmail.com
Cette association s'occupe faire connaître la culture biélorusse en France. A ce but, elle organise des événements culturels autour de la Biélorussie, en invitant des groupes biélorusses à se produire lors de concerts, en projetant des films de réalisateurs biélorusses ou en organisant des expositions photographiques.

■ BUREAU POUR UN BÉLARUS DÉMOCRATIQUE
Square des Meeûs 37, Bruxelles
✆ (0032 2) 791 7504
Fax : (0032 2) 791 79 00
www.democraticbelarus.eu
info@democraticbelarus.eu
Située à Bruxelles, cette organisation non gouvernementale (ONG) est dirigée par des Biélorusses vivant à l'étranger. Le Bureau pour un Bélarus Démocratique (BBD) est activement engagé dans les activités liées à l'échange d'information, consultation et coordination des actions sur la Biélorussie. Il promeut la culture biélorusse à travers des expositions et des concerts, des soirées du cinéma biélorusse et des lectures littéraires.

■ ENFANTS DE TCHERNOBYL BÉLARUS
20, rue Principale, Biederthal
http://www.enfantsdetchernobylbelarus.doubleclic.asso.fr/pages/0.html
etchernobyl@doubleclic.asso.fr
L'association a pour but d'aider les enfants vivants dans les régions contaminées de la Biélorussie. En particulier, elle soutient financièrement les travaux de recherche de l'institut Belrad et la distribution de pectine de pomme, nécessaire pour éliminer une forte proportion du Cesium 137 accumulé dans certains organes du corps des enfants, comme le cœur et la glande thyroïde.

SUR PLACE

Ambassade et consulat

AMBASSADE ET CONSULAT DE FRANCE
Pl. Svobody,11, Minsk
✆ (017) 229 18 00 (standard)
✆ (017) 229 18 01 (consulat)
http://www.ambafrance-by.org
webmestre.by@diplomatie.gouv.fr

Associations et institutions culturelles

CENTRE FRANCO-BIÉLORUSSE DE SCIENCES POLITIQUES ET D'ÉTUDES EUROPÉENNES
Ul. Komsomolskaja, 9, Minsk
✆ (017) 306 27 83
Fax : (017) 306 27 83
centrefrancobielorusse@gmail.com

INSTITUT FRANCO-BIÉLORUSSE DE GESTION
Gomelskij Gosudarstvennyj Universitet
im. Franciska Skoriny, Ul. Sovetskaja, 104
Gomel' ✆ (0232) 567 371
mail@gsu.unidel.by

Tourisme

Le concept de promotion touristique est tout à fait récent dans le pays et pour l'instant il est encore à un stade plutôt rudimentaire. Il existe un office du tourisme à Minsk, avec une filière à Gomel'. Si vous envisagez de voyager de façon autonome à travers la Biélorussie, adressez-vous à l'office de Minsk qui vous aidera à organiser votre séjour.

OFFICE DU TOURISME DE GOMEL'
Ul. Sovetskaja, 61, Gomel'
✆ (0232) 774 050 – Fax : (0232) 608 017

OFFICE DU TOURISME DE MINSK
Pr. Pobeditelej, 19, Minsk
✆ (017) 226 99 00
Fax : (017) 226 99 00
http://www.belarustourism.by
info@belarustourism.by

MAGAZINES ET ÉMISSIONS

Presse

COURRIER INTERNATIONAL
www.courrierinternational.com
l'hebdomadaire regroupant les meilleurs articles de la presse internationale en version française.

GÉO
www.geo.fr
Le mensuel accorde une large place aux reportages photographiques. Il propose aussi des articles et actualités, l'ensemble étant désormais imprimé sur du papier provenant de forêts gérées durablement.

GRANDS REPORTAGES
www.grands-reportages.com
Le magazine de l'aventure et du voyage propose des dossiers, reportages photo et articles divers sur les peuples, civilisations, paysages et monuments. Chaque sujet est complété par un important volet pratique pour préparer son voyage.

PETIT FUTÉ MAG
www.petitfute.com
Notre journal bimestriel vous offre une foule de conseils pratiques pour vos voyages, des interviews, un agenda, le courrier des lecteurs… Le complément parfait à votre guide !

RANDOS-BALADES
www.randosbalades.fr
Magazine mensuel sur les randonnées en France et à l'étranger. L'approche est thématique (sentiers du littoral, itinéraires sauvages, thèmes culturels…) et la publication est riche en actualités, trucs et astuces, tests matériels, fiches topographiques et, bien sûr, en guides de randonnée.

TERRE SAUVAGE
www.terre-sauvage.com
Ce mensuel est spécialisé dans la faune et la flore sauvages. Au sommaire : des aventures dans le sillage des expéditions scientifiques, la découverte des écosystèmes, des enquêtes sur la protection de l'environnement ou encore des rubriques plus pratiques avec, par exemple, des conseils photo.

ULYSSE
www.ulyssemag.com

Ce magazine culturel du voyage est édité par *Courrier International*. Huit numéros par an pour découvrir le monde, avec une large place accordée à la photographie.

Radio

■ RADIO FRANCE INTERNATIONALE

www.rfi.fr

89 FM à Paris. Pour vous tenir au courant de l'actualité du monde partout sur la planète.

Télévision

■ ESCALES

www.escalestv.fr

Cette chaîne consacrée aux documentaires s'intéresse aux voyages et au tourisme, en France et à l'étranger. Ils se déclinent sous différentes thématiques, comme la nature, les animaux, la culture et la gastronomie.

■ FRANCE 24

www.france24.com

Chaîne d'information en continu, France 24 apporte 24h/24 et 7j/7, un regard nouveau à l'actualité internationale. Diffusée en 3 langues (français, anglais, arabe) dans plus de 160 pays, la chaîne est également disponible sur internet et le mobile sur www.france24.com pour vous accompagner tout au long de vos voyages.

■ LIBERTY TV

www.libertytv.com

Cette chaîne non cryptée propose des reportages sur le monde entier et un journal sur le tourisme toutes les heures. La « télé des vacances » met aussi en avant des offres de voyages et promotions touristiques toutes les 15 minutes.

■ PLANÈTE

www.planete.tm.fr

Depuis presque 20 ans, Planète propose de découvrir le monde, ses origines, son fonctionnement et son probable devenir avec une grille de programmation documentaire éclectique : civilisation, histoire, société, investigation, reportages animaliers, faits divers, etc.

■ TV5 MONDE

www.tv5.org

La chaîne de télévision internationale francophone diffuse des émissions de ses partenaires nationaux (France Télévisions, RTBF, TSR et CTQC) et ses propres programmes.

■ USHUAÏA TV

www.ushuaiatv.fr

La chaîne découlant du magazine éponyme a un slogan clair : « Mieux comprendre la nature pour mieux la respecter ». Elle se veut télévision du développement durable et de la protection de la planète et propose nombre de documentaires, reportages et enquêtes.

■ VOYAGE

www.voyage.fr

Terres méconnues ou inconnues, grands espaces et mégapoles, lieux incontournables ou insolites, cultures et nouvelles tendances : Voyage TV vous propose d'explorer le monde dans toute sa richesse à l'aide de documentaires ou en compagnie de guides éclairés.

Palais de la République à Minsk.

Sites Internet

■ **360.BY**
http://360.by/
C'est l'agenda on-line de Minsk : nouvelles, pages jaunes, restaurants, événements divers, bons plans, météo, shopping, etc. En russe.

■ **AFISHA**
http://afisha.tut.by/
Journal quotidien de Minsk. Il contient tous les bons plans pour les sorties. En russe.

■ **BELARUS**
www.belarus.by/en
Site officiel de la république du Bélarus. Un excellent site d'information sur le pays en russe, en biélorusse et en anglais. Il est organisé en quatre sections : à propos du Bélarus, business, tourisme et pouvoir. Il offre un bon aperçu du pays et des bonnes idées de voyages. Le site est géré par l'agence de presse biélorusse.

■ **BELISIM**
www.belisim.com
Ce site, en français, contient des informations sur la Biélorussie et sur ses villes. L'association qui l'a créé est formée d'un groupe de passionnés, français et biélorusses, qui sont aussi disponibles pour répondre à vos questions, touristiques ou non, concernant la Biélorussie.

■ **BELLA BÉLARUS**
www.bellabelarus.com
Ce site est une galerie d'art contemporain qui réunit les principaux peintres biélorusses. En russe et en anglais.

■ **CHARTER 97**
www.charter97.org
Site d'information non officielle géré par des journalistes biélorusses indépendants. En anglais, en biélorusse, en russe.

■ **GOUVERNEMENT DU BÉLARUS**
http://government.by/ru/main.html
Site du cabinet des ministres. En russe, biélorusse et anglais.

■ **MÉTÉO**
www.pogoda.by
La météo en Biélorussie, en russe.

■ **MUSIC FROM BY**
http://music.fromby.net
Site sur la musique biélorusse : évènements musicaux, MP3, dernières nouvelles, articles de critiques. En biélorusse.

Maison de la culture de Slonim.

■ **PHOTOSCOPE**
www.photoscope.by
C'est le site d'une revue virtuelle sur la photographie en Biélorussie. En russe et en biélorusse.

■ **PRÉSIDENT DU BÉLARUS**
www.president.gov.by/
Le site du Président du Bélarus. En biélorusse et en anglais.

■ **REGARD SUR L'EST**
www.regard-est.com/home/
Une revue d'actualité sur les pays de l'Est. En français.

■ **THE VIRTUAL GUIDE TO BELARUS**
www.belarusguide.com/main/index.html
Site généraliste sur le pays. Il contient des informations sur l'histoire, la politique, la culture, la nature et l'industrie biélorusse. On y trouve également une section concernant les villes et une à propos des voyages à travers le pays. Malheureusement, le site n'est pas mis à jour. En anglais et en biélorusse.

■ **TOURISME EN BIÉLORUSSIE**
www.belarus-travel.by/
Ce blog contient des reportages de voyages en Biélorussie complets de photos. On y trouve aussi des cartes et des informations pratiques. En russe.

■ **WHAT'S ON IN MINSK**
www.whatsoninminsk.com
Ce site contient des informations utiles sur la ville de Minsk : logement, points d'intérêt, restaurants, mais aussi concerts, exhibitions, théâtre, etc. En anglais.

Comment partir ?

PARTIR EN VOYAGE ORGANISÉ

La Biélorussie étant une destination plutôt méconnue, très peu de voyagistes proposent des séjours et des circuits. Aujourd'hui, il est possible d'avoir un week-end à Minsk, avion et deux nuits sur place à environ 500 €. Les spécialistes proposent les prestations nécessaires pour organiser des séjours à la carte.

Les voyagistes

Les spécialistes

Vous trouverez ici les tour-opérateurs spécialisés dans votre destination. Ils produisent eux-mêmes leurs voyages et sont généralement de très bon conseil car ils connaissent la région sur le bout des doigts. A noter que leurs tarifs se révèlent souvent un peu plus élevés que ceux des généralistes.

■ **AMSLAV**
60, rue de Richelieu
75005 Paris
✆ 01 44 88 20 40
Fax : 01 44 82 02 75
www.amslav.com – info@amslav.com
Amslav vous propose des forfaits vols + hébergement (sélection d'hôtels de 3 à 5-étoiles) en direction de plusieurs pays d'Europe de l'Est. Vous pouvez bénéficier de services supplémentaires : guide francophone, billets d'opéra, de concert ou de spectacle, transferts, etc.

■ **HELIOS DESTINATIONS CHASSE**
Immeuble le Saint Amour
95 rue Pouilly-Loché, Mâcon
✆ 01 30 32 37 44
✆ 06 07 56 28 98 (portable)
Fax : 01 30 31 20 68
www.helios-destinations-chasse.com
Partez pour 3 jours de chasse à la bécasse et à la gélinotte en Biélorussie pendant la période de chasse, du 4 août au 25 novembre. Voyage de 5 jours avec 3 jours de chasse dans la région de Vitebsk.

MERLINTOUR
160, rue Montmartre 75002 Paris
✆ 01 55 34 90 40
http://merlintour.com/fr/
pax@merlintour.com
Spécialisée en pays de l'Est, cette agence propose un vaste choix de séjours en Biélorussie. Parmi les services proposés : billets d'avion ou de train, visa, location de voiture ou réservation d'un guide.

Les généralistes

Vous trouverez ici les tour-opérateurs dits « généralistes ». Ils produisent des offres et revendent le plus souvent des produits packagés par d'autres sur un large panel de destinations. S'ils délivrent des conseils moins pointus que les spécialistes, ils proposent des tarifs généralement plus attractifs.

ABCVOYAGE
www.abcvoyage.com
Regroupe les soldes de tous les voyagistes avec des descriptifs complets pour éviter les surprises. Les dernières offres saisies sont accessibles immédiatement à partir des listes de dernière minute. Le serveur est couplé au site www.airway.net qui propose des vols réguliers à prix réduits, ainsi que toutes les promotions et nouveautés des compagnies aériennes.

DEGRIFTOUR
✆ 0 899 78 50 00 – www.degriftour.fr
Vols secs, hôtels, location de voiture, séjours clé en main ou sur mesure... Degriftour s'occupe de vos vacances de A à Z, à des prix très compétitifs.

EXPEDIA FRANCE
✆ 0 892 301300 – www.expedia.fr
Expedia est le site français du n°1 mondial du voyage en ligne. Un large choix de 500 compagnies aériennes, 105 000 hôtels, plus de 5 000 stations de prise en charge pour la location de voitures et la possibilité de réserver parmi 5 000 activités sur votre lieu de vacances. Cette approche sur mesure du voyage est enrichie par une offre très complète comprenant prix réduits, séjours tout compris, départs à la dernière minute...

GO VOYAGES
✆ 0 899 651 951 – www.govoyages.com
Go Voyages propose le plus grand choix de vols secs, charters et réguliers, au meilleur prix, au départ et à destination des plus grandes villes. Possibilité également d'acheter des packages sur mesure « vol + hôtel » et des coffrets cadeaux. Grand choix de promotions sur tous les produits sans oublier la location de voitures. La réservation est simple et rapide, le choix multiple et les prix très compétitifs.

LAST MINUTE
✆ 04 66 92 30 29 – www.lastminute.fr
Des vols secs à prix négociés, dégriffés ou publics sont disponibles sur Last minute. On y trouve également des week-ends, des séjours, de la location de voiture... Mais surtout Last minute est le spécialiste des offres de dernière minute permettant ainsi aux vacanciers de voyager à petits prix. Que ce soit pour un week-end ou une semaine, une croisière ou simplement un vol, des promos sont proposées et renouvelées très régulièrement.

OPODO
✆ 0 899 653 656 – www.opodo.fr
Pour préparer votre voyage, Opodo vous permet de réserver au meilleur prix des vols de plus de 500 compagnies aériennes, des chambres d'hôtels parmi plus de 45 000 établissements et des locations de voitures partout dans le monde. Vous pouvez également y trouver des locations saisonnières ou des milliers de séjours tout prêts ou sur mesure ! Opodo a été classé meilleur site de voyages par le banc d'essai Challenge Qualité – l'*Echo touristique* 2004. Des conseillers voyages à votre écoute 7 jours/7 de 8h à 23h du lundi au vendredi, de 9h à 19h le samedi et de 11h à 19h le dimanche.

PROMOVACANCES
✆ 0 899 654 850
www.promovacances.com
Promovacances propose de nombreux séjours touristiques, des week-ends, ainsi qu'un très large choix de billets d'avion à tarifs négociés sur vols charters et réguliers, des locations, des hôtels à prix réduits. Egalement, des promotions de dernière minute, les bons plans du jour. Informations pratiques pour préparer son voyage : pays, santé, formalités, aéroports, voyagistes, compagnies aériennes.

THOMAS COOK
✆ 0 826 826 777 – www.thomascook.fr
Tout un éventail de produits pour composer son voyage : billets d'avion, location de voitures, chambres d'hôtel... Thomas Cook propose aussi des séjours dans ses villages-vacances et les « 24h de folies » : une journée de promos exceptionnelles tous les vendredis. Leurs conseillers vous donneront des conseils utiles sur les diverses prestations des voyagistes.

TRAVELPRICE

✆ 0 899 78 50 00 – www.travelprice.com

Un site Internet très complet de réservations en ligne pour préparer votre voyage : billets d'avion et de train, hôtels, locations de voitures, billetterie de spectacles. En ligne également : de précieux conseils, des informations pratiques sur les différents pays, les formalités à respecter pour entrer dans un pays.

Les réceptifs

Il s'agit de tour-opérateurs présents dans le pays, de fait, ils connaissent extrêmement bien la zone. La qualité de leurs prestations est la plupart du temps égale à celle de leurs homologues français. Cependant il peut y avoir quelques mauvaises surprises. Renseignez-vous bien. En Biélorussie, les tour-opérateurs locaux ne manquent sûrement pas. En règle générale, ils dépendent tous de l'Agence nationale du tourisme et sont capables de satisfaire vraiment tout type de demande. Prestations proposées : support pour l'obtention du visa, hébergement et transport, vaste choix d'excursions et de séjours à des prix raisonnables, aussi bien préorganisés qu'à la carte. En ce moment, le marché des agences touristiques est en pleine explosion et de nouvelles agences apparaissent sans arrêt. Toutefois, il est préférable d'en vérifier la crédibilité professionnelle avant de signer des engagements contractuels. Pour une liste d'agences voir la rubrique « *Tourisme* » dans la section dédiée à la visite de Minsk.

Sites comparateurs et enchères

Plusieurs sites permettent de comparer les offres de voyages (packages, vols secs, etc.) et d'avoir ainsi un panel des possibilités et donc des prix. Ils renvoient ensuite l'internaute directement sur le site où est proposée l'offre sélectionnée.

EASYVOYAGE

www.easyvoyage.com

Le concept de Easyvoyage.com peut se résumer en trois mots : s'informer, comparer et réserver. Des infos pratiques sur quelque 255 destinations en ligne (saisonnalité, visa, agenda...) vous permettent de penser plus efficacement votre voyage. Après avoir choisi votre destination de départ selon votre profil (famille, budget...), Easyvoyage.com vous offre la possibilité d'interroger plusieurs sites à la fois concernant les vols, les séjours ou les circuits. Enfin grâce à ce méta-moteur performant, vous pouvez réserver directement sur plusieurs bases de réservation (Lastminute, Go Voyages, Directours, Anyway et bien d'autres).

ILLICOTRAVEL

www.illicotravel.com

Illicotravel permet de trouver le meilleur prix pour organiser vos voyages autour du monde. Vous y comparerez les billets d'avion, hôtels, locations de voitures et séjours. Ce site très simple offre des fonctionnalités très utiles comme le baromètre des prix pour connaître les meilleurs prix sur les vols à plus ou moins 8 jours. Le site propose également des filtres permettant de trouver facilement le produit qui répond à tous vos souhaits (escales, aéroport de départ, circuit, voyagiste…).

KELKOO

www.kelkoo.com

Ce site vous offre la possibilité de comparer les tarifs de vos vacances. Vols secs, hôtels, séjours, campings, circuits, croisières, ferries, locations, thalassos : vous trouverez les prix des nombreux voyagistes et pourrez y accéder en ligne grâce à Kelkoo.

LILIGO

www.liligo.com

Liligo interroge agences de voyage, compagnies aériennes (régulières et low cost), trains (TGV, Eurostar…), loueurs de voiture mais aussi 250 000 hôtels à travers le monde pour vous proposer les offres les plus intéressantes du moment. Les prix sont donnés TTC et incluent donc les frais de dossier, d'agence… Le site comprend aussi deux thématiques : « week-end » et « ski ».

MYZENCLUB

www.myzenclub.com

Le site recense les meilleures offres des voyagistes en ligne les plus importants. Myzenclub vous informe des bons plans et des promotions trouvées parmi toutes les agences pour vos vacances en France et à l'étranger, hôtels, croisières, thalasso, vols... L'inscription est gratuite.

PRIX DES VOYAGES

www.prixdesvoyages.com

Ce site est un comparateur de prix de voyages, permettant aux internautes d'avoir une vue d'ensemble sur les diverses offres de séjours proposées par des partenaires selon plusieurs critères (nombre de nuits, catégories d'hôtel, prix, etc.). Les internautes souhaitant avoir plus d'informations ou réserver un produit sont ensuite mis en relation avec le site du partenaire commercialisant la prestation. Sur Prix des Voyages, vous trouverez des billets d'avion, des hôtels et des séjours.

SPRICE

www.sprice.com

WWW.EASYVOYAGE.COM
ON NE VOUS VEND RIEN...
ON VOUS DIT TOUT !
S'INFORMER
VISUALISER
ÉCHANGER
COMPARER
CHOISISSEZ !
Agence Feu Sacré © 01 78 94 51 52
EASY VOYAGE .com
Tout savoir pour mieux voyager
S'informer sur 250 destinations, décryptées et présentées par nos journalistes
Visualiser les tests et notes de nos experts sur plus de 6 000 Hôtels de loisir
Échanger en partageant vos impressions et notations entre voyageurs
Comparer les meilleurs offres des plus grands voyagistes en 1 clic
Choisissez parmi plus de 1 000 000 d'offres, celle qui vous est le plus adaptée !
PROMOTIONS - ACTUALITÉS - INFOS VOYAGEURS - SÉCURITÉ AÉRIENNE - FORUMS - JEUX - SONDAGES
GUIDE PAYS - AGENDA - REPORTAGES - CONSEILS PRATIQUES - VOLS - HOTELS - VOITURES - SÉJOURS

Un jeune site qui gagne à être connu. Vous pourrez y comparer vols secs, séjours, hôtels, locations de voitures ou biens immobiliers, thalassos et croisières. Le site débusque aussi les meilleures promos du Web parmi une cinquantaine de sites de voyages. Un site très ergonomique qui vous évitera bien des heures de recherches fastidieuses.

■ **VOYAGER MOINS CHER**
www.voyagermoinscher.com
Ce site Internet référence les offres de près de 100 agences de voyages et tour-opérateurs parmi les plus réputés du marché et donne ainsi accès à un large choix de voyages, de vols, de forfaits « vol + hôtel », de locations, etc. Il est également possible d'affiner sa recherche grâce au classement par thèmes : thalasso, randonnée, plongée, All Inclusive, voyages en famille, voyages de rêve, golf ou encore départs de province.

PARTIR SEUL

En avion

Plusieurs compagnies aériennes assurent la liaison entre Paris et Minsk. Le prix moyen d'un vol Paris-Minsk est de 320 €. Pour les vols avec escale, il faut compter environ 6 heures de voyage. Tous les vols arrivent à l'aéroport International de Minsk (Minsk-2), situé à environ 40 km du centre-ville. A noter que la variation de prix dépend de la compagnie empruntée mais, surtout, du délai de réservation. Pour obtenir des tarifs intéressants, il est indispensable de vous y prendre très en avance. Pensez à acheter vos billets au moins deux mois avant le départ !

Principales compagnies desservant la Biélorussie

Pour connaître le degré de sécurité de la compagnie aérienne que vous envisagez d'emprunter, rendez-vous sur le site Internet www.securvol.fr ou sur celui de la Direction générale de l'aviation civile : www.dgac.fr

■ **AEROFLOT**
✆ 01 42 25 31 92 – 01 42 25 43 81
www.aeroflot.com
Aeroflot assure un vol par jour, via Moscou.

■ **AIR BALTIC**
✆ 0 892 780 447 – www.airbaltic.com
Air Baltic assure un vol quotidien pour Minsk, avec escale à Riga. Départ à 14h10, arrivée à 21h30.

■ **AIR FRANCE**
✆ 36 54 (0,34 €/min d'un poste fixe)
www.airfrance.fr
Air France propose une à trois liaisons quotidiennes et directes de Paris jusqu'à Varsovie, en Pologne, ou Kiev, en Ukraine. De là, vous pourrez rejoindre Minsk par avion, avec Air Baltic par exemple.

■ **CSA – CZECH AIRLINES**
✆ 0 825 540 002 – www.czechairlines.com/fr
Czech Airlines propose un vol par jour, avec escale a Prague.

■ **LOT POLISH AIRLINES**
✆ 0 800 10 12 24 – www.lot.com
Lot Airlines propose un ou deux vols par jour, selon les jours de la semaine, avec escale à Varsovie.

Vous rendre à Roissy CDG ou à Orly

■ **ROISSYBUS – ORLYBUS**
✆ 0 892 68 77 14 – www.ratp.fr
La RATP permet de rejoindre facilement les deux grands aéroports parisiens grâce à des navettes ou des lignes régulières.

▸ **Roissy-CDG.** Au départ de la place de l'Opéra (à l'angle de la rue Scribe et la rue Auber), il y a des bus toutes les 15 ou 20 minutes entre 5h45 et 23h. Comptez 9,10 € l'aller simple et entre 45 et 60 minutes de trajet. Au départ de Paris-gare de l'Est (bus 350) et au départ de Paris-Nation (bus 351), vous pouvez aussi rejoindre l'aérogare 1 et 2, terminal 4, et le Roissypôle Gare-RER. La fréquence des bus est de 10 à 15 minutes en semaine, 20 à 35 minutes le week-end et les jours fériés. En RER, avec la ligne B, comptez 45 minutes au départ de Denfert-Rochereau (toutes les 10 à 15 minutes).

▸ **Orly.** Départ de l'Orlybus de la place Denfert-Rochereau de 5h30 à 23h toutes les 15 à 20 minutes. Comptez 6,60 € l'aller simple et 30 minutes de trajet. Au départ de porte de Choisy, le bus 183 vous mène aussi au terminal sud de l'aéroport d'Orly. Avec le RER C : 25 minutes de trajet entre Austerlitz et Orly, puis navette. Départ toutes les 15 minutes. Avec le RER B : allez jusqu'à Antony, puis métro Orlyval. Comptez alors 8 minutes de trajet pour rejoindre Orly (toutes les 4 à 7 minutes). Orly-Antony : 7,90 € ; Orly-Paris : 10,25 €.

En CLASSE TEMPO, 25 dessins animés,
85 films sur écran individuel, glace pour les enfants
pour FAIRE DU CIEL LE PLUS BEL ENDROIT DE LA TERRE.
AIR FRANCE

CARS AIR FRANCE

✆ 0 892 350 820
www.cars-airfrance.com
Pour vous rendre aux aéroports de Roissy-Charles-de-Gaulle et d'Orly, vous pouvez utiliser les services des cars Air France. Cinq lignes sont à votre disposition. Tarif réduit pour les moins de 12 ans et les groupes de plus de 4 personnes.

- **Ligne 1 :** Orly-Montparnasse : 11,50 € pour un aller simple et 18,50 € pour un aller-retour.
- **Ligne 1 bis :** Orly-Montparnasse-Arc de Triomphe : 11,50 € pour un aller simple, 18,50 € pour un aller-retour.
- **Ligne 2 :** CDG-porte Maillot-Etoile : 15 € pour un aller simple et 24 € pour un aller-retour.
- **Ligne 3 :** Orly-CDG : 19 € pour un aller simple. Pas de tarifs spécifiques aller-retour.
- **Ligne 4 :** CDG-gare de Lyon-Montparnasse : 16,50 € pour un aller simple et 27 € pour un aller-retour.

Aéroports

BRUXELLES

✆ (02) 753 77 53
✆ 0 900 700 00 (uniquement en Belgique)
www.brusselsairport.be

GENÈVE

✆ 0 900 57 15 00
(1,19 CHF/min. depuis la Suisse)
www.gva.ch/fr

MONTRÉAL-TRUDEAU

✆ (1 800) 465 1213 – www.admtl.com

PARIS ORLY

✆ 01 49 75 52 52
www.aeroportsdeparis.fr

PARIS ROISSY-CHARLES-DE-GAULLE

✆ 01 48 62 12 12 – www.aeroportsdeparis.fr

QUÉBEC-JEAN-LESAGE

✆ (418) 640 2600
www.aeroportdequebec.com

Les sites comparateurs

Ces sites vous aideront à trouver des billets d'avion au meilleur prix. Certains d'entre eux comparent les prix des compagnies régulières et low-cost. Vous trouverez des vols secs (transport aérien vendu seul, sans autres prestations) au meilleur prix.

EASY VOLS

www.easyvols.fr

JET COST

www.jetcost.com

TERMINAL A

www.terminalA.com

En train

SNCF

✆ 36 35
www.sncf.com
De Paris, vous pouvez rejoindre Minsk par train avec correspondance à Mannheim ou Köln. Le trajet dure environ 30 heures, à travers Belgique, Allemagne et Pologne. Il est aussi possible de rejoindre Berlin ou Vienne et ensuite poursuivre pour Minsk. Le train s'arrête quelques heures en Pologne, à la frontière avec la Biélorussie, pour permettre le changement des roues des wagons. En Biélorussie, les rails sont plus larges que ceux utilisés en Europe occidentale.

En bus

EUROLINES

28, avenue du Général-de-Gaulle BP 313
Bagnolet
✆ 0 892 89 90 91
www.eurolines.fr
Eurolines propose un départ par semaine, généralement le samedi, de Paris-Gallieni vers Brest-Litovsk et Minsk. Comptez 34 heures de voyage pour Brest et 39 heures jusqu'à Minsk. Prix à partir de 135 € pour un aller simple, environ 200 € pour un aller/retour pour les plus de 26 ans. Des promotions sont régulièrement proposées, ainsi que des réductions pour les enfants, les moins de 26 ans et les plus de 60 ans.

En voiture

L'Europe centrale s'étend entre la France et la Biélorussie. Comptez environ 23 heures de voiture pour parcourir les 2 150 km qui séparent Paris de Minsk en passant par Liège, Köln, Berlin, Varsovie et Brest. Prévoyez à peu près 25 € pour les frais de péage et 190 € pour les frais relatifs au carburant. La première partie du voyage jusqu'à la frontière avec la Pologne se fait sans difficulté. Par contre, la traversée de la Pologne est longue et difficile, les routes étant en mauvais état. En Biélorussie, la circulation est bonne, il y a peu de voitures et les routes sont en bon état.

Location de voiture

AVIS

✆ 0 820 05 05 05 – www.avis.fr

Avis a installé ses équipes dans plus de 5 000 agences réparties dans 163 pays. De la simple réservation d'une journée à plus d'une semaine, Avis s'engage sur plusieurs critères, sans doute les plus importants. Proposition d'assurance, large choix de véhicules de l'économique au prestige avec un système de réservation rapide et efficace.

EUROPCAR FRANCE

✆ 0 825 358 358

Fax : 01 30 44 12 79 – www.europcar.fr

Chez Europcar, vous aurez un large choix de tarifs et de véhicules : économiques, utilitaires, camping-cars, prestige, et même rétro. Vous pouvez réserver votre voiture via le site Internet et voir les catégories disponibles à l'aéroport – il faut se baser sur une catégorie B, les A étant souvent indisponibles.

HERTZ

✆ 0 810 347 347 – www.hertz.com

Vous pouvez obtenir différentes réductions si vous possédez la carte Hertz ou celle d'un partenaire Hertz. Le prix de la location comprend un kilométrage illimité, des assurances en option, ainsi que des frais si vous êtes jeune conducteur. Toutes les gammes de voitures sont représentées.

LOCATIONDEVOITURE.FR

✆ 0 800 73 33 33

✆ +33 1 73 79 33 32

(appel hors de France)

www.locationdevoiture.fr

© ANDREA NERI

Dans les rues de Grodno.

Notre coup de cœur ! Le site compare toutes les offres de 8 courtiers en location de voitures, des citadines aux monospaces en passant par les cabriolets et 4x4. Vous avez le choix parmi 6 123 villes différentes réparties dans 130 pays. En plus du prix, l'évaluation de l'assurance et les avis clients sont affichés pour chacune des offres. Plus qu'un simple comparateur, vous pouvez réserver en ligne ou par téléphone. C'est la garantie du prix et du service !

SIXT

✆ 0 820 00 74 98 – www.sixt.fr

Fournisseur de mobilité n° 1 en Europe, Sixt est présent dans plus de 3 500 agences réparties dans 50 pays. Cette agence de location vous propose une gamme variée de véhicules (utilitaires, cabriolets, 4X4, limousines...) aux meilleurs prix.

SÉJOURNER

Se loger

L'hébergement sera sûrement la majeure dépense de votre séjour. Après la chute de l'Union soviétique, la Biélorussie ne possédait que quelques hôtels contrôlés par l'Office soviétique du tourisme. Bien que la situation tende à s'améliorer, la question de l'hébergement reste assez délicate. L'infrastructure touristique est peu développée et insuffisante. Le problème majeur est dû au manque de diversification de l'offre. Les hôtels biélorusses sont plutôt chers et même quand les prix diminuent ils restent en tout cas disproportionnés par rapport à la qualité du service proposé. Si les hôtels de luxe abondent, la classe économique est presque absente. C'est pourquoi, parfois, la location d'un appartement ou d'une chambre chez l'habitant constitue une alternative avantageuse. Une pratique qui commence à devenir de plus en plus populaire en Biélorussie, en particulier à Minsk, est celle de l'échange. Il s'agit de s'inscrire sur le site www.couchsurfing.com – Une fois inscrit, vous entrez en contact avec des locaux prêts à vous accueillir. On ne vous demande pas d'argent, mais l'échange fonctionne dans les deux sens. Vous évitez des frais et êtes sûr d'avoir accès à la vie biélorusse !

Hôtels

L'hôtel n'est pas bon marché en Biélorussie. La plupart des hôtels ont été construits pendant la période soviétique et ensuite réamenagés, mais ils gardent un côté très « carré » et « réal-socialisme ». Les prix sont toujours affichés en dollars et en roubles biélorusses, mais le paiement s'effectue uniquement en BYR ou par carte de crédit. Comme en France, les hôtels sont classifiés sur la base du système à cinq étoiles. Malgré cela, chaque hôtel offre un vaste choix de chambres de niveau très différent et à un prix variable : luxe, mi-luxe, business class, économique. Partout, un niveau minimal de confort et de propreté est assuré. Les meilleurs hôtels se trouvent bien sûr à Minsk. Pour une chambre double dans un 5-étoiles vous payerez environ 300 € par jour, prévoyez autour de 80 € dans un 3-étoiles, 50 € dans un 2-étoiles. Toutefois, cette dernière catégorie est presque absente. En province les prix sont plus modiques, mais l'offre diminue sensiblement. Tous les hôtels disposent d'un bar et d'un restaurant, d'un kiosque à journaux, d'un bureau de change. Le personnel parle anglais. Au moment de votre arrivée, le personnel de la réception vous demandera votre passeport pour les procédures d'enregistrement et vous le rendra dans l'immédiat, une fois remplis les papiers nécessaires à vous enregistrer.

Chambres d'hôtes

En ville, la location d'un appartement ou d'une chambre chez l'habitant est une excellente alternative à l'hôtel. Vous pouvez vous adresser directement aux agences de voyages, ou bien acheter dans les kiosques à journaux la revue *Iz ruk v ruki*, l'équivalent du français *De particulier à particulier*. Vous y trouverez plein d'annonces et pour le prix d'un appel local vous serez rapidement logé. On peut aussi se renseigner aux gares de train. Généralement, il y a toujours des personnes qui attendent avec des panneaux pour proposer un logement chez eux. Le logement est d'habitude modeste, mais propre, soigné et, surtout, bon marché. Ne craignez rien, il s'agit d'une pratique très répandue en Biélorussie. En milieu rural, les chambres d'hôtes abondent (*voir la rubrique « Tourisme rural – Agritourisme »*).

Auberges de jeunesse

Il n'existe pas d'auberge de jeunesse affiliée FUAJ dans le pays. Pendant l'été 2009 et 2010, une auberge avait été ouverte dans un quartier périphérique de Minsk, au 22 de rue Mašinostroitelej, mais l'essai n'a duré que les trois mois d'été. Pour l'été 2011, l'auberge planifie la réouverture de ses portes. Se renseigner auprès du Service social pour la Jeunesse (Molodežnaja Social'naja Služba) qui s'occupe de gérer l'établissement (✆ (017) 294 50 32).

Décor rural au parc national Pripjatskij.

Campings

En Biélorussie, les campings n'existent pas, tout simplement parce qu'on peut planter sa tente là où on veut et pas besoin de recourir à des zones créées exprès pour cela ! Les amoureux de la nature pourront donc s'adonner au camping sauvage ! Toutefois, il est strictement interdit de camper dans parcs et réserves naturelles. Pour ces leiux, des campings (*tourstoyanka* en russe) ont été créés, notamment dans les parcs naturels Naročanski et des lacs de Braslav. Il n'y en a pas beaucoup et ils sont équipés de façon plutôt rudimentaire, mais on peut y planter une tente, faire son feu de camp et utiliser les toilettes. Dans les parcs naturels, on peut aussi chercher une chambre dans les *tourbaza* (base touristique), sorte d'hôtels situés en pleine nature, qui offrent au touriste un vaste éventail d'activités comme sports nautiques, randonnées, etc.

Tourisme rural – Agritourisme

Le tourisme rural commence à se développer sérieusement depuis 2004, suite à un décret présidentiel. Bien que ce ne soit pas une solution définitive, il contribue à limiter le phénomène du dépeuplement des campagnes qui caractérise la Biélorussie de nos jours. Depuis quelques années, un nombre croissant de fermes offre un service bed & breakfast, avec un excellent rapport qualité/prix. L'accueil est toujours des meilleurs, n'oubliez pas que les Biélorusses sont très hospitaliers ! Outre l'hébergement, il est possible de participer aux activités agricoles et écologiques tout en profitant au maximum de la nature biélorusse et de l'hospitalité locale. Et ce n'est pas fini ! Généralement, les propriétaires des fermes proposent toujours de nombreuses activités de découverte de la région et mettent à disposition des touristes, vélos, bateaux, équipement pour pratiquer la pêche, etc. Le réseau des fermes biélorusses est géré par l'Association pour le tourisme agricole et écologique : www.ruralbelarus.by

Se déplacer

Avion

Il n'existe pas de vols internes reliant les villes biélorusses, à l'exception du vol Gomel'-Minsk, assuré par la compagnie GomelAvia. La compagnie Belavia est dans le groupe E (interdit en Europe ou à interdire) du site securvol. Nous déconseillons donc de voler avec cette compagnie.

Bateau

Bien que la Biélorussie soit riche en fleuves et rivières, les excursions en bateau sont encore rares. Il est possible d'en faire dans le Sud du pays, le long du fleuve Pripyat', au départ de Pinsk. Dans l'Ouest, aux environs de Grodno, on peut parcourir en bateau la partie biélorusse du canal Avgustovskij. Les prix sont modiques. Pour les adresses et les horaires, voir les rubriques correspondantes dans les rubriques « *Pinsk* » et « *Avgustovskij kanal* ».

Bus

La Biélorussie possède un vaste réseau de bus qui permet de rejoindre même les villages les plus perdus. Cependant, si vous n'avez pas beaucoup de temps à disposition, ce moyen de transport n'est pas pour vous.
En moyenne, les bus sont plutôt vétustes et lents. Un grand système de minibus (*maršrutki*), privés et publics, a été justement mis en place à cause de la vétusté des transports en commun. Il n'est pas simple de les utiliser quand on ne parle pas russe ou biélorusse.
Beaucoup plus rapides que les bus et moins chers que les taxis, ces taxis collectifs suivent un itinéraire précis, affiché sur les portes, en général celui d'une ligne de bus. On peut demander au chauffeur de s'arrêter où l'on veut sur le parcours. On peut prendre la *maršrutka* aux arrêts de bus. On paie en entrant. Vous pouvez consulter le site suivant pour tous les horaires des bus en Biélorussie : http://ivctrans.by/all/first.php

Train

Le train est un moyen de transport très utilisé en Biélorussie. Le réseau des chemins de fer, même si vétuste, est bien développé et permet de rejoindre n'importe quelle localité dans le pays. Il y a des guichets dans toutes les gares, ainsi que des caisses d'achat de billets dans toutes les villes. Le site des chemins de fer biélorusses est en russe, mais il fournit tous les horaires aussi bien des trains suburbains que des trains de grandes lignes, ainsi que la possibilité d'acheter les tickets sur Internet. Pour les longs voyages il existe un service couchettes. La première classe (*ljuks*) accueille deux passagers. Les compartiments de seconde classe (*kupé*) sont amenagés pour quatre personnes. La troisième classe (*platskart*) n'a pas de compartiments : il s'agit d'un couloir avec des couchettes installées par groupes de quatre sur les côtés.

Enfin, la quatrième classe n'a pas de lits, mais uniquement des places assises (elle n'existe pas sur tous les trains). Dans la troisième classe, nous conseillons de prendre les couchettes du dessous et de refuser les couchettes à côté de la salle de bains qui, généralement, sont les dernières places à être vendues. Les prix varient sensiblement entre les différentes classes. Le *kupé* offre un bon standard de confort et propreté. Le *platscart* permet sans doute de faire de nombreuses connaissances puisque une trentaine de personnes sont logées toutes ensemble, mais il faut avoir une bonne capacité d'adaptation. Les wagons *platscart* sont souvent assez bruyants et sales. Les trains sont généralement à l'heure. Les numéros de chaque voiture sont indiqués en début de chaque voiture, sur la vitre. A l'entrée de chaque wagon deux contrôleurs vérifient le billet et le passeport de chaque passager. Les draps sont payants, on verse l'argent directement au contrôleur. Une fois arrivé à destination, vous devez les rapporter au bureau du contrôleur, situé à côté de l'entrée du wagon. Auprès du contrôleur vous pouvez aussi acheter des boissons chaudes, thé ou café.
Le site Internet des trains biélorusses est www.rw.by/index.php/schedule.html – Vous pouvez consulter les horaires et acheter vos billets en ligne aussi sur le site http://poezd.bilet.by/

Voiture

L'infrastucture routière est développée et les routes sont généralement en bon état. La circulation est beaucoup moins chaotique que dans les autres villes européennes. Même à Minsk, il sera difficile de se retrouver dans un embouteillage. A la campagne, il vous arrivera de rouler pendant des heures sans croiser aucun véhicule ! Les Biélorusses sont généralement très disciplinés et roulent assez lentement. Les vols de voitures sont assez rares. Toutefois, il n'est pas conseillé de laisser sa voiture dans des endroits trop retirés. La plupart des panneaux de signalisation routière sont en cyrillique, sur les axes principaux on trouve des panneaux en caractères latins aussi. La vitesse est limitée à 60 km/h en ville, à 90 km/h en dehors des lieux habités, et à 120 km/h sur les autoroutes. La police de la route (GAI en russe, DAI en biélorusse) est omniprésente. Les contrôles avec radar sont fréquents. Pour les automobilistes, aucun taux d'alcool n'est toléré (0 g par litre de sang). En Biélorussie, la seule autouroute payante est la M1-E30 qui relie Brest à Moscou. Le péage est de 3 € pour les voitures. Le permis de conduire international est obligatoire. Le prix de l'essence est beaucoup moins cher qu'en France (environ 0,65 € par litre). Toutefois, dernièrement, les prix ont augmenté et l'essence est devenue assez chère, rapportée au niveau de vie. C'est pourquoi les Biélorusses sont de plus en plus nombreux à délaisser l'essence pour le GPL (environ 0,45 € par litre). Toutes les stations essence en sont donc pourvues. Généralement, on paye avant de faire le plein. N'oubliez pas que dans le pays l'infrastructure touristique est encore peu développée et il est très très difficile de trouver des hôtels sur les routes. Donc, avant de vous déplacer, calculez bien les distances et le temps nécessaire pour les parcourir !

Taxi

En Biélorussie, tout le monde prend le taxi. Il suffit de se mettre sur le bord de la rue et de lever le bras pour qu'un taxi officiel ou bien un particulier qui souhaite augmenter ses revenus, s'arrête. Si sur les taxis est installé un taximètre, avec les particuliers il faut se mettre d'accord sur le prix avant de monter dans la voiture. En général, les courses sont très bon marché.

Deux-roues

En général, le vélo est un moyen de transport très utilisé dans les campagnes et dans les petites villes. Il commence à être plutôt populaire aussi dans des villes moyennes, comme Grodno, Brest et Pinsk. Toutefois, le tourisme en deux-roues n'est pas très développé, même si la situation est en train de changer. L'association Rural Belarus propose des parcours verts à travers la campagne à faire en vélo, à pied ou en bateau. Consultez le site www.greenways.by ou bien contactez Elena Vetrova (lena.vetrova@gmail.ru ✆ (017) 251 00 76 – (017) 252 27 81). Les risques de rouler en vélo à travers le pays sont vraiment minimaux : la circulation est réduite et les Biélorusses conduisent de façon plutôt disciplinée.

Auto-stop

C'est une pratique courante en Biélorussie. Sur les principales routes sortant des villes vous trouverez des gens avec des panneaux indiquant leur destination. Parfois, les chauffeurs demandent aux stoppeurs de leur verser une somme qui est toujours inférieure au prix du voyage correspondant en bus.

Être solidaire

Soyons réalistes, en partant quinze jours « faire de l'humanitaire » avec une association, on soulage sa conscience mais on ne fait rien pour les populations locales.

Un véritable engagement demande temps et réflexion. Pourquoi voulez-vous aider ? Quelles sont vos compétences ? A quel type de projet croyez-vous ? La première étape est de bien comprendre les difficultés rencontrées sur place.

Il vous faudra ensuite partir à la chasse à la mission. Renseignez-vous bien sur l'association avec laquelle vous envisagez de partir car, dans le secteur de l'aide internationale, on trouve beaucoup d'organisations qui, même avec les meilleures intentions du monde, n'apportent finalement que peu d'aide réelle au pays. Mais à côté de ces missions, existent aussi des chantiers solidaires intéressants pour aller à la rencontre de la population, pour nettoyer une forêt, aider à la préservation d'une espèce…

■ CONCORDIA

www.concordia-association.org

Concordia propose des chantiers solidaires. C'est une solution intéressante pour ceux qui ont envie d'aider mais disposent de peu de temps.

■ COORDINATION SUD

www.coordinationsud.org

Vous pouvez consulter sur ce site la présentation de diverses organisations non gouvernementales et les offres d'emploi ou de bénévolat s'y rattachant.

■ UNAREC

Délégation internationale
3, rue des Petits-Gras
63000 Clermont-Ferrand
✆ 04 73 31 98 04
www.unarec.org

Le mouvement « Etudes et Chantiers » développe par l'intermédiaire de ses associations régionales des projets de volontariat, en France et à l'étranger, ainsi que des projets de lutte contre les exclusions. Trois grandes catégories : « Le travail volontaire des jeunes », « Economie solidaire et lutte contre les exclusions » et « Coopération internationale ».

Étudier

Quelques universités biélorusses ont des partenariats avec des universités françaises. Pour étudier ou poursuivre vos études supérieures, il vous faut prendre contact avec le service des relations internationales de votre université. Préparez-vous alors à des démarches longues. Mais le résultat d'un semestre ou d'une année à l'étranger vous fera oublier ces désagréments tant c'est une expérience personnelle et universitaire enrichissante. C'est aussi un atout précieux à mentionner sur votre CV. Les étrangers peuvent s'inscrire directement dans les universités biélorusses, ils sont amenés à payer des frais d'inscription nettement supérieurs par rapport à ceux payés par leurs collègues biélorusses, frais qui restent toutefois raisonnables (autour de 1 200 € par an). Toutefois les diplômes délivrés ne sont pas reconnus dans l'Union européenne. Depuis quelques années, à l'université d'Etat d'économie de Minsk, à la faculté des relations économiques internationales fonctionne une section francophone. A la fin des études, un double diplôme est délivré : le diplôme national biélorusse d'études supérieures et le diplôme français du niveau de la maîtrise (diplôme d'études supérieures en affaires internationales de l'IAE de Paris I Panthéon-Sorbonne). Pour plus de détails, se renseigner auprès de l'ambassade de France à Minsk.

■ AFFAIRES ÉTRANGÈRES

www.diplomatie.gouv.fr

Les informations mises à disposition dans l'espace culturel du serveur du ministère des Affaires étrangères sont également précieuses.

■ AGENCE POUR L'ENSEIGNEMENT FRANÇAIS À L'ÉTRANGER

19-21, rue du Colonel-Pierre-Avia
75015 Paris
✆ 01 53 69 30 90
www.aefe.fr

Sous la tutelle du ministère des Affaires étrangères, l'A.E.F.E. est chargée de l'animation de plus de 250 établissements à travers le monde.

▶ **Autre adresse :** 1, allée Baco, BP 21509 – 44015 Nantes Cedex 1 ✆ 02 51 77 29 03

CIDJ

www.cidj.asso.fr

La rubrique « Partir en Europe » sur le serveur du C.I.D.J. fournit des informations pratiques aux étudiants qui ont pour projet d'aller étudier à l'étranger.

CONSEIL DE L'EUROPE

www.egide.asso.fr

Rubrique sur le programme BFE (boursiers français à l'étranger). Obtenir une bourse d'études supérieures à l'étranger.

COOPÉRATION ÉDUCATIVE EUROPÉENNE

www.europa.eu.int

ÉDUCATION NATIONALE

www.education.gouv.fr

Sur le serveur du ministère de l'Education nationale, une rubrique « International » regroupe les informations essentielles sur la dimension européenne et internationale de l'éducation.

Travailler – Trouver un stage

La France n'est pas le principal partenaire économique de la Biélorussie.

Toutefois, on trouve en Biélorussie une vingtaine de *joint ventures* biélorusso-françaises, une trentaine d'entreprises à 100 % du capital français, et des bureaux de représentation de plusieurs sociétés françaises.

Pour trouver un emploi dans le pays il faudrait donc commencer par là. La maîtrise du russe est presque toujours demandée.

ASSOCIATION TELI

2, chemin de Golemme, Seynod

✆ 04 50 52 26 58

www.teli.asso.fr

Le Club TELI est une association loi 1901 sans but lucratif d'aide à la mobilité internationale créée il y a 16 ans. Elle compte plus de 4 100 adhérents en France et dans 35 pays. Si vous souhaitez vous rendre à l'étranger, quel que soit votre projet, vous découvrirez avec le Club TELI des infos et des offres de stages, de jobs d'été et de travail pour francophones.

CAPCAMPUS

www.capcampus.com

Capcampus est le premier portail étudiant sur le Net en France et possède une rubrique spécialement dédiée aux stages, dans laquelle vous trouverez aussi des offres pour l'étranger. Mais le site propose également toutes les infos pratiques pour bien préparer son départ et son séjour à l'étranger.

MAISON DES FRANÇAIS À L'ÉTRANGER

48, rue de Javel

75015 Paris

✆ 01 43 17 60 79

www.mfe.org

La Maison des Français de l'étranger (MFE) est un service du ministère des Affaires étrangères qui a pour mission d'informer tous les Français envisageant de partir vivre ou travailler à l'étranger et propose le « Livret du Français à l'étranger » et 80 dossiers qui présentent le pays dans sa généralité et abordent tous les thèmes importants de l'expatriation (protection sociale, emploi, fiscalité, enseignement, etc.). Egalement consultables : des guides, revues et listes d'entreprises et, dans l'espace multimédia, tous les sites Internet ayant trait à la mobilité internationale.

RECRUTEMENT INTERNATIONAL

www.recrutement-international.com

Site spécialisé dans les offres d'emploi à l'étranger, le recrutement international, les carrières internationales, les jobs et stages à l'international.

VOLONTARIAT INTERNATIONAL

www.civiweb.com

Si vous avez entre 18 et 28 ans et êtes ressortissant de l'Espace économique européen, vous pouvez partir en volontariat international en entreprise (VIE) ou en administration (VIA). Il s'agit d'un contrat de 6 à 24 mois rémunéré et placé sous la tutelle de l'ambassade de France. Tous les métiers sont concernés et vous bénéficiez d'un statut public protecteur. Offres sur le site.

WEP FRANCE

81, rue de la République

69002 Lyon

✆ 04 72 40 40 04

www.wep-france.org

Wep propose plus de 50 projets éducatifs originaux dans plus de 30 pays, de 1 semaine à 18 mois. Année scolaire à l'étranger, programmes combinés (1 semestre scolaire + 1 projet humanitaire ou 1 chantier nature ou 1 vacances-travail), projets humanitaires mais également stages en entreprise en Europe, Australie, Nouvelle-Zélande, Canada et Etats-Unis, et Jobs & Travel (visa vacances-travail) en Australie et Nouvelle-Zélande.

Index

Découvrez toute notre collection de guides avec DVD !

FRAIS DE PORT OFFERT

BULLETIN À RETOURNER À :

PETIT FUTE VPC 18, rue des Volontaires 75015 PARIS Tél. 01 53 69 70 00

❒ Mme ❒ Mlle ❒ M. Nom..Prénom.................................

Adresse...Code Postal........................

Ville...Email...

❒ Je commande les guides suivants :

- Andalousie ....12,95 € x ....
- Australie ....16,95 € x ....
- Baléares - Ibiza ....12,95 € x ....
- Bali - Lombok ....13,95 € x ....
- Brésil ....14,95 € x ....
- Canaries ....14,95 € x ....
- Crète ....12,95 € x ....
- Croatie ....12,95 € x ....
- Cuba ....13,95 € x ....
- Egypte ....12,95 € x ....
- Floride ....13,95 € x ....
- Grèce continentale ....12,95 € x ....
- Guadeloupe ....13,95 € x ....
- Îles grecques ....12,95 € x ....
- Inde du Nord - Rajasthan........12,95 € x ....
- Israël ....15,95 € x ....
- Malte ....12,95 € x ....
- Maroc ....12,95 € x ....
- Martinique ....13,95 € x ....
- Maurice Rodrigues ....14,95 € x ....
- Mexique ....14,95 € x ....
- Portugal ....12,95 € x ....
- Québec ....14,95 €
- Rep Dominicaine ....13,95 €
- Réunion ....13,95 €
- Sardaigne ....15,95 €
- Sénégal ....13,95 €
- Tahiti - Polynésie ....17,95 €
- Thaïlande ....14,95 €
- Tunisie ....12,95 €
- Turquie ....12,95 €
- Vietnam ....14,95 €

❒ Je joins mon règlement par chèque bancaire ou postal à l'ordre du Petit Futé

❒ Je préfère régler par carte bancaire la somme totale de ....€

C.B. n° |_|_|_|_| |_|_|_|_| |_|_|_|_| |_|_|_|_|

Expire fin : |_|_| / |_|_| N° de contrôle (Les 3 derniers chiffres au dos de votre carte) |_|_|_|

date et signature obligatoires :

Offre réservée France métropolitaine dans la limite des stocks disponibles.

Vous pouvez également commander en ligne sur www.petitfute.c